四川师范大学马克思主义理论学术丛书

|博士生导师学术文库|

A Library of Academics by
Ph.D.Supervisors

# 全面深化改革进程中的阶层关系问题研究

李新芝 著

光明日报出版社

图书在版编目（CIP）数据

全面深化改革进程中的阶层关系问题研究 / 李新芝著 . -- 北京：光明日报出版社，2023.10
ISBN 978－7－5194－7556－7

Ⅰ.①全… Ⅱ.①李… Ⅲ.①阶层—社会关系—研究—中国 Ⅳ.①D663

中国国家版本馆 CIP 数据核字（2023）第 199565 号

## 全面深化改革进程中的阶层关系问题研究
QUANMIAN SHENHUA GAIGE JINCHENG ZHONG DE JIECENG GUANXI WENTI YANJIU

| 著　　者：李新芝 | |
|---|---|
| 责任编辑：杨　茹 | 责任校对：杨　娜　董小花 |
| 封面设计：一站出版网 | 责任印制：曹　净 |

出版发行：光明日报出版社
地　　址：北京市西城区永安路 106 号，100050
电　　话：010-63169890（咨询），010-63131930（邮购）
传　　真：010-63131930
网　　址：http://book.gmw.cn
E － mail：gmrbcbs@ gmw.cn
法律顾问：北京市兰台律师事务所龚柳方律师

印　　刷：三河市华东印刷有限公司
装　　订：三河市华东印刷有限公司
本书如有破损、缺页、装订错误，请与本社联系调换，电话：010-63131930

开　　本：170mm×240mm
字　　数：377 千字　　　　　　　印　　张：21
版　　次：2024 年 3 月第 1 版　　印　　次：2024 年 3 月第 1 次印刷
书　　号：ISBN 978－7－5194－7556－7
定　　价：99.00 元

版权所有　　翻印必究

# 前　言

　　改革开放以来，我国阶层关系始终处于迅速发展变化的过程中，适应经济社会发展需要的主动性变革是推动我国阶层关系演进的主要动因。这一时期，在阶层关系总体和谐的同时，阶层关系演进中也出现了一些问题，并由此引发了阶层关系一定程度的紧张，对经济社会发展产生了一定的负面影响。2001年，江泽民在建党八十周年纪念大会上的讲话中明确指出："我们所有的政策措施和工作，都应该正确反映并有利于妥善处理各种利益关系，都应认真考虑和兼顾不同阶层、不同方面群众的利益。"2002年，江泽民在中共十六大报告中提出，要处理好各方面的利益关系，"努力形成全体人民各尽其能、各得其所而又和谐相处的局面"。2006年，胡锦涛在中共十六届六中全会上正式提出了"促进阶层关系和谐"的论题，在中共十七大报告中又提出"促进政党关系、民族关系、宗教关系、阶层关系、海内外同胞关系的和谐，对于增进团结、凝聚力量具有不可替代的作用"，进一步强调了处理好阶层关系问题、促进阶层关系和谐的重要性。与此同时，学术研究领域以阶层关系为议题的研究成果逐渐增多，成为一个新的学术研究热点，这是本书以阶层关系为研究主题的重要背景。

　　2013年，中共十八届三中全会对全面深化改革做出了战略部署，改革进入全面深化改革的全新阶段，全面深化改革也开启了我国阶层关系演进的新时代。这一时期，全面深化改革成为推动我国阶层关系演进的新动因。新时代阶层关系演进的总体趋势是向上向好，阶层关系总体比较和谐，多数社会阶层成员的经济地位、政治地位和社会地位都获得明显改善，社会各阶层成员的获得感、幸福感和安全感持续增强，对国家经济社会发展形势、发展方向、发展道路等具有较高的认同感，对国家发展前景表现出比较强的信心和积极的社会心态，有助于形成强大的社会合力。但同时，在全面深化改革过程中，阶层关系演进中也存在一些问题，集中表现为阶层分化过度和阶层利益固化并存，以及由此引发的社会焦虑情绪、不满情绪比较严重，造成阶层关系出现一定程度的紧张等。在全面深化改革的历史进程中，如何正确认识阶层关系演进中出现的新形势、新情况，如何及时处理好阶层关系变化中出现的各种新问题和新矛盾，成为一个全新的重大课题。

在领导中国革命、建设、改革实践的过程中，中国共产党始终高度重视阶层关系问题，正确认识和处理阶层关系问题是中国共产党领导革命、建设和改革事业胜利发展的制胜关键。进入全面深化改革阶段，阶层关系仍然关系到全面深化改革能否持续推进、"四个全面"战略布局能否顺利展开、"两步走"战略目标能否成功实现，仍然是中国共产党领导新时代中国特色社会主义事业胜利发展的制胜关键。

本书以"全面深化改革进程中的阶层关系问题研究"为题，在对全面深化改革与阶层关系演进互动关系准确把握的基础上，从新时代中国特色社会主义事业发展全局的高度，结合全面深化改革进程顺利推进的实际要求，分析全面深化改革进程中存在的阶层关系问题的具体表现，研究全面深化改革进程中的阶层关系问题对我国经济社会发展产生的消极影响，揭示全面深化改革进程中的阶层关系问题产生的社会根源，把握全面深化改革进程中的阶层关系问题的特点、性质及其实质，同时借鉴国内外处理阶层关系问题实践的经验教训，提出处理阶层关系问题、增进阶层关系和谐的总体思考和对策建议，以期对这一重大课题进行富有成效的有益探索。

全面深化改革进程中的阶层关系问题是全面深化改革阶段国内外现实环境发生深刻而重大变化的具体体现，是新时代"人民日益增长的美好生活需要和不平衡不充分的发展之间"的社会主要矛盾在阶层关系方面的集中表现。阶段性因素是全面深化改革进程中的阶层关系问题产生的根本原因，制度不完备是全面深化改革进程中的阶层关系问题产生的深层次原因，政策不完善则是全面深化改革进程中的阶层关系问题产生的直接原因。

全面深化改革进程中的阶层关系问题的实质是不同社会阶层成员之间的利益矛盾，是在根本利益一致基础上的具体利益矛盾。阶层关系问题具有广泛性、复杂性、多变性、心理性等特点。阶层关系问题的焦点是精神文化资源分配不公，更多地表现为精神文化利益方面的矛盾，不同社会阶层成员之间的精神文化权益的实现程度不同、文化认同和心理共识冲突日益明显是其突出特点。阶层关系问题的性质是不同社会阶层成员之间的经济、政治、文化、社会、生态等方面表现出的矛盾和冲突，是非对抗性的，属于人民内部矛盾性质，这也就决定了全面深化改革进程中的阶层关系问题必须用处理人民内部矛盾的方法具体地加以解决。

必须从实现中华民族伟大复兴中国梦的战略意义上高度重视和正确处理阶层关系问题，认真吸取和积极借鉴国内外处理阶层关系问题的经验教训，从中国特色社会主义进入新时代的实际国情出发，在大力发展社会生产力的基础上，以实现中华民族伟大复兴中国梦为处理阶层关系问题的目标指向，以新发展理念为处理阶层关系问题的核心理念，以实现更平衡更充分的发展为处理阶层关系问题的根本途径，以满足人民日益增长的美好生活需要为处理阶层关系问题的出发点和归宿点，以"四个全面"战略布局为处理阶层关系问题的顶层设计，构建处理好阶层关系问题的总体战略，为处理好阶层关系问题提供战略指引。

全面深化改革进程中的阶层关系问题还必须通过全面深化改革来解决。针对全面深化改革进程中的阶层关系问题，必须以更大的政治勇气和政治智慧，在处理阶层关系问题总体思路的指导下，通过全面深化改革，从制度基础、政策保障、技术支持三个层面进一步完善处理阶层关系问题的具体路径，才能促进阶层关系问题的有效解决。具体做到：一是在中国共产党的领导下，以社会主义为政治方向，以人民性为价值旨归，以公平正义为精神要义，进一步推进中国特色社会主义经济、政治、文化、社会、生态文明制度创新，协调好社会各阶层成员的经济、政治、文化、社会、生态方面的利益关系，为处理阶层关系问题提供制度基础；二是在中国共产党的领导下，以物质利益为前提，以公共性为基础，以阶层开放性为目标，以公众参与为准则，进一步推进中国特色社会主义政策创新，运用有效政策进一步优化社会阶层结构，加快形成橄榄型社会，运用积极政策畅通阶层流动通道，消除"阶层固化"，运用完善政策稳定社会预期，缓解社会焦虑、不满情绪，为处理阶层关系问题提供政策保障；三是在中国共产党的领导下，进一步探索创新处理阶层关系问题的具体路径，通过完善自治、法治、德治相统一的"三治一体"阶层关系治理体系，提高处理阶层关系问题的科学化水平；通过充分运用互联网、大数据等新技术手段，提高处理阶层关系问题的智能化水平；通过运用心理学的相关理论和专业方法着重于从社会心理、社会心态层面协调阶层关系，提高处理阶层关系问题的专业化水平，为处理阶层关系问题提供技术支持。

习近平总书记高度重视阶层关系问题，提出"实现中国梦必须凝聚中国力量"，把处理阶层关系问题的现实需要与实现中国梦的目标要求结合在了一起，强调中国梦不仅是国家梦、民族梦，也是人民梦、个人梦，是中国社会各阶层成员共同的梦，实现中国梦也需要中国社会各阶层成员万众一心、共同追梦，为处理好我国阶层关系问题确定了明确的目标指向，也为全面深化改革确定了遵循的根本原则。中国共产党是全心全意为人民服务的党，这就决定了全面深化改革必须以促进社会公平正义、增进人民福祉为出发点和落脚点，把为人民谋幸福作为检验全面深化改革成效的标准，让全面深化改革的成果更多更公平地惠及社会各阶层成员。通过全面深化改革，依靠制度、政策的完善，依靠法律、道德的力量，运用各种方式方法，去积极化解和有效消除经济社会发展中出现的造成阶层关系问题的因素，以此达到社会阶层之间和社会阶层内部的关系和谐，由此实现整个社会关系的和谐，实现同心共筑中国梦的伟大梦想！

# 目 录
## CONTENTS

绪论 …………………………………………………………………… 1
 一、问题的提出 …………………………………………………… 1
 二、研究的理论价值和实践价值 ………………………………… 2
 三、国内外研究现状及总体评价 ………………………………… 10
 四、相关概念界定 ………………………………………………… 22
 五、研究的基本思路、研究方法和主要内容 …………………… 27
 六、研究的重点、难点和创新点 ………………………………… 29

第一章　"阶层关系"问题研究的理论基础、传统资源和有益借鉴 … 32
 第一节　"阶层关系"问题研究的理论基础 …………………… 32
  一、马克思主义阶级分析理论的主要内容及其重要价值 …… 33
  二、马克思主义阶级分析理论在西方的创新发展 …………… 40
  三、马克思主义阶级分析理论在中国的创新发展 …………… 48
 第二节　"阶层关系"问题研究的传统资源 …………………… 58
  一、中华优秀传统文化中有益于处理阶层关系问题的思想要点审视 … 58
  二、对中华优秀传统文化中积极成分的创造性转化和创新性发展 …… 65
 第三节　"阶层关系"问题研究的有益借鉴 …………………… 67
  一、西方阶层分析理论发展的基础理论——马克斯·韦伯的阶层分析理论 …………………………………………………… 67
  二、西方阶层分析理论要点审视 ……………………………… 69
  三、对西方阶层分析理论中有益成分的选择性借鉴 ………… 75

## 第二章　全面深化改革进程中我国阶层关系演进的历史回顾和现状分析 …… 77

### 第一节　全面深化改革前我国阶层关系演进的历史回顾 …… 77
一、改革前我国阶层关系演进概况 …… 78
二、改革开放时期我国阶层关系演进概况 …… 85

### 第二节　全面深化改革进程中我国阶层关系演进的现状分析 …… 96
一、全面深化改革以来我国阶层关系演进概况 …… 97
二、阶层关系演进中的积极变化及其重要影响 …… 112
三、阶层关系演进中存在的主要问题及其影响 …… 117
四、阶层关系问题的特点、性质和实质 …… 126

## 第三章　全面深化改革进程中的阶层关系问题产生的原因分析 …… 131

### 第一节　根本原因——阶段性因素 …… 131
一、中国共产党对我国社会发展阶段和阶段性特征的探索 …… 132
二、新时代阶段性特征对阶层关系问题影响的具体分析 …… 137

### 第二节　深层次原因——制度性因素 …… 141
一、制度性因素影响阶层关系的理论分析 …… 141
二、阶层关系和谐视域下推进制度创新的实践回顾 …… 143
三、阶层关系问题产生的制度性因素的具体分析 …… 147

### 第三节　直接原因——政策性因素 …… 154
一、政策性因素影响阶层关系的理论分析 …… 154
二、阶层关系和谐视域下推进政策创新的实践回顾 …… 156
三、阶层关系问题产生的政策性因素的具体分析 …… 160

## 第四章　处理全面深化改革进程中的阶层关系问题的历史镜鉴 …… 170

### 第一节　中国共产党处理阶层关系问题的基本实践及其基本经验 …… 170
一、改革前中国共产党处理阶层关系问题的基本实践 …… 170
二、改革时期中国共产党处理阶层关系问题的基本实践 …… 173
三、中国共产党处理阶层关系问题的基本经验 …… 177

### 第二节　国外处理阶层关系问题的主要做法及有益借鉴 …… 183
一、西方发达国家：以美国为主要分析对象 …… 183
二、发展中国家：以金砖四国为主要分析对象 …… 191
三、转型国家：以苏联为主要分析对象 …… 205

## 第五章　处理全面深化改革进程中的阶层关系问题的总体思考 …… **211**

### 第一节　处理全面深化改革进程中阶层关系问题的目标指向 …… 211
一、"中国梦"思想的科学内涵及其创新意义 …… 212
二、处理阶层关系问题语境中中国梦的丰富内涵 …… 217

### 第二节　处理全面深化改革进程中阶层关系问题的核心理念 …… 222
一、新发展理念的科学内涵及其创新意义 …… 223
二、处理阶层关系问题语境中新发展理念的特殊含义 …… 230

### 第三节　处理全面深化改革进程中阶层关系问题的基本原则 …… 236
一、坚持以更平衡更充分的发展促和谐的原则 …… 236
二、坚持以满足人民日益增长的美好生活需要促和谐的原则 …… 239

### 第四节　处理全面深化改革进程中阶层关系问题的战略布局 …… 241
一、"四个全面"战略布局的科学内涵及其创新意义 …… 241
二、"四个全面"战略布局与处理阶层关系问题之间关系解析 …… 249
三、以"四个全面"战略布局为顶层设计，处理好阶层关系问题 …… 252

## 第六章　处理全面深化改革进程中的阶层关系问题的路径探究 …… **258**

### 第一节　进一步推进制度创新，为处理阶层关系问题提供制度基础 …… 258
一、推进制度创新的基本原则 …… 259
二、推进制度创新的主要内容 …… 264

### 第二节　进一步推进政策创新，为处理阶层关系问题提供政策保障 …… 277
一、推进政策创新的基本原则 …… 277
二、推进政策创新的主要内容 …… 279

### 第三节　进一步推进方法创新，为处理阶层关系问题提供技术支持 …… 289
一、完善"三治一体"体系，提高处理阶层关系问题的科学化水平 …… 289
二、充分运用新技术手段，提高处理阶层关系问题的智能化水平 …… 294
三、注重发挥心理学重要作用，提高处理阶层关系问题的专业化水平 …… 302

## 结语 …… **309**

## 参考文献 …… **312**

## 后记 …… **323**

# 绪　　论

## 一、问题的提出

习近平在庆祝改革开放40周年大会上的讲话中指出，"改革开放是我们党的一次伟大觉醒"，"是近代以来实现中华民族伟大复兴的三大里程碑"之一。[①]从1978年底的十一届三中全会开启改革大幕，到2013年11月的中共十八届三中全会制定全面深化改革的整体部署，"改革"始终是中国特色社会主义事业发展的鲜明主题和直接动力。"改革"在使"党的面貌、国家的面貌、人民的面貌、军队的面貌、中华民族的面貌发生了前所未有的变化"[②]的同时，也对我国阶层结构变动和阶层关系演进产生了深刻影响。正在进行着的全面深化改革是在改革基础上更加全面而深刻的变革，必然对我国阶层结构和阶层关系产生更加全面而深刻的影响，也必然给我国增进阶层关系和谐提出全新的课题和挑战。习近平明确指出，"实现中国梦必须凝聚中国力量"[③]，凝聚中国力量的关键就是促进阶层关系和谐。这就要求在全面深化改革阶段，从实现中华民族伟大复兴中国梦的战略意义上，高度重视正确认识和积极处理好我国的阶层关系问题。

我们认为，全面深化改革与阶层关系和谐是一种双向互动的统一关系。全面深化改革是实现阶层关系和谐的直接动力和根本途径，阶层关系和谐则是全面深化改革的根本目的和检验标准。本书正是立足于全面深化改革与阶层关系和谐这种统一互动关系，在坚持马克思主义阶级分析理论基本立场、观点和方法的基础上，运用中国化的马克思主义阶级分析理论，特别是中共十八大以来习近平关于阶层关系问题的一系列重要论述精神，全面分析和准确把握全面深化改革进程中的阶层关系演进概况，把马克思主义阶级分析理论与我国阶层关

---

[①] 习近平. 在庆祝改革开放40周年大会上的讲话[N]. 人民日报，2018-12-19.
[②] 习近平. 决胜全面建成小康社会 夺取新时代中国特色社会主义伟大胜利：在中国共产党第十九次全国代表大会上的报告[M]. 北京：人民出版社，2017：10.
[③] 中共中央文献研究室. 十八大以来重要文献选编：上[M]. 北京：中央文献出版社，2014：235.

系演进实际相联系，力求准确揭示全面深化改革进程中阶层关系演进的特点、规律及趋势，深入分析全面深化改革进程中出现的阶层关系问题的突出表现、鲜明特点及问题实质，并根据对全面深化改革进程中的阶层关系问题产生原因的深入分析和准确把握，提出正确处理全面深化改革进程中的阶层关系问题的总体思考和对策建议，以期有助于实现新时代我国社会各阶层之间和谐共处、友爱共进的美好图景，"形成同心共圆中国梦的强大合力"①，共同为全面建设社会主义现代化国家、全面推进中华民族伟大复兴而努力奋斗。

**二、研究的理论价值和实践价值**

本书立足于"全面深化改革"这一伟大实践，结合"全面深化改革"对我国阶层关系演进产生的影响分析，探讨我国阶层关系演进规律以及阶层关系演进中出现的新形势、新特点和新问题，寻求处理全面深化改革进程中阶层关系问题的新思路、新理念和新方案，具有重要的理论价值和实践价值。

研究的理论价值主要如下。

其一，全面深化改革进程中的阶层关系问题是新时代中国特色社会主义事业发展中必须处理好的重大问题之一，事关新时代中国特色社会主义事业发展的全局。通过研究，我们力求深入揭示全面深化改革进程中的阶层关系问题的具体表现、主要特点、性质实质及其产生原因，有助于准确把握全面深化改革进程中我国阶层关系演进的过程、规律和趋势，能够为我国制定正确的路线、方针和政策，为我国处理好全面深化改革进程中的阶层关系问题提供理论依据和实践依据。

阶层关系演进是与特定社会发展阶段的经济社会发展状况紧密联系在一起的，阶层关系问题是特定社会发展阶段社会主要矛盾的具体体现。要制定正确的路线、方针和政策必须对特定社会发展阶段的阶层关系有全面准确的把握，才能解决好依靠谁、团结谁、为了谁的问题。毛泽东指出：革命的首要任务是分清敌友，"确定哪些阶级是革命斗争的主力，哪些阶级是我们应当争取的同盟者，哪些阶级是要打倒的"②，只有正确认清革命的力量和革命的对象，才能制定出来中国革命正确的路线、方针、政策。当前，中国共产党面临的形势和任务虽然已经不再是传统意义上的革命，而是在新时代的新形势下，建设新时代

---

① 习近平. 高举中国特色社会主义伟大旗帜 为全面建设社会主义现代化国家而团结奋斗：在中国共产党第二十次全国代表大会上的报告［M］. 北京：人民出版社，2022：70.
② 中共中央文献研究室. 毛泽东选集：第1卷［M］. 北京：人民出版社，1991：113-114.

中国特色社会主义，是在实现2020年全面建成小康社会的阶段性目标之后，在2035年"基本实现现代化的基础上，再奋斗十五年，把我国建成富强民主文明和谐美丽的社会主义现代化强国"①。研究阶层关系不再是为了打倒谁，而是为了全面把握社会各阶层成员的不同利益诉求，以此作为我国制定路线、方针和政策的基本依据，以使我们的政策能够代表最广泛的社会阶层成员的利益，而不是仅代表其中部分社会阶层成员的利益，以处理好不同社会阶层之间的关系，维护好国家政治安定稳固以及社会和谐有序的良好局面，积聚起实现中华民族伟大复兴中国梦的强大力量。这正是这一课题研究重要的理论价值所在。

其二，研究全面深化改革进程中的阶层关系问题必须坚持马克思主义阶级分析理论的基本立场、观点和方法。通过研究，我们力求全面概括和准确理解马克思主义阶级分析理论的基本立场、观点和方法，深入分析中国共产党创造性地运用马克思主义阶级分析理论处理全面深化改革进程中的阶层关系问题的理论创新成果和实践创新成果，有助于全面准确地认识马克思主义阶级分析理论的科学精神和当代价值，有助于及时总结马克思主义阶级分析理论中国化的最新理论创新成果和实践创新成果，有助于进一步巩固马克思主义理论在我国意识形态领域的指导思想地位。

始终坚持马克思主义理论在意识形态领域的指导思想地位是中国共产党意识形态观中具有最根本意义的观点，也是中国共产党领导意识形态工作的一条重要经验。邓小平指出，"坚持马克思主义对中国十分重要"②。习近平也反复强调："马克思列宁主义、毛泽东思想一定不能丢，丢了就丧失根本。"③当前，中国共产党所处的历史方位、所面临的内外形势、所肩负的使命任务都要求必须具备科学理论的有力支撑，这一科学理论就是马克思主义理论。所以，必须坚持和发展马克思主义理论，不断增强马克思主义理论强大的生命力，持续强化马克思主义理论伟大的指导力。在认识和处理全面深化改革进程中的阶层关系问题时，以习近平同志为核心的中国共产党人以全面深化改革进程中阶层关系存在的实际问题为中心，着眼于对马克思主义阶级分析理论的具体运用，着眼于对我国阶层关系实际问题的理论思考，着眼于中国特色社会主义伟大实践发展的现实需要，创新和发展中国共产党认识和处理阶层关系问题的思路和方

---

① 习近平. 决胜全面建成小康社会 夺取新时代中国特色社会主义伟大胜利：在中国共产党第十九次全国代表大会上的报告 [M]. 北京：人民出版社，2017：29.
② 中共中央文献编辑委员会. 邓小平文选：第3卷 [M]. 北京：人民出版社，1993：62.
③ 中共中央文献研究室. 十八大以来重要文献选编：上 [M]. 北京：中央文献出版社，2014：75.

法，不断推进马克思主义阶级分析理论的创新发展，不仅成功实现了马克思主义理论的中国化、时代化、大众化，而且使马克思主义理论焕发出了更强的生命力和发挥着更强的指导力。

本书的研究力求全面分析和准确把握以习近平同志为核心的中央领导集体是如何在马克思主义阶级分析理论指导下研究和解决全面深化改革进程中的阶层关系问题，同时又以丰富的理论认识成果和实践经验总结进一步丰富和发展马克思主义阶级分析理论的内容，实现马克思主义阶级分析理论进一步中国化的。这一研究工作是巩固马克思主义理论在意识形态领域的指导思想地位的现实需要，也是作为理论工作者的重要责任和庄严使命。

其三，阶层关系和谐是全面建设社会主义现代化国家的应有之义和内在要求。通过研究，我们力求深入分析阶层关系和谐与全面建设社会主义现代化国家之间的内在逻辑关系，深刻揭示处理好全面深化改革进程中的阶层关系问题对于全面建设社会主义国家的重要意义，有助于进一步深化对全面建设社会主义现代化国家的丰富内涵、根本要求和发展趋势的认识，为全面建设社会主义现代化国家的伟大实践提供理论依据和实践指导。

全面建设社会主义现代化国家是在全面建成小康社会基础之上物质文明、政治文明、精神文明、社会文明、生态文明的全面跃升。从社会文明方面，意味着"国民素质和社会文明程度达到新高度"[1]，意味着公平正义得到普遍彰显，意味着社会关系更加和谐。社会关系更加和谐当然是指包括阶层关系在内的社会关系更加和谐，由此可知，阶层关系更加和谐是全面建设社会主义现代化国家的内在要求和应有之义。为此，中共二十大擘画了中国共产党团结带领全国各族人民实现这一中心任务的路线图和时间表，并提出实现这一中心任务的根本要求就是"团结带领全国各族人民"，最大限度凝聚人心汇聚力量。为此，必须促进包括阶层关系在内的社会关系和谐，以形成海内外中华儿女同心共圆中国梦的强大合力。

团结带领全国各族人民全面建设社会主义现代化国家是当前阶段党的中心任务，也是新时代中国特色社会主义事业发展的战略统领。实现阶层关系和谐不仅是全面建设社会主义现代化国家的应有之义和内在要求，也是夺取全面建设社会主义现代化国家伟大胜利必不可少的动力支持。我们认为，正确认识和处理全面深化改革进程中的阶层关系问题是全面建设社会主义现代化国家的现

---

[1] 中共中央文献研究室. 中共中央关于制定国民经济和社会发展第十四个五年规划和二〇三五年远景目标的建议［M］. 北京：人民出版社，2020：5.

实需要。本书致力于研究在全面建设社会主义现代化国家重要阶段阶层关系演进中存在的具体问题及其产生原因，在此基础上提出对于处理好全面建设社会主义现代化国家阶段阶层关系问题的对策建议，有助于进一步深化对全面建设社会主义现代化国家内在规律的认识，为全面建设社会主义现代化国家的伟大实践提供理论指导，因而具有重要的理论价值。

本书研究还具有十分重要的实践价值。

阶层关系问题始终是中国革命、建设、改革事业发展中的一个基本关系问题，正确认识和处理阶层关系问题是中国共产党领导中国革命、建设、改革事业发展的一个制胜法宝。进入全面深化改革阶段，阶层关系仍然是全面深化改革进程中要处理好的一个基本关系。习近平指出："当前，全党面临的一个重要课题，就是如何正确认识和妥善处理我国发展起来后不断出现的新情况新问题。"① 阶层关系问题正是我国发展起来后不断出现的新问题之一，研究全面深化改革阶段的阶层关系问题就是中国共产党面临的一个重要课题，正确认识和处理阶层关系问题是中国共产党不断提高执政能力和执政水平的现实需要。按照中共十九大新的战略部署，2020年全面建成小康社会、2035年基本实现现代化、2049年把我国建设成为富强、民主、文明、和谐、美丽的社会主义现代化强国，正确认识和处理好阶层关系正是实现这一战略目标的重要抓手，因而，这一课题的研究具有重要的实践价值。

其一，研究阶层关系问题是为了正确认识和处理好阶层关系问题，积极促进阶层关系和谐，能够最大限度激发社会各阶层成员和整个社会有机体的生机和活力，更快更好地推动新时代中国特色社会主义伟大事业顺利向前发展。

在马克思、恩格斯看来，每一位社会成员都获得自由而全面的发展是人类社会发展最为重要的目标，"代替那存在着阶级和阶级对立的资产阶级旧社会的，将是这样一个联合体，在那里，每个人的自由发展是一切人的自由发展的条件"②。根据马克思主义理论，我们认为，阶层关系和谐是中国特色社会主义的应有之义和内在要求。进入社会主义阶段，面对社会主义建设初期的阶层关系问题，毛泽东指出处理我国阶层关系问题的目标是"造成一个又有集中又有民主，又有纪律又有自由，又有统一意志，又有个人心情舒畅、生动活泼，那样一种政治局面"③，以此实现调动一切积极因素为社会主义建设事业服务的目

---

① 中共中央文献研究室. 习近平谈治国理政：第1卷［M］. 北京：外文出版社，2018：401.
② 中共中央马克思恩格斯列宁斯大林著作编译局. 马克思恩格斯选集：第1卷［M］. 北京：人民出版社，2012：422.
③ 中央文献研究室. 建国以来毛泽东文稿：第6册［M］. 北京：中央文献出版社，1992：543.

的。进入改革时期，面对复杂多变的阶层关系问题，胡锦涛把阶层关系和谐上升到社会主义本质认识的高度，强调"阶层和谐是中国特色社会主义的本质属性"①，必须高度重视正确认识并处理好阶层关系问题。在这一理论指导下，中共十六届六中全会通过了《中共中央关于构建社会主义和谐社会若干重大问题的决定》（以下简称《决定》），《决定》着重从最大限度激发社会活力的角度强调了促进阶层关系和谐的重要性，并对如何实现阶层关系和谐做出了全面安排和部署，对促进我国阶层关系和谐的实践具有重要的指导意义。

和谐的阶层关系有助于推进中国特色社会主义伟大事业的顺利发展。中国特色社会主义伟大事业是为社会各阶层成员共同谋利益的事业，必须充分发挥社会各阶层成员的积极性、主动性和创造性。随着全面深化改革这一伟大历史进程的不断推进，由经济体制的深刻变革影响到社会阶层结构、阶层利益格局、阶层思想观念都在持续发生深刻变化，在不同社会阶层成员思想观念呈现出日益多元化的特点的同时，阶层关系演进也呈现出很多新特点。全面深化改革阶段，如何有效协调不同社会阶层成员之间复杂多样的利益关系？如何有效实现对不同社会阶层成员复杂多元的思想观念的正确引领？如何有效积聚起致力于新时代中国特色社会主义伟大事业发展的磅礴力量？积极增进阶层关系的和谐程度，最大限度激发最广泛社会阶层成员的积极性、主动性、创造性，才是对全面深化改革以来我国阶层关系深刻变化的积极回应。我们从全面深化改革进程中的阶层关系实际出发，研究解决全面深化改革进程中阶层关系问题的总体思路和路径方法，具有重要的实践价值。

其二，研究阶层关系问题能够深入准确地把握不同社会阶层的利益要求和发展动向，在此基础上才能制定出全面反映不同社会阶层成员的根本利益，有助于协调不同阶层成员的具体利益关系的路线、方针和政策，为实现中华民族伟大复兴中国梦凝聚起强大的中国力量。

和谐的阶层关系有助于积聚实现中国梦的磅礴力量。"中国梦"是对近代以来中国现代化进程总目标的新概括，也是对中国特色社会主义总目标、总任务的丰富和发展。习近平指出："中国梦归根到底是人民的梦，必须紧紧依靠人民来实现，必须不断为人民造福。"② 实现中国梦要紧紧依靠人民就必须凝聚人民的力量，凝聚人民的力量关键就是促进阶层关系和谐。这就需要在整个全面深

---

① 中共中央文献编辑委员会. 胡锦涛文选：第2卷[M]. 北京：人民出版社，2016：522.
② 中共中央文献研究室. 十八大以来重要文献选编：上[M]. 北京：中央文献出版社，2014：235.

化改革的进程中都要做到在社会各阶层成员之间寻求最大公约数，找到社会各阶层成员在全面深化改革进程中利益的最佳平衡点，在社会各阶层成员中形成对全面深化改革的广泛社会共识，这是实现阶层关系和谐的基础。

当前正处于全面深化改革的重要阶段，中国社会还面临着比较复杂甚至是比较突出的阶层关系问题。事实上，阶层关系问题甚或已经成为激化社会矛盾的重要原因，或者说几乎所有的社会矛盾都与阶层关系问题有关。如，城市社会中管理者与城市居民之间的矛盾、管理者与外来人口之间的矛盾、城市中外来人口与城市原有居民之间的矛盾、农村社会中农村基层管理者与农民之间的矛盾、农村中原有居民与返乡创业人员之间的矛盾、社会先富起来的人和困难群体之间的矛盾等。如果不重视研究全面深化改革进程中的阶层关系演进的阶段性特点、出现的阶层关系方面的新问题，就不能及时正确地处理阶层关系问题，就会影响全面深化改革进程的顺利展开和深入推进，甚至于影响到安定团结的政治局面以及和谐有序的社会秩序。所以，只有适应全面深化改革进程中阶层关系演进的新形势，及时正确地处理阶层关系变化带来的一系列新问题，形成全体人民各尽所能、各得其所而又和谐相处的社会局面，才能真正巩固中国共产党执政的阶级基础和社会基础，也才能凝聚起实现中华民族伟大复兴中国梦的强大力量，最终实现中华民族伟大复兴中国梦。因而，研究全面深化改革进程中的阶层关系问题对于实现中华民族伟大复兴中国梦具有特殊重要的实践价值。

其三，研究阶层关系问题也是为了从全局出发，准确把握新时代社会主要矛盾转化对阶层关系演进产生的影响，探求处理新时代阶层关系问题的新思路，通过阶层关系问题的解决巩固业已形成的安定团结的政治局面和和谐有序的社会秩序，有助于推进"四个全面"战略布局的顺利展开。

"四个全面"战略布局是中共十八大以来，以习近平同志为核心的中央领导集体制定的战略决策，是实现中华民族伟大复兴中国梦的全面布局和长远之策。中共十九大再次明确了中国特色社会主义的战略布局是"四个全面"[①]。和谐的阶层关系有助于"四个全面"战略布局的顺利展开。"四个全面"战略布局是伟大的系统工程，其中全面深化改革是推进"四个全面"战略布局的直接动力。作为"四个全面"战略布局中的动力系统，全面深化改革的顺利推进是保证全面依法治国、全面从严治党和全面建设社会主义现代化国家顺利展开的关键，

---

① 习近平. 决胜全面建成小康社会 夺取新时代中国特色社会主义伟大胜利：在中国共产党第十九次全国代表大会上的报告［M］. 北京：人民出版社，2017：19.

与"四个全面"战略布局这一战略抉择关系密切并且对其意义重大。全面深化改革顺利推进的前提是必须保持社会环境的和谐稳定，没有和谐稳定的社会环境，任何一项改革部署都将难以推进，"没有安定的政治环境，什么事情都干不成"①。而要实现保持社会环境的持续和谐稳定，就必须在全面深化改革进程中处理好阶层关系问题，协调好阶层关系中的各种矛盾。同时，全面深化改革必须依靠社会各阶层成员的支持，社会各阶层成员是社会变革的决定力量，阶层关系和谐本身就为全面深化改革积聚着社会推动力量，只有实现阶层关系和谐，全面深化改革才能获得源源不断的支持力量。所以，正确认识和处理好全面深化改革进程中的阶层关系问题事关"四个全面"战略布局的顺利展开。

正如胡锦涛所说，"促进政党关系、民族关系、宗教关系、阶层关系、海内外同胞关系的和谐，对增进团结、凝聚力量具有不可替代的作用"②。在这五个社会关系中，阶层关系是核心，因而处理好阶层关系问题、增进阶层关系和谐才能够实现以阶层关系和谐促进社会关系和谐，为全面深化改革提供安定有序的社会环境和积极向上的舆论氛围，全面深化改革才可能在重要领域和关键环节改革上不断取得新突破，不断创造全面深化改革的新局面。研究全面深化改革进程中的阶层关系问题，处理好全面深化改革进程中的阶层关系问题，才能为"四个全面"战略布局顺利展开提供力量支持，所以，对于这一重大课题的研究具有重要的实践价值。

当前，我国社会阶层结构主要是由工人阶层、农民阶层和新社会阶层三个基本的社会阶层构成的。其中，工人阶层不仅是全面深化改革的领导阶级而且是全面深化改革最主要的推动力量，农民阶层应该是全面深化改革最大最基本的依靠力量，新社会阶层则是全面深化改革最强有力的推动力量。当然，我国社会阶层关系也主要是指工人阶层、农民阶层和新社会阶层这三个基本阶层之间的关系，只有工人阶层、农民阶层和新社会阶层这三个基本阶层之间的关系实现了真正的和谐和睦，才能充分发挥他们在全面深化改革的伟大历史进程中继续创造辉煌的伟大作用。十一届三中全会以来，中国40多年的改革开放之所以能够取得辉煌成果，成功开辟出中国特色社会主义道路，与改革得到包括新社会阶层在内的最广泛社会阶层成员的积极参与和大力支持是不可分割的。正是在阶层关系和谐的基础上形成的伟大力量推动了中国改革的伟大进程，创造了中国发展的伟大奇迹。全面深化改革进程中，我国阶层结构的急剧分化和不

---

① 中共中央文献编辑委员会．邓小平文选：第3卷［M］．北京：人民出版社，1993：244．
② 中共中央文献编辑委员会．胡锦涛文选：第2卷［M］．北京：人民出版社，2016：637．

同社会阶层之间的频繁流动，使得原有的阶层关系发生了很大变化，阶层关系演进中不同社会阶层成员之间出现的问题也日益引起党和政府、社会和学界的广泛关注。基于此，在2005年，李路路就明确提出："中国社会由此走向一个阶层结构更加分化的社会，阶层之间的关系将日益成为影响中国社会状况的基本变量。"① 在阶层关系影响日益增强的现实环境中，我们要实现全面深化改革"到2020年，在重要领域和关键环节改革上取得决定性成果"② 的阶段性目标和"完善和发展中国特色社会主义制度，推进国家治理体系和治理能力现代化"③ 的总目标，就必须在社会各阶层成员中"把最大公约数找出来，在改革开放上形成聚焦"④。处理好阶层关系问题，最大限度实现阶层关系和谐，才能同社会各阶层成员一道把全面深化改革推向前进。

中共二十大提出"全面建成社会主义现代化强国，总的战略安排是分两步走：从2020年到2035年基本实现社会主义现代化；从2023年到本世纪中叶把我国建成富强民主文明和谐美丽的社会主义现代化强国"⑤。这就意味着，经过长期不懈的努力奋斗，我们终于迎来了从站起来、富起来到强起来的伟大飞跃，迎来了实现中华民族伟大复兴的光明前景。"今天，我们比历史上任何时期都更接近、更有信心和能力实现中华民族伟大复兴的目标，同时必须准备付出更为艰巨、更为艰苦的努力。"⑥ 以习近平同志为核心的中央领导集体从实现中华民族伟大复兴中国梦的高度，针对实现什么样的民族复兴、如何实现民族复兴给予了明确的回答，这就是协调推进"四个全面"战略布局。本书就是从实现中华民族伟大复兴中国梦和推进"四个全面"战略布局的视角研究全面深化改革进程中的阶层关系问题，因而具有重要的理论价值和实践价值。

---

① 李路路.中国城镇社会的阶层分化与阶层关系[J].中国人民大学学报，2005（2）：11.
② 中共中央文献研究室.十八大以来重要文献选编：上[M].北京：中央文献出版社，2014：497.
③ 中共中央文献研究室.十八大以来重要文献选编：上[M].北京：中央文献出版社，2014：512.
④ 中共中央文献研究室.习近平关于全面深化改革论述摘编[M].北京：中央文献出版社，2014：31.
⑤ 习近平.高举中国特色社会主义伟大旗帜 为全面建设社会主义现代化国家而团结奋斗：在中国共产党第二十次全国代表大会上的报告[M].北京：人民出版社，2022：24.
⑥ 习近平.高举中国特色社会主义伟大旗帜 为全面建设社会主义现代化国家而团结奋斗：在中国共产党第二十次全国代表大会上的报告[M].北京：人民出版社，2022：27-28.

### 三、国内外研究现状及总体评价

（一）国外研究现状

阶层关系是国外学术界研究的基本问题之一，但针对我国阶层关系问题的研究成果并不多，现有的研究成果也多集中在对我国改革以来出现的新社会阶层的具体构成和政治倾向方面。主要如下。

一是对改革开放以来中国社会正在成长的中产阶层的研究。研究者有两种基本看法：一种看法认为，中国正在进行的改革促进了中产阶级力量的成长壮大，中国的中产阶级已经成为推动中国社会民主发展的主导性力量，"社会经济的现代化带来中产阶级态度取向的转变，促使他们更认可民主统治与民主的价值"[①]。另一种看法则认为，改革开放以来，正是由于中国采取了允许民营企业家入党等政策和策略，所以，中产阶级与政府之间建立了一种合作关系。同时，因为中产阶级在政策、资金方面都对国家权力有比较紧密的依赖关系，中产阶级在成长过程中往往"或者受益于他们的党员身份，或者受益于他们与党的干部之间的关系"[②]，这种具有依附性的中产阶级不可能成为推动中国民主化的力量。

其中具有代表性的研究者，美国乔治·华盛顿大学政治学系布鲁斯·迪克森，在《中国的红色资本家：党、私营企业主与政治变革的前景》(2003) 一书中，通过对多名私营企业主和地方官员进行调查和研究后指出，不断壮大的中产阶级是中国社会走向民主的社会变革的一个象征。他们的物质利益都得益于改革开放政策，中产阶级也普遍支持现有政权。

澳大利亚悉尼大学中国研究中心主任戴维·古德曼，在《中国的新富：未来统治者目前的生活》(2008) 一书中分析了中国新富阶层的产生、构成和特点。他的基本观点是，中国的新富阶层的产生受益于20世纪80年代以来中国的经济发展，其构成的成分比较复杂，包括私营企业主以及国家、集体、私营和外资企业的管理人士等，就其特点来说，他们往往与党政部门的关系非常密切。戴维·古德曼认为，中国的新富阶层可能还并不是真正意义上的中产阶级，他们中产阶级的特征仅仅是表现在他们的生活方式上而已。

二是对改革开放以来中国社会出现的规模宏大的农民工群体的研究。如美

---

[①] Tang Min, WOODS D, Zhao Jujun. The Attitudes of the Chinese Middle Class Towards Democracy [J]. Journal of Chinese Political Science, 2008 (27): 82.

[②] He Kai, Feng Huiyun. A path to Democracy. In Search of China's Democratization Model [J]. Asian Perspective, 2008 (3): 149.

国加州大学洛杉矶分校社会学系范芝芬，她比较全面地分析了农民工群体的出现对中国社会特别是城市发展产生的影响，她基本的判断是农民工对城市发展的积极作用总体上大于消极影响。她认为，农民工已经成为城市经济发展中的一支主要劳动力，对城市发展做出很大贡献。范芝芬认为，农民工的收入有效地提高了农村的家庭收入，缓解了中国社会发展中的农村贫困，一定程度地缓解了城乡差距。所以农民工在促进城市发展的同时，也促进了中国社会的发展。

新加坡国立大学东亚研究所高级研究员赵力涛，在《中国的返乡农民工：社会不稳定的来源还是促进农村转型的力量?》（2009）一文中，比较全面地考察了返乡农民工对家乡农村建设的影响，指出返乡农民工有两大贡献，"第一，返乡农民工成为生意人和企业家，丰富了乡村生活，扩大了非农就业；第二，返乡农民工多定居在城镇，在农村城镇化进程中发挥着重要作用"[1]，充分肯定了返乡农民工对于农村城镇化和缩小城乡差距的重要意义。

综上所述，国外学者对中国阶层关系的研究主要集中在阶层关系演进过程中阶层内部的分化和阶层结构的变迁，特别是改革以来出现的新社会阶层的特点，以及对中国社会发展和民主政治产生的影响方面，对特定的社会阶层内部以及不同的社会阶层之间关系的研究则相对较少。

（二）国内研究现状

阶层关系问题是国内学术界研究的重大社会问题之一，特别是在2006年中共十六届六中全会提出构建社会主义和谐社会的目标任务和全面部署之后，国内学术界以阶层关系为题的研究成果逐渐增多，研究力度也在增强，阶层关系研究逐步成为学术界的研究热点。相关研究成果主要集中在以下方面。

一是对马克思主义阶级分析理论的研究，具体研究成果主要集中在对马克思主义阶级分析理论的内容、特征、地位的概括和评价方面。代表性的成果主要有：

仇立平（1997）《社会阶层理论：马克思和韦伯》指出，两者的根本区分在于，马克思主要以生产关系作为阶级划分基础，还有其他参与"交互作用"的因素；韦伯则以"财富、权力、声望"等因素作为社会分层标准。[2] 陶岳潮（2002）《关于阶级、阶层分析的思考》指出，马克思主义阶级分析理论中阶级分析和阶层分析是统一的，阶层分析不能取代阶级分析，但其地位和作用需提

---

[1] Zhao Litao. Return Rural Migration in China: A Source of Social Instability or a Force for Rural Transformation? [J]. EAI Background Brief, 2009, 1 (424).
[2] 仇立平. 社会阶层理论：马克思和韦伯 [J]. 上海大学学报（社会科学版），1997 (5)：99-104.

升，要正确观察和认识当代中国社会群体结构的变迁就必须结合阶级分析与阶层分析。[①] 韩狄明、任锴荣（2003）《马克思的阶层理论与伴随现代化的阶层分化》指出，马克思、恩格斯是结合阶级分析与阶层分析来考察人类社会阶级状况的。他们认为阶级划分标准是经济地位，阶层划分标准则根据生产资料占有关系之外的属性。马克思、恩格斯认为阶层是或属于阶级内部，或与阶级有关联而又相对独立的特殊群体。[②] 邬思源（2005）《对马克思主义阶级阶层理论的再认识》认为，马克思主义阶级阶层理论是我们认识阶级、阶层问题的科学工具，马克思主义阶级阶层理论中以消灭阶级间不公正为基本目标取向的思想在当前仍然具有重要意义。[③] 李冰、刘桂云（2005）《马克思主义阶级阶层理论及其当代意义》认为，阶级阶层理论是我们研究阶级、阶层状况的主要理论依据，只有坚持马克思主义阶级阶层理论才能正确认识中国社会阶层结构的深刻变化，处理好各阶级、阶层之间的利益关系。[④] 仇立平（2006）《回到马克思：对中国社会分层研究的反思》主张在运用马克思主义阶级分析理论研究中国的社会分层问题时，从构建社会主义和谐社会的现实需要出发，实现从注重阶级冲突转向强调阶级合作。[⑤] 周志山、孙大鹏（2007）《从"冲突论"到"和谐论"——马克思社会研究范式的转换》认为，阶级分析和阶层分析是马克思分析社会现象的两种重要方法，所不同的是，阶级分析重在揭示各阶级之间的利益冲突和对抗，阶层分析则重在强调各阶层之间的利益整合与协调。[⑥] 孙国栋、吴家华（2008）《马克思阶级理论的当代思考》认为，在坚持马克思阶级分析理论的同时，也要看到马克思阶级分析理论具有一定的局限性，要根据变化了的新形势，创新和发展马克思阶级分析理论，坚持运用阶级分析和阶层分析相结合的方法研究社会主义阶段的阶级、阶层结构。[⑦] 陈跃、熊玲、何玲玲（2009）《关于马克思主义阶级分析方法理论与现实的研究报告》指出，处于社

---

① 陶岳潮. 关于阶级、阶层分析的思考 [J]. 浙江学刊, 2002 (6)：218-221.
② 韩狄明, 任锴荣. 马克思的阶层理论与伴随现代化的阶层分化 [J]. 前进, 2003 (6)：31-33.
③ 邬思源. 对马克思主义阶级阶层理论的再认识 [J]. 岭南学刊, 2005 (3)：10-13.
④ 李冰, 刘桂云. 马克思主义阶级阶层理论及其当代意义 [J]. 河北省社会主义学院学报, 2005 (2)：25-29.
⑤ 仇立平. 回到马克思：对中国社会分层研究的反思 [J]. 社会, 2006 (4)：23-42+206.
⑥ 周志山, 孙大鹏. 从"冲突论"到"和谐论"：马克思社会研究范式的转换 [J]. 社会科学, 2007 (9)：4-10.
⑦ 孙国栋, 吴家华. 马克思阶级理论的当代思考 [J]. 安徽理工大学学报（社会科学版）, 2009, 11 (1)：7-10.

会主义初级阶段的中国依然存在着阶级和阶级差别，所以马克思主义阶级分析理论和阶级分析方法仍然是适用的，准确把握现阶段中国的阶级、阶层状况必须运用马克思主义阶级分析理论。[①] 葛楠（2015）《马克思"中间阶层"思想及其当代启示》指出，马克思对中间阶层的概念、特点、作用及中间阶层发展趋势都有所关注，认为要不断壮大中间阶层，形成了丰富的"中间阶层"思想，这一思想对于我们认识和处理阶层关系问题具有重要的现实意义。[②]

二是对中国化的马克思主义阶级分析理论的研究。具体研究成果主要集中在对中国共产党几代中央领导集体的核心人物对马克思主义阶级分析理论中国化的贡献方面。具有代表性的成果主要有：

曾鹏（2003）《毛泽东社会分层理论初探》指出，毛泽东在革命时期实现了对马克思主义阶级分析理论的成功运用与发展，在建设时期对马克思主义阶级分析理论出现了教条化的错误，对其进行错误原因的分析和教训的总结是非常必要的。[③] 高霞（2003）《马克思主义阶级阶层分析的光辉典范——毛泽东〈中国社会各阶级的分析〉读后》指出，毛泽东自觉运用马克思主义阶级阶层分析法，分清敌、我、友三者的阶级阵线，丰富了马克思主义的阶级分析理论；运用阶层分析方法，深化对敌、我、友三者之间关系的认识，创新发展了马克思主义阶级阶层分析理论。[④] 田耿文（2006）《毛泽东社会阶级分析理论及其现实指导意义》指出，毛泽东社会阶级分析理论不仅在革命和战争年代发挥了重要作用，在阶层结构发生深刻变化的新时期，其阶级分析理论对于构建社会主义和谐社会仍然具有重要的指导意义和借鉴价值。[⑤] 张瑞敏（2010）《略论毛泽东时代的阶级阶层理论与实践》指出，毛泽东认为阶级斗争观点及阶级分析方法是马克思主义观的核心内容，阶级划分标准是包括政治、经济的二元划分标准，人民内部矛盾属于非对抗性矛盾。[⑥] 李新芝（2015）《毛泽东阶层和谐理论及其当代发展》指出，毛泽东阶层和谐理论初步形成于新民主主义革命时期，

---

① 陈跃，熊洁，何玲玲. 关于马克思主义阶级分析方法理论与现实的研究报告 [J]. 马克思主义研究，2011（9）：5-15+159.
② 葛楠. 马克思"中间阶层"思想及其当代启示 [J]. 湖北行政学院学报，2015（1）：25-29.
③ 曾鹏. 毛泽东社会分层理论初探 [J]. 求实，2003（2）：18-20.
④ 高霞. 马克思主义阶级阶层分析的光辉典范：毛泽东《中国社会各阶级的分析》读后 [J]. 安徽警官职业学院学报，2003（3）：59-60.
⑤ 田耿文. 毛泽东社会阶级分析理论及其现实指导意义 [J]. 法制与社会，2006（23）：138-139.
⑥ 张瑞敏. 略论毛泽东时代的阶级阶层理论与实践 [J]. 理论月刊，2010（12）：26-30.

主要是处理好无产阶级与农民阶级之间的矛盾。毛泽东阶层和谐理论发展于社会主义改造时期，重点在于处理好无产阶级与民族资产阶级之间的关系。毛泽东阶层和谐理论完善于社会主义建设时期，主要是处理好无产阶级与知识分子之间的关系。[①] 薛小妹、王金伟（2015）《农民革命动力论——毛泽东对马克思农民阶层二重性理论的突破》指出，毛泽东根据中国当时社会具体实际，提出中国农民革命动力论，一方面充分发挥农民阶层革命力量，另一方面提出改造农民阶层落后性的具体方法，实现了对马克思农民阶层二重性理论的发展。[②]

赵喜顺（2010）《邓小平对马克思主义阶级理论的丰富与发展》指出，邓小平坚持马克思主义阶级分析理论，纠正阶级斗争扩大化的错误，提出社会主义发展阶段的论断，关于先富与共富的论述，等等。[③] 付春（2014）《邓小平社会分层思想探析》指出，邓小平在新的历史阶段，科学分析和重新界定中国社会阶级阶层结构，坚持多元分层标准，坚持共同富裕和效率优先与兼顾公平的原则，提出了"三个有利于"标准作为促进中国社会阶层合理分化的评价标准。[④] 李新芝（2014）《邓小平促进阶层关系和谐的实践及其基本经验》指出，邓小平促进阶层关系和谐的实践经验是，以创新的马克思主义阶级分析理论作为理论基础，以加快生产力发展作为物质基础，以加强民主法制建设作为制度基础。[⑤]

朱春玉（2002）《江泽民新社会阶层理论及其实践价值》指出，江泽民提出不断增强党的阶级基础和社会基础的思想，新的社会阶层也是中国特色社会主义事业的建设者的思想，不能简单地把有没有财产、有多少财产作为政治立场判断标准的思想，都是对马克思主义阶级分析理论的发展，这一重要发展不仅具有重要的理论意义，还具有重要的实践价值。[⑥] 胡建兰、李楠（2008）《党的新一代领导集体阶级阶层理论的创新》指出，江泽民创新贡献集中表现在：确立了判断各阶层人员政治上先进与落后的"三看"标准；做出了新的社会阶层人

---

① 李新芝. 毛泽东阶层和谐理论及其当代发展 [J]. 毛泽东思想研究，2015，32（2）：19-25.
② 薛小妹，王金伟. 农民革命动力论：毛泽东对马克思农民阶层二重性理论的突破 [J]. 传承，2015（12）：72-73.
③ 赵喜顺. 邓小平对马克思主义阶级理论的丰富与发展 [J]. 中共四川省委省级机关党校学报，2002（1）：18-22.
④ 付春. 邓小平社会分层思想探析 [J]. 毛泽东思想研究，2014，31（6）：75-79.
⑤ 李新芝. 邓小平促进阶层关系和谐的实践及其基本经验 [J]. 四川师范大学学报（社会科学版），2014，41（4）：11-16.
⑥ 朱春玉，马锐锋. 江泽民新社会阶层理论及其实践价值 [J]. 郑州大学学报（哲学社会科学版），2002（3）：46-50.

员"也是中国特色社会主义事业的建设者"的论断。① 赵艳华（2014）《江泽民对社会阶层理论的新贡献——基于国家政权建设视角》指出，江泽民将新社会阶层定位为"中国特色的社会主义建设者"的论断是对社会阶层理论的新贡献。②

王珊（2012）《以胡锦涛同志为总书记的党中央"促进阶层关系和谐"思想的理论与实践》指出，面对新时期阶级阶层关系发生的新变化，胡锦涛提出正确认识新社会阶层推动经济社会发展的重要地位和作用，正确理解人们政治上的先进与落后的判断标准以及党的先进性标准，允许新社会阶层中优秀分子入党，做大做好合理的收入分配制度"蛋糕"，将"实现社会公平正义"作为发展中国特色社会主义的重大任务，等等，都是重要理论与实践创新成果。③ 李新芝（2013）《论胡锦涛同志对中国特色社会分层理论的新发展》指出，胡锦涛明确了正确认识和处理社会阶层问题的新目标是实现阶层关系和谐，新思路是和谐思维，新举措是以发展巩固社会阶层关系和谐的基础、以改革促进社会阶层之间的关系和谐、以制度保障社会阶层关系和谐。④

李新芝（2018）《论习近平新时代中国特色社会主义思想中的阶层和谐理论》提出，习近平"实现中国梦必须凝聚中国力量""留学人员是统战工作新的着力点""统一战线是做人的工作"等一系列重要的新命题，是马克思主义阶级分析理论中国化的最新理论成果，是习近平新时代中国特色社会主义思想的重要组成部分。⑤

研究者还运用比较研究方法分析和概括中国共产党的代表人物在马克思主义阶级分析理论中国化方面的贡献。李新芝（2006）《毛泽东、邓小平、江泽民社会分层理论研究》指出，毛泽东主张以经济地位为主，同时兼及政治标准。邓小平强调政治地位、经济地位和职业在分析社会阶层中的作用，在社会分层中淡化了政治分层标准。江泽民进一步明确和发展了"三看"标准。⑥ 李新芝

---

① 胡建兰，李楠. 党的新一代领导集体阶级阶层理论的创新 [J]. 时代人物，2008（5）：139-141.
② 赵艳华. 江泽民对社会阶层理论的新贡献：基于国家政权建设视角 [J]. 中共贵州省委党校学报，2014（3）：101-104.
③ 王珊. 以胡锦涛同志为总书记的党中央"促进阶层关系和谐"思想的理论与实践 [J]. 中央社会主义学院学报，2012（5）：50-54.
④ 李新芝. 论胡锦涛同志对中国特色社会分层理论的新发展 [J]. 西南民族大学学报（人文社会科学版），2013，34（8）：211-215.
⑤ 李新芝. 论习近平新时代中国特色社会主义思想中的阶层和谐理论 [J]. 四川师范大学学报（社会科学版），2018，45（1）：40-47.
⑥ 李新芝. 毛泽东、邓小平、江泽民社会分层理论研究 [J]. 四川师范大学学报（社会科学版），2006（3）：13-18.

（2008）《改革开放30年来当代中国社会分层理论的发展》指出，邓小平实现了党工作重心的转移，为当代中国社会分层理论的发展确定了方向。江泽民首次提出"阶层"概念，明确促进阶层分化、协调阶层关系的方向、目的、要求，进一步完善多元分层标准体系。胡锦涛为构建和谐阶层关系提出了一系列新举措，进一步完善了社会分层理论。①

三是对改革开放以来我国阶层关系问题的研究。具体研究成果主要集中在对正确处理阶层关系问题的重要性、改革开放以来阶层关系问题的特点、阶层关系问题的性质、处理阶层关系问题的对策研究方面。代表性的成果主要有：

关于改革开放以来正确认识和处理阶层关系重要性的研究：王世谊（2003）《当代中国社会阶层结构的变化新探》认为，新形势下，执政党要不断从政策上调整阶层关系，拓展执政党的政治合法性基础。② 马用浩（2008）《和谐阶层关系何以可能》认为，促进阶层关系和谐的重要性在于：有助于激发社会活力；有利于规避社会风险；有利于实现社会的公平正义。③ 傅龙华（2012）《构建和谐的阶层关系是创新社会管理之重要路径》认为，在我国处于经济转轨和社会转型时期，实现阶层关系和谐有利于加强社会管理，有利于构建和谐社会。④

关于改革开放以来我国阶层关系问题特点的研究：张志红（2003）《中国社会转型期阶层矛盾分析》认为，当前中国社会的阶层矛盾包括：阶层间的物质利益矛盾、政治利益矛盾、思想观念矛盾、生活方式矛盾等。⑤ 樊平（2005）《当代中国阶层关系的新特点》认为，改革开放以来我国阶层关系的特点是：阶层利益对立关系必然存在；阶层关系仍然属于人民内部矛盾；调整利益关系是协调阶层关系的基本方式；不同阶层之间的冲突具有探索对方底线并动态调整的特点。⑥ 王伟光（2006）《正确处理人民内部矛盾，构建社会主义和谐社会》指出，我国社会发展中出现的人民内部矛盾包括社会差别、贫富差距、阶层分化、就业问题、群体性事件等。⑦ 王伟同、原野（2007）《和谐社会构建与社

---

① 李新芝. 改革开放30年来当代中国社会分层理论的发展[J]. 四川师范大学学报（社会科学版），2008（6）：21-26.
② 王世谊. 当代中国社会阶层结构的变化新探[J]. 社会科学，2003（6）：42-51.
③ 马用浩. 和谐阶层关系何以可能[J]. 社会主义研究，2008（5）：37-41.
④ 傅龙华. 构建和谐的阶层关系是创新社会管理之重要路径[J]. 文史博览（理论），2012（9）：40-42.
⑤ 张志红. 中国社会转型期阶层矛盾分析[J]. 理论与现代化，2003（3）：64-68.
⑥ 樊平. 当代中国阶层关系的新特点[J]. 江苏社会科学，2005（6）：20-23.
⑦ 王伟光. 正确处理人民内部矛盾 构建社会主义和谐社会[J]. 中共中央党校学报，2006（3）：5-14.

阶层利益冲突对策研究》认为，体制性制约和利益博弈平台的缺失是当前中国社会阶层冲突产生和激化的根源。① 朱光磊、陈娟（2008）《中国阶层分化与重组30年：过程、特征与思考》认为，当代中国阶层关系的总体特点表现在，团结与合作是阶层关系的主流；非对抗性矛盾居于主导地位；经济利益问题是阶层关系和矛盾的主要内容。② 王春光（2010）《当前中国社会阶级阶层关系的变化与特点》认为，改革开放之后阶层关系呈现出非常复杂的特性，既具有资本主义社会的特点，又具有社会主义社会的一些特点，还打上了中国传统特色的烙印。③

关于改革开放以来我国阶层关系问题性质的研究：段若鹏（2002）《中国现代化进程中的阶层结构变动研究》认为，经济利益的差别是产生阶层矛盾的深刻根源，不同社会阶层之间的矛盾具体表现在政治、经济、思想、社会各方面。④ 李培林（2004）《正确处理新时期社会矛盾的关键点》认为，新时期社会矛盾中，利益矛盾是主导方面，干群矛盾、工农矛盾、城乡矛盾突出，国家、集体和个人之间的矛盾、公与私之间的矛盾等是重要方面，收入差别扩大是主要表现方式。⑤ 吉宏、杨太康（2007）《略论社会转型期我国社会阶级阶层的嬗变及其矛盾》指出，社会转型期我国新的社会矛盾体系仍然属于人民内部矛盾性质，"和而不同"是社会转型期人民内部矛盾的本质特征。⑥ 李培林（2008）《中国社会和谐稳定报告》认为，当前影响我国社会和谐稳定的主要因素是收入和财富分配问题、阶级阶层结构问题、利益矛盾和冲突问题等。⑦

关于改革开放以来处理阶层关系问题对策的研究：辛鸣（2000）《转型社会阶层协调的理论分析与模式研究》提出，协调阶层关系包括确立具有中国特色的"社会目标"，运用科学理性的"利益分析"，完善科学规范、公正有效的"制度安排"，注重"意识培育"。⑧ 王小章（2001）《社会分层与社会秩序》指出，建立公正合理的社会分层机制，必须首先体现机会均等意义上的公平，即

---

① 王伟同，原野. 和谐社会构建与社会阶层利益冲突对策研究 [J]. 东北财经大学学报，2007（4）：34-37.
② 朱光磊，陈娟. 中国阶层分化与重组30年：过程、特征与思考 [J]. 教学与研究，2008（10）：19-28.
③ 王春光. 当前中国社会阶级阶层关系的变化与特点 [J]. 河北学刊，2010，30（4）：8-13.
④ 段若鹏，等. 中国现代化进程中的阶层结构变动研究 [M]. 北京：人民出版社，2002.
⑤ 李培林. 正确处理新时期社会矛盾的关键点 [J]. 经济研究参考，2004（31）：13-14.
⑥ 吉宏，杨太康. 略论社会转型期我国社会阶级阶层的嬗变及其矛盾 [J]. 经济问题，2007（10）：11-13.
⑦ 李培林. 中国社会和谐稳定报告 [M]. 北京：社会科学文献出版社，2008.
⑧ 辛鸣. 转型社会阶层协调的理论分析与模式研究 [J]. 新视野，2000（5）：51-53.

所有社会职位必须向全体社会成员开放，每个人依凭个人能力，以公平竞争的方式获得经济、社会资源，占据相应社会地位。① 青连斌（2004）《劳动合作和利益共享是我国现阶段阶层关系的主流》认为，处理阶层关系的基本着眼点是维护、发展和实现广大人民群众的根本利益。② 樊平（2005）《当代中国阶层关系的新特点》提出，构建和谐阶层关系的关键是处理好易于激化矛盾的阶层关系，同时必须将阶层差别限定在阶层成员可以承受的范围内，必须在阶层合作的前提下协调阶层利益差别。③ 李强（2006）《职业共同体：今日中国社会整合之基础——论"杜尔克姆主义"的相关理论》提出，应该重视和充分发挥职业共同体在协调阶层关系、实现新的社会整合中的重要作用。④ 朱光磊（2007）《当代中国社会各阶层分析》提出了正确处理阶层关系的四个原则，即以经济发展作为调整阶层关系的物质基础、以构建和谐社会为基本目标、以现代化和改革开放为旗帜、参考借鉴国外经验。⑤ 黄利秀（2007）《阶层合作是解决阶层矛盾的基本路径》指出，我国各阶层的根本利益是一致的，但目前社会各阶层在资源的占有和利益的分享上是失衡的，为避免利益失衡导致阶层矛盾激化，应该协调不同社会阶层之间的利益，以此促进阶层合作。⑥ 杨继绳（2009）《制衡权力驾驭资本》认为，保持社会稳定要确立新的稳定机制，包括救助底层制约上层、搞好社会再分配减弱不平等程度、制衡权力驾驭资本。⑦ 郭红霞（2011）《转型期我国阶级阶层关系调研报告》认为，构建和谐阶级阶层关系要着力解决收入差距过大、社会保障、腐败三大社会问题，倚重政府、党组织、新闻媒体三大主体，还要积极破解三大关系，即干群关系、劳资关系、工人农民与新的社会阶层之间的关系。⑧

四是对全面深化改革进程中我国阶层关系问题的研究。具体研究成果主要集中在对全面深化改革进程中我国阶层关系问题的特征、阶层关系问题产生的

---

① 王小章. 社会分层与社会秩序：一个理论的综述［J］. 浙江社会科学，2001（1）：88-94+147.
② 青连斌. 劳动合作和利益共享是我国现阶段阶层关系的主流［J］. 中国党政干部论坛，2003（6）：30-31.
③ 樊平. 当代中国阶层关系的新特点［J］. 江苏社会科学，2005（6）：20-23.
④ 李强. 职业共同体：今日中国社会整合之基础：论"杜尔克姆主义"的相关理论［J］. 学术界，2006（3）：36-53.
⑤ 朱光磊. 当代中国社会各阶层分析［M］. 天津：天津人民出版社，2007.
⑥ 黄利秀. 阶层合作是解决阶层矛盾的基本路径［J］. 学术论坛，2007（8）：134-137.
⑦ 杨继绳. 制衡权力 驾驭资本［J］. 中国改革，2009（1）：10-12.
⑧ 郭红霞. 转型期我国阶级阶层关系调研报告［J］. 中央社会主义学院学报，2011（1）：70-75.

影响、处理阶层关系问题的对策建议方面。代表性的成果主要有：

关于全面深化改革背景下阶层关系现状、特征的研究：郑杭生、邵占鹏（2014）《舆论焦点掩盖下的中国阶层流动现实》认为，在全面深化改革阶段实现阶层流动模式转型，关键是处理好政府引导与市场化竞争之间的关系。① 常满荣（2014）《邓小平和谐思想及现时期中国和谐阶层关系探析》认为，当前中国阶层关系的特点是由简单趋向复杂；阶层间利益冲突呈上升态势；阶层固化趋势明显。阶层和谐的影响因素主要有：收入分配差距扩大、资源获取机制不平等和社会阶层流动渠道不畅通等。② 赵仁青（2014）《探析我国转型时期阶层关系现状及其和谐建构路径》认为，转型时期我国阶层关系出现了多样化表征：经济利益博弈是主要内容，政治资源角逐加剧阶层冲突，意识形态统一趋于困难。③ 杨华（2014）《农民分化程度与农村阶层关系状况》认为，决定阶层关系性质的根本因素是农民的分化程度。我国农村地区阶层关系的性质主要有合作关系、竞争关系与对立关系三类理想类型。④ 王华丽（2015）《全面深化改革背景下的社会阶层变化分析》认为，全面深化改革背景下社会分层的"马太效应"明显、当前社会中产阶层有所发展是社会分层结构变化的特征，利益分配机制问题突出、阶层固化导致阶层间矛盾加深是阶层变化中的主要问题，社会转型影响着不同阶层间的利益分配、地区发展差异对社会阶层流动的影响是影响阶层变化的主要因素。⑤ 马晓梅（2015）《当前社会阶层关系的新变化对非公有制经济人士统战工作的影响及对策》认为，当前阶层关系出现的新变化有：私营企业主阶层和个体工商户阶层的比重持续上升；私营企业主阶层和个体工商户阶层自身有阶层归属感；私营企业主阶层和个体工商户阶层与其他社会阶层关系基本协调，但仍然存在矛盾和冲突。⑥ 赵仁青（2016）《论"同心思想"在阶层关系和谐构建中的作用》认为我国阶层关系现状是：不同阶层群体焦虑感普遍蔓延；阶层间的群体性事件频繁发生；阶层流动趋缓，资源角逐加剧；不同

---

① 郑杭生，邵占鹏.舆论焦点掩盖下的中国阶层流动现实[J].人民论坛，2014（2）：8-11.
② 常满荣.邓小平和谐思想及现时期中国和谐阶层关系探析[J].河北学刊，2014，34（4）：146-148.
③ 赵仁青.探析我国转型时期阶层关系现状及其和谐建构路径[J].佳木斯大学社会科学学报，2014，32（4）：14-16.
④ 杨华.农民分化程度与农村阶层关系状况[J].人文杂志，2014（7）：122-125.
⑤ 王华丽.全面深化改革背景下的社会阶层变化分析[J].学理论，2015（19）：37-38.
⑥ 马晓梅.当前社会阶层关系的新变化对非公有制经济人士统战工作的影响及对策[J].山西社会主义学院学报，2015（2）：58-61.

阶层群体之间的文化理念、身份认同、政治观念等方面的差异在逐步拉大。①

关于全面深化改革背景下阶层关系对我国经济社会发展的影响研究：马晓梅（2015）《当前社会阶层关系的新变化对非公有制经济人士统战工作的影响及对策》认为，阶层关系影响非公有制经济人士的政治参与；阶层关系的变化影响非公有制经济的健康发展；阶层关系的变化影响非公有制经济人士的思想观念。② 刘定平、黄妮（2016）《全面深化改革中社会各阶层思想管窥——对湖南、新疆两省区六市的调查》认为，社会各阶层对全面深化改革支持率总体较高，改革的民意基础相当深厚，但各阶层思想动态呈现出一定的差异性，部分群众对全面深化改革的制度内容还存在一些思想层面的困惑，值得我们关注。③

关于全面深化改革背景下促进阶层和谐路径的研究：常满荣（2014）《邓小平和谐思想及现时期中国和谐阶层关系探析》认为，应构建中国现阶段和谐阶层关系的路径，加快改革收入分配制度；建立满足社会各阶层利益的公平机制；建立健全各阶层自由流动的机制；培育全社会的公共精神。④ 赵仁青（2014）《探析我国转型时期阶层关系现状及其和谐建构路径》认为，转型时期阶层关系和谐的建构路径为：分好财富"蛋糕"，促进社会公平正义；合理配置政治资源，提升政治民主水平；倡导社会主义核心价值体系，促进各阶层政治认同。⑤ 张林江（2015）《我国社会阶层的新变化与政策调适》认为，作为执政党，要促进阶层和谐就要做到：避免用冲突性的阶级理论指导实践；把正确分析适时调整阶层关系作为当前社会政策的一条主线；通过促进资源和机会配置的相对均等化畅通社会流动机制；积极挖掘和利用社会资源促进社会团结和合作。⑥ 王华丽（2015）《全面深化改革背景下的社会阶层变化分析》认为，壮大中产阶层、打破利益集团，构建更加公平的利益格局、不断构建畅通阶层流动的机制是阶层变化的路径选择，也是促进阶层和谐的重要举措。⑦ 黄语东、班丽萍（2015）

---

① 赵仁青. 论"同心思想"在阶层关系和谐构建中的作用 [J]. 佳木斯大学社会科学学报, 2016, 34 (1)：56-59.

② 马晓梅. 当前社会阶层关系的新变化对非公有制经济人士统战工作的影响及对策 [J]. 山西社会主义学院学报, 2015 (2)：58-61.

③ 刘定平, 黄妮. 全面深化改革中社会各阶层思想管窥：对湖南、新疆两省区六市的调查 [J]. 攀登, 2016, 35 (4)：55-60.

④ 常满荣. 邓小平和谐思想及现时期中国和谐阶层关系探析 [J]. 河北学刊, 2014, 34 (4)：146-148.

⑤ 赵仁青. 探析我国转型时期阶层关系现状及其和谐建构路径 [J]. 佳木斯大学社会科学学报, 2014, 32 (4)：14-16.

⑥ 张林江. 我国社会阶层的新变化与政策调适 [J]. 中国党政干部论坛, 2015 (4)：65-71.

⑦ 王华丽. 全面深化改革背景下的社会阶层变化分析 [J]. 学理论, 2015 (19)：37-38.

《协商民主与构建和谐阶层关系研究》认为,要加强协商民主建设,鼓励社会各阶层加强对话、讨论和沟通,树立公平正义和双赢互利理念,健全阶层利益表达机制,完善阶层权利均衡配置,消除阶层固化现象,为构建和谐阶层关系打下坚实基础。[①] 刘宏伟、汪云云(2015)《"维齐非齐"与当代社会阶层关系》认为,"维齐非齐"中蕴含的社会分化与和谐相统一、以维护社会公平为基础、以礼治与法治为保障的思想内容,有益于当代合理划分社会阶层及促进不同社会阶层之间的流动,协调阶层矛盾;有利于改善民生以达成"维齐"的目标及分配过程中的公平公正,缩小阶层差距;有助于以礼作为阶层行为的准则,以法作为阶层行为底线,规范阶层行为。[②] 马晓梅(2015)《当前社会阶层关系的新变化对非公有制经济人士统战工作的影响及对策》认为,必须秉持包容、开放的原则,整合多元思想,引导社会价值取向,构建社会观念体系。[③] 赵仁青(2016)《践行同心思想 画出最大同心圆——阶层关系和谐建构的意识形态路径分析》认为,同心思想与最大同心圆理论是党的统战理论的最新发展,对从意识形态路径建构和谐的阶层关系具有重要借鉴价值,即在全体人民中凝聚科学理性的阶层共识,树立舆论风向标,制定属于中国人自己的思想标准,凝聚阶层价值共识,即努力实现中华民族伟大复兴的中国梦。[④]

(三)总体评价

综上所述,学术界对全面深化改革阶段的阶层关系研究可以概括为"三多三少"。即从社会学对全面深化改革以来阶层关系问题的具体研究成果相对较多,从马克思主义理论学科对全面深化改革以来阶层关系问题的具体研究成果相对较少,而从马克思主义理论学科,结合社会学、政治学、心理学等相关学科对全面深化改革以来阶层关系问题的综合研究成果更少;对改革时期的阶层关系演进历史的研究成果相对较多,对全面深化改革以来的阶层关系演进现状的研究成果相对较少,而运用比较研究视角和方法对改革前后、全面深化改革前后阶层关系演进过程进行全景式的展现,以深刻揭示全面深化改革阶段阶层

---

[①] 黄语东,班丽萍. 协商民主与构建和谐阶层关系研究 [J]. 广西社会主义学院学报,2015,26(1):43-46.

[②] 刘宏伟,汪云云. "维齐非齐"与当代社会阶层关系 [J]. 大连理工大学学报(社会科学版),2015,36(2):106-109.

[③] 马晓梅. 当前社会阶层关系的新变化对非公有制经济人士统战工作的影响及对策 [J]. 山西社会主义学院学报,2015(2):58-61.

[④] 赵仁青. 践行同心思想 画出最大同心圆:阶层关系和谐建构的意识形态路径分析 [J]. 江南社会学院学报,2016,18(2):61-65.

关系演进特点、特殊规律和趋势的成果更少；对全面深化改革以来阶层关系演进过程中具体问题的一般性研究成果相对较多，以习近平新时代中国特色社会主义思想为指导对全面深化改革以来阶层关系问题进行全面分析的研究成果相对较少，把全面深化改革以来阶层关系问题与习近平提出的中国梦思想、新时代重要论断、新发展理念、"四个全面"战略布局、"四个伟大"重要论断、"新两步走"战略部署等重要思想结合起来的研究成果更少。这也就凸显出本书研究的新颖性和独特性。

我们认为，学术界已有相关研究成果虽然为本书的研究提供了有益的启发和借鉴，但现有的研究还很不充分，特别是对于"四个全面"战略布局视野下，全面深化改革和阶层关系演进之间的关系，全面深化改革进程中我国阶层关系的新变化，全面深化改革进程中不同阶层之间关系问题的新特点，全面深化改革进程中处理阶层关系问题的新理念、新思路和新举措，都还缺乏全面而深入的分析和研究，与全面推进"四个全面"战略布局的实践要求还很不相适应。相对于阶层结构分析所取得的系统性研究成果而言，阶层关系研究仍处于相对薄弱和不充分阶段，存在着许多值得学术界进一步深化和拓展的研究问题。正是基于这一认识，我们认为，这一重大课题的研究应当得到加强。

**四、相关概念界定**

（一）阶级和阶层

在英文文献里，"阶级"和"阶层"的概念并无明显区别，多数研究者都采用同一词汇"class"。我国研究者一般认为，"阶级"是政治学概念，"阶层"是社会学概念。作为马克思主义理论语境中的"阶级"和"阶层"，我们认为，二者既有联系又有区别。

"阶级"是马克思主义阶级分析理论中的基本范畴。《资本论》第三卷最后一章，马克思命名为《阶级》，但马克思对"阶级"这个概念本身并没有做出具体的概括。列宁对"阶级"概念所下的定义则是："所谓阶级，就是这样一些集团，由于它们在一定社会经济结构中所处的地位不同，其中一个集团能够占用另一个集团的劳动。"[①]从这一定义中可以看出，列宁认为划分阶级的标准，一是人与生产资料的关系，即所有制；二是人在社会劳动组织中的地位、作用以及获取财富的方式。列宁对"阶级"概念的界定是符合马克思、恩格斯对

---

[①] 中共中央马克思恩格斯列宁斯大林著作编译局. 列宁全集：第29卷[M]. 北京：人民出版社，1956：383.

"阶级"概念的理解和运用的。关于阶级划分的标准，恩格斯认为生产资料所有制是阶级划分的根本标准，"资产阶级是指占有社会生产资料并使用雇佣劳动的现代资本家阶级"，"无产阶级是指没有自己的生产资料，因而不得不靠出卖劳动力来维持生活的现代雇佣工人阶级"①。马克思则指出，生产资料所有制不是唯一标准，"数百万家庭的经济生活条件使他们的生活方式、利益和教育程度与其他阶级的生活方式、利益与教育程度各不相同并互相敌对，就这一点而言，他们是一个阶级"②。从上述论述中可以看到，马克思主义阶级分析理论中判断阶级的标准除了经济因素之外，还包括生活方式、阶级利益、教育程度等其他因素，实际上坚持的是一种多元分层标准。

"阶层"也是马克思主义阶级分析理论的一个重要概念。马克思主义理论语境中的阶层是指"几乎在每一个阶级内部又有一些特殊的阶层"③。马克思和恩格斯也多次使用"阶层"这个概念，他们主要是把阶层作为阶级的组成部分来使用的。狭义的阶层从属于阶级，是阶级内部的特定层次，也就是说，阶级和阶层应该是一种隶属关系，阶级的概念一般说来大于阶层的概念。

作为特定的社会阶层结构和社会阶层关系的分析方法，在马克思主义阶级分析理论中阶级分析和阶层分析是统一、互补的。从这个意义上看，运用马克思主义阶级分析理论分析我国阶级、阶层关系时，必须把阶层分析与阶级分析结合起来，不能用阶级分析代替阶层分析，也不能用阶层分析代替阶级分析，这是正确认识和处理全面深化改革进程中的阶层关系问题必须坚持的基本立场。2014年，《红旗文稿》发表了王伟光教授《坚持人民民主专政，并不输理》一文，他指出："中国特色社会主义国家仍然处于马克思主义经典作家所判定的历史时代，即社会主义与资本主义两个前途、两条道路、两种命运、两大力量生死博弈的时代，这个时代仍贯穿着无产阶级与资产阶级、社会主义与资本主义阶级斗争的主线索，这就决定了国际领域内的阶级斗争是不可能熄灭的，国内的阶级斗争也是不可能熄灭的。"④

因为本书是从马克思主义理论视域下考察我国的阶层关系问题，是运用马

---

① 中国人民大学国际政治系. 马克思恩格斯列宁斯大林论科学社会主义：第1卷[M]. 北京：中国人民大学出版社，1987：201，307.
② 中共中央马克思恩格斯列宁斯大林著作编译局. 马克思恩格斯选集：第1卷[M]. 北京：人民出版社，2012：762.
③ 中共中央马克思恩格斯列宁斯大林著作编译局. 马克思恩格斯选集：第1卷[M]. 北京：人民出版社，2012：401.
④ 王伟光. 坚持人民民主专政，并不输理[J]. 红旗文稿，2014（18）：8.

克思主义阶级分析理论研究全面深化改革进程中的阶层关系问题,所以本书中对阶层概念的运用均以马克思主义经典著作为基本依据。

(二) 阶层结构和阶层关系

阶层结构和阶层关系是分析社会系统运行状况的两个重要概念。阶层结构是指社会系统中不同社会阶层成员之间的构成方式和比例关系,阶层结构研究偏重于社会阶层的宏观分析。阶层关系是阶层结构的反映,是指处于一定地位结构中、具有阶层差异的社会阶层成员之间的交往关系和互动模式,阶层关系研究则更偏重于不同社会阶层成员之间的性质、状态与方式的定性分析。社会阶层关系的性质与状况,体现的是社会阶层结构的合理程度与整合程度,是衡量社会和谐程度与社会发展水平的重要指标。

2001年,江泽民在建党八十周年纪念会上的讲话中第一次正式使用了"阶层"这个概念。在这次讲话中,江泽民指出:"我们所有的政策措施和工作,都应该正确反映并有利于妥善处理各种利益关系,都应认真考虑和兼顾不同阶层、不同方面群众的利益。"[①] 2002年,江泽民在中共十六大报告中又提出,要处理好各方面的利益关系,"努力形成全体人民各尽其能、各得其所而又和谐相处的局面"[②]。2006年,胡锦涛在中共十六届六中全会上正式提出了"促进阶层关系和谐"[③] 的论题,在中共十七大报告中他又提出,"促进政党关系、民族关系、宗教关系、阶层关系、海内外同胞关系的和谐,对于增进团结、凝聚力量具有不可替代的作用"[④],进一步强调了促进阶层关系和谐的重要性。在学术研究领域以阶层关系为议题的研究成果逐渐增多,成为一个新的学术研究热点,这也是本书以阶层关系为研究主题的重要背景。

当前,我国发展进入新阶段和关键期,改革进入攻坚期和深水区,中共十八届三中全会对全面深化改革做出了全面的战略部署。在全面深化改革的历史进程中如何正确认识阶层关系演进中出现的新形势、新情况,如何及时处理好阶层关系变化中出现的各种新问题和新矛盾,成为一个全新的重大课题。改革以来,我国社会阶层结构发生了全方位、大范围的分化与组合,在原有的"两个阶级,一个阶层"的社会阶层结构中不断分化出一些新的社会阶层,农民阶

---

① 中共中央文献编辑委员会. 江泽民文选:第3卷[M]. 北京:人民出版社,2006:279.
② 中共中央文献研究室. 十六大以来重要文献选编:上[M]. 北京:中央文献出版社,2005:12.
③ 中共中央文献研究室. 十六大以来重要文献选编:中[M]. 北京:中央文献出版社,2006:732.
④ 中共中央文献编辑委员会. 胡锦涛文选:第2卷[M]. 北京:人民出版社,2016:637.

级的持续减少、工人阶级的迅速扩大、新社会阶层的蓬勃兴起，是当前我国社会阶层结构演进的基本内容。所以，阶层关系和谐的基本内涵主要是指工人阶层、农民阶层和新社会阶层这三个基本社会阶层之间以及他们内部之间关系的和谐。本书则集中于对工人阶层、农民阶层和新社会阶层这三个基本社会阶层之间关系的总体研究和整体把握。

（三）改革时期和全面深化改革时期

改革的伟大实践是邓小平开创的。作为改革的总设计师，邓小平不仅重新确认"人民日益增长的物质文化需求与落后的社会生产之间的矛盾"仍然是社会主义初级阶段的主要矛盾，而且深刻指出"不发展生产力，不提高人民的生活水平，不能说是符合社会主义要求的"①。怎么才能发展生产力？"革命是解放生产力，改革也是解放生产力"②，改革"是中国的第二次革命"③。正是邓小平推动的改革事业极大地解放和发展了社会生产力，使社会主义焕发出了强大的生命力。胡锦涛在中共十七大报告中指出："我们要永远铭记，改革开放伟大事业，是以邓小平同志为核心的党的第二代中央领导集体带领全党全国各族人民开创的。"④习近平也强调指出："改革开放只有进行时没有完成时。没有改革开放，就没有中国的今天，也就没有中国的明天。"⑤

全面深化改革的伟大实践是习近平开创的。作为全面深化改革的总设计师，习近平根据对中国特色社会主义事业发展的深刻认识和准确把握，认为我国社会主要矛盾已经从"人民日益增长的物质文化需求与落后的社会生产之间的矛盾"转化为"人民日益增长的美好生活需要和不平衡不充分的发展之间的矛盾"⑥，更加突出的问题是发展不平衡不充分，这已经成为满足人民日益增长的美好生活需要的主要制约因素。如何解决好发展不平衡不充分问题？习近平强调唯有全面深化改革，强调"改革不停顿、开放不止步"⑦。2013年11月召开的中共十八届三中全会通过《中共中央关于全面深化改革若干重大问题的决定》，制定了全面深化改革的整体部署，中国改革进入全面深化改革的全新阶段。

---

① 中共中央文献编辑委员会．邓小平文选：第3卷［M］．北京：人民出版社，1993：116.
② 中共中央文献编辑委员会．邓小平文选：第3卷［M］．北京：人民出版社，1993：370.
③ 中共中央文献编辑委员会．邓小平文选：第3卷［M］．北京：人民出版社，1993：113.
④ 中共中央文献编辑委员会．胡锦涛文选：第2卷［M］．北京：人民出版社，2016：617.
⑤ 中共中央文献研究室．习近平谈治国理政：第1卷［M］．北京：外文出版社，2018：69.
⑥ 习近平．决胜全面建成小康社会 夺取新时代中国特色社会主义伟大胜利：在中国共产党第十九次全国代表大会上的报告［M］．北京：人民出版社，2017：11.
⑦ 中共中央文献研究室．十八大以来重要文献选编：上［M］．北京：中央文献出版社，2014：439.

从改革到全面深化改革，是中国改革的全面升级。作为改革总设计师的邓小平开创了改革的伟大实践，改革的重点是经济领域，以经济领域的改革推动政治、文化、社会、生态文明等领域的改革。作为全面深化改革总设计师的习近平开创的全面深化改革则是对改革的全面升级，在发挥经济体制改革的牵引作用的同时，"更加注重改革的系统性、整体性、协同性"①。改革是较容易改的先改、好改的先改；全面深化改革则是"攻坚性"改革，"中国改革经过30多年，已进入深水区，可以说，容易的、皆大欢喜的改革已经完成了，好吃的肉都吃掉了，剩下的都是难啃的硬骨头"②。改革的主要目的是解放和发展社会生产力，全面深化改革则是在进一步解放和发展社会生产力的基础上，把促进公平正义、增进人民福祉作为全面深化改革的出发点和落脚点，把完善和发展中国特色社会主义制度、推进国家治理体系和治理能力现代化作为总目标；改革是"摸着石头过河"，全面深化改革则是"加强顶层设计和摸着石头过河相结合"③；改革相对注重"做大蛋糕"，全面深化改革在注重继续"做大蛋糕"的同时，更加注重基于促进公平正义、增进人民福祉的"分好蛋糕"。

中共十八届三中全会通过《中共中央关于全面深化改革若干重大问题的决定》，标志着我国改革已经进入全面深化改革的新阶段。全面深化改革必然会对我国阶层关系演进产生更加深刻的影响，给我们增进阶层关系和谐带来新课题和新挑战。改革初期，社会各阶层成员之间的利益分化尚不明显，社会各阶层成员对于改革的共识容易达成，阶层关系和谐的共同基础比较稳固。随着全面深化改革的推进，不同社会阶层基于不同利益诉求，对于改革什么、如何改革都有不同考虑，如何最大限度弥合分歧、最大限度凝聚共识，汇聚起由社会各阶层成员组成的强大合力，成为中国共产党面临的新的重大课题和现实考验。

本书通过运用比较分析方法，集中于全面深化改革进程中的阶层关系问题的研究，着眼于分析与改革前和改革时期以及全面深化改革进程中的阶层关系演进面临的新形势、阶层关系演进的新特点、阶层关系演进中出现的新问题、处理阶层关系问题的新思路，以期更深刻地把握全面深化改革进程中阶层关系演进的趋势，更准确地揭示全面深化改革进程中的阶层关系问题的特点，更全面地思考处理全面深化改革进程中的阶层关系问题的对策，更好地服务于全面

---

① 中共中央文献研究室. 十八大以来重要文献选编：上 [M]. 北京：中央文献出版社，2014：512.
② 中共中央宣传部. 习近平总书记系列重要讲话读本 [M]. 北京：学习出版社，2016：70.
③ 中共中央文献研究室. 十八大以来重要文献选编：上 [M]. 北京：中央文献出版社，2014：514.

深化改革的伟大进程和实现中华民族伟大复兴中国梦的伟大事业。

**五、研究的基本思路、研究方法和主要内容**

(一) 研究的基本思路

本书是以马克思主义阶级分析理论和中国化马克思主义阶级分析理论为理论基础,以习近平新时代中国特色社会主义思想为理论指导,以全面深化改革进程中的阶层关系演进为研究对象,在借鉴国内外相关理论和现有的研究成果的基础上,运用哲学、政治学、社会学、心理学等相关理论,深入分析全面深化改革以来阶层关系演进过程中存在的主要问题,揭示阶层关系问题产生的原因、特点、性质和实质,积极探索处理阶层关系问题的思路对策和路径方法,以期有助于我国阶层关系问题的解决、阶层关系和谐程度的增进。

本书研究的基本思路:在对全面深化改革与阶层关系演进互动关系准确把握的基础上,从中国特色社会主义事业发展的全局和"四个全面"战略布局的高度,结合全面深化改革进程顺利推进的实际要求,全面概括全面深化改革进程中的阶层关系问题的具体表现,深入分析全面深化改革进程中的阶层关系问题对我国经济社会发展产生的消极影响,准确揭示全面深化改革进程中的阶层关系问题产生的社会根源,正确把握全面深化改革进程中的阶层关系问题的特点、性质及其实质,同时结合国内外处理阶层关系问题实践的经验教训,提出处理阶层关系问题、增进阶层关系和谐的总体思考和对策建议,以期对这一重大课题进行富有成效的有益探索。

(二) 研究的主要方法

一是比较分析方法。通过运用比较分析方法,全面分析全面深化改革前阶层关系演进和全面深化改革以来阶层关系演进的历史进程,准确揭示全面深化改革以来阶层关系演进的特点、阶层关系问题的特殊表现以及阶层关系问题产生的特殊影响因素;通过运用比较分析方法,全面回顾和比较分析中国共产党在各个时期处理阶层关系问题的主要做法及共同经验,比较分析国外处理阶层关系问题的主要做法和经验教训。为在全面深化改革阶段处理好阶层关系问题提供重要依据和有益参考。

二是理论联系实际的方法。运用理论联系实际的研究方法,结合具体的典型性案例分析和大量的统计数据资料研究,全面把握全面深化改革以来我国阶层关系演进的历史轨迹和实际状况,概括分析全面深化改革进程中出现的阶层关系问题的具体表现、主要特点、影响因素,以及阶层关系问题的性质和实质。

为在全面深化改革阶段确定处理好阶层关系问题的对策思路提供重要依据。

三是运用社会学、心理学、传播学等相关学科的相关理论和研究方法，全方位、多视角、多层次地分析和概括全面深化改革进程中的阶层关系问题的具体表现、影响因素、具体特点、性质实质，以及正确处理阶层关系问题的总体思路和具体路径。为在全面深化改革阶段处理好阶层关系问题进行有益探索。

(三) 研究的主要内容

本书的研究以全面深化改革进程中的阶层关系问题的"问题意识"为导向，遵循"提出问题—分析问题—解决问题"的基本逻辑和基本思路，形成对全面深化改革进程中的阶层关系问题的全面分析和准确把握。主要内容包括：

绪论。全面阐述本课题研究的重要理论价值和实践价值，国内外学术界相关研究成果和研究进展，本书研究的基本思路、主要方法，研究的重点、难点和创新点等。

第一章理论述评。马克思主义阶级分析理论是研究全面深化改革进程中的阶层关系问题的理论基础，这就要求我们正确认识马克思主义阶级分析理论的主要内容和重要价值，正确认识马克思主义阶级分析理论的主要成果以及马克思主义阶级分析理论中国化的创新成果，特别是中共十八大以来习近平关于阶层关系的一系列重要论述。同时对中华优秀传统文化中的有益于处理阶层关系问题的核心理念、传统美德和人文精神以及西方社会学中的阶层分析理论中的代表性观点做出全面正确的归类概括和分析评价。

第二章历史回顾。在全面回顾改革前、改革时期和全面深化改革以来我国阶层关系演进历史进程的基础上，深入分析全面深化改革以来我国阶层关系演进的特点，阶层关系演进中出现的新问题的具体表现，阶层关系新问题对经济社会发展产生的严重影响，以及全面深化改革进程中的阶层关系问题的特点、性质和实质，准确把握全面深化改革进程中阶层关系演进的规律和趋势。

第三章原因分析。深入分析全面深化改革进程中的阶层关系问题产生的社会根源，认为阶层关系问题的产生是特定阶段社会主要矛盾在阶层关系方面的具体体现。其中，阶段性因素是全面深化改革进程中阶层关系问题产生的根本原因，制度性因素是全面深化改革进程中阶层关系问题产生的深层次原因，政策性因素是全面深化改革进程中阶层关系问题产生的直接原因。

第四章以史为鉴、以他国为鉴。回顾和总结中国共产党在各个历史时期处理阶层关系问题的基本实践和成功经验，同时具体分析发达国家（以美国为主要分析对象）、发展中国家（以金砖四国为主要分析对象）和转型国家（以苏联为主要分析对象）在处理阶层关系问题方面的主要做法和经验教训，为处理好全面深化改革进程中的阶层关系问题提供可资借鉴的参考。

第五章总体思路。根据全面深化改革进程中阶层关系问题产生的原因分析，在借鉴国内外处理阶层关系问题的经验教训的基础上，提出我们面对处理全面深化改革进程中的阶层关系问题的总体思考。包括以实现中华民族伟大复兴的中国梦为目标指向，以"创新、协调、绿色、开放、共享"的新发展理念为核心理念，以更平衡更充分的发展促和谐和以满足人民日益增长的美好生活需要促和谐的基本原则，以"四个全面"战略布局为顶层设计。

第六章路径探究。在处理全面深化改革进程中的阶层关系问题的总体思路指导下，我们从制度、政策、方法三个方面提出处理全面深化改革进程中的阶层关系问题的具体路径：进一步推进制制度创新，为处理阶层关系问题提供制度基础；进一步推进政策创新，为处理阶层关系问题提供政策保障；进一步推进方法创新，为处理阶层关系问题提供技术支持。

## 六、研究的重点、难点和创新点

### （一）研究的重点

限于精力和篇幅，本书无法实现对全面深化改革阶段阶层关系演进中存在问题的具体研究，而是把研究重点放在对全面深化改革以来阶层关系演进规律和发展趋势总体把握的基础上，对全面深化改革以来阶层关系演进中存在问题的总体思考方面。

本书研究的重点：一是对全面深化改革与阶层关系演进两者之间关系的分析；二是对全面深化改革进程中我国阶层关系演进规律、趋势和特点的分析；三是对全面深化改革进程中我国阶层关系问题的具体表现及其产生原因的分析；四是对当前我国阶层关系问题产生的社会影响的分析；五是对处理全面深化改革进程中的阶层关系问题的目标指向、核心理念、基本原则、战略布局的总体思考；六是从制度创新、政策创新、方法创新三个方面，对处理全面深化改革进程中的阶层关系问题的路径探究。

### （二）研究的难点

本书研究的难点：一是对全面深化改革和阶层关系和谐两者之间互动统一关系的分析和把握；二是对马克思主义阶级分析理论的重要理论价值和实践价值的准确理解和实际运用，以及对中华优秀传统文化中的有益于处理阶层关系问题的传统资源的概括和评价，对西方社会学相关理论适用性内容的概括和评价；三是对全面深化改革进程中的阶层关系问题产生原因的分析，以及对我国阶层关系问题的特点、性质、实质的分析和把握；四是对中共十八大以来，以习近平同志为核心的中央领导集体处理我国阶层关系问题的总体思路和具体举措的分析和概括。

(三) 研究的创新点

本书研究的创新点集中在，研究视角的创新、研究内容的创新和研究观点的创新。

一是研究视角的创新。

中共十八届三中全会做出全面深化改革的重要决定和全面部署，全面深化改革必定会引起我国阶层关系发生激烈变动，而阶层关系是否和谐也将对全面深化改革产生深刻影响。本书以全面深化改革与阶层关系和谐两者之间的关系为主题，以全面深化改革进程中的阶层关系问题为研究对象，视角比较独特，选题富有新意，并且这一课题的研究也具有重要的理论价值和实践价值。

"四个全面"战略布局是中共十八大以来，以习近平同志为核心的党中央治国理政的重大战略布局，本书从"四个全面"战略布局的高度着眼于全面深化改革进程中的阶层关系问题研究，探讨阶层关系和谐对于"四个全面"战略布局顺利推进的重要意义，以及以"四个全面"战略布局为顶层设计对于处理阶层关系问题的重要性。这一研究立意高远，研究视角具有一定创新性。

根据中共十八大以来以习近平同志为核心的中央领导集体相关重要论述，集中分析中国共产党对于处理全面深化改革进程中的阶层关系问题的创新思想、创新理念、创新思路、创新举措。此类研究成果很少，所以本书的研究具有独到的学术价值。

二是研究内容的创新。

中共十九大对我国发展新的历史方位做出重要新判断，认为"经过长期努力，中国特色社会主义进入了新时代""我国社会主要矛盾已经转化为人民日益增长的美好生活需要和不平衡不充分的发展之间的矛盾""发展不平衡不充分，这已经成为满足人民日益增长的美好生活需要的主要制约因素"。本书在对当前我国阶层关系问题的分析中，及时对中国社会主要矛盾转化对阶层关系变化产生的影响以及在阶层关系问题方面的新表现做出比较全面深入的分析，为阶层关系问题的研究提供了新内容。

三是研究观点的创新。

我们在本书研究中提出了一些新的观点，主要包括以下几方面。

全面深化改革与阶层关系和谐之间的关系是一种双向互动的统一关系，即全面深化改革是实现阶层关系和谐的直接动力和根本途径，阶层关系和谐则是全面深化改革的根本目的和检验标准。

正确认识和处理全面深化改革进程中的阶层关系问题，必须坚持以马克思主义阶级分析理论为理论基础，以中国化马克思主义阶级分析理论特别是习近平新时代中国特色社会主义理论体系中的阶层分析理论为理论指导，以中华优秀传统文化中的核心思想理念、传统美德和人文精神为有益养料，以西方社会分层理论中的合理成分为有益借鉴。

改革前我国阶层关系问题主要表现为不同社会阶层之间的政治利益矛盾和冲突，改革时期我国阶层关系问题主要表现为不同社会阶层之间的物质利益矛盾和冲突，全面深化改革进程中我国阶层关系问题越来越多地表现为不同社会阶层之间的思想文化、观念心理的矛盾和冲突。

全面深化改革进程中的阶层关系问题性质是属于人民内部矛盾性质，全面深化改革进程中的阶层关系问题实质是在根本利益一致基础上的具体利益矛盾。

全面深化改革进程中的阶层关系问题产生的根本原因是阶段性因素，即社会主要矛盾转化是阶层关系问题产生的根本原因；深层次原因是制度性因素，即制度不完备是阶层关系问题产生的深层次原因；直接原因是政策性因素，即政策不完善是阶层关系问题产生的直接原因。

中国共产党处理阶层关系问题的历史经验是，以马克思主义阶级分析理论为指导思想，以服从和服务于解决社会主要矛盾的需要为基本依据，以对不同阶层特点的分析和把握为重要前提，以人民利益至上为根本原则，以改革促和谐为根本方法。

处理全面深化改革进程中阶层关系问题的目标指向是中国梦，核心理念是新发展理念，基本原则是以实现更平衡更充分的发展为处理阶层关系问题的根本途径，以满足人民日益增长的美好生活需要为处理阶层关系问题的出发点和归宿点，以"四个全面"为处理阶层关系问题的顶层设计。

处理全面深化改革进程中阶层关系问题的具体路径是：推进制度创新，为处理阶层关系问题提供制度基础；推进政策创新，为处理阶层关系问题提供政策保障；推进方法创新，为处理阶层关系问题提供技术支持。

以上观点都是在对全面深化改革进程中的阶层关系问题进行全面认识和深入分析的基础上提出的，对该重大课题的研究有一定的推进和深化作用。

# 第一章

# "阶层关系"问题研究的理论基础、传统资源和有益借鉴

正确认识和处理全面深化改革进程中的阶层关系问题,必须坚持马克思主义阶级分析理论的指导地位,以马克思主义阶级分析理论作为认识和处理阶层关系问题的基础理论,并根据新的时代发展和新的实践需要不断创新和发展马克思主义阶级分析理论,运用创新的马克思主义阶级分析理论研究我国阶层关系发展实际,准确把握阶层关系演进的一般规律和发展趋势,深刻揭示阶层关系演进中出现的新问题及其产生原因,积极探求处理阶层关系问题的创新思路和方式方法。同时,正确认识和处理全面深化改革进程中的阶层关系问题,还需要根据阶层关系问题实际,积极汲取中华优秀传统文化中有益于处理阶层关系问题的核心思想理念、中华传统美德和中华人文精神,并大胆借鉴西方社会学中有助于处理阶层关系问题的理论成果和智慧学说,才能对全面深化改革进程中出现的阶层关系问题做出及时有效的处置和应对。

## 第一节 "阶层关系"问题研究的理论基础

阶层关系问题得到系统关注和全面论述始于马克思、恩格斯的阶级分析,高度重视研究阶层关系是马克思主义理论一贯坚持的基本立场,不仅如此,马克思主义阶级分析理论实质上是马克思主义理论的基础理论和核心内容,因为正是在深入分析和准确把握人类社会阶级、阶层关系演进规律的基础上,马克思、恩格斯逐步建构和完善了马克思主义理论中的无产阶级专政学说和科学社会主义理论。《共产党宣言》《1848年至1850年的法兰西阶级斗争》《资本论》等是马克思、恩格斯对阶级、阶层关系进行研究分析比较集中的重要著作,根据对相关著作的认真研读,我们认为,马克思主义阶级分析理论所涉及的内容非常丰富,认真学习和深刻领会其科学内涵和精神实质,对于正确认识和处理全面深化改革进程中的阶层关系问题至关重要。

**一、马克思主义阶级分析理论的主要内容及其重要价值**

马克思主义阶级分析理论是马克思主义理论的基础理论，是无产阶级及其政党领导和组织无产阶级革命、取得无产阶级革命胜利的强大思想武器，也是我们正确认识和处理全面深化改革进程中阶层关系问题的理论基础。

（一）马克思主义阶级分析理论的主要内容

1. 马克思主义阶级分析理论中关于阶级、阶层关系的一般认识

"阶级"是马克思主义阶级分析理论的核心概念，马克思、恩格斯虽然没有对"阶级"概念本身做出明确界定，但他们通过对人类社会发展过程中的阶级产生、发展和消亡的历史过程的考察来分析和解释阶级现象，从而深刻地揭示出阶级产生的根源是社会分工和私有制的产生，阶级的存在和划分归根到底是由生产力和生产关系的统一关系来决定的。与其他社会分层标准不同的是，马克思、恩格斯坚持把生产资料占有关系作为阶级划分的主要标志，这是马克思主义阶级分析理论的鲜明特色和重要贡献。马克思、恩格斯将阶级的存在同生产资料占有关系联系起来，从对资本主义生产过程中工人与资本家在生产资料占有关系中所处的不同地位来揭示阶级的本质，从而揭示出资本主义制度条件下工人与资本家阶级对立的制度根源。当然，马克思、恩格斯分析阶级的差异性也不仅仅是体现在经济方面，事实上，马克思、恩格斯把其他因素，如职业、共同的生活方式、阶级利益、教育程度等也作为划分阶级、阶层的必要条件和参考标准，在坚持经济分层的同时，也并不排斥其他分层因素。

马克思、恩格斯不仅揭示了阶级的影响因素和本质特点，而且深刻揭示了人类社会发展过程中阶级关系演变的一般规律和发展趋势。马克思、恩格斯认为，阶级结构是最基本的社会结构，阶级关系则是最基本的社会关系。阶级社会的社会阶级结构总是由两个对抗的基本阶级和其他一些非对抗阶级构成的；一个阶级内部又可以划分为若干个不同的阶层，不同阶级、不同阶层的利益和要求各自不同，从而构成了阶级社会错综复杂的社会矛盾、社会斗争和社会冲突。由此，马克思、恩格斯提出一个著名的论断："至今一切社会的历史都是阶级斗争的历史。"[①] 在资本主义社会，则是无产阶级和资产阶级的阶级斗争，这是人类社会最后形式的阶级斗争，资本主义社会两大对立阶级之间的阶级斗争的最终结果是实现无产阶级专政，而无产阶级专政的最终结果将是实现消灭一

---

① 中共中央马克思恩格斯列宁斯大林著作编译局. 马克思恩格斯选集：第1卷 [M]. 北京：人民出版社，2012：400.

切的阶级对抗和阶级斗争，并逐步实现向无阶级社会的过渡。马克思、恩格斯认为，无产阶级及其政党在所进行的革命事业中应该始终重视分析社会各阶级的地位、作用及其相互关系，并以社会各阶级的地位、作用及其相互关系的分析作为制定无产阶级革命事业的政策和策略的基本依据。

在分析阶级结构和阶级关系时，马克思、恩格斯认为，人类社会发展过程中在发生深刻激烈的阶级分化的同时，也存在明显的、普遍的阶层分化的现象，在坚持阶级分析的同时，也并不排除阶层分析。马克思、恩格斯指出，"在过去的各个历史时代，我们几乎到处都可以看到社会完全划分为各个不同的等级，看到社会地位分成多种多样的层次"①，坚持从地域、职业、劳动方式、生活方式等方面区分和看待不同社会阶层，坚持做到阶级分析和阶层分析相联系、相统一。从马克思、恩格斯对资本主义社会阶级、阶层结构分析中，我们可以看到，在分析资本主义社会阶级、阶层结构时，马克思、恩格斯在运用阶级分析方法的同时也运用阶层分析方法，提出资本主义社会是由三个基本的阶级和阶层构成的，即资产阶级、无产阶级以及介于资产阶级、无产阶级之间的中间阶层。不仅如此，马克思、恩格斯还具体论证过资本主义社会中间阶层的构成状况，认为在中间阶层中，有一个农民阶级，农民阶级又可以分为富裕农民、小自由农、封建佃农、农业工人等不同的阶层。马克思、恩格斯对介于资产阶级和无产阶级两大对立阶级之间的中间阶层进行了比较全面系统的分析，指出中间阶层在无产阶级革命过程中的特殊性，并预言中间阶层将会不断地增加。这就是马克思、恩格斯阶级分析理论中非常重要也非常丰富的"中间阶层思想"。在这里，阶层分析同阶级分析不是对立关系而是互补关系。

马克思、恩格斯在分析和批判资本主义社会阶级、阶层关系时，对资本主义社会物统治人、异化和资本对劳动奴役现象的批判，实质上是为了消除造成资本主义制度条件下包括阶级、阶层关系在内的各种社会关系中不和谐的因素和障碍，实现共产主义，即实现"人和自然界之间、人和人之间的矛盾的真正解决，是存在和本质、对象化和自我确证、自由和必然、个体和种类之间的斗争的真正解决"②。马克思、恩格斯所设想的共产主义是充满普遍性社会和谐的

---

① 中共中央马克思恩格斯列宁斯大林著作编译局.马克思恩格斯选集：第1卷［M］.北京：人民出版社，2012：400-401.
② 中共中央马克思恩格斯列宁斯人林著作编译局.马克思恩格斯文集：第1卷［M］.北京：人民出版社，2009：185.

理想社会，"任何一种解放都是把人的世界和人的关系还给人自己"①。消除不同阶级、阶层之间的不平等，实现阶级、阶层关系和谐是马克思主义阶级分析理论的价值取向，这也是马克思主义阶级分析理论的鲜明特色。

为此，马克思、恩格斯从生产力与生产关系、经济基础和上层建筑之间的辩证关系中，阐释了实现阶级、阶层关系和谐的基本思想。他们认为，生产力的高度发展是促进阶级、阶层关系和谐的最终决定力量，"只有随着生产力的这种普遍发展，人们之间的普遍交往才能建立起来"②。同时，马克思还强调阶级、阶层利益在协调阶级、阶层关系中的作用，他认为，共同的阶级、阶层利益往往超越了民族利益、国家利益，把分离的社会的个体有力地整合起来。马克思还研究了利益相近的阶级之间是如何实现结盟的，强调无产阶级要反对资产阶级，必须与具有共同阶级利益的各个政党、派别、团体加强团结，以达到阶级力量的强大，"共产党一分钟也不忽略教育工人尽可能明确地意识到资产阶级和无产阶级的敌对的对立"③。这就使马克思主义阶级分析理论不仅建立在辩证唯物主义和历史唯物主义坚实的基础之上，而且对于我们正确认识和处理全面深化改革进程中的阶层关系问题都具有重要的理论指导意义。

2. 马克思主义阶级分析理论中关于资本主义社会阶级、阶层关系的特殊分析

马克思主义阶级分析理论认为，相较于其他社会发展阶段不同的是，资本主义社会阶级、阶层关系的基本特征是资本主义社会两大对立阶级即资产阶级和无产阶级之间的对立和冲突。在《共产党宣言》中，马克思、恩格斯指出，资本主义社会使"整个社会日益分裂为两大敌对的阵营，分裂为两大相互直接对立的阶级：资产阶级和无产阶级"④。在《资本论》中，马克思又进一步从经济结构方面对资本主义社会的阶级关系影响因素做了更加深入细致的分析，指出阶级主要是以经济收入的来源不同具体区分开来的。马克思、恩格斯指出，资本主义社会中的基本阶级是资本家、土地所有者和雇佣工人三部分，资本家、土地所有者和雇佣工人实质是建立在资本主义生产方式基础上的三大阶级，这

---

① 中共中央马克思恩格斯列宁斯大林著作编译局. 马克思恩格斯全集：第1卷 [M]. 北京：人民出版社，1956：443.

② 中共中央马克思恩格斯列宁斯大林著作编译局. 马克思恩格斯选集：第1卷 [M]. 北京：人民出版社，2012：166.

③ 中共中央马克思恩格斯列宁斯大林著作编译局. 马克思恩格斯选集：第1卷 [M]. 北京：人民出版社，2012：434.

④ 中共中央马克思恩格斯列宁斯大林著作编译局. 马克思恩格斯选集：第1卷 [M]. 北京：人民出版社，2012：401.

三大阶级就主要是以经济收入的来源不同区别的，即"资本—利润、土地—地租、劳动—工资"，其中资本家和雇佣工人之间存在的就是一种直接支配与被支配的关系。

马克思、恩格斯也进一步分析了资本主义社会复杂的阶级、阶层结构，认为资本主义社会在这三个基本阶级以外还存在中间阶层和过渡阶级，包括农民阶级、小市民阶级、大资产阶级等。在1852年《路易·波拿巴的雾月十八日》中，马克思指出，法国社会阶级、阶层结构是由金融资产阶级、工业资产阶级、中产阶级、小资产阶级、地主、自耕农等共同构成的。在《德国的革命和反革命》中，恩格斯也提出德国社会阶级、阶层结构存在多阶级构成的观点，具体包括封建贵族、资产阶级、小资产阶级、富农、中农、佃农、农业工人、工业工人等。在《1848年至1850年的法兰西阶级斗争》中，马克思还对各个阶级之间是如何形成互相牵制和利用的关系以达到各自的政治目的做了生动的描述，表明各阶级之间的利益虽然不太一致，但各阶级的利益和行动最终会服从资产阶级与无产阶级之间的对立关系，因为他们不得不"维护他们将来的利益"[①]。马克思指出，其中的小资产阶级、农民阶级等中间阶级必定会随着他们自身境况的恶化，以及他们与资产阶级之间的对抗尖锐化而愈益紧密地向无产阶级一边靠拢和集中，因此资产阶级和无产阶级两大对立阶级之间的根本利益矛盾始终存在于资本主义社会的阶级、阶层结构中，并支配着整个资本主义社会阶级、阶层关系的发展和演变。资产阶级和无产阶级关系中最本质的东西就是阶级冲突和阶级斗争，因而资本主义社会由于其内在的矛盾，必然会产生重大的社会冲突，并最终导致社会主义革命的发生，即"劳动和资本的这种对立一达到极限，就必然成为全部私有财产关系的顶点、最高阶段和灭亡"[②]。这是马克思、恩格斯对资本主义社会阶级、阶层结构和阶级、阶层关系分析得出的重要结论。

3. 马克思主义阶级分析理论关于社会主义社会阶级、阶层关系的特殊分析

根据马克思主义阶级分析理论，社会主义社会是建立在资本主义社会获得充分发展之后的、优于和高于资本主义社会的更加高级的社会形态，这就决定了社会主义社会的阶级、阶层关系问题是与资本主义社会、阶层关系问题存在一定内在联系的。在马克思看来，这种内在联系表现在，无产阶级将最终通过无产阶级革命的方式彻底推翻资本主义社会资产阶级专政的政权，消灭存在着

---

① 中共中央马克思恩格斯列宁斯大林著作编译局. 马克思恩格斯选集：第1卷[M]. 北京：人民出版社，2012：411.

② 中共中央马克思恩格斯列宁斯大林著作编译局. 马克思恩格斯全集：第42卷[M]. 北京：人民出版社，1979：106.

阶级对抗与阶级剥削的不平等的资本主义社会，从而建立起不存在阶级对抗与阶级剥削的无阶级社会，建立在私有制基础上的私有财产制度将被彻底废除，异化将会完全被超越，劳动分工也将和阶级一起逐步消失。这就是马克思主义阶级分析理论中的关于社会主义社会阶级、阶层关系的"无阶级说"。

必须指出的是，因为现实中的社会主义国家都是在没有经历资本主义社会的充分发展、生产力基础还比较薄弱、经济发展水平和文化发展水平都还相对比较低下的落后国家实现的，这样的实现基础和前提条件不仅决定了这种现实中的社会主义与马克思、恩格斯所设想的社会主义有很大区别，也决定了现实中的社会主义国家的阶级、阶层关系问题远比资本主义社会的阶级、阶层关系问题复杂、特殊。马克思主义阶级分析理论认为社会分工和生产资料占有关系是阶级产生的根源，依据这一根本观点，现实的社会主义仍然存在着旧有的社会分工，所有制结构为以公有制为主体，多种所有制经济共同发展，因而，现实的社会主义社会在继续存在普遍的阶层分化的同时，应该还存在着对抗性的阶级关系。邓小平在南方谈话中指出，"巩固和发展社会主义制度，还需要一个很长的历史阶段，需要我们几代人、十几代人，甚至几十代人坚持不懈地努力奋斗，决不能掉以轻心"[①]。因此，对于在一定时间内、一定范围内存在的对抗性的阶级矛盾和阶级斗争，我们仍然需要坚持用马克思主义的阶级观点和阶级分析方法进行分析和研究，必须保持清醒的政治头脑和坚定正确的政治方向。

（二）马克思主义阶级分析理论的重要价值

马克思主义阶级分析理论是我们研究全面深化改革进程中的阶层关系问题的基础理论，其重要价值体现在以下几方面。

一是为我们正确认识和处理全面深化改革进程中的阶层关系问题提供了科学的世界观和方法论。马克思、恩格斯运用辩证唯物主义和历史唯物主义详尽地考察了人类社会发展过程中阶级、阶层产生、发展、消亡的历史过程、发展规律和未来趋势，马克思主义阶级分析理论和阶级分析方法是马克思主义辩证唯物主义和历史唯物主义世界观和方法论在研究阶级、阶层关系方面的实际运用和具体体现，他们对阶级、阶层关系问题的看法既是唯物的又是辩证的，是科学认识和正确把握现实的社会主义社会中复杂的阶级关系和阶层关系的科学的世界观和方法论。正确认识和处理全面深化改革进程中的阶层关系问题，必须坚持马克思主义阶级分析理论的基本立场、观点和方法，这是对待马克思主

---

[①] 中共中央文献编辑委员会. 邓小平文选：第3卷 [M]. 北京：人民出版社，1993：379-380.

义阶级分析理论应有的正确态度，也是正确认识和处理全面深化改革进程中的阶层关系问题的基本前提。

二是为我们正确认识和处理全面深化改革进程中的阶层关系问题提供了价值旨归和评判标准。我们知道，马克思主义理论的全部意义所在就是实现人的自由而全面的发展，消除阶级、阶层之间的不平等则是马克思、恩格斯研究阶级、阶层关系问题的根本目的，也是马克思主义阶级分析理论的价值追求，这就为我们正确认识和处理全面深化改革进程中的阶层关系问题提供了价值旨归和评判标准。遵循这一根本要求，在全面深化改革进程中，我们不仅要高度重视阶级、阶层关系问题，而且在认识和处理阶层关系问题的实践过程中，必须以提高社会各阶层成员的获得感、幸福感、安全感为努力方向，以实现好、维护好、发展好社会各阶层成员的利益为出发点和归宿点，以有利于促进社会各阶层成员自由而全面的发展为其价值目标和评判标准。

始终坚持马克思主义阶级分析理论指导地位是正确认识和处理全面深化改革进程中的阶层关系问题的现实需要。全面深化改革时期，我国将继续处于世界政治多极化与经济全球化日益发展、全球范围内的社会主义制度与资本主义制度两种根本对立的社会制度共存竞争的国际环境中，同时由于我国在社会主义初级阶段实行公有制为主体、多种所有制共同发展的基本经济制度和按劳分配为主体、多种分配制度并存的分配制度，加之实行"一国两制"，即大陆作为主体部分实行社会主义制度、香港特区和澳门特区实行资本主义制度，这都决定了我国现阶段的阶级、阶层关系相较于一般国家的一般阶段的阶级、阶层关系更加复杂多变。所以，必须坚持马克思主义阶级分析理论，准确把握当前特定阶段的阶级、阶层关系，有效化解各种阶级、阶层关系中的矛盾风险，以实现团结最广泛社会阶层的力量，为夺取新时代中国特色社会主义新的伟大胜利积聚力量的目标。

坚持马克思主义阶级分析理论，正视阶级对抗和阶级斗争问题，是正确认识和处理全面深化改革进程中的阶层关系问题的必然要求。2014年2月，习近平在省部级主要领导干部学习贯彻十八届三中全会精神全面深化改革专题研讨班开班式上发表的重要讲话中强调指出，"马克思主义政治立场，首先就是阶级立场，进行阶级分析"①。2015年1月，他在针对政法工作做出重要指示时，提醒政法机关不要忘记自己的阶级属性，"要加强和改进对政法工作的领导……确

---

① 习近平. 在省部级主要领导干部学习贯彻十八届三中全会精神全面深化改革专题研讨班开班式上发表重要讲话 [N]. 人民日报, 2014-02-18.

保刀把子牢牢掌握在党和人民手中"①。2015年12月，习近平在视察解放军报社时又强调指出，"必须在恪守党性原则上坚持最高标准、最严要求"②，因为世界上从来没有所谓的抽象的、超阶级的新闻媒体，各种新闻媒体总是会以各种方式表现出其阶级性和政治性。2018年5月4日，习近平在纪念马克思诞辰200周年大会上的重要讲话中指出："马克思给我们留下的最有价值、最具影响力的精神财富，就是以他名字命名的科学理论——马克思主义。"③ 坚持马克思主义阶级分析理论是我们正确认识和处理全面深化改革进程中的阶层关系问题的基本政治立场，必须旗帜鲜明、毫不动摇。

我们要旗帜鲜明地坚持马克思主义阶级分析理论指导地位，高度重视全面深化改革时期的阶级斗争问题。吴宣恭指出："改革开放以后，随着我国所有制结构的巨大变革，出现了阶级差别和阶级矛盾，离开阶级分析，许多经济问题就无法找到合理的答案，正确认识和处理阶级关系是构建社会主义和谐社会的重要前提。"④ 必须指出的是，正视阶级斗争的客观存在并不是搞阶级斗争扩大化，而是客观分析阶级斗争的形势。社会主义国家的实践教训也告诫我们，在阶级斗争问题上既不能犯阶级斗争扩大化的错误，但也绝不能患阶级斗争的"失语症"，必须旗帜鲜明地坚持无产阶级专政。

同时，创新发展马克思主义阶级分析理论也是更好地认识和处理全面深化改革进程中的阶层关系问题的必然要求。马克思主义阶级分析理论是建立在对当时资本主义社会阶级、阶层关系历史考察和现实发展基础上的，由于历史条件和时代条件的限制，马克思、恩格斯在马克思主义阶级分析理论中对发达资本主义社会阶级、阶层关系和社会主义社会阶级、阶层关系的分析都还比较有限。特别是改革开放以来，市场取向的改革不断推进对我国阶层关系演进产生了深刻影响，经济成分的多元化、就业形式的多样化、收入水平的差异化、生活方式的多样化、价值观念的多样化，使得我国阶层结构呈现出日益多样化和阶层关系呈现出日益复杂化的状态。进入全面深化改革阶段以后，阶层关系演进面临的现实环境继续发生新的极其深刻的变化，阶层结构和阶层关系也呈现出很多新特点，仅仅依靠马克思主义阶级分析理论已经不能完全说明当前错综

---

① 中共中央文献研究室. 习近平关于全面依法治国重要论述摘编 [M]. 北京：中央文献出版社，2015：118.

② 尹航. 解放军报社党委认真学习领会习主席视察报社时重要讲话 [N]. 解放军报，2015-12-28.

③ 习近平. 在纪念马克思诞辰200周年大会上的讲话 [N]. 人民日报，2018-5-5.

④ 吴宣恭. 阶级分析在我国政治经济学中的地位 [J]. 政治经济学评论，2011（2）：3.

复杂的阶级、阶层关系，这就需要我们基于新的历史条件、基于辩证唯物主义和历史唯物主义的基本观点，不断创新和发展马克思主义阶级分析理论。这不仅是正确认识和处理全面深化改革进程中的阶层关系问题的现实需要和迫切要求，也是不断增强马克思主义阶级分析理论自身的理论生命力和现实指导力的内在要求和应有之义。

**二、马克思主义阶级分析理论在西方的创新发展**

马克思主义阶级分析理论在资本主义国家的无产阶级革命活动和斗争实践中发挥了非常重要的理论指导作用，充分显示出其作为马克思主义科学理论的巨大威力和战斗力。但在马克思、恩格斯之后，伴随着科技革命而来的是资本主义社会本身在不断更新发展，马克思主义阶级分析理论也面临着一系列严峻挑战。面对挑战，一些西方马克思主义学者对马克思主义阶级分析理论提出了一些质疑并做出相应修正，由此形成了西方新马克思主义阶级分析理论。西方新马克思主义阶级分析理论在产生、发展过程中都部分地吸收和运用了马克思主义阶级分析理论的一些重要思想和分析方法，同时又在一定程度上丰富和发展了马克思主义阶级分析理论，使马克思主义阶级分析理论更富有鲜明的时代气息和更强的实践解释意义。西方新马克思主义阶级分析理论对于我们正确认识和处理全面深化改革进程中的阶层关系问题也具有重要意义。在此，我们对西方新马克思主义阶级分析理论中的代表性理论做一个简要述评。

（一）西方新马克思主义阶级分析理论的代表性理论

1. 马尔库塞关于发达工业社会劳动阶级变迁理论

赫伯特·马尔库塞（Herbert Marcuse，1898—1979），其代表性著作有《单向度的人：发达工业社会意识形态研究》等。马尔库塞在社会学方面最重要的成果，是他在《单向度的人：发达工业社会意识形态研究》中集中阐述的关于发达工业社会劳动阶级变迁理论。

马尔库塞认为，人本来应该是双向度的，即人都应该有满足的一面还有不满足的一面，有赞同的一面还有批判的一面，但到了发达工业社会阶段，社会环境把人彻底改变了。当代工业社会发展成功地压制了这个社会中人们的反对意见，压制了人们内心的批判性向度，从而使双向度的社会变成单向度的社会，双向度的人也变成了单向度的人。这种单向度表现在政治、经济、思想、社会的各个领域，批判已经完全停顿，反动派已经完全消失。产生这一变化的根源在于，在经济日益发达的社会环境中，作为社会个体的人的各种需要得到了极大程度的实现和满足，这样，他对于社会的批判和抗议的理由也就不复存在了，人也因此丧失了原本应有的独立的批判精神和批判能力，从而变成了完全单向度的人。

马尔库塞进一步分析指出，在发达工业社会，由于基本生活水平不断提高，原本富有革命精神和革命愿望的工人阶级因为多方面的需要已经得到很大程度的实现和满足，从而丧失了其原本具有的强烈的革命精神和革命愿望，这是工人阶级在进入发达工业社会所发生的重大而深刻的变化。由此，马尔库塞得出结论，马克思、恩格斯所处的时代造成工人阶级强烈革命性的环境条件和社会基础都已经不复存在了，发达工业国家的工人阶级已经完全丧失了其原本具有的强烈的革命性，不再具有承担推翻资本主义社会这一历史使命的无产阶级革命的领导能力和革命的先进性，马克思、恩格斯所设想的无产阶级革命在发达工业社会已经完全失去了这一理论实现所需要的政治的、经济的、文化的、社会的和意识形态的社会基础和阶级基础，这是马克思主义理论在发达工业社会所遭遇到和所面临的最严峻的形势和挑战。

同时，在发达工业社会，由于科学技术的不断进步、劳动生产率的日益提高、社会成员生活水平的逐步上升，以及逐渐富裕起来的人们对于核战争的恐惧感等，诸多因素组合在一起，已经化解了资本主义社会原有的激烈的阶级、阶层矛盾，缓和了阶级、阶层冲突，冲淡了资本主义社会原本激烈的阶级对抗和阶级斗争，阶级、阶层关系发生了很大变化，特别是在发达资本主义国家阶级、阶层关系"显示出一种在工业文明的先前阶段闻所未闻的联合和团结。这是在物质基础上的团结"[①]，这是在之前的资本主义发展阶段不可能发生的巨大变化。这是在马克思、恩格斯之后，马尔库塞对于变化了的资本主义社会阶级、阶层关系进行分析之后得出的重要结论。

马尔库塞关于发达工业社会劳动阶级变迁的理论分析，对于我们认识和处理全面深化改革进程中的阶层关系问题所具有的启示意义在于：

启示一，马尔库塞认为，发达工业社会科技进步、经济社会发展必然会推动阶层构成变化、阶层关系演进，要重视研究这种变化，对阶层关系问题的认识要做到与时俱进。如，改革以来，科技革命所带来的中国工人阶级的内部结构和现实状况都发生了很大变化。就工人阶级的具体构成而言，工人阶级已经不再是一般意义上的单纯的产业工人、体力劳动者，邓小平强调知识分子是工

---

① 赫伯特·马尔库塞. 单向度的人：发达工业社会意识形态研究 [M]. 刘继, 译. 上海：上海译文出版社, 1989：21.

人阶级的一部分，尊重知识、尊重人才，要充分发挥知识分子的作用。江泽民则明确提出，中国共产党要始终做到"代表中国先进生产力的发展要求，代表中国先进文化的前进方向，代表中国最广大人民的根本利益"①，始终保持工人阶级政党的先进性的本质属性，就必须坚持对工人阶级的构成结构和发展状况进行深入研究和准确把握。进入全面深化改革阶段，我国经济结构发生明显变化，科技进步进程大大加快，工业化、信息化、新型城镇化和农业现代化也都在加速推进的过程中，这些重大变化都必定会造成工人阶级的内部构成和具体结构继续发生深刻变化，我们要及时认识和把握这种变化，将其作为制定路线、方针和政策的重要依据。

启示二，马尔库塞关于发达工业社会由于科学技术进步、劳动生产率提高、劳动阶级生活水平上升，使得资本主义社会阶级、阶层矛盾和社会对立情绪大大缓解的重要结论，对于处理全面深化改革进程中的阶层关系问题具有重要的借鉴意义。在新时代中国特色社会主义事业发展过程中，我们进行伟大斗争、建设伟大工程、推进伟大事业、实现伟大梦想，都必须正确认识和处理好阶层关系问题。我们认为，可以通过充分发挥中国特色社会主义制度自身具有的制度优势，在实现更充分更平衡的发展的基础上更加自觉地提高不同社会阶层成员普遍的生活水平，更加主动地满足不同社会阶层成员日益增长的美好生活需要，来积极化解不同社会阶层成员之间存在的利益冲突和利益矛盾，消除阶层关系问题的影响因素，以此不断增进阶层关系的和谐程度。

2. 赖特的"新中间阶级"理论和"阶级妥协"理论

赖特·米尔斯（Wright Mills，1916—1962），其代表性著作有《白领：美国的中产阶级》等。赖特社会学理论的创新之处具体表现在以下几方面。

一是对于马克思主义阶级分析理论中"阶级"概念的发展。与马克思"阶级"概念不同的是，赖特将阶级理解为人在生产关系中的地位和处境，它植根于与剥削相关的财产关系。赖特认为，由于财产关系的具体形式和基本性质不同，决定了处于对立的两级的阶级之间形成的剥削的具体形式也就不同，那么由此所形成的阶级、阶层结构和阶级、阶层关系也就自然呈现出比较大的差异性。赖特使用了"组织剥削"这一概念来对这种剥削关系进行进一步分析，他所说的组织资产实质上是在社会化大生产日益发展的条件下，资本所有权和管理权两权分离之后对资本使用的一种实际控制权，组织资产由资本家阶级和企

---

① 中共中央文献研究室. 十五大以来重要文献选编：中 [M]. 北京：人民出版社，2001：1406.

业管理者共同控制，资本家虽然拥有生产资料的所有权，也保留有解雇管理者的权利，但实际上在现代企业中对组织资产的实际控制权是掌握在企业管理者手中的，这就使企业管理者能够利用这种组织资产的实际控制权，以组织资产为基础从而实现对工人阶级创造的劳动成果的实际剥削，这也就意味着在资本主义国家社会化大生产发展的进程中，企业管理者队伍不仅日益发展壮大，而且自身具有一些既不同于资本家集团，也不同于工人阶级的阶级特性。赖特的这一分析不仅反映了发达资本主义国家社会化大生产深入发展的实际，也扩展了马克思主义阶级分析理论中"阶级"概念的内涵。

二是"新中间阶级"理论——"矛盾的阶级定位"。在马克思主义阶级分析理论中，关于资本主义社会的阶级结构，马克思、恩格斯的基本看法是认为必然形成"两级对立"的阶级结构，并将其称为"资本积累的绝对的、一般的规律"。但在资本主义发展过程中，由于专业技术岗位的增加、企业管理阶层的扩张、社会管理层的不断扩大，逐步形成以白领雇员为代表的"新中间阶级"，赖特认为，这是马克思主义阶级分析理论最大的不足。对此，赖特提出了"矛盾的阶级定位"概念。在他看来，新中间阶级往往同时具有几个阶级的特征，甚至分享着两个对立阶级的利益。如企业的管理阶层，他们既有权力支配工人并获得比工人更高的收入，又要受资本家雇佣；又如专业技术人员，他们没有生产资料而只能在生产中受到资本的控制，但在生产中又实际控制他们自己的直接劳动过程。这就是赖特所谓的"新中间阶级"同时具有资产阶级和无产阶级两个原本对立的阶级特征的"矛盾定位"的含义，这一定位分析用于解释发达资本主义阶段的阶级、阶层关系具有重要意义。

三是"阶级妥协"理论。在马克思主义阶级分析理论中，无产阶级与资产阶级在利益上不仅是根本对立的，也是不可调和的，提高无产阶级利益的同时必定就意味着损害资本家阶级的利益，无产阶级和资产阶级之间只有对立没有统一。但在资本主义发展过程中，由于无产阶级的激烈反抗，迫使资产阶级做出了很大让步，这在一定程度上缓和了无产阶级和资产阶级之间的阶级矛盾。赖特认为，工人和资本家双方可以实现"积极的阶级妥协"。赖特认为，积极的阶级妥协在资本主义社会里实现的可能性取决于工人阶级联合力量的强大，以及工人阶级与资本家之间的物质利益关系模式。赖特分析认为，在这些影响因素中，工人阶级联合力量的增加是构成工人阶级与资本家之间积极的阶级妥协的前提条件，工会和其他形式的工人组织力量的增强则是构成工人阶级与资本家之间积极的阶级妥协的重要基础。在适当的情况下，工会和其他形式的工人组织力量的积极活动和协调工作是有这种可能的，即在给资本家阶级带来实际利益的同时也可以给工人阶级带来一定的实际利益。赖特认为，在资本主义条件下，在剥削现象的存在依然具有历史正当性的现实环境中，工人阶级与资本家达成一定程度的妥协是一种必然选择，而工人阶级与资本家实现积极的阶级妥协是最理想的选择结果。这是赖特对当代工人阶级与资本家之间的阶级斗争现实的全新阐释。

赖特的阶级理论不仅及时反映了在科技革命影响下西方发达资本主义国家阶级阶层结构、阶级阶层关系等方面所发生的一系列重要变化，而且对马克思主义阶级分析理论有重要发展。这一理论对认识和处理全面深化改革进程中的阶层关系问题所具有的启示意义在于：

一是借鉴赖特阶级理论对私营企业主阶层进行定性分析。私营企业主是改革开放以来出现的新社会阶层中的重要构成力量，在全面深化改革过程中还会进一步发展壮大，因而对私营企业主阶层如何定性对于中国特色社会主义实践发展来讲，既是一个在马克思主义理论发展过程中需要回答的重要的理论问题，也是一个在中国特色社会主义实践发展过程中必须面对的重大的现实问题。如果按照马克思主义阶级分析理论，私营企业主应该属于资产阶级。如果按照赖特提出的"矛盾的阶级定位"，私营企业主应该说是同时具有几个阶级的特征：经济上，虽然存在着对工人阶级的一定剥削，但与工人阶级在根本利益上又具有共同性和一致性；政治上，私营企业主与工人阶级并不构成一种在资本主义制度环境中统治与被统治的对抗性的阶级关系；意识形态上，多数私营企业主拥护党和国家改革开放的路线、方针和政策，积极参与中国特色社会主义建设事业。所以，将私营企业主作为一个"新中间阶层"来认识，显然更符合我国的实际国情和全面深化改革的实际需要，也更有利于处理全面深化改革进程中的阶层关系问题，构建和谐的阶层关系。

二是关于劳资矛盾的处理，赖特的阶级妥协理论也具有特别重要的现实性。全面深化改革背景下，私营经济和外资经济会继续发展，在私营经济和外资经济发展中劳资矛盾仍然非常突出，如何解决劳资矛盾以及由此可能带来的阶层关系问题是一个重大的现实问题。在社会主义初级阶段，劳资矛盾还不具备完全条件，在现实条件下还无法获得根本超越的情况下，如何运用更加合理完善的劳资矛盾的利益博弈机制和利益协调机制来对这种利益矛盾进行有效调节和适度限制，以此达到私营企业主和工人劳动者之间双方利益实现"共赢"的结果，是全面深化改革进程中解决阶层关系问题的一项重要而艰巨的任务。在完善的中国特色社会主义制度体系基础上，劳资矛盾是可以通过制度手段、法治手段、经济手段来协调的，而其中工会的作用更是不可替代的。

### 3. 达伦多夫的辩证冲突理论

拉尔夫·达伦多夫（Ralf Dahrendorf, 1929—2009），其代表性著作有《现代社会冲突》等。

作为社会冲突理论的代表人物，达伦多夫认为，现实社会具有辩证的两面性：一方面表现为静态的均衡性，另一方面又呈现出动态的冲突性，社会冲突是不可回避的社会现实。社会冲突的根源在于占据统治地位的和处于服从地位的社会角色的安排。正是因为这种社会角色的差异存在，所有社会组织都存在着社会角色的统治与服从的对立和分化，在一定条件下转化为社会冲突。既然社会冲突不可避免，我们就要重视研究社会冲突的规律，从而控制社会冲突的发生。

达伦多夫深入分析了社会角色的对立和分化如何转化为社会冲突的过程。他认为，社会冲突的形成需要具备四个条件，即组织的技术条件、政治条件、社会条件、心理条件。其中，将干部、领导者等视为冲突群体形成的技术条件；将非专制的政治制度等视为冲突群体形成的政治条件；将地理上的相对集中等视为冲突群体形成的社会条件；将群体成员的互相认同等视为冲突群体形成的心理条件。达伦多夫认为，只有这四个方面的条件同时具备，冲突群体和冲突矛盾才会形成。对于社会冲突造成的后果，达伦多夫认为，这涉及价值判断。从维持社会秩序的角度看，社会冲突破坏了社会稳定，可能导致社会控制的崩溃，从这个意义上看社会冲突是一种对社会发展有害的负功能。但社会冲突又是社会结构发展和演进过程中所必不可少的，从这个意义上看社会冲突又具有正功能。他强调，社会冲突的正功能有两个方面，一是社会冲突有助于社会体系的整合，二是社会冲突有助于创造社会变迁。对于社会冲突，达伦多夫主张通过制度化方式有效地解决冲突。他认为，利益群体之间的对立是持续存在的事实，无法消除，但社会冲突的双方如果遵守一些正式的"游戏规则"，即制度化规则，则可以实现社会冲突的有效调节。这样就可以使社会冲突成为可能，但又不至于爆发社会革命。达伦多夫主张将社会冲突限定在制度的范围内。

达伦多夫辩证冲突理论对于我们正确认识和处理全面深化改革进程中的阶层关系问题所具有的启示意义在于：

首先，必须承认，全面深化改革时期不同社会阶层之间在根本利益一致基础上仍然存在具体利益的差异，存在着不同社会阶层之间产生具体利益冲突的现实条件和社会基础，因而，必须高度重视为不同社会阶层提供协调彼此利益冲突的各种有效途径，以避免冲突升级。

其次，高度重视建立健全社会各阶层都必须遵守的规范的制度规定，如制定更加公平合理的社会规则，畅通阶层成员社会流动的上升通道，提高不同社会阶层之间的流动率，缓和不同社会阶层之间的不平等程度等，以减少不同社会阶层之间激烈的社会冲突，以制度化的方式有效化解不同社会阶层之间的社会冲突，从而避免冲突和矛盾激化，以保证国家政治局面和社会秩序的有序、和谐和稳定。

4. 哈贝马斯的协商民主思想

尤尔根·哈贝马斯（Jürgen Habermas，1929— ），其代表性著作有《沟通行动理论》《交往行为理论》等。

哈贝马斯认为，在现代资本主义国家，阶级冲突实际已经转化为一种新的文化冲突，即以生活差异和政治观点差异的形式存在。新的文化冲突形成于文化再生产、社会统一以及社会化领域中。因而，解决这一冲突就是以交往理性为基础全面重建民主社会的公共领域，使其不再是在"经济领域"，而是一种民主参与，协商对话，即在道德、法律、政治三大领域都必须实行协商原则。

关于协商民主，哈贝马斯提出了两个前提条件：一是"理想沟通情境"；二是沟通有效性要求。在此基础上，他认为可以通过协商民主模式发挥作用，最终和平解决这种冲突。哈贝马斯提出："商议性政治是在意见形成和意志形成过程的不同层次上沿着两个轨道进行的——一个是具有宪法建制形式的，一个是不具有正式形式的。"[①] 哈贝马斯所说的这种协商民主模式，特别强调公共权威在治理和决策方面的主导作用。

哈贝马斯协商民主思想对于我们正确认识全面深化改革进程中的阶层关系问题所具有的启示意义在于：

一是积极培育自尊自信、理性平和、积极向上的社会心态。借鉴哈贝马斯的协商民主思想分析，我们认为，在多元主体间的利益博弈与妥协过程中应该发挥中国特色社会主义协商民主的核心作用。据此，我们认为当前我国部分社会阶层成员存在的极化思维和极化心态在社会生活中不断强化，不仅严重恶化了阶层关系，也不利于中国特色社会主义协商民主活动的开展。这就要求我们重视在全社会范围内培养自尊自信、理性平和、积极向上的社会心态，引导不同社会阶层成员具有主体间性思维，在表达自己的观点和利益诉求的同时，也能够尊重和包容其他社会阶层成员的不同观点，这有助于我们构建一个利于实

---

[①] 尤尔根·哈贝马斯. 在事实与规范之间 [M]. 童世骏, 译. 北京：生活·读书·新知三联书店，2003：389.

现阶层关系和谐的社会环境和舆论氛围。

二是在中国特色社会主义协商民主发展过程中，应该充分注重中国特色社会主义协商民主发展过程中的制度规章和程序规则的设计和完善。哈贝马斯非常注重民主协商的程序和规则，主张在民主协商的公共领域构建协商的理想情境、规范程序以及可行方法，以有利于协商民主目标的实现。在全面深化改革进程中，中国特色社会主义协商民主在处理阶层关系问题方面可以发挥非常重要的作用，为此必须构建规范化、制度化、程序化的机制，致力于形成一整套公正、合理、完善的规范化、制度化、程序化的制度安排，不断增强不同社会阶层成员对中国特色社会主义协商民主制度的信任和认同。在处理阶层关系问题时，依靠公正、合理、完善的规范化、制度化、程序化的制度安排，有效化解不同社会阶层成员之间的矛盾和冲突。

（二）对西方新马克思主义阶级分析理论的总体评价

首先，西方新马克思主义阶级分析理论正视西方资本主义社会阶级、阶层结构的新变化，同时重视研究这一新变化对当代西方资本主义国家的工人运动、政党的阶级基础以及资产阶级民主所产生的重大影响，并根据这一新变化对西方资本主义国家的阶级、阶层关系做出了有益探讨，这就为我们认识当代西方资本主义国家阶级、阶层矛盾冲突变化的复杂性和多样性提供了理论参考。同时也提醒我们，必须根据已经变化了的时代条件重新认识马克思主义阶级分析理论的理论价值及当代价值，不断创新发展马克思主义阶级分析理论，不断增强马克思主义理论的理论生命力、现实说服力和实践指导力。

其次，西方新马克思主义阶级分析理论对资本主义社会阶级、阶层关系的分析部分坚持了马克思主义阶级分析理论自身所特有的批判立场和批判精神，同时坚持用发展的眼光看待变化了的资本主义社会的阶级、阶层关系，在研究当代西方资本主义国家阶级、阶层关系中进一步生发出多元研究视角和多元研究方法，如对现实当代西方资本主义的批判从单一的制度的批判转向制度、生态、性别、伦理等多层面、多向度的批判，注重运用实证分析、数理逻辑分析、计量分析、博弈论分析等研究方法，不仅在一定程度上丰富和发展了马克思主义阶级分析理论，赋予马克思主义阶级分析理论更加丰富和时代化的新内涵，而且为我们研究全面深化改革进程中的阶层关系问题提供了非常重要的新的思路方法和有益的启示参考。基于此，我们认为应该充分肯定西方新马克思主义阶级分析理论的理论创新价值和实践借鉴价值。

同时，应该指出的是，西方新马克思主义阶级分析理论对当代资本主义社会阶级、阶层结构变动和阶级、阶层关系演进的复杂状况更多只是进行了现象学的描述，虽然在某种程度上反映了当代西方资本主义社会的阶层结构和阶层关系的演变现实，揭示了当代西方资本主义社会阶级、阶层结构和阶级、阶层关系变动的复杂性，但并未全面把握马克思主义阶级分析理论的核心精神，部分西方新马克思主义阶级分析理论在分析当代西方资本主义社会阶级、阶层关系中存在从阶级分析转向文化话语分析的倾向，试图以文化权力的抗争代替当代西方资本主义社会阶级冲突和阶级斗争的实质，模糊了马克思主义阶级分析理论鲜明的政治色彩和特有的阶级立场，因而无法真正揭示当代西方资本主义社会仍然存在的对抗性的基本矛盾和阶级剥削、阶级对抗的本质。同时，西方新马克思主义阶级分析理论部分否定了生产资料所有权对资产阶级和无产阶级之间的矛盾与斗争所具有的决定性意义，把当代西方资本主义社会存在的阶级冲突降低到一般社会冲突性质，这也不符合马克思主义阶级分析理论的基本立场、观点和方法，某种程度上背离了马克思主义阶级分析理论最重要的基本原则和核心精神。

### 三、马克思主义阶级分析理论在中国的创新发展

马克思主义阶级分析理论始终是中国共产党在革命、建设、改革时期正确认识和处理阶层关系问题的强大的理论武器。中国共产党不仅坚持了马克思主义关于无产阶级及其政党在革命事业中应该重视研究和分析阶级、阶层关系问题，以此作为制定正确的战略和策略的重要依据的基本立场，而且在运用马克思主义阶级分析理论指导中国的革命、建设、改革的实践中，始终坚持与时俱进的精神，不断推进马克思主义阶级分析理论的理论创新和实践创新，以中国化的理论创新成果和实践创新成果极大地丰富和发展了马克思主义阶级分析理论，赋予马克思主义阶级分析理论鲜明的中国特色和时代特色。

（一）毛泽东思想中的马克思主义阶级分析理论创新成果

作为马克思主义中国化第一大理论成果的毛泽东思想内容十分丰富，其中马克思主义阶级分析理论的创新成果不仅是其中极具特色的重要组成部分，还是毛泽东思想理论体系形成和构建的重要理论基础。作为毛泽东思想的主要创立者，毛泽东成功地实现了对马克思主义阶级分析理论的创造性运用和创新性发展。这集中表现在：毛泽东认为"认真调查研究，对具体问题做出

具体的分析，而不是抽象的主观主义的分析，这是马克思主义的灵魂"①，始终坚持运用马克思主义阶级分析理论的基本立场、观点和方法分析中国社会特有的阶级、阶层结构和阶级、阶层关系，始终坚持必须从中国实际出发，根据中国革命、改造和建设的实际需要创新和发展马克思主义阶级分析理论的具体内容。

新民主主义革命阶段，毛泽东对马克思主义阶级分析理论的创造性运用集中体现在对革命的首要问题，即分清敌友的运用方面。在领导中国革命的实践中，为了获得最广大的同盟者的支持建立革命统一战线以战胜强大的革命敌人，毛泽东非常重视根据革命形势发展变化的具体需要，对马克思主义阶级分析理论中的阶级、阶层划分的标准做出适时的相应的调整，以保证将可以争取的阶级或阶层的力量成功地纳入革命统一战线的阵营中。在整个新民主主义革命时期，当阶级矛盾是中国社会的主要矛盾时，毛泽东主要按照马克思主义阶级分析理论中的阶级、阶层划分的经济标准来划分革命和反革命两大阵营。如在《中国社会各阶级的分析》一文中，依据占有的生产资料和社会财富的多少，毛泽东将当时中国社会阶级、阶层力量具体划分为大地主阶级和买办阶级、中产阶级、小资产阶级、半无产阶级、工业无产阶级、游民无产者等，并明确指出，其中的"买办阶级、大地主阶级以及附属于他们的一部分反动知识界，是我们的敌人。工业无产阶级是我们革命的领导力量。一切半无产阶级、小资产阶级，是我们最接近的朋友"②。在《怎样分析农村阶级》一文中，毛泽东又将农村社会的阶级、阶层具体划分为地主、富农、中农、贫农和工人等。这样的阶级、阶层划分为中国革命成功地解决了依靠谁、团结谁、打倒谁的问题，为制定正确的新民主主义革命总路线提供了重要的理论依据。新民主主义革命时期，当民族矛盾日益上升为中国社会的主要矛盾时，毛泽东淡化了经济分层，更注重政治分层。他在《论反对日本帝国主义的策略》一文中指出：中国共产党发起建立的抗日民族统一战线，"不但那些只对民族革命有兴趣而对土地革命没有兴趣的人，可以参加……不能反对欧美帝国主义，却可以反对日本帝国主义及其走狗的人们，只要他们愿意，也可以参加"③。毛泽东通过阶级、阶层划分标准的调整成功地实现了把原来是民主革命的对象的敌人力量变成民族革命的联合对象，壮大了抗日民族统一战线阵营的力量。毛泽东在新民主主义革命阶段对

---

① 中共中央文献研究室. 建国以来重要文献选编：第14册 [M]. 北京：中央文献出版社，1997：798.
② 中共中央文献研究室. 毛泽东选集：第1卷 [M]. 北京：人民出版社，1991：9.
③ 中共中央文献研究室. 毛泽东选集：第1卷 [M]. 北京：人民出版社，1991：156.

马克思主义阶级分析理论的创造性运用不仅丰富了马克思主义阶级分析理论，而且为中国共产党制定正确的路线、方针、政策提供了重要的理论依据，对新民主主义革命胜利发挥了重要的理论指导作用。

社会主义阶段，毛泽东对马克思主义阶级分析理论的创造性运用集中体现在关于社会主义阶段的阶级、阶层关系理论分析上。关于社会主义阶段的阶级关系，毛泽东严厉批评了苏联和斯大林认为社会主义社会不再存在阶级斗争的观点，认为社会主义社会在相当长的时期内仍然存在阶级矛盾和阶级斗争，在现实生活中存在的各种敌对势力妄图颠覆我国中国共产党领导的国家政权和社会主义制度，这显然都是属于阶级对抗性质的阶级矛盾和阶级斗争的范畴。在人民内部，民族资产阶级与工人阶级之间的矛盾也还属于阶级矛盾的范畴，民族资产阶级与工人阶级的关系也具有一定的阶级斗争的性质，对此不仅要有清醒的认识，还必须开展必要的斗争。毛泽东这一思想对于正确认识社会主义阶段的阶级关系具有重要意义。

关于社会主义阶段的阶层关系，毛泽东做出了一个重要判断，即在社会主义阶段，包括阶层矛盾在内的人民内部矛盾是主要的，正确处理包括阶层矛盾在内的人民内部矛盾是社会主义国家政治生活的主题。在题为《关于正确处理人民内部矛盾的问题》的重要讲话中，毛泽东又明确提出了一个重要命题，即"一切赞成、拥护和参加社会主义建设事业的阶级、阶层和社会集团，都属于人民的范围，一切反抗社会主义革命和敌视、破坏社会主义建设的社会势力和社会集团，都是人民的敌人"①。这就意味着，我们必须运用民主的方法来解决包括阶层矛盾在内的人民内部矛盾，处理好阶层关系问题，以期实现"一个又有集中又有民主，又有纪律又有自由，又有统一意志又有个人心情舒畅、生动活泼，那样一种政治局面"。这些都是对社会主义阶段的阶级、阶层关系问题探索形成的宝贵理论成果。

马克思主义阶级分析理论中对社会主义社会阶级、阶层关系的分析虽然提供了一些重要的思路、原则和方法，但都是非常概括性的。毛泽东对于我国社会主义阶段阶级、阶层关系的分析不仅十分深刻具体，而且非常丰富，极大地丰富和发展了马克思主义阶级分析理论中对社会主义时期阶级、阶层关系问题的认识，是马克思主义阶级分析理论重要的创新成果，在新时代中国特色社会主义事业发展中仍然具有重要指导意义。

---

① 中共中央文献研究室. 毛泽东文集：第 7 卷 [M]. 北京：人民出版社，1999：205.

(二) 中国特色社会主义理论体系中的马克思主义阶级分析理论创新成果

1. 以邓小平为核心的第二代中央领导集体对马克思主义阶级分析理论的创新成果

以十一届三中全会的召开为标志，中国共产党的工作重心从"以阶级斗争为纲"转移到"以经济建设为中心"，"集中力量发展生产力"逐步成为全党的共识。作为以邓小平为核心的中国共产党第二代中央领导集体，首先面临的就是如何正确认识和处理我国社会阶级、阶层关系问题。

对于社会主义阶段的阶级关系，邓小平认为，剥削阶级作为整个阶级被消灭以后，我国社会现实中存在的社会矛盾大多数已经不再具有阶级斗争的性质了，但阶级斗争在一定范围内仍将长期存在，所以"社会主义社会中的阶级斗争是一个客观存在，不应该缩小，也不应该夸大"①。坚持无产阶级专政是巩固社会主义制度和人民民主专政的国家政权的现实需要，这是因为我国的社会主义制度才刚刚建立起来，社会主义国家的力量在今后相当长的一个时期内肯定弱于资本主义国家的力量，如果不靠无产阶级专政就根本抵制不住来自资本主义国家的进攻，阶级斗争不仅是可能的而且是必须的。

关于社会主义阶段的阶层关系，邓小平认为，服务于推进中国特色社会主义事业发展的现实需要，我们在处理阶层关系问题时要更加注重协调阶层关系矛盾，增进阶层关系和谐，阶级、阶层分析理论的主题应该从过去的突出阶级对抗转变为强调阶层合作，以调动最广泛的社会阶层成员的积极性为社会主义现代化建设事业服务。为此，邓小平从多方面丰富和发展了马克思主义阶级分析理论，包括提出了以政治地位（着重看现实的政治表现）、经济地位（主要是收入）、职业等因素划分不同社会阶层的多元分层标准体系；提出了考察社会阶层成员的政治表现的"三看"标准，即"着重看他们自己的基本政治态度，看他们自己的现实表现，看他们对社会主义革命、社会主义建设所做的贡献"②；依据经济地位把社会群体分为"先富起来的人""后富起来的人"等。在处理阶层关系实践中，邓小平非常注重依据多元分层标准对一些社会阶层进行新的政治定位，如在全面考察了知识分子的实际表现之后得出知识分子"已经是工人阶级自己的一部分"③的结论；如对私营企业主，邓小平认为这个阶层是在

---

① 中共中央文献编辑委员会. 邓小平文选：第2卷 [M]. 北京：人民出版社，1994：182.
② 中共中央文献编辑委员会. 邓小平文选：第2卷 [M]. 北京：人民出版社，1994：93.
③ 中共中央文献编辑委员会. 邓小平文选：第2卷 [M]. 北京：人民出版社，1994：89.

工人、农民两大基本阶级之外的，既是资产私有者，同时又是劳动者，在社会主义国家始终掌握着经济命脉和国家政权的条件下，私营企业主阶层不会也不可能发展成为一个独立的阶级，"个别资产阶级分子可能会出现，但不会形成一个资产阶级"①。这种政治定位不仅创新发展了马克思主义阶级分析理论，而且有利于激发知识分子阶层和私营企业主阶层投身中国特色社会主义伟大事业的积极性。

邓小平提出了正确认识和处理阶层关系问题应该坚持的基本原则，即效率优先、兼顾公平。针对阶层关系方面存在的问题，邓小平提出了关于"允许和鼓励一部分地区、一部分人先富起来，先富带动和帮助后富，逐步达到共同富裕"的思想，从阶层分化的角度讲，就是要通过鼓励和尊重社会各阶层成员通过诚实劳动、合法经营先富起来，促进社会阶层的适当分化、合理分化，协调不同社会阶层成员之间的利益关系。在阶层分化方面，邓小平也强调，要注意防止社会阶层分化中的两极分化趋势，因为这可能使阶层内部非对抗性的经济利益矛盾演变为对抗性的阶级矛盾，"如果我们的政策导致两极分化，我们就失败了；如果产生了什么新的资产阶级，那我们就真是走了邪路了"②。要避免阶层分化过程中发生过度分化，就要求我们在阶层结构演进过程中，不能采取完全放任不管的态度，而一定要坚持兼顾公平的原则，坚持共同富裕的方向，对我国阶层结构变化和阶层关系演进进行适时的、适当的宏观调控和有效调节。

社会主义的根本任务就是大力发展社会生产力，正确认识和处理阶层关系的目的是调动最广泛的社会阶层成员的积极性，"调动人民积极性的最中心的环节，还是发展生产力，提高人民的生活水平"③。据此，邓小平提出了正确认识和处理阶层关系问题的"三个有利于"的评价标准，即"是否有利于发展社会主义社会生产力，是否有利于增强社会主义国家的综合国力，是否有利于提高人民的生活水平"④，这也是判断改革开放和一切工作包括处理阶层关系问题得失成败的标准。"三个有利于"标准实际上是把正确认识和处理阶层关系问题上升到要符合社会主义本质要求的高度，极大地深化了对社会主义建设规律的认识。

---

① 中共中央文献编辑委员会. 邓小平文选：第3卷 [M]. 北京：人民出版社，1993：139.
② 中共中央文献编辑委员会. 邓小平文选：第3卷 [M]. 北京：人民出版社，1993：111.
③ 中共中央文献编辑委员会. 邓小平文选：第3卷 [M]. 北京：人民出版社，1993：178.
④ 中共中央文献编辑委员会. 邓小平文选：第3卷 [M]. 北京：人民出版社，1993：372.

### 第一章 "阶层关系"问题研究的理论基础、传统资源和有益借鉴

2. 以江泽民为核心的第三代中央领导集体对马克思主义阶级分析理论的创新成果

作为第三代中央领导集体的核心人物,江泽民面对改革时期迅速变化发展的阶级、阶层关系,首次明确提出要重视研究阶级、阶层关系问题,把阶级、阶层关系问题视为中国共产党执政的基本问题,在新的实践基础上,针对我国阶级、阶层关系问题做出了一系列重要判断,提出了很多重要命题。

在阶级关系方面,江泽民指出:"阶级斗争已经不是我国社会的主要矛盾,但它还将在一定范围内长期存在,并且在一定条件下还可能激化。"[1] 江泽民指出,我国当前阶段的阶级斗争集中表现为资产阶级自由化的主张同坚持四项基本原则的立场之间的对立,实际上是两条道路、两种制度之间的对立,这场阶级斗争的核心问题依然是政权问题,是你死我活的阶级斗争。因此,江泽民提醒全党和全国人民,在进行改革开放的同时,在加强对外经济文化交流的同时,都必须十分注意警惕和防范敌对势力,有效应对敌对势力针对中国共产党的领导和社会主义制度所进行的渗透和颠覆活动,保证国家安全和政权巩固。

在阶层关系方面,江泽民始终坚持必须妥善处理不同社会阶层成员之间的利益关系,他认为把一切积极因素充分调动起来对于改革开放和现代化建设至关紧要。对此,江泽民提出,我们制定的所有的政策、措施和进行的所有的工作,"都应该正确反映并有利于妥善处理各种利益关系,都应认真考虑和兼顾不同阶层、不同方面群众的利益"[2]。在这里,江泽民不仅第一次正式使用了"阶层"这个概念,而且认为能否正确处理阶层关系是对中国共产党执政能力的一个重大考验,他要求全党必须坚持从新的实际出发,从阶层关系发展的需要出发,"以改革的精神研究和解决党的建设面临的重大理论和现实问题"[3]。

在处理阶层关系问题上,江泽民非常重视对改革以来出现的新社会阶层的构成进行科学分析,他提出了在新的历史条件下考察新社会阶层政治态度的"三看"标准,即应该主要"看他们的思想政治状况和现实表现,看他们的财产是怎么得来的以及财产怎么支配和使用,看他们以自己的劳动对建设有中国特色社会主义事业所做出的贡献"[4],并据此得出了新社会阶层是"有中国特色社会主义事业的建设者"的科学论断,这是一个极富创见的思想,具有重要的理

---

[1] 中共中央文献编辑委员会. 江泽民文选: 第1卷 [M]. 北京: 人民出版社, 2006: 151-152.
[2] 中共中央文献编辑委员会. 江泽民文选: 第3卷 [M]. 北京: 人民出版社, 2006: 279.
[3] 中共中央文献编辑委员会. 江泽民文选: 第3卷 [M]. 北京: 人民出版社, 2006: 282.
[4] 中共中央文献编辑委员会. 江泽民文选: 第3卷 [M]. 北京: 人民出版社, 2006: 343.

论价值和实践价值。同时，在划分社会阶层的标准方面，江泽民非常重视按收入水平来划分社会阶层，使用"先富起来人们""中等收入者""低收入者"这一新提法，提出"以共同富裕为目标，扩大中等收入者比重，提高低收入者收入水平"① 这一重要命题，深刻反映出中国社会阶层结构发生的新变化，为构建新的阶层关系体系奠定了理论基础。

江泽民还明确提出，正确处理阶层关系问题的目标是"形成全体人民各尽其能、各得其所而又和谐相处的局面"。为此，"只要有利于建设四化、统一祖国、振兴中华，只要有利于民族团结、社会进步、人民幸福，只要有利于挫败国内外敌对势力的渗透、颠覆和和平演变"②，无论属于哪一个阶级、哪一个阶层，我们都要予以积极争取以实现团结。江泽民还明确地提出了处理阶层关系问题的重要思路，即"德"与"法"结合。他认为处理阶层关系问题必须借助一定的社会规范和行为准则，法律和道德就是两个最重要也是最基本的社会规范和行为规则，都是在规范阶层成员的思想和行为、维护社会秩序方面发挥重要作用的重要手段，其中法律是硬约束，道德是软约束，所以必须把"依法治国与以德治国紧密结合起来"③，不仅要注重法治建设，建设中国特色社会主义法律体系，而且要注重道德建设，建立中国特色社会主义思想道德体系，为处理好阶层关系问题构建坚实的法律制度基础和思想道德基础。这些重要思想都极大地丰富和发展了马克思主义阶级分析理论，在认识和处理我国阶层关系问题中得以贯彻始终，从而发挥出重要的理论指导作用。

3. 以胡锦涛为核心的中央领导集体对马克思主义阶级分析理论的创新成果

中共十六大以来，以胡锦涛为核心的中央领导集体始终非常重视对我国阶层关系问题的研究，明确指出处理好阶层关系问题，"形成全体人民各尽其能、各得其所而又和谐相处的局面，我们就能集聚起推进事业发展的强大力量"④。胡锦涛强调，随着改革进入攻坚期和发展进入关键期，阶层关系演进中出现的阶层关系问题比较突出，阶层矛盾错综复杂，这也是难以避免的，回避矛盾解决不了问题，正确的做法是"正视矛盾，找到化解矛盾的正确途径和有效方法，

---

① 中共中央文献编辑委员会. 江泽民文选：第3卷 [M]. 北京：人民出版社，2006：550.
② 中共中央文献研究室. 十三大以来重要文献选编：中 [M]. 北京：人民出版社，1991：1200.
③ 中共中央文献研究室. 十五大以来重要文献选编：中 [M]. 北京：人民出版社，2001：1587.
④ 中共中央文献研究室. 十六大以来重要文献选编：上 [M]. 北京：中央文献出版社，2005：368.

形成妥善处理矛盾的体制机制，而不能让矛盾积累和发展起来，以致影响国家改革发展稳定大局"①。胡锦涛认为，实现阶层关系和谐是社会主义和谐社会构建的关键，阶层关系和谐的实质则是不同社会阶层成员之间利益关系的和谐，要实现阶层关系和谐就必须处理好全局利益、根本利益与局部利益、具体利益的关系，兼顾和协调不同社会阶层成员之间的利益关系，同时还要努力构建社会各阶层成员实现和谐共处的稳固的思想基础。

为此，胡锦涛提出处理阶层关系问题的创新思路：一是协调好不同社会阶层成员的利益关系。胡锦涛强调指出："要坚持在全国人民根本利益一致的基础上，妥善协调各种具体的利益关系和内部矛盾，正确处理个人利益和集体利益、局部利益和整体利益、当前利益和长远利益的关系。"② 针对经济利益矛盾是当前阶层关系问题的集中反映，胡锦涛提出党和政府通过积极促进社会阶层成员的充分就业，有效提高低收入者的收入水平，合理调节富裕阶层的高额收入，以此缩小贫富差距，逐步扭转收入分配差距扩大趋势，妥善协调社会各阶层之间的经济利益矛盾。政治利益矛盾是阶层关系问题产生的根源，胡锦涛提出，"就经济社会发展重大问题和涉及群众切身利益的实际问题广泛协商，广纳群言、广集民智，增进共识、增强合力"③，以此来协调社会各阶层成员之间的政治利益关系。二是注重和谐文化建设，构建阶层关系和谐的思想基础。胡锦涛认为，"一个社会是否和谐，一个国家能否实现长治久安，很大程度上取决于全体社会成员思想道德素质"④，他提出要大力建设社会主义和谐文化，在全社会范围内大力培育和谐精神，倡导和谐理念，引导社会阶层成员运用和谐的思维方式去协调彼此的关系，以此推动阶层关系问题的解决，促进社会和谐发展。建设社会主义和谐文化的根本是建设社会主义核心价值体系，实现以社会主义核心价值体系引领多样化的社会思潮的目的，在尊重差异、包容多样的基础上，最大限度形成社会各阶层之间在思想认识上的社会共识和价值认同，为阶层关系和谐奠定思想基础。三是注重制度建设，以制度建设为阶层关系和谐提供根本保障。胡锦涛一直非常重视通过制度建设来解决阶层关系问题，强调通过深化改革，建立健全促进阶层关系和谐的制度保障，"我们既要立足当前，着力解决影响社会和谐的突出矛盾和问题，又要着眼长远，在制度建设和创新上多下

---

① 中共中央文献编辑委员会. 胡锦涛文选：第2卷 [M]. 北京：人民出版社，2016：294.
② 中共中央文献编辑委员会. 胡锦涛文选：第2卷 [M]. 北京：人民出版社，2016：291.
③ 中共中央文献编辑委员会. 胡锦涛文选：第3卷 [M]. 北京：人民出版社，2016：633.
④ 中共中央文献编辑委员会. 胡锦涛文选：第2卷 [M]. 北京：人民出版社，2016：290.

功夫"①。在制度层面上,必须建立健全党和政府主导的维护不同社会阶层成员利益的权益协调机制和权益保障机制,建立健全处理阶层关系问题的长效机制,为不同社会阶层之间的矛盾和冲突提供制度化的解决方案,使阶层关系问题能够得到及时有效的解决。这些思想都为我们处理阶层关系问题提供了重要指导。

（三）以习近平同志为核心的中央领导集体对马克思主义阶级分析理论的创新成果

中共十八大以来,针对我国阶层关系演进进程中出现的新形势、新情况、新问题,习近平指出:"当前,全党面临的一个重要课题,就是如何正确认识和妥善处理我国发展起来后不断出现的新情况新问题。"② 如何认识和处理全面深化改革进程中的阶层关系问题？习近平强调:"马克思列宁主义、毛泽东思想一定不能丢,丢了就丧失根本。"③ 在始终坚持马克思主义阶级分析理论的同时,还必须"以我国改革开放和现代化建设的实际问题、以我们正在做的事情为中心,着眼于马克思主义理论的运用,着眼于对实际问题的理论思考,着眼于新的实践和新的发展"④,创新和发展马克思主义阶级分析理论。根据全面深化改革进程中我国阶层关系变化发展的新形势和阶层关系问题呈现的新特点,习近平积极探寻处理阶层关系问题的创新思路和创新举措,提出了一系列重要的新命题,全面深化了党对全面深化改革进程中阶层关系问题的根本认识,为解决当前阶层关系问题提供了重要的理论指导。其创新成果如下。

提出"实现中国梦必须凝聚中国力量",明确处理全面深化改革进程中的阶层关系问题的战略定位。中国梦是近代以来中华民族的共同梦想,也是中国共产党孜孜以求的奋斗目标。习近平指出,实现中华民族伟大复兴中国梦的目标必须处理好我国阶层关系问题,最大限度增进阶层关系和谐,才能赢得最广泛的社会基础和最广大的力量支持,这就把认识和处理阶层关系问题的重要性进一步上升到了实现中华民族伟大复兴中国梦的新的战略高度,有助于我们增强处理好阶层关系问题的行动自觉性。只要能够做到这一点,把不同社会阶层的力量都团结起来,"我们就能为实现'两个一百年奋斗目标'、实现中华民族伟

---

① 中共中央文献编辑委员会. 胡锦涛文选：第2卷［M］. 北京：人民出版社,2016：525.
② 中共中央文献研究室. 习近平谈治国理政：第1卷［M］. 北京：外文出版社,2018：401.
③ 中共中央文献研究室. 习近平谈治国理政：第1卷［M］. 北京：外文出版社,2018：9.
④ 中共中央文献研究室. 习近平谈治国理政：第1卷［M］. 北京：外文出版社,2018：9.

大复兴的中国梦增添强大力量"①。

强调要特别注重和积极做好"留学人员、新媒体中的代表性人士、非公有制经济人士的年青一代"② 这"三种人"的工作，明确处理全面深化改革进程的阶层关系问题的新的着力点。在处理具体的阶层关系问题上，习近平非常重视阶层结构变化的实际，准确把握了"留学人员、新媒体中的代表性人士、非公有制经济人士的年青一代"这"三种人"在实现中华民族伟大复兴中国梦进程中的特殊地位和特殊作用，揭示了新时代新社会阶层构成成分不断发展变化的趋势。同时，习近平还根据邓小平和江泽民提出的判断阶层成员政治态度的"三看"标准，对"留学人员""新媒体中的代表性人士""非公有制经济人士的年青一代"这"三种人"做出了准确的政治定位，认为他们是新社会阶层的重要构成部分，是中国特色社会主义伟大事业的建设者，在处理阶层关系问题中特别重视和强调做好这"三种人"的工作，积极团结和争取他们在中国特色社会主义事业发展中发挥更大的作用。

"统一战线是做人的工作"③，强调处理全面深化改革进程的阶层关系问题必须创新工作方法。习近平提出：既要针对不同社会阶层成员实行不同的工作方针，也要针对不同的阶层关系问题实际运用不同的工作方法。针对阶层关系问题越来越多地表现为价值观念冲突和心理心态失衡等"无直接利益冲突"矛盾的实际，习近平提出，正视不同社会阶层之间出现的价值观念冲突造成的矛盾，培育和践行社会主义核心价值观，实现以社会主义核心价值观为主导的多元文化整合，"把社会主义核心价值观融入社会发展各方面，转化为人们的情感认同和行为习惯"④；正视不同社会阶层之间出现的心理心态失衡造成的阶层关系问题，提出要充分发挥心理学在协调阶层关系中独特而重要的作用，"加强社会心理服务体系建设，培育自尊自信、理性平和、积极向上的社会心态"⑤；等等，这些重要论断都具有极强的问题导向性和现实针对性，在处理阶层关系问

---

① 中共中央文献研究室. 习近平谈治国理政：第 2 卷 [M]. 北京：外文出版社，2017：304.
② 习近平. 巩固发展最广泛的爱国统一战线，为实现中国梦提供广泛力量支持 [N]. 人民日报，2015-05-21.
③ 中共中央文献研究室. 习近平谈治国理政：第 2 卷 [M]. 北京：外文出版社，2017：304.
④ 本书编写组. 中国共产党第十九次全国代表文件汇编 [G]. 北京：人民出版社，2017：34.
⑤ 本书编写组. 中国共产党第十九次全国代表文件汇编 [G]. 北京：人民出版社，2017：39.

题方面具有重要理论价值和实践价值。

中共十八大以来，习近平在关于阶层关系问题的理论思考中，不仅继承了中国共产党重视认识和处理阶层关系问题的优良传统，坚持了中国共产党认识和处理阶层关系问题的基本立场、观点和方法，而且结合对全面深化改革进程中阶层关系变化趋势的准确把握和阶层关系新问题的深入分析，以认识和处理阶层关系问题的创新理论和创新实践进一步丰富和发展了中国共产党阶层分析理论，为马克思主义阶级分析理论增添了很多新内容。

## 第二节 "阶层关系"问题研究的传统资源

全面深化改革进程中"阶层关系"问题研究的传统资源是指中华优秀传统文化中有益于处理阶层关系问题的积极成分。罗荣渠认为，"成功的现代化运动不但在善于克服传统因素对革新的阻力，而尤其在善于利用传统因素作为革新的动力"①。习近平明确指出："在带领中国人民进行革命、建设、改革的长期历史实践中，中国共产党人始终是中国优秀传统文化的忠实继承者和弘扬者。"② 2017年1月，中共中央办公厅、国务院办公厅发布了《关于实施中华优秀传统文化传承发展工程的意见》，提出"坚持以客观科学礼敬的态度对待中华优秀传统文化"，并且强调"传承发展中华优秀传统文化，就要大力弘扬有利于促进社会和谐、鼓励人们向上向善的思想文化内容"③，为我们如何运用和发挥中华优秀传统文化中的传统资源的积极作用，处理好全面深化改革进程中的阶层关系问题提供了基本遵循。

**一、中华优秀传统文化中有益于处理阶层关系问题的思想要点审视**

中国传统社会是以家庭、家族、宗族和血缘、地缘、业缘为纽带而衍生出来的社会，具有严格的等级性，与此相对应而形成的是中国传统文化具有一些鲜明特色和典型特征，如重人道轻天道、重礼治轻法治、重群体轻个体的认知传统，以及重义轻利、重本轻末的辩证思维，其核心思想理念、传统美德、人

---

① 罗荣渠. 从西化到现代化 [M]. 北京：北京大学出版社，1990：33.
② 习近平. 在纪念孔子诞辰2565周年国际学术研讨会暨国际儒学联合会第五届会员大会开幕会上的讲话 [N]. 人民日报，2014-9-25.
③ 中共中央办公厅、国务院办公厅. 关于实施中华优秀传统文化传承发展工程的意见 [N]. 人民日报，2017-01-26.

文精神方面都有很多有益的思想养料，对处理全面深化改革进程中的阶层关系问题具有重要的积极意义，应当予以全面总结和认真汲取。

(一) 中华优秀传统文化中有益于处理阶层关系问题的核心思想理念

《关于实施中华优秀传统文化传承发展工程的意见》指出"传承发展中华优秀传统文化，就要大力弘扬讲仁爱、重民本、守诚信、崇正义、尚和合、求大同等核心思想理念"[1]。就处理阶层关系问题而言，其有益的成分主要如下。

一是和合思想。中华优秀传统文化中的和合思想的思想内涵是极其丰富的。首先，强调"和为贵"。"和为贵"是认为如果能够使人与人之间达成一致、和谐相处，就能实现内部的团结，增进组织力量的强大，即荀子所说的"和则一，一则多力"[2]；认为实现组织力量的团结统一是成就一番事业的最重要因素，即孟子所说的"天时不如地利，地利不如人和"[3]。其次，如何实现这种和谐统一。孔子主张以和为贵，倡导"仁者爱人"，即人人都要有仁爱之心；强调与人为善，"己欲立而立人，己欲达而达人"[4]；讲究"恕道"，强调对他人要有宽容之心，提出"己所不欲，勿施于人"[5]；做人做事讲究忍让，要求做人要做到"温良恭俭让"；提出"中庸之道"，倡导所谓以和为贵、以德报怨。最后，提出和谐统一实现的目标境界。做到以和为贵、仁者爱人，就能实现理想中的大同社会，即所谓"大道之行也，天下为公，选贤与能，讲信修睦。故人不独亲其亲，不独子其子，使老有所终，壮有所用，幼有所长，矜、寡、孤、独、废疾者皆有所养"[6]的理想社会和美好图景。

和合思想对中华民族的日常生活和社会心理都产生了重要、积极、深远的影响。崇尚和谐成为中华民族的重要思维方式和基本价值取向，"和衷共济""家和万事兴""和气生财"成为民众基本的生活准则，人与其生活的自然环境之间的和谐统一，个体的人与集体、社会之间的和谐统一成为中华民族所追求的一种理想状态和理想境界。2018年6月，习近平在上海合作组织青岛峰会欢迎宴会上致祝酒词时指出："和合"理念一直以来就是中华民族的文化追求，

---

[1] 中共中央办公厅、国务院办公厅. 关于实施中华优秀传统文化传承发展工程的意见 [N]. 人民日报，2017-01-26.
[2] 王先谦. 荀子集解 [M]. 北京：中华书局，2012：163.
[3] 朱熹. 四书章句集注 [M]. 北京：中华书局，2011：224.
[4] 何晏，邢昺. 十三经注疏：论语注疏 [M]. 北京：中华书局，1980：2479.
[5] 杨伯峻. 论语译注 [M]. 北京：中华书局，1980：242.
[6] 杨天宇. 礼记译注 [M]. 上海：上海古籍出版社，2004：265.

"儒家倡导'大道之行，天下为公'，主张'协和万邦，和衷共济，四海一家'"①。和合思想对于我们处理全面深化改革进程中的阶层关系问题具有重要现实意义。

二是整体性思维。整体性思维就是从整体、全局和系统的角度去理解事物、把握规律，即强调自然和社会都是由相互联系、相互作用的诸要素共同构成的统一的整体，强调注重从整体、全局和系统的角度去认识自然和社会的关系，注重组成统一整体的各个部分之间的和谐，强调实现各个部分之间的和谐统一以追求整体功能的最大化。其中的"天人合一"思想最能体现中国传统的整体思维方式。"天人合一"就是把人和自然界看作一个互相对应的有机整体，既可以双向调节，又可以互相转化，彼此浑然一体，不可分离。这种整体性思维是中国传统文化普遍共有的，如孟子所说"夫君子所过者化，所存者神，上下与天地同流"②，庄子所说"天地与我并生，而万物与我为一"③，都是把人与天地万物看作一个整体统一、和谐共处的有机系统。这种整体性思维最大的特色就是强调人与自然的统一、个体与集体的统一、具体利益与整体利益的统一、个人利益与民族利益和国家利益的统一。中华民族的这种整体性思维从追求人与自然关系的和谐统一，到追求个体与社会关系的和谐统一，进而追求整个社会关系的和谐统一，当然是一种有益于阶层关系和谐的特色优质思维和智慧思想，对于我们处理全面深化改革进程中的阶层关系问题具有重要的现实意义。

三是大同思想。所谓大同思想就是建立一个大同社会，"天下为公，选贤与能，讲信修睦。故人不独亲其亲，不独子其子，使老有所终，壮有所用，幼有所长，矜、寡、孤、独、废疾者皆有所养"，退而求其次，也要实现"必使仰足以事父母，俯足以畜妻子，乐岁终身饱，凶年免于死亡"④，以使所有的社会成员都能得到饱暖之供养。实现这一理想的方式：一是通过"均平"，即所谓"不患寡而患不均，不患贫而患不安"⑤，按照朱熹的解释，"不患寡而患不均"中的"均"意为"各得其分"⑥，即每个人都能得到他应该得到的那份；二是通过适度等差来保持社会有序，这其中蕴含的是中国古代社会非常重要的公平与正义意识。大同社会是充满公平正义的理想社会，大同思想的核心就是追求公平、

---

① 习近平. 在上海合作组织青岛峰会欢迎宴会上的祝酒词[N]. 人民日报，2018-06-10.
② 朱熹. 四书章句集注[M]. 北京：中华书局，2011：330.
③ 王先谦. 庄子集解[M]. 上海：上海古籍出版社，2013：20.
④ 朱熹. 四书章句集注[M]. 北京：中华书局，2011：197.
⑤ 朱熹. 四书章句集注[M]. 北京：中华书局，2011：159.
⑥ 朱熹. 四书章句集注[M]. 北京：中华书局，2011：159.

崇尚正义。这一思想对于我们处理全面深化改革进程中的阶层关系问题的现实意义在于，通过借鉴"各得其分"、适度等差的传统公平理念，进一步完善现有的个人收入分配政策，将不同社会阶层成员之间的利益差异程度控制在适度、合理的范围之内，以此来推动整个社会实现和谐统一与持续发展。

四是共同体精神。根据斐迪南·滕尼斯（Ferdinand Tönnies）的共同体理论，所谓共同体精神实质上是指社会阶层成员之间彼此的一种亲密性，这种亲密性使得生活在共同体中的社会阶层成员彼此之间形成一种相互认同，对自己所处的共同体群体具有很强的归属感和认同感，使共同体成为一个持续、稳固、和谐的整体。在中华优秀传统文化中具有丰富的共同体精神，这种共同体精神集中表现在：首先，以"仁"为本促进共同体成员之间彼此的亲密性。"仁爱"思想的核心将心比心，推己及人，以"爱"来达到人际关系的和谐，这也正是共同体精神的实质所在。所谓"己所不欲，勿施于人"和"己欲立而立人，己欲达而达人"的道德践行方法与共同体精神高度契合。其次，以"礼"相待调整共同体成员之间的人际关系。孔子主张"中庸"与"仁爱"，提倡"和"与"礼"，强调通过"礼"的教化使人与人之间和睦相处。在人与人的关系上儒家主张"以礼敬宾"，提倡追求人际关系之间的和谐，与"礼"相融，才能培植出一个共同体内部亲密无间、守望相助、服从权威并且具有共同精神信仰和共同风俗习惯的和谐的人际关系、社会关系。最后，以"和"为贵培育共同体成员对集体的归属感和认同感。儒家强调"和而不同"是遵循道的基础上的和谐，是真正的团结。这一思想对于处理全面深化改革进程中的阶层关系问题的现实意义，尤其体现在新型城镇化进程中的城市新移民的社会融入问题上。城市新移民的社会融入问题是影响阶层关系的一个重要因素。为此，在新型城镇化加速发展的进程中，我们应该充分发挥中华优秀传统文化中的共同体精神，并以此增强城市新移民对城市的归属感和认同感，创造一个属于所有社会阶层的共同体。

（二）中华优秀传统文化中有益于处理阶层关系问题的传统美德

中国的传统文化主要形成发展于农业社会，是一种比较典型的农业文明，在中国传统文化的长期发展过程中，与传统的小农经济生产方式相适应的，是形成了一种特有的以宗法关系为纽带、家国同构一体的社会模式和文化传统。这种社会模式和文化传统特别注重和讲求长幼有序的伦理规范，注重家庭和睦、人际和谐、社会和谐是其突出特点，由此形成了一整套有益于协调家庭关系、人际关系、社会关系的道德规范。所以，"传承发展中华优秀传统文化，就要大力弘扬自强不息、敬业乐群、扶危济困、见义勇为、孝老爱亲等中华传统美德"[1]。就处理阶层关系问题而言，其有益的成分主要包括以下几方面。

讲求仁爱孝悌。"仁"即"爱人"，孔子认为对人有爱心，是一切美好品德的开端，以"爱人"为核心，包括恭、宽、信、敏、惠、智、勇、恕、孝、悌等内容。所谓"入则孝，出则弟"[2]，"孝悌"之道是指在家庭内部，对人的爱心应该施加于家庭成员的身上，使家庭内部成员之间的关系友爱和谐。"博爱之谓仁"[3]，则是进一步将仁爱之心推广到每个人身上。中国社会是以家族为本位，传统的仁爱思想呈现出由己推人、由内而外、由近及远的特点，讲求"父子有亲、君臣有义、夫妇有别、长幼有序、朋友有信"[4]。也就是说，每个社会成员都是从最基本的家庭孝悌伦常做起，通过孝敬父母、敬爱兄弟、关爱妻子，培育"仁爱"之心，进而按照"己所不欲，勿施于人""己欲立而立人，己欲达而达人"的"仁爱"原则，将"仁爱"之心进一步扩展到他人，以道德建设来协调家庭关系、人际关系、社会关系，达到维护社会秩序的目的。这一传统智慧对于我们处理好全面深化改革进程中的阶层关系问题也是十分有益的。

注重礼让谦和。十分重视"礼"的作用是中国传统文化的又一突出特色。自古以来，中国传统文化中就把"礼"看作实现社会和谐有序的根本要求，所谓"礼，经国家，定社稷，序民人，利后嗣者也"[5]。荀子认为，"礼"是"法之大分，类之纲纪"[6]，强调必须尊崇"礼"，"天下从之者治，不从者乱；从之者安，不从者危；从之者存，不从者亡"[7]。在中国传统文化中，"礼"不仅是统治阶级维护社会秩序的重要基础，也是社会成员个人立身处世的基本条件。作为一种社会成员应该遵守的道德规范，"礼"在处理与他人的关系时表现为"让"，即对人谦让，礼让他人，这是传统文化中"礼"重要的道德内涵。社会成员形成礼让谦和的品格秉性有助于实现社会阶层关系的和谐。

提倡真诚有信。中国传统文化中所讲的"诚"，"所谓诚其意者，毋自欺也"[8]，本意是要求人保守内心的本真，真实表露自己内在的心声，做到表里如

---

[1] 中共中央办公厅、国务院办公厅. 关于实施中华优秀传统文化传承发展工程的意见[N]. 人民日报，2017-01-26.
[2] 朱熹. 四书章句集注[M]. 北京：中华书局，2011：51.
[3] 韩愈. 韩愈全集[M]. 上海：上海古籍出版社，1997：120.
[4] 杨伯峻. 孟子译注[M]. 北京：中华书局，2006：94.
[5] 李学勤. 十三经注疏：春秋左传正义[M]. 北京：北京大学出版社，1999：126.
[6] 张觉. 荀子译注[M]. 上海：上海古籍出版社，1995：393.
[7] 王先谦. 荀子集解[M]. 北京：中华书局，2006：236.
[8] 朱熹. 四书章句集注[M]. 北京：中华书局，2011：8.

一、言行一致，即主张首先要遵从自己内心的本真，做到不欺骗自己，才能做到不去欺骗别人。"诚"的最高境界是"真"，人的精诚发展到极致，就可以达到本真的状态。"信"则来源于"诚"，以"诚"为基础。孔子把"信"当作重要的交友原则，主张"与朋友交，言而有信"①。孔子还把"信"当作统治阶级治国的必备条件，认为为政者必须讲信用、重承诺，才能得到民众的信任和支持，也才能实现有效的统治。真诚有信成为中华民族所普遍尊崇的传统美德，也是有益于处理阶层关系问题的重要养料。

中华传统美德对于造成当前阶层关系问题的比较突出的道德失范、礼仪缺位、诚信缺失的社会现象来说，正是医治社会问题的良方，可以发挥非常重要的积极作用。为此，我们可以通过国家层面、社会层面、家庭层面加大对中华传统美德的挖掘，通过各种可行途径和有益形式积极对其加以推广传播，加强对中华传统美德的弘扬和培育，让中华传统美德成为社会各阶层的生活习惯和生活方式，成为社会各阶层成员自觉协调彼此之间关系的规范和准则，将会有助于促进阶层关系问题的解决、阶层关系和谐的实现。

（三）中华优秀传统文化中有益于处理阶层关系问题的人文精神

"传承发展中华优秀传统文化，就要大力弘扬有利于促进社会和谐、鼓励人们向上向善的思想文化内容。"② 中华优秀传统文化中的中华人文精神集中体现在重民思想、富民思想和礼法结合的政治智慧方面。

重民思想，即民为邦本，是中国传统文化一直以来前后承继的传统。孟子说，"民为贵，社稷次之，君为轻"③，"得天下有道：得其民，斯得天下矣；得其民有道：得其心，斯得民矣"④，都是强调"民"的重要性和得民心的重要性。荀子说，"传曰：'君者，舟也；庶人者，水也。水则载舟，水则覆舟。'此之谓也"⑤，则把君民关系比作船和水的关系。作为明末清初著名思想家，顾炎武进一步强调国家应该将民众的利益置于君臣的私利之上，这是对民本思想的重要发展。可以看到，中国传统文化中的这一重民思想虽然是在肯定君为主、民为仆的这种关系的合理性的基础上来论证和强调"重民"的意义的，其积极意义仍然值得充分肯定。重民思想重视民众的力量，主张统治者应该爱惜民力，

---

① 朱熹. 四书章句集注 [M]. 北京：中华书局，2011：51.
② 中共中央办公厅、国务院办公厅. 关于实施中华优秀传统文化传承发展工程的意见 [N]. 人民日报，2017-01-26.
③ 杨伯峻. 孟子译注 [M]. 北京：中华书局，2006：328.
④ 朱熹. 四书章句集注 [M]. 北京：中华书局，2011：262.
⑤ 谢丹，书田. 荀子 [M]. 上海：书海出版社，2001：74.

主动协调与民众的关系，对于我们处理阶层关系问题仍然具有一定的积极意义。

富民思想包括"裕民""惠民""政在养民"等富民主张。"富民"的目的是实现有效的国家治理，"凡治国之道，必然富民。民富，则易治也；民贫，则难治也。故治国常富而乱国常贫，是以善为国者必先富民，然后治之"①，"仓廪实而知礼节，衣食足而知荣辱"，人民富裕的国家容易治理，如果百姓贫困不仅会造成"危乡轻家"，以致"凌上犯禁"，而且国家正常治理也会遭遇极大挑战，甚至危及国家安定和政权巩固。所以，善于治国的统治者，都知道先使人民富裕起来。孔子提出"足食"的富民观。"足食，足兵，民信之矣。"② 其中，"足食"被置于为政治国之首，强调使人民丰衣足食，是治国的头等大事。孟子则提出"民之为道也，有恒产者有恒心，无恒产者无恒心"③，认为对于大多数普通百姓来说，没有财产则行为将"放辟邪侈"，导致社会失序，难以治理。传统的富民思想的现实意义在于，充分认识到富民是处理阶层关系问题的前提，让社会各阶层成员共享改革发展的成果是实现阶层关系和谐的必然要求。

"礼法结合"的思想，是指中国传统文化主张法贵得中、宽法倡德、杀罚止恶的同时又提倡道德调节作用，使法富有了"礼"的精神。这就使得冷峻严酷的"法"在温情柔软的"礼"的影响下，具有了尊重生命、爱惜生命的人性光辉，"礼"和"法"有机融合成了一个整体，共同承担着治理国家和维护社会秩序的功能。"礼法结合"中，礼与法的关系表现为道德与法律的关系，强调道德与法律的有机结合，即把依法治国与以德治国统一起来，对于解决全面深化改革进程中的阶层关系问题具有重要的现实意义。礼法结合、德法并重，就是以礼作为阶层行为的准则，以法作为阶层行为的底线，通过礼、法规范阶层行为，以此达成构建和谐阶层关系的目标。

习近平在中共十九大报告中指出，要"深入挖掘中华优秀传统文化蕴含的思想观念、人文精神、道德规范，结合时代要求继承创新，让中华文化展现出永久魅力和时代风采"④。中华优秀传统文化中的核心理念、传统美德、人文精神博大精深，充满人生哲理和政治智慧，不仅在中国传统社会对处理阶层关系问题发挥了重要的积极作用，而且也是正确处理全面深化改革进程中的阶层关系问题的重要的思想养料，值得认真总结和借鉴汲取。

---

① 黎翔凤. 管子校注 [M]. 北京：中华书局，2004：924.
② 朱熹. 四书章句集注 [M]. 北京：中华书局，2011：127.
③ 崔钟雷. 论语：孟子 [M]. 哈尔滨：哈尔滨出版社，2011：141.
④ 习近平. 决胜全面建成小康社会 夺取新时代中国特色社会主义伟大胜利：在中国共产党第十九次全国代表大会上的报告 [M]. 北京：人民出版社，2017：42.

## 二、对中华优秀传统文化中积极成分的创造性转化和创新性发展

以儒家思想为核心的中华优秀传统文化是属于整个中华民族共有的精神支撑和心灵慰藉，全面深化改革进程中处理好阶层关系问题必须建立在中华优秀传统文化的根基之上。对此，习近平明确指出："中国优秀传统文化的丰富哲学思想、人文精神、教化思想、道德理念等，可以为人们认识和改造世界提供有益启迪，可以为治国理政提供有益启示，也可以为道德建设提供有益启发。"①在处理阶层关系问题过程中要充分发挥中华优秀传统文化的积极作用，就必须对中华优秀传统文化坚持实现"创造性转化、创新性发展"②。所谓创造性转化就是"使中华民族最基本的文化基因与当代文化相适应、与现代社会相协调，以人们喜闻乐见、具有广泛参与性的方式推广开来"③，在继承和传扬中华优秀传统文化的过程中，要赋予中华优秀传统文化以大众喜闻乐见的表现形式，使之成为中国特色社会主义文化的有机组成部分；所谓创新性发展就是"把跨越时空、超越国度、富有永恒魅力、具有当代价值的文化精神弘扬起来，把继承传统优秀文化又弘扬时代精神、立足本国又面向世界的当代中国文化创新成果传播出去"④。

中国共产党人在运用马克思主义阶级分析理论认识和处理阶层关系问题的过程中，始终注重从中华优秀传统文化中汲取有益养料，成功地实现了中华优秀传统文化的创造性转化和创新性发展。习近平更是其中的代表人物和集大成者。如，习近平对中国传统价值观如何涵养社会主义核心价值观的基本内容和主要范畴做了多次深刻的阐释，不仅对中国传统价值观做出全面提炼和全新概括，阐明中国传统价值观涵养社会主义核心价值观的主要范畴，而且在新的历史条件下，着力进行对中国传统价值观涵养社会主义核心价值观内容体系的创新性建构工作。习近平明确提出，必须"深入挖掘和阐发中华优秀传统文化讲仁爱、重民本、守诚信、崇正义、尚和合、求大同的时代价值，使中华优秀传

---

① 习近平. 在纪念孔子诞辰 2565 周年国际学术研讨会暨国际儒学联合会第五届会员大会开幕会上的讲话 [N]. 人民日报，2014-09-25.
② 中共中央文献研究室. 习近平谈治国理政：第 1 卷 [M]. 北京：外文出版社，2018：160.
③ 中共中央文献研究室. 习近平谈治国理政：第 1 卷 [M]. 北京：外文出版社，2018：161.
④ 中共中央文献研究室. 习近平谈治国理政：第 1 卷 [M]. 北京：外文出版社，2018：161.

统文化成为涵养社会主义核心价值观的重要源泉"①，为实现对传统价值观的创造性转化和创新性发展指明了方向。又如，习近平的同心圆思想就是将孔子"和而不同"的思想创造性地应用于研究和解决全面深化改革进程中的阶层关系问题，创造了新时代处理阶层关系新问题的新思路和新方法。实现对不同社会阶层复杂多元的思想观念的正确引领是认识和处理阶层关系问题面临的巨大考验，习近平提出"把最大公约数找出来，在改革开放上形成聚焦"，他还提出"包容的多样性半径越长，画出的同心圆就越大"②，认为只要把政治底线这个圆心固守住，就能实现同心共筑中华民族伟大复兴的中国梦。这就要求我们对于中国传统文化不能照搬照抄，而要深入挖掘中华优秀传统文化中的有益内容，并赋予其新的时代内涵，使之真正成为推进全面深化改革和实现中国梦的精神动力和智力支持。

　　从正确认识和处理全面深化改革进程中的阶层关系问题出发，推动中华优秀传统文化创造性转化和创新性发展，关键就是要使其与全面深化改革进程中的阶层关系问题实际相适应，结合新时代构建和谐的阶层关系的现实需要，实现其创新发展，使中华优秀传统文化焕发出新的生机和活力。在新的历史条件下，如果我们能够对中华优秀传统文化中的核心思想理念、传统美德、人文精神赋以新的时代内涵和现实要求，融入现代社会的民主意识、法治观念、和谐精神，就完全可以为我们正确认识和处理全面深化改革进程中的阶层关系问题提供强大的精神力量。所以，我们要处理好对中华优秀传统文化的继承和发展的关系，"认真汲取中华优秀传统文化的思想精华和道德精髓"③，以马克思主义理论为指导，以有助于阶层关系问题解决为指针，努力发现和挖掘中华优秀传统文化中一切有益的理念、思想和精神，推进中华优秀传统文化向社会主义先进文化的现代化转化。这不仅是处理阶层关系问题的需要，也是中华优秀传统文化自身发展的需要。

---

① 中共中央文献研究室．习近平谈治国理政：第 1 卷 [M]．北京：外文出版社，2018：164．

② 中共中央文献研究室．十八大以来重要文献选编：中 [M]．北京：中央文献出版社，2016：562．

③ 中共中央文献研究室．习近平谈治国理政：第 1 卷 [M]．北京：外文出版社，2018：164．

## 第三节 "阶层关系"问题研究的有益借鉴

阶层关系问题始终是西方社会学研究的一个重要议题。在西方学术史上，与马克思主义阶级分析理论同时并存的就是马克斯·韦伯（Max Weber，1864—1920）的阶层分析理论，以及在此基础之上形成的阶层分析理论的各种流派主张。马克斯·韦伯的阶层分析理论奠定了西方社会学中阶层分析理论的重要基础，这些流派也相应地产生了一些新的理论观点，取得了很多理论成果。在认识和处理全面深化改革进程中的阶层关系问题时，有选择地吸收和借鉴西方社会学中阶层分析理论的有益成分具有重要意义。

**一、西方阶层分析理论发展的基础理论——马克斯·韦伯的阶层分析理论**

阶层关系是西方社会学研究的一个基本问题。西方阶层分析理论是西方社会学的重要组成部分，马克斯·韦伯的阶层分析理论则是西方阶层分析理论发展的基础理论。马克斯·韦伯，其代表性著作有《新教伦理与资本主义精神》《经济与社会》《儒教与道教》等。

马克斯·韦伯阶层分析理论的基础是他的"共同体化与社会化"的社会结构观。韦伯所说的"共同体"是指一种特定的社会关系，即"参与者主观感受到的（感情的或是传统的）共同属于一个整体的感觉"[①]，这样的共同体内部组成成员之间有着互为取向的行为和相互认同的感受。马克斯·韦伯提出了三种共同体形式，即阶级、身份群体、政党。其中，阶级与经济秩序相联系，身份群体与社会秩序相联系，政党与政治秩序相联系。无论哪一种，都强调的是互动和认同，在这里，韦伯突出共同体的特性，是把共同体作为社会整合的工具。韦伯认为，社会整合是一个统治实施的过程，包含着统治者权力的影响以及接受者服从的动机。他提出服从权力的动机可以是多样化的，如习俗、情绪、利益关系和价值的合理性等，在充分肯定社会和个体的利益状况是决定人的世界观的主要因素的同时，韦伯强调观念的力量在决定社会客观现实上的巨大影响力，"利益（物质的与理念的），而不是理念，直接控制着人的行动。但是，理念创造的世界观常常以扳道工的身份规定着轨道，在这些轨道上，利益的动力

---

[①] 马克斯·韦伯. 社会学的基本概念 [M]. 胡景北，译. 上海：上海人民出版社，2000：62.

驱动着行动"①。正是在这样的理论逻辑下,韦伯展开了他的一系列有关宗教伦理的考察,这也是韦伯阶层分析理论极具特色的内容,即强调宗教观念通过影响个人的行动取向而对阶层关系产生重要影响。在韦伯看来,宗教是一种针对现实的共同体行为,在家族和氏族共同体内部,宗教产生一种强大的权力纽带,把家族或氏族牢牢结合在一起,并深刻地影响着共同体内部的经济关系。在《儒教与道教》一书中,韦伯对儒教在协调社会阶层关系中的作用给予了充分肯定。他指出,儒教的本质是"一部对受过教育的世俗人的政治准则与社会礼仪规则的大法典"②,它为中国人提供了一种适应世界的伦理观念,并对中国古代社会处理阶层关系问题产生了重要影响。

马克斯·韦伯的阶层分析理论对于我们认识和处理全面深化改革进程中的阶层关系问题所具有的借鉴价值表现在以下几方面。

一是高度重视共同体建设。韦伯所说的阶级、身份群体、政党三种共同体,其中的阶级共同体最突出的特征是相互之间具有"冲突"的特性,当前强调阶级共同体是不利于协调阶层关系的。政党作为政治共同体是对进入政党的成员具有约束力,而不是对所有社会成员。身份群体则是一种社会共同体,是由社会评价所形成的社会声望决定的,对处理好全面深化改革进程中的阶层关系问题具有重要意义。结合全面深化改革进程中的阶层关系发展实际,我们认为,应该高度重视企业协会、专业学会、社区共同体等社会共同体建设,充分发挥这些社会共同体在协调阶层关系问题方面的重要作用。

二是充分发挥中华优秀传统文化在处理阶层关系问题中的积极作用,特别是充分发挥作为中国传统文化核心的儒家思想对于协调我国阶层关系的积极作用。习近平在《在纪念孔子诞辰2565周年国际学术研讨会上的讲话》中给予了儒家思想这一积极作用高度的评价。他说:儒家思想"对形成和维护中国团结统一的政治局面,对形成和巩固中国多民族和合一体的大家庭,对形成和丰富中华民族精神,对激励中华儿女维护民族独立、反抗外来侵略,对推动中国社会发展进步、促进中国社会利益和社会关系平衡,都发挥了十分重要的作用"③。习近平认为,"包括儒家思想在内的中国优秀传统文化中蕴藏着解决当

---

① 马克斯·韦伯.儒教与道教[M].王荣芬,译.北京:商务印书馆,2003:19.
② 马克斯·韦伯.儒教与道教[M].王荣芬,译.北京:商务印书馆,2003:203.
③ 习近平.在纪念孔子诞辰2565周年国际学术研讨会暨国际儒学联合会第五届会员大会开幕会上的讲话[N].人民日报,2014-09-25.

代人类面临的难题的重要启示"①。中华优秀传统文化博大精深、异彩纷呈，富有政治智慧和社会哲理，理应在协调全面深化改革进程中的阶层关系问题方面发挥积极作用，这是我们处理全面深化改革进程中的阶层关系问题的一个明显优势，也应当成为一个成功样板和鲜明特色。

**二、西方阶层分析理论要点审视**

1. 滕尼斯的共同体理论

斐迪南·滕尼斯（1855—1936），其代表性著作有《共同体与社会》。滕尼斯的共同体理论在西方社会学中影响很大。

滕尼斯所说的共同体包括建立在自然基础之上的群体，如家庭、宗族里实现的血缘共同体，还包括在小的、历史形成的联合体，如村庄、城市的地缘共同体，以及建立在思想基础之上的联合体，如师徒关系里实现的精神共同体。滕尼斯认为，"共同体是持久的真正的共同生活——应被理解为一种生机勃勃的有机体"②，共同体应该"是指那些有着相同价值取向、人口同质性较强的社会共同体，其体现的人际关系是一种亲密无间、守望相助、服从权威且具有共同信仰和共同风俗习惯的人际关系"③。滕尼斯认为，不仅如此，相同的生活环境和共同的生活经历还会使得共同体内部的成员之间逐渐形成共同的思想信仰和共同的风俗习惯，并最终形成一种与这种社会结构相一致的文化特征——共同体精神。

滕尼斯的"共同体理论"对于我们认识和处理全面深化改革进程中的阶层关系问题所具有的借鉴价值表现在以下几方面。

我国正处于新型城镇化加速发展的过程中，在大量农村人口进入城市，村民市民化的过程中，社会融入是一个重要的社会问题。城市新移民与城市老居民、农民工与城市居民以及农民工与城市管理者之间的不同阶层成员之间的关系问题是全面深化改革进程中阶层关系演进面临的比较突出的问题。根据滕尼斯的共同体理论，城市新移民在农村生活可以说是一种共同体的生活，他们受到血缘、地缘和亲缘的保护，但是在进入城市之后，就失去了这三种共同体的

---

① 习近平. 在纪念孔子诞辰2565周年国际学术研讨会暨国际儒学联合会第五届会员大会开幕会上的讲话［N］. 人民日报，2014-09-25.
② 斐迪南·滕尼斯. 共同体与社会：纯粹社会学的基本概念［M］. 北京：商务印书馆，1999：54-65.
③ 斐迪南·滕尼斯. 共同体与社会：纯粹社会学的基本概念［M］. 北京：商务印书馆，1999：95.

保护，致使他们难以完全融入城市，难以完全适应城市新的生活环境和工作环境，就会存在与城市原有居民之间的隔阂和冲突。为此，我们应该在城市里给城市新移民创建一种新的建立在亲缘和地缘基础上的共同体，即社区共同体，让城市新移民在城市中生活在社区共同体里，以便他们能够更好更快地融入城市。为此，通过在社区内组织和开展各种集体活动，创造各种机会、利用各种形式让社区共同体内的成员能够在增加彼此之间的情感、思想、观念认同中化解矛盾，培育共同体精神，对于协调城市新移民与城市原有居民的关系是非常重要的。

2. 涂尔干的社会团结理论

埃米尔·涂尔干（Emile Durkheim，1858—1917），其代表性著作有《社会分工论》《职业伦理与公民道德》等。

涂尔干认为，所谓社会团结实际上是一种生存和发展的机制，实现社会团结，不仅需要形成社会团结的价值结构、价值认同，而且需要由法、规范或习惯等形成的制度安排。涂尔干指出，社会团结包括机械团结和有机团结。所谓机械团结，是一种建立在"相似性"和"集体意识"基础上的团结，要求团体内的每个社会成员都要遵从共同的信仰，具有共同的集体意识和思想情感，团体是通过压制性法律、宗教等的力量实现对团体内的每个社会成员的控制。所谓有机团结则是以高度分工和个人差异为基础的团结，是在分工和契约关系的基础上确立的。有机团结社会则是一个在具体的劳动分工基础上形成的有机整体，团体内的每个社会成员在团体中都扮演着特殊的不可替代的角色，发挥着特殊的不可替代的功能。涂尔干认为，从机械团结向有机团结的过渡是传统社会向现代社会转型的标志。这一转型过程也是一个充满失范的过程。

"失范"是涂尔干阶层分析理论的基本概念，涂尔干所说的"失范"是指"集体生活的整个领域绝大部分都超出了任何规范的调节作用之外"[①]。涂尔干指出，"失范"意味着社会控制机制出了问题，国家群体、职业群体则是在高度分化的现代社会中克服社会失范的关键，特别是其中的职业群体更是具有独特优势。因为职业群体是一种建立在社会分工基础上的职业共同体，具有其他团体都不具有的社会整合功能，如果能够充分发挥职业群体的社会整合功能，社会失范问题就可以得到纠正，社会就可以实现有序发展，道德沦丧的局面就可以避免。

---

① 埃米尔·涂尔干. 社会分工论[M]. 渠敬东，译. 北京：生活·读书·新知三联书店，2000：14.

涂尔干社会团结理论对于认识和处理全面深化改革进程中的阶层关系问题所具有的借鉴价值表现在以下几方面。

当前，我国稳定的成熟的职业体系还没有完全形成，社会失范现象比较严重，这是全面深化改革进程中阶层关系问题产生的重要原因之一。根据涂尔干的社会团结理论，人类社会在从机械团结向有机团结转型的过程中出现的失范现象，可以通过加强职业共同体建设予以解决。为此，必须重视职业共同体建设，通过职业共同体建设，引导劳动者进入职业共同体，同时通过职业伦理道德建设、职业敬业精神和职业荣誉感的培养来完善职业共同体内的社会成员的行为规范，通过企业文化建设、企业家精神培育等增强职业共同体的向心力和凝聚力，在职业共同体内部产生和增进信任关系，以此来构筑阶层关系和谐的重要基础。

3. 布迪厄的文化资本理论

皮埃尔·布迪厄（Pierre Boudieu，1930—2002），其代表性著作有《教育、社会和文化中的再生产》《实践与反思：反思社会学导引》等。

文化资本理论是布迪厄阶层分析理论最具特色的部分。布迪厄阶层分析理论中所说的"资本"是这一理论的一个特殊的核心概念，其特殊之处就在于，布迪厄所说的"资本"与马克思所说的"资本"不同。在布迪厄看来，资本是积累起来的劳动，这种劳动可以作为社会资源在排他的基础上被行动者或群体所占有。布迪厄把资本分成三种基本类型：经济资本、社会资本、文化资本。布迪厄认为，文化资本是一种能力，包括语言能力、社会交往能力、专业技能、个人的风度举止等，文化资本并不是真正意义上的资本，只是体现出与经济资本的某些相似性。在这里，布迪厄认为，每个人在获得文化资本的机会上存在差异，具体的差异性主要表现在两个方面：一是早期家庭教育的差异。一般来说，家庭占有的文化资本越多，早期家庭教育越有利；家庭拥有的经济资本越多，早期家庭教育也越有利。二是体制化教育（主要是学校教育）与非体制化教育（如自我教育）所造成的差异。对于自学者而言，其所拥有的资本随时会受到质疑并不断地被要求去证明其自身的合法性，而体制化教育的接受者所拥有的资本在一开始便受到社会公认性权利即体制化权力的庇护，并赋予其拥有这一合法保障的价值。布迪厄研究揭示出这种不同社会阶层成员获得文化资本机会上的差异性，这是他的阶级分析理论最有价值的部分，据此他提出了一个重要观点，即教育并不仅仅是一个传播知识的普通工具，而是作为一种社会选择的机制使得社会不平等合法化了。

布迪厄的文化资本理论对于我们认识和处理全面深化改革进程中的阶层关

系问题所具有的借鉴价值表现在以下几方面。

教育公平是社会公平的基础。全面深化改革以来，阶层关系演进中出现的较为突出的问题多与教育不公尤其是教育机会的不平等有关。改革以来，特别是全面深化改革以来，我国在推进教育公平方面做了很多努力，也取得了很大成效，但我国教育资源配置不合理和教育机会分配不公平的问题依然存在，身份因素如家庭出身、户籍身份等依然会对教育公平产生一定的影响，家庭出身对教育机会的获取仍然发挥着一定作用，教育机会明显偏向于家庭出身较为优越的社会阶层成员。也就是说，在当前，身份因素仍然影响到教育的公平，进而影响到阶层关系的演进，是阶层关系问题产生的一个重要因素。我们在运用布迪厄文化再生产理论解读中国教育问题时，应该充分重视教育机会不平等因素对阶层关系问题的影响，并对现行教育体制进行进一步改革和完善，以便于更有效地促进教育公平的实现，为阶层关系问题的解决创造条件。

4. 帕金的社会屏蔽和社会排他理论

弗兰克·帕金（Frank Parkin，1931—2011），其代表性著作有《中产阶级激进主义》《阶级不平等与政治秩序》《马克思主义与阶级理论：一个资产阶级的批判》等。

帕金所说的社会屏蔽和社会排他，指的是某个集团以选择某种社会的属性如财产制度、资格证书制度等，或是某种自然的属性如民族、家庭出生、宗教等作为一种资格限定，作为排除他人的正当理由，其目的是使符合资格者能够获得最大的收益。帕金认为，社会屏蔽和社会排他的一个突出特征是它的合法性。[①] 如"文凭主义"现象就是极力提高教育证书的地位，用教育证书来控制劳动分工中的关键职位，限制进入者的人数和资格，用这样的办法来保障该职业的市场价值。

帕金指出，社会排他包括集体排他和个体排他。所谓的集体排他，是指将某些社会群体整体地排斥在某种资源的享有之外，如以民族、宗教作为屏蔽标准，集体排他的结果是形成"共同集团"，作为被整体排斥的"共同集团"往往会出现比较激烈的反应，会因此激化社会矛盾和社会冲突。个人排他是指以财产制度、资格证书制度等限制某个个体参与分享某种资源和机会的可能性，个体排他的结果产生的是"分散的身份群体"，通常不会造成激烈冲突。帕金运用他的社会屏蔽和社会排他理论解释了当代西方资本主义社会能够实现社会相对稳定的重要原因之一，就是从集体排他转向个体排他。

---

[①] 李强. 社会分层十讲 [M]. 北京：社会科学文献出版社，2011：111.

第一章 "阶层关系"问题研究的理论基础、传统资源和有益借鉴

帕金还提出社会文化缓冲带理论。他认为，社会流动对于维持社会稳定具有特殊作用，是"社会安全阀"。社会流动中的向上流动给下层阶级提供了通过自身努力脱离下层阶级的渠道，减轻了因为不平等而造成的社会紧张。社会流动中的向下流动造成社会成员社会地位下降则可能是政治不稳定的根源，但对于向下流动中那些出身中产阶级，并且已经习惯该阶级所具有的保障和地位的人，表达这种不满意一般不会采取公开的政治形式，至少对社会秩序不会采取敌视态度。这是因为向下流动后，人们从心理上还不承认地位低下的局面，在心理上存有希望，还不愿意抛弃自己过去的政治认同，也就是说，在中产阶级和工人阶级之间存在一个社会文化缓冲带，这个缓冲带大大缓解了社会流动中的向下流动造成的社会紧张，这也是当代西方资本主义社会能够实现社会相对稳定的重要原因。

帕金的阶层分析理论对于我们认识和处理全面深化改革进程中的阶层关系问题所具有的借鉴价值表现在以下几方面。

一是借鉴帕金的社会屏蔽与排他理论，我们认为，我国现有的一些制度如户籍管理制度，就具有集体排他性，对农民工、外来人员、流动人口设置有种种限定，一定程度上激化了阶层关系问题。解决的办法是从集体排他转向个体排他，加快户籍制度改革应该是全面深化改革的基本方向，这样才能大大缓解不同社会阶层之间的矛盾和冲突，有助于阶层关系问题的解决。为此，在全面深化改革进程中要进一步打破固有的体制机制障碍，畅通社会流动通道，积极推动社会阶层成员向上流动，给社会阶层成员尤其是底层成员以更多的发展机会和向上晋升的希望，以促进社会秩序的稳定以及阶层关系的和谐。

二是借鉴帕金的社会文化缓冲带理论，利用缓冲带建设化解社会阶层成员向下流动造成的社会风险。我们认为，应该积极探讨和建立完善具有中国特色的缓冲带机制，包括充分发挥社会组织、基层自治组织、单位组织，如城市的社区、农村的村委会、单位工会等的缓冲带作用，帮助弱势群体解决家庭生活困难问题、协调解决邻里纠纷和家庭矛盾等。包括对于在革命和建设时期做出特殊贡献的劳动模范、军烈属、革命伤残军人等特殊人群，完善政治身份群体的缓冲带，给予一些特殊政策保护和组织支持保障等。这些对于促进阶层关系问题的解决都是非常重要和十分有益的。

5. 吉登斯的结构化理论

安东尼·吉登斯（Anthony Giddens, 1938— ），其代表性著作有《发达社会的阶级结构》。

吉登斯的结构化理论是建构在他提出的"市场能力"概念基础上的。吉登

斯所谓"市场能力"就是个人可以带到市场上提升其讨价地位的各种形式的相关属性。他认为，由于马克思过于强调"生产劳动"，过于强调现代技术将生产操作降低到无技术的、无差别劳动的水平，没有认识到"市场能力"并不直接来自财产所有权。吉登斯认为，工资劳动者也拥有特殊的"财产"，"就是他带到契约关系中等待售卖的劳动力"①。吉登斯提出，财产所有权、生产资料所有权的所有者资本家，与技术技能的所有者雇员都处于市场的平等竞争关系中，在他们之间的关系中并不存在谁控制谁的问题，他们之间的关系取决于谁具有"稀缺价值"。如果生产资料稀缺，资本家就处于有利地位；如果技术技能稀缺，"工资劳动者"就处于有利地位。在他看来，所谓市场的阶级地位就是平等的阶级地位，是平等竞争的关系。

在此基础上，吉登斯进一步提出以市场能力与准技术关系为轴心建构社会分层体系。他根据在商品生产过程中发挥重要作用的三个主要的要素，即资本、教育和技术、劳动力具体区分了三种市场能力，在此基础上相应地形成了由上层、中层、下层阶级组成的阶级结构。对于不同社会阶层成员来说，拥有不同的市场能力又意味着拥有不同的流动机会，其中教育是消灭社会不公和阶级剥削的主要途径。吉登斯提出这一理论的目的非常明显，就是要弥合阶级矛盾，缓和阶级对立。

吉登斯的结构化理论对正确认识和处理全面深化改革进程中的阶层关系问题所具有的借鉴价值表现在以下几方面。

一是吉登斯以市场能力为核心的社会分层体系虽然有调和资本主义社会矛盾之嫌，但就中国当前国情而言，阶层结构和阶层关系日益多样化和复杂化，其理论还是具有一定现实意义。这就是，在认识和处理阶层关系问题时，既不能回避贫富分化比较严重、城乡差别比较大、就业不充分、保障不完善等现实原因造成的阶层关系问题，也不要过分夸大新社会阶层之间以及新社会阶层与原有社会阶层之间的差别和矛盾。同时，应当重视妥善协调和及时解决这些差别和矛盾，以避免这些差别和矛盾加剧造成更加严重的阶层关系问题，影响到我国阶层关系的整体和谐。

二是根据吉登斯的结构化理论，在市场经济环境中，不同社会阶层成员所拥有的资本、教育和技术、劳动力等市场要素存在的差异决定了他们所获得的收益存在差异，这是造成不同社会阶层成员收入水平和生活水平差异比较大的主要原因。据此，在协调阶层关系问题中，不仅要协调不同社会阶层成员的利

---

① 李强. 社会分层十讲 [M]. 北京：社会科学文献出版社，2011：97.

益关系，适当调整不同社会阶层成员之间的利益差别，更重要的是从根本上增强弱势群体或是困难群众的生产能力和市场能力。在现实条件下，部分社会阶层成员如城市贫民、农民工、贫困地区农民，正是由于地区经济发展水平低、职业技能低、受教育水平低等原因在市场经济竞争中处于不利地位，造成他们的收入水平不高、生活困难，不能充分享受经济社会发展的成果。解决这一问题的根本出路是政府、企业和社会要积极创造出更多适合他们能力发展的机会和途径，帮助他们规避能力不足的风险，增强他们参与市场竞争的本领，这才是解决阶层关系问题的根本出路。

### 三、对西方阶层分析理论中有益成分的选择性借鉴

研究全面深化改革进程中的阶层关系问题时，应该在坚持马克思主义阶级分析理论的基础上，广泛地吸收和借鉴西方社会学阶层分析理论中的有益成分。对于资本主义文明成果，邓小平就明确指出，"社会主义要赢得与资本主义相比较的优势，就必须大胆吸收和借鉴人类社会创造的一切文明成果"[①]。习近平也提出"尊重世界文明多样性，以文明交流超越文明隔阂、文明互鉴超越文明冲突、文明共存超越文明优越"[②]，积极促进和而不同、兼收并蓄的文明交流。西方社会学中阶层分析理论虽然与马克思主义阶级分析理论在概念体系、价值取向、思维脉络、理论体系方面都存在本质区别，但它们在探讨特定社会的阶层结构和阶层关系问题中的一些具体的研究视角和分析方法，以及它们对阶层关系问题对于经济社会发展所产生的影响的具体分析，对于如何处理阶层关系问题、维护社会体系稳定的多方位思考，对于我们正确认识和处理全面深化改革进程中的阶层关系问题还是具有重要借鉴价值的。

这种借鉴价值主要体现在，从一般意义上，无论是西方人组成的西方社会还是中国人组成的中国社会，都会经历从传统社会向现代社会的转型，只是西方社会先完成了这一社会转型，而我们还在这一社会转型过程中。在漫长的社会转型过程中，早期西方社会所出现的那些包括阶层关系问题在内的社会问题和社会矛盾，如人口膨胀、贫困失业、分配不公、社会失序以及不同社会阶层成员之间的矛盾和冲突等，也不同程度地相继出现在了我们现实的社会生活中，只不过程度和样貌可能有所不同而已。所以，西方社会学理论特别是其中的阶

---

[①] 中共中央文献编辑委员会. 邓小平文选：第3卷 [M]. 北京：人民出版社，1993：373.
[②] 习近平. 高举中国特色社会主义伟大旗帜 为全面建设社会主义现代化国家而团结奋斗：在中国共产党第二十次全国代表大会上的报告 [M]. 北京：人民出版社，2022：63.

层分析理论的研究成果以及西方社会处理阶层关系问题中所采取的具体的应对方式和解决方法,对于我们认识和处理全面深化改革进程中的阶层关系问题、增进阶层关系和谐仍然是十分有益的。

当然,在这一借鉴过程中也要思考西方社会学理论成果和实践经验的适用性问题。因为西方社会学中阶层关系相关理论所依赖的社会实践基础是西方发达国家的社会历史发展,西方发达国家的社会转型是在政治革命、工业革命和科学革命的推动下内生的。而中国作为后发国家,其内在的动力机制和发展基础与西方发达国家存在根本差异,社会历史发展轨迹与西方社会相比也有很大的差异性,这也就使得西方社会学阶层分析理论的理论成果和实践经验的基本立场、理论内涵、面对的主要问题以及处理问题时能够凭借的资源和手段都与中国社会有很大不同。更为重要的是,中国社会转型是在中国独特的国情环境中进行的,是由中国共产党领导和推进的,具有十分鲜明的中国特色;同时全面深化改革进程中的阶层关系问题面临的社会背景,也与发达西方国家有很大不同,这种特殊性也决定了我们不能简单移植或借用西方社会学中的阶层分析理论。这是我们在借鉴西方阶层分析理论中的有益成分时必须坚持的。

综上所述,我们认为,正确认识和处理全面深化改革进程中的阶层关系问题,必须坚持以马克思主义阶级分析理论为理论基础,以中国化马克思主义阶级分析理论为理论指导,以中华优秀传统文化中有益于阶层关系和谐的相关思想为思想养料,同时以西方社会学中的阶层分析相关理论为有益借鉴,通过我们的实践努力积极化解一切影响全面深化改革进程中阶层关系发展的消极因素,处理好阶层关系问题,促进阶层关系更加和谐,并以此推动和实现社会阶层成员和谐相处、共同发展。

第二章

# 全面深化改革进程中我国阶层关系演进的历史回顾和现状分析

正确认识全面深化改革进程中的阶层关系问题是正确处理全面深化改革进程中的阶层关系问题的前提和基础。正确认识和全面把握全面深化改革进程中的阶层关系问题,必须从历史的、发展的、比较的视角对我国阶层关系演进的历史进程进行全面的回顾和总结。中华人民共和国成立以来的70多年间,我国阶层关系的演进先后经历了不同历史发展阶段,阶层关系演进的动力和机制不同,阶层关系问题的表现也各不相同。回顾我国阶层关系演进的历史,有助于我们从宏观总体上把握我国阶层关系演进的基本规律和发展趋势,也有助于我们从微观具体上认清阶层关系问题产生的原因及其影响,对于处理好全面深化改革进程中的阶层关系问题意义重大。

## 第一节 全面深化改革前我国阶层关系演进的历史回顾

就我国传统社会阶层关系演进的总体特征来看,在中华人民共和国成立前几千年的传统社会里,由于社会财富的集中度很高,加之城乡分野、官民分界,社会差异巨大,阶层关系比较复杂,阶层关系的紧张程度也比较高,阶层关系演进往往是以比较激烈的方式实现的,如农民战争。从中华人民共和国成立到改革前的近30年时间里,我国阶层关系经历了两次重大变化,在阶层关系演进过程中,革命性变革也是其突出特色。在改革时期,适应经济社会发展需要的主动性变革是推动阶层关系演进的主要动因。进入全面深化改革新阶段,推动阶层关系演进又有了新动因,阶层关系演进又呈现出新特点。在此,我们从比较分析的视角对改革前后和全面深化改革前后的阶层关系演进过程做一个回顾总结,以期对全面深化改革进程中阶层关系演进的特殊规律、发展趋势,以及阶层关系问题的特殊表现和特点实质有更加准确深入的认识和把握。

**一、改革前我国阶层关系演进概况**

（一）阶层关系演进的过程、动因及特点

从1949年10月中华人民共和国成立到1978年底改革开放前的近30年时间里，我国阶层关系经历了两次重大变化。第一次重大变化发生在1949年10月中华人民共和国成立到1956年底社会主义改造完成。这一时期阶层关系演进的总体趋势是阶层关系从复杂到简单。第二次重大变化发生在1956年底社会主义改造完成到1978年底改革开放前，这一时期阶层关系演进的总体趋势是阶层关系从简单到逐渐固化。

第一阶段，1949年10月中华人民共和国成立到1956年底社会主义改造完成，阶层关系演进的总体趋势是非对抗性的阶层关系逐步取代对抗性的阶级关系，阶层关系相对比较复杂，在阶层关系中既包含有工人阶级与农民阶级、小资产阶级的劳动阶级之间的关系，也包括工人阶级与民族资产阶级的劳动阶级与非劳动阶级之间的关系。

新民主主义革命的胜利，从根本上改变了原有的阶级、阶层关系。随着作为统治阶级的帝国主义、封建主义和官僚资本主义被打倒，原有阶级、阶层关系中处于被统治地位的工人阶级成为新生国家政权的领导阶级，农民阶级成为新生国家政权的最重要基础，小资产阶级也成为新生国家政权的基本依靠力量，还有被称为中间阶级的民族资产阶级也属于享有国家权力的人民的范围。这其中既有同属于劳动阶级的工人阶级和农民阶级、小资产阶级的非对抗性的阶层关系，也有属于劳动阶级的工人阶级、农民阶级、小资产阶级和属于非劳动阶级的民族资产阶级之间带有一定对抗性的阶层关系，阶层关系相对比较复杂。形成这样一种复杂的阶层关系是由当时中国社会的主要矛盾和复杂的国内外局势决定的。

面对中华人民共和国成立初期国内外复杂局势，毛泽东提出了"不要四面出击"的战略方针，强调要正确应对国内外复杂局势中的各种矛盾和棘手问题，必须分清主次，善于抓住主要矛盾，在处理好国内不同阶级之间、政党之间、民族之间的关系的同时，集中力量孤立和打击当前的主要敌人，为此"必须在一个方面有所让步有所缓和，使工人、农民、小手工业者都拥护我们，使民族资产阶级和知识分子中的绝大多数不反对我们"[①]。根据这一战略方针，结合新中国成立初期阶层关系发展的实际，服从于解决主要矛盾的需要，毛泽东创造

---

① 胡绳. 中国共产党的七十周年 [M]. 北京：中共党史出版社，1991：298.

性地提出对其中工人阶级、农民阶级、小资产阶级和民族资产阶级之间具有一定对抗性的阶层关系实行不同于一般阶层关系的特殊策略来加以解决，即对资本主义工商业采取既扶持又限制的政策，对民族资产阶级实行既联合又斗争的策略，以保证国家政治局面的稳定和国民经济的恢复。在完成打倒地主阶级和官僚资产阶级的革命任务之后，国家政权得到了进一步巩固，国民经济也得到恢复发展，局势继续向着有利于我们的方向在发展。在这样的新形势下，毛泽东开始思考处理阶层关系的新策略，"中国内部的主要矛盾即是工人阶级与民族资产阶级的矛盾，故不应再将民族资产阶级称为中间阶级"①。基于这样一个判断，从1953年到1956年底，全面开展了对个体农业、个体手工业和资本主义工商业的社会主义改造。社会主义改造是一次根本性的对旧有的生产关系和社会制度的社会变革，随着对旧有的生产关系和社会制度的"三大改造"的基本完成，这一革命性变革在我国阶级、阶层关系方面引起的巨大变化，就是原有的资产阶级和小资产阶级作为一个具有一定资产的阶级在我国被彻底消灭了，原有的阶层结构由此演变为两个阶级、一个阶层，即工人阶级、农民阶级和知识分子阶层，这三个社会阶层之间存在着根本利益的一致性，阶层关系相对比较简单。

这一时期，阶层关系演进的根本动因是制度层面的革命性变革。如在农村阶层关系变革中，先是通过新民主主义革命，原有的地主的土地私有制被农民的土地小私有制所代替，接着是通过土地改革，从1950年6月30日颁布《中华人民共和国土地改革法》开始，到1953年的农村土地改革基本完成，农村社会中的剥削阶级——地主阶级和富农阶级逐步被消灭，农村社会中原有的具有对抗性的阶级关系不存在了。接着通过对建立在农民土地小私有制基础上的个体农业进行社会主义改造，以合作化的方式把农民土地小私有制改造成集体所有制，农民则转变为社会主义的集体劳动者，农村阶层关系演变为农民阶层内部平等合作的劳动关系。

在城市阶层关系变革中，一方面通过对私营工商业的社会主义改造，将原来私有的工商业变为"公私合营"，之后将其完全收归国有。另一方面通过对城市的土地制度进行变革，根据1954年宪法规定，"国家为了公共利益的需要，可以依照法律规定的条件，对城乡土地和其他生产资料实行征购、征用或者收

---

① 中共中央文献研究室. 毛泽东文集：第6卷[M]. 北京：人民出版社，1999：231.

归国有"①。在很短的时间里，对私有制的社会主义改造基本完成，公有制全面取代了私有制，这种所有制的根本变革对阶级、阶层结构的影响表现在引起我国社会阶级、阶层结构的急剧变化，其中原有的被压迫的阶级——工人阶级成为社会主义国家的领导阶级，作为小私有者的农民阶级、个体生产者经营者成为社会主义国家的集体劳动者，知识分子成为一支为社会主义服务的队伍，原来的民族资产阶级则成为自食其力的劳动者。

这一时期，阶层关系演进的特点是政治性很强，即是国家政权运用政治力量对不同社会阶层成员的社会阶层位序进行大规模的重组，在相关制度和政策安排的作用下，一些阶级和阶层消亡，如地主、资产阶级，一些阶级和阶层地位发生了根本性的改变，如工人阶级、农民阶级从被剥削被压迫阶级成为国家的主人，工人阶级还成为国家的领导阶级。这种新的阶层关系最主要的特点是，原来拥有生产资料所有权的阶级被消灭了，原来没有拥有生产资料所有权的阶层的经济、政治、社会地位得到很大提升，阶层关系发生了根本改变。

第二阶段，1956年底社会主义改造完成到1978年底改革开放前，阶层关系演进的总体趋势是阶层关系从简单到逐渐固化。不同阶层之间的流动逐步减少，不同阶层之间的界限逐渐形成，同一阶层内部的认同感逐步增强，阶层关系处于一种均等化和整体化的状态。

这一时期，阶层关系演进的根本动因是体制层面的根本性变革，阶层关系的演进进程是与计划经济体制的确立和强化相一致的。计划经济体制是依靠国家力量来推动经济运行的一种机制，要求国家要有充分权力掌握、动员、调配、控制和处置所有的资源。为了保证社会主义计划经济的有效实施，国家和政府必须通过制定和实施相应的制度规章和政策安排来实现对人、财、物等资源的有效调配，计划经济体制的建立和实行对我国阶层关系演进所产生的深刻影响，也正是通过这些与计划经济相适应的制度规章和政策安排来具体实现的，如在所有制方面实行单一的公有制、分配制度方面实行单一的按劳分配，以及城乡分割的户籍管理制度、劳动用工制度等。

在所有制方面实行单一的公有制对阶层关系的影响主要表现在：单一的公有制就意味着国家掌握全部社会资源，然后再通过一系列制度性、政策性、行政性手段将所控制的社会资源具体分配至社会阶层成员个人，以此实现社会阶层成员个人对社会资源的实际占有，在此基础上形成社会阶层成员个人的社会

---

① 中共中央文献研究室. 建国以来重要文献选编：第5册［M］. 北京：中央文献出版社，1993：524.

阶层地位。所以，社会阶层成员个人的社会阶层地位在很大程度上是先赋或国家分配的结果，而且这种社会阶层地位一旦确定，依靠个人的努力也很难改变，这就造成不同社会阶层之间基本没有正常社会流动展开的可能性，阶层成员自身和社会有机体内在的发展活力也因此受到严重抑制，整个社会有机体的活力严重不足。同时因为实行单一的公有制，国家包揽了所有的工业化投资，非公有制经济的存在和发展成为不可能，因而也就基本消除了民间投资以及创造就业职位的可能，1952年，我国城镇个体生产者经营者还有883万人，到1978年就减少到只有15万人。①

所有制结构决定分配结构，这一时期，与单一公有制相联系的个人收入分配方面，我国实行的是单一的按劳分配的分配制度。在按劳分配的具体实现形式上，农村实行统一的工分制，城市实行统一的工资制，按劳分配实际上演变成了越来越严重的平均主义，三大阶层即工人阶级、农民阶级和知识分子阶层之间的经济利益差别不大，社会阶层之间的层化现象不是很明显，阶层关系呈现出明显的均等化倾向。

与计划经济相联系的是我国实行严格的城乡分割的户籍管理制度，所谓"城乡分割"，就是将城镇户口和农村户口加以明确区分，这种户籍身份的制度区分，很大程度上是由阶层成员原有的出生地点决定的，而不是后天努力的结果，所以具有明显的先赋性。不仅如此，因为农业人口的孩子只能沿袭父母的户口，只能通过升学、参军等有限的机会才可能获得"农转非"的机会，所以这种阶层地位又还具有明显的继承性。同时，与城乡分割的户籍管理制度相联系的，还有城乡分割的生活资料的分配供应制度、人事档案制度、劳动用工制度等，通过这些制度安排把所有的社会阶层成员都置于政府的行政控制之下，具体是在农村与"公社制"联系，在城市与"单位制"联系，严格限制不同身份的社会阶层成员在城乡之间的社会流动，尤其是从农村向城市的流动。根据阶层成员各自所属户口性质的不同，国家对拥有城镇户口的社会阶层成员和农村户口的社会阶层成员分别实行各自不同的就业、教育、住房、医疗、养老等社会政策，这客观上强化了城乡人口对所在地区的人身依附关系，人为地把城市人口和农村人口分为两个经济、政治、文化、社会利益不同的社会阶层，使得阶层关系发展呈现出明显的整体化倾向。

由此可以看到，这一时期我国阶层关系演进的主要影响因素是政治性因素

---

① 国家统计局. 中国统计年鉴1985 [EB/OL]. (1986-02-28). http://www.stats.gov.cn/xxgk/sifb/tigb2020/201311/t20131107_1768635.html.

和先赋性因素。其基本特点：一是社会各阶层成员不能按自己的意愿进行流动，而主要取决于国家制度安排和政策规定，社会阶层地位的获得依赖于政府再分配制度安排和政策规定。如部分干部和教师的下放，后来的转正、上山下乡政策等。二是政治性因素对阶层关系的影响居主导地位。如干部、工人、农民、地主等阶层成员，通常是依靠政治地位获得其相应的社会声望和社会地位，而且国家通过政治权力也可以任意剥夺社会各阶层成员的经济利益、政治利益、文化利益和社会利益，如"文化大革命"中对"地富反坏右"分子的个人财产的剥夺，通过劳动改造和群众监督剥夺"地富反坏右"的发言权等。三是先赋性因素在很大程度上限制了相当一部分社会阶层成员的流动，如社会阶层成员的家庭出身、户籍所在地等；个人后天的努力也更多地表现为一种政治忠诚度，社会生活政治化的倾向非常明显。由于社会生活政治化的影响，社会阶层结构基本呈现出凝固化趋势，几乎每个阶层都有自己的政治边界和经济社会、社会生活的边界。四是同质性强，均等化程度很高。反映在基尼系数上，"1978年中国城镇居民收入基尼系数为0.16，农村为0.212"[①]。同一阶层的人员社会地位、经济收入、生活方式、生活水平等几乎没有差别。

这一时期，国家不仅控制了生产资料，而且控制了社会各阶层成员的生活资料和精神世界，不同社会阶层之间的差异被控制在一个十分有限的范围内，整个社会呈现出高度均等化、整体化的状态。不同社会阶层成员之间的政治利益冲突是阶层关系问题的集中表现，不同社会阶层成员之间的政治利益分配失衡成为改革前的阶层关系问题产生的直接原因，不同社会阶层成员之间的政治利益矛盾在改革前的阶层关系问题中占据主导地位。

（二）阶层关系演进中的积极变化及其重要影响

改革前我国阶层关系演进中的积极变化主要表现在：中华人民共和国成立后，面对长期战争的严重创伤、经济局面的残破不堪、社会风气和社会秩序的败坏，新生政权采取了一系列有效举措，迅速巩固了政权，恢复了国民经济，给社会各阶层成员提供了一个安定有序的社会环境和相对公平的资源分配环境，赢得了社会各阶层成员广泛的支持；同时通过土地革命和社会主义改造，使原来处于被剥削被压迫地位的社会阶层成员获得了彻底的解放，经济、政治和社会地位普遍得到很大提高，激发出对中国共产党和新生政权无比信赖的政治热情，激发起投身于国家各项建设事业的广泛积极性，极大地增进了社会各阶层之间关系的和谐与团结，不仅为中国共产党和新生的国家政权赢得了广泛的社

---

① 任才方，程学斌. 从城镇居民收入看分配差距[J]. 经济研究参考，1996（7）：4.

会支持和群众基础，也有力地推动了国家政治、经济、文化、社会各项事业的迅速发展。

进入社会主义阶段后，虽然因为社会生产力总体发展水平不高，社会制度、体制机制不完善等原因，社会各阶层成员在经济、政治、文化、社会地位方面存在种种限制而没有完全实现地位、权利、机会平等，正常的社会流动和社会分化基本处于凝滞状态。但同时，很大程度上因为"公社制""单位制"——单位体制本身具有比较强的矛盾分解功能——这一时期包括阶层关系问题在内的大量人民内部矛盾基本上在单位内部可以获得一定的解决，又极大地缓和了阶层关系之间的紧张状态。由此，即使发生了"文化大革命"这样严重的全局性的错误，阶层内部和阶层之间矛盾冲突不断加剧甚至出现严重对抗的状态，社会阶层成员的积极性和社会活力都受到很大抑制，但阶层关系总体依然保持了稳定，保证了国家政治局面没有发生全局性、颠覆性的变化。

（三）阶层关系演进中存在的主要问题及其原因分析

改革前我国阶层关系演进中存在的主要问题具体表现在以下方面。

一是在社会主义改造过程中，因为存在对于社会主义改造要求过急、改造过快，实际工作过程中又存在工作过粗、形式过于简单划一的问题，广大农民和手工业者的个体生产的积极性没有能够得到很好保护和充分发挥，对于一部分原工商业者的使用和处理也有失当之处等，造成阶层关系中存在一些不和谐、冲突甚至是对立因素。同时，虽然社会主义改造是通过国家政权的强制力量，从社会阶层结构上根本消除了中国社会各阶层内部和不同社会阶层成员之间的阶级、阶层差别，在很大程度上实现了整个社会阶级、阶层结构的均等化，但这种强制力量造成的均等化的阶级、阶层结构并不一定意味着其有利于实现阶层关系的和谐与稳定。事实上，使用政治方法、运用国家政权的强制力量推行形成的平均化在一定程度上是通过压制社会阶层成员个人的积极性，牺牲经济发展效率和社会发展效率来实现的，这也使一些社会阶层成员的积极性受到严重抑制。

二是在进入社会主义阶段后，国家权力和国家意志等政治因素成为影响阶层关系的最重要因素，阶层关系基本上是在国家强力推动下演进的，所以制度变革对阶层关系起到了决定性的作用。单一的公有制、单一的按劳分配制度、单一的计划经济体制、城乡分割的户籍管理制度、劳动用工制度和单位体制等铸成的体制性的身份壁垒强制阻断社会各阶层成员之间的自由流动和正常的阶层分化，这就造成了这一时期我国阶层关系的演进很大程度上偏离了正常的阶层关系演进的轨迹。

三是由于家庭出生、户籍身份等先赋性因素对阶层关系的演进产生重要影响，因此社会阶层成员个人在阶层关系中的地位很大程度上是先赋性因素影响的结果，而且这种阶层地位在国家强制力量作用下，通过阶层成员个人的努力很难改变，严重压制了社会阶层成员在不同社会阶层之间流动的空间和机会。同时，因为忽视了社会阶层成员个人的主观努力和工作成效，也不利于调动社会阶层成员的积极性，社会发展自身的活力也因此受到很大限制。尤其是在"文化大革命"时期，这一倾向更是发展到极致，土地改革期间划定的家庭出身和阶级成分在"文化大革命"这场政治运动中得以继续运用，如阶层成员个人获得入党、参军、入学和招工等重要的社会流动机会方面，家庭成分使贫下中农的社会阶层成员占有很大优势，地主、富农等家庭成分不好的社会阶层成员则受到强烈排斥，导致不同社会阶层成员之间的不满情绪加剧，甚至相互怨恨，恶化了阶层关系，也不利于阶层关系的整体和谐与稳定。

改革前我国阶层关系演进中问题产生的原因如下。

一是生产力总体水平低下是改革前我国阶层关系演进中问题产生的客观原因。生产力发展水平是阶层关系演进的基础，生产力水平低下、经济落后是一切社会矛盾包括阶层矛盾产生的根源。这一时期，在我国阶层关系演进中，阶层关系问题产生的根源是生产力发展还远远不能满足社会各阶层成员不断增长的物质文化生活的需要，社会各阶层成员不断增长的物质文化生活需要与落后的社会生产之间的矛盾比较尖锐，阶层关系问题的解决从根本上也受制于生产力总体水平比较低的现实，阶层关系演进中的这一阶段性特点表现明显。

二是在认识和处理阶层关系问题上出现严重的偏差是改革前我国阶层关系演进中问题产生的主观原因。具体表现在，这一时期，由于思想认识方面出现错误，把大量属于非对抗性的阶层之间的矛盾混同为对抗性的阶级矛盾，出现了严重的阶级斗争扩大化的错误。1956年9月召开的中共八大，根据我国实际国情做出了"我国的无产阶级同资产阶级的矛盾已经基本解决"的重要判断，为处理好阶层关系问题提供了重要理论依据，但这一正确认识并没有在处理阶层关系问题的实践活动中得到贯彻和落实，相反，对我国阶级、阶层关系错误的思想认识开始产生并在实践中日益发展。这集中表现在，1957年开始的反右派斗争，使得毛泽东对国内阶级、阶层关系的认识发生了很大变化；在1958年5月召开的中共八大二次会议上，毛泽东提出了"在社会主义社会建成以前，无产阶级同资产阶级的斗争，社会主义道路同资本主义道路的斗争，始终是我国内部的主要矛盾"①的错误判断。这一时期，在这种错误判断的影响下，对阶层关系问题的认识和处理逐渐偏离了正确的轨道，大量阶层关系方面的问题被当成阶级关系问题、阶级矛盾对待，原有的阶层关系发生了严重扭曲，不同社会阶层之间和谐共处的基础遭到严重破坏。1966年"文化大革命"运动的发生更是使这一错误发展到了极致，十年的"文化大革命"运动对阶层关系正常发展和国家经济社会正常建设的进程都造成了严重影响，处理阶层关系问题方面留给我们的历史教训是十分惨痛的。

**二、改革开放时期我国阶层关系演进概况**

（一）阶层关系演进的过程、动因及特点

改革开放初期，改革是围绕纠正和调整处理阶层关系问题的政策开始的。首先是纠正处理阶层关系问题方面出现的"阶级斗争扩大化"的严重错误，平反冤假错案和为知识分子、"地富反坏右"摘帽。十一届三中全会发布公报指出："只有坚决地平反假案，纠正错案，昭雪冤案，才能够巩固党和人民的团结，维护党和毛泽东同志的崇高威信。"②对于平反冤假错案和为知识分子、"地富反坏右"摘帽的重要意义，邓小平指出，"这是解放思想的需要，也是安定团结的需要"③。到1982年，全国大规模的平反冤假错案工作基本结束，众多干部和群众恢复了名誉，扭曲的阶层关系被纠正过来。这是我国阶层关系演进过程中的一个重要内容，开启了改革时期阶层关系正常发展的新纪元。

"处理遗留问题为的是向前看。"④在解决阶层关系方面历史遗留问题的同时，经济体制、政治体制、文化体制、社会体制等方面的改革逐步展开，特别是经济体制改革先行一步，从计划经济体制逐步转向社会主义市场经济体制，由政府主导的指令式计划经济转向主要由市场为主来配置资源的社会主义市场经济，使得政府权力和国家意志等政治因素对阶层关系演进的影响力逐步弱化，市场因素和经济因素对阶层关系演进的影响力日益上升，其直接结果就是与市场接近的社会阶层成员成为直接受益者，如个体户、私营企业主等。社会阶层

---

① 中共中央文献研究室. 建国以来重要文献选编：第11册[M]. 北京：中央文献出版社，1995：288.
② 中共中央文献研究室. 改革开放三十年重要文献选编：上[M]. 北京：人民出版社，2008：18.
③ 中共中央文献研究室. 改革开放三十年重要文献选编：上[M]. 北京：人民出版社，2008：6.
④ 中共中央文献编辑委员会. 邓小平文选：第2卷[M]. 北京：人民出版社，1994：147.

成员在阶层关系中的地位越来越取决于个人对市场机会的把握，拥有较多市场资源的社会阶层成员上升为强势群体，在市场竞争中处于劣势或不占有市场资源的社会阶层成员下降为弱势群体。同时，随着市场取向改革的不断深化和经济社会的迅速发展，社会阶层成员在阶层关系中阶层地位的获得途径也日益多样化，具有更大的自主性和流动性，投身改革开放和社会主义现代化建设的积极性得到充分激发，社会活力得到明显增强。

具体表现在这样几个方面：首先是经济体制改革推动了所有制结构的变化，非公有制经济的迅速发展成为推动我国阶层关系演进的最重要因素之一。改革初期，在公有制之外，先是个体经济作为公有制经济的补充逐渐发展起来，并且随着个体经济力量的不断发展壮大，个体经济中一部分从事个体生产和经营的企业因为生产规模和经营规模不断扩大，雇佣的劳动者数量逐步增加，逐渐发展成为以雇工劳动为主的私营企业。个体户和私营企业主力量的形成和发展壮大，成为这一时期我国社会阶层结构最明显的变化。对于改革以来社会阶层结构方面出现的这一变化，邓小平在1992年初的"南方谈话"中提出"主要是看是否有利于发展社会主义社会的生产力，是否有利于增强社会主义国家的综合国力，是否有利于提高人民的生活水平"[1] 的"三个有利于"标准，对其予以充分的肯定。中共十五大则进一步确认了这一积极变化，明确提出"非公有制经济是我国社会主义市场经济的重要组成部分"[2]，为包括私营企业在内的非公有制经济的发展扫除了障碍。与私有制经济相联系的私营企业主和个体户等新社会阶层不断壮大，原有的"两阶级一阶层"中工人阶级、农民阶级和知识分子阶层内部也迅速产生分化，其中的相当一部分人也转化为私营企业主和个体户。到1993年底，当时全国大约24300万的企业职工内部逐渐分化为，"国企工人约占34%，集体企业工人占13%，乡镇企业工人占46%，三资企业工人占1%，个体经营人员占4%；农村非农化进程大大加快，农业劳动者占就业人口的比例由70.5%降为58.5%，到1997年更下降到49.9%"[3]。阶层关系演进逐渐呈现出复杂多变的局面。

所有制结构的变化直接影响到分配结构的变化。改革时期，在公有制范围内按劳分配的分配原则得到贯彻落实。这主要表现在：在城市，政府给国有企

---

[1] 中共中央文献研究室. 十三大以来重要文献选编：下 [M]. 北京：人民出版社，1993：1991.
[2] 中共中央文献编辑委员会. 邓小平文选：第2卷 [M]. 北京：人民出版社，1994：256.
[3] 吴晓林. 现代化进程中的阶层分化与政治整合 [M]. 天津：天津人民出版社，2012：170.

业下放了决定工人工资水平的自主权,支持适当拉开企业内部工人之间的工资收入水平差距,在国家机关和事业单位则开始实行以职务工资为主的结构工资制,这就使国有企业的职工和国家机关、事业单位的工作人员能够获得与其劳动贡献相适应的劳动报酬;同时"允许和鼓励资本、技术等生产要素参与收益分配",使得更多的社会阶层成员除了劳动收入之外,还有可能获得资本收入、风险收入等其他非劳动收益,社会阶层成员收入来源由单一的劳动收入变为多元化的收入结构,收入水平在普遍提高的基础上也迅速拉开了差距。同时,在农村,由于普遍实行了家庭联产承包责任制,农民获得了农业生产经营自主权,还部分获得了流动权、迁徙权等权利,政府与农民的关系发生了深刻变化。同时带来了农村中乡镇企业的大发展,为农民就业提供了重要的途径,进一步推动了农村阶层结构的分化。到2001年,"乡镇企业吸纳的劳动力人数为12733万,占当年农村劳动力总数的25.94%"[①]。改革前同质性强、均等化程度高的阶层结构和阶层关系发生了很大变化,从不同社会阶层成员之间收入差距很小转向收入水平差距迅速加大,最明显的表现是主要由以私营企业主为主的新社会阶层成为先富群体,普遍收入水平很高,而主要由以城市国有企业下岗工人、农村贫困人口构成的弱势阶层成为困难群体,普遍收入水平较低。

与体制改革相联系的一些具体政策的制定与实施,也为人们提供了更多的占有其他社会资源特别是物质财富,依靠个人努力提升自己在阶层关系中的地位的机会和可能,如教育水平、职业经验、生活经历等。特别是教育事业的发展使教育对社会阶层成员的经济地位和社会地位的影响越来越明显。从邓小平为知识分子正名到恢复高考招生制度,从实施"863"计划到确立"科教兴国"战略,我国的教育事业获得很大发展,越来越多的社会阶层成员通过自身的努力改变了自己的阶层地位。1994年,李实、李文彬根据"中国家庭收入调查(CHIP)"数据所做的分析结果表明,1988年中国城镇居民的教育收益率为3.8%。[②] 2003年,李春玲根据"中国家庭收入调查(CHIP)"数据所做的分析结果表明,2002年中国城镇居民的教育收益率为11.4%。[③] 2003年,李实、丁赛根据中国社会科学院收入分配课题组和城镇贫困研究课题组开展的两次住

---

[①] 于立,姜春海.中国乡镇企业吸纳劳动就业的实证分析[J].管理世界,2003(3):77.

[②] 李实,丁赛.中国城镇教育收益率的长期变动趋势[J].中国社会科学,2003(6):59.

[③] 李春玲.文化水平如何影响人们的经济收入:对目前教育的经济收益率的考查[J].社会学研究,2003(3):69.

户抽样调查结果研究发现，我国城镇居民的教育收益率从1990年的2.43%，1995年的4.81%，上升到1999年的8.1%。[①] 2005年，张俊森等根据全国六省市1988—2001年的连续数据研究发现，城镇教育收益率从1988年的4.0%，1995年的6.7%，1998年的8.1%，上升到了2001年的10.2%。[②] 这些研究成果都表明教育在我国阶层结构变化和阶层关系演进中发挥了越来越重要的积极正向作用。

干部人事制度、劳动用工制度、户籍制度等方面的改革也对我国阶层关系演进产生重要影响。如干部人事制度改革方面，确立了"革命化、知识化、专业化、年轻化"的干部选拔标准，建立了领导干部正常的离退休制度，实现了新老干部的正常交接班，1988年召开的七届人大又决定在我国普遍实行公务员制度。这些改革措施从根本上改变了改革前建立在阶层成员家庭出身基础上的血缘分层和依据政治思想表现的政治分层的先赋性与主观性的阶层评价标准，对我国阶层结构变化和阶层关系演进都产生了持续的、正向的、深远的影响。具体表现在：使以前受到压制的社会阶层成员获得了相对平等的权利和相对更多的机会，使社会各阶层成员逐步形成靠自己努力、成就至上的观念；曾经被扭曲的阶层关系被反正过来，社会有机体的活力得到明显增强。

总之，由于市场因素不断渗透和国家权力逐渐收缩但又仍然在发挥作用，打破了改革开放前"两阶级一阶层"的阶层结构，阶层分化、阶层流动速度大大加快，阶层开放程度不断提高，特别是白领工人、知识分子、自由职业者、企业经营者、高级蓝领的队伍不断壮大，与公务员、私营企业主等阶层一起使中等收入群体初具规模。阶层关系日益复杂化的同时，阶层关系之间的利益矛盾也较多地显现出来，特别是随着改革的推进，那些力量较强、影响较大的强势阶层既想通过改革扩充实力，又担心改革深化会失去既得利益，对改革的态度逐步发生变化；社会中下层力量分散，资源又有限，无法与强势阶层博弈，直接导致阶层结构内部的平衡被打破，影响阶层关系和谐的因素和问题也越来越多地显现出来。

总体来看，从十一届三中全会到中共十八届三中全会前的改革时期与改革前，阶层关系演进的根本动因是社会主义革命和计划经济体制变革，主要影响因素是政治性因素和先赋性因素。不同的是，这一时期阶层关系演进的根本动

---

① 李实，丁赛. 中国城镇教育收益率的长期变动趋势 [J]. 中国社会科学，2003（6）：67.
② 邓峰，丁小浩. 中国教育收益率的长期变动趋势分析 [J]. 统计研究，2013（7）：40.

因是改革，主要影响因素是经济因素和后致性因素。由于改革所带来的体制机制深刻变革，我国原有的阶层结构和阶层关系都发生了极大的改变。原有的社会阶层迅速分化，重组为多个新的社会阶层，从根本上打破了原来的阶层结构和阶层关系固化的趋势，由简单到复杂的新型阶层关系逐步形成，阶层关系演进出现明显的新表现和新特点：一是经济性增强，政治性弱化，经济因素成为阶层关系演进的主导因素。由于各种原因掌握的政治、经济、文化、社会资源相对匮乏，产业工人阶级的地位明显下降，农业劳动者处于明显的劣势。新社会阶层掌控的经济资源、文化资源不断增长，地位迅速上升。阶层关系演进出现了经济地位与社会地位一致化的倾向。二是后致性因素强，先赋性因素明显减弱。社会阶层成员在阶层关系中的地位不再是完全由家庭、出身等先赋性因素决定，而是个人努力等后致性因素在不断增加，通过社会阶层成员自己的努力可以改变自身的社会阶层地位，进入自己向往的更高层级的阶层群体。三是阶层之间的经济利益博弈成为阶层关系的主要表现方式。不同社会阶层成员之间矛盾激化与利益分化有着密不可分的关系，从劳资关系到干群关系，从城市国有企业改革、农村土地征用、房屋拆迁到大型项目建设，无不与经济利益关系密不可分。在阶层分化的过程中，一些强势阶层会进一步利用自己所拥有的优势地位和优势资源，确保利益分化向着有利于自己的方面发展，一些弱势阶层则会因为自身的经济、政治、文化、社会、生态利益受损而表现出对强势阶层的怨恨和不满。四是阶层利益的多元化与"碎片化"特点鲜明，不同社会阶层成员之间阶层关系的紧张度明显下降。即社会阶层成员的利益分化加剧，利益需求更加分散，从过去的整体性阶层分化为多元利益阶层。

比较改革前阶层关系演进的历史，这一时期阶层关系演进的过渡性特征比较明显。这种过渡性特征表现在：影响阶层关系演进的因素中，传统的因素如政治权力、城乡分割的户籍管理制度等因素还在发挥作用，但新的经济地位、教育程度等因素的影响在不断上升；过去那种静态的、僵化的"身份"关系正在逐步成为历史，一种动态的、充满活力的阶层关系正在形成过程中。改革以来，阶层结构和阶层关系都处于迅速发展变化的过程中，新的阶层结构和新的阶层关系正在确立中。

（二）阶层关系演进中的积极变化及其重要影响

改革时期，随着市场取向的改革的逐步深化，不同社会阶层成员获得各自的阶层地位的途径日益多元化，一部分社会阶层成员脱离原有的分层秩序而直接进入市场，阶层地位的升降也越来越多地受到市场作用的影响，这就使改革时期的阶层关系在演进过程中发生了一些积极变化，具体表现为：

一是原有的先赋性身份分层等级体系被打破，社会自由流动的渠道逐渐被打开，阶层分化的速度明显加快，社会流动的自由度明显提高。影响不同社会阶层成员的阶层地位和阶层关系的因素中，阶层成员自身努力的因素作用明显上升，阶层成员非自身努力的因素作用明显下降。在"让一部分人先富起来"的政策支持下，一些返城知青和"两劳"（劳动改造、劳动教养）释放人员成为最早一批个体工商户，20世纪80年代待业青年和农村富余劳动力部分转为个体工商户，20世纪90年代因国有企业改制被分流的下岗失业职工被迫转为个体工商户，还有进入城镇就业的农民工部分主动选择成为个体工商户。1978年，全国城乡个体工商户共183万户，1998年达到3120万户；全国私营企业数量1989年为9.06万，1998年为120.09万。① 可以看出，其中相当一部分阶层成员是通过自己的努力实现了纵向向上的社会流动。这表明，社会阶层成员个人的才能得到了充分重视，努力付出就会获得相应回报。这一变化引导更多的社会阶层成员更加注重增强个人本领或重视个人实干，这是改革时期阶层关系演进中呈现出的非常重要和有益的积极变化。

二是多数社会阶层成员的社会地位处在整体上升过程中。这一整体上升趋势集中表现在，社会总体流动率有了很大提高。从代际流动率看，1980年以前代际总流动率为41.4%，1980年以后，代际总流动率达到54%，比1980年前提高了近13个百分点；从代内流动看，1979年前，从前职到现职总流动率只有13.3%，1980—1989年阶段有18.2%，1990—2001年阶段则达到30.5%。② 这一整体上升趋势还可以通过社会阶层成员的职业地位变动表现出来。我们知道，阶层成员的职业地位是阶层成员的首要社会地位，阶层成员的职业地位的普遍上升是非常积极的正向指标。改革以来，农村原有的农业劳动者大量进入城市，成功转化为工业劳动者，城市原有的工业劳动者相当部分越来越多地逐步转化为从事专业技术工作、管理销售工作、办公室工作等的白领劳动者，白领劳动者超过蓝领劳动者的现象和趋势也日益明显。

三是中等收入者的比例有所扩大。江泽民在中共十六大报告中首次提出了"中等收入者"这一概念，并且明确提出要"扩大中等收入者比重，提高低收入者收入水平"③，这是改革以来中国共产党从促进阶层关系和谐的战略高度优化

---

① 张文宏.改革开放以来中国社会流动模式与机制的变迁[J].社会，2018（6）：75.
② 陆学艺.当代中国社会流动[M].北京：社会科学文献出版社，2004：176-179.
③ 中共中央文献编辑委员会.江泽民文选：第3卷[M].北京：人民出版社，2006：550.

我国阶层结构的一个非常重要的决策。根据陆学艺的研究,1978年我国中等收入者的比例只占全国阶层结构中的5%,到1991年约为9.5%,1999年约为15%。① 据《中国青年报》报道,"按照中国社会科学院的测算标准,我国中等收入阶层正在以每年1%的比重增长……1999年我国中等收入阶层比重为15%,2003年达到19%"②。中等收入者以较快的速度逐年持续增加和发展壮大,有助于我国阶层结构的调整优化和阶层关系的和谐稳定。

改革时期我国阶层关系演进中的这些积极变化对经济、政治、文化、社会发展都产生了重要影响。从经济发展方面看,阶层关系演进中所发生的积极变化,很大程度上激发了不同社会阶层成员参与中国特色社会主义事业的积极性、主动性和创造性,有力地促进了社会生产力水平的迅速提高和社会主义市场经济的发展成熟。从政治发展方面看,阶层关系演进中所发生的积极变化,也逐步改变着中国以党政机构、党政官员为核心的传统政治权力结构,有更多社会阶层的代表人物和精英分子进入国家权力机构和政府决策层级,有助于克服一直以来权力过分集中的问题,促进阶层成员民意表达途径和利益协调机制的建立健全,提高阶层成员意见表达和意见综合的广泛性和自由度,有利于实现国家决策的民主化和科学化,推动中国特色社会主义民主政治的发展和完善。从文化发展方面看,阶层关系演进中所发生的积极变化,不仅使国家物质财富得到积累,经济生活得到丰富和发展,也使国家的精神生活到了丰富和发展,人民的精神面貌得到极大的改观,自由平等观念、公平正义公正观念、民主法治观念得到发展,主人翁精神得到提升,文化生活和日常精神生活得到很大的丰富。从社会发展方面看,越来越开放、平等的社会环境使得多数社会阶层成员在经济、政治、文化、社会活动中能够获得更多机会,能够因为辛勤努力获得更好的工作和更高的收入,能够通过个人奋斗实现社会阶层地位的向上流动,因而在工作和生活中更加开放自信,更有积极性和创造性,社会有机体的活力得到明显增强,社会规范秩序得到有效调整,社会稳定基础得到进一步巩固。

(三)阶层关系演进中存在的主要问题及其原因分析

改革以来,经济、政治、文化、社会生活方面都发生了很大变化,在阶层关系总体和谐的同时,阶层关系演进中也出现了一些问题。

---

① 陆学艺. 中国社会阶级阶层结构变迁60年 [J]. 北京工业大学学报(社会科学版),2010 (3): 11.

② 中国青年报社会调查中心. 我国中等收入阶层正以每年1%的速度增长 [N]. 中国青年报,2004-03-28.

一是阶层分化过度导致社会阶层结构两极化的趋势明显,不同社会阶层成员之间的收入差距过大造成的阶层关系紧张局面比较严峻。收入分配问题成为阶层关系演进中的焦点问题之一,具体表现为不同社会阶层成员之间分配差距逐步扩大,收入分配不均问题比较突出。国家统计局负责人马建堂表示"城乡收入差距确实继续扩大"①,收入差距呈现出全范围多层次的扩大趋势,贫富差距正在逼近社会容忍的"红线"。不同社会阶层成员之间的收入差距在不断扩大的同时,传统的社会阶层中的工人阶级和农民阶级在分配格局中逐步处于相对不利地位,经济地位下降趋势明显;国家与社会管理者阶层、知识分子和新社会阶层在分配格局中逐步处于相对有利地位,经济地位上升趋势比较明显。由此造成的阶层贫富分化趋势损害了不同社会阶层成员之间和谐共处的良性互动关系,成为引发不同社会阶层成员之间矛盾冲突、影响社会稳定的重要因素。收入分配问题引发了一些比较激烈的阶层冲突,并对不同社会阶层成员的社会心态、社会情绪以及阶层关系的和谐稳定都产生了一些消极影响。

二是阶层分化不足造成的阶层结构"板结化"的趋势逐步加剧,社会流动阻碍因素增加,流动不畅带来的阶层关系问题比较突出。改革初期,改革很大程度上破除了阻碍阶层分化和阶层流动的体制机制障碍,极大地激发了社会阶层成员长期被压抑的积极性,阶层关系呈现出积极向上的良好局面。但随着改革的推进,优势阶层逐步掌握经济、政治、文化、社会等资源,在优势阶层内部保持着开放性,如官员和老板可以较为顺利地取得较高学位,经济精英和文化精英拥有较多的参与政治活动的机会;但在优势阶层之外则对其他社会阶层成员形成封闭和排斥,如二元分割的户籍制度限制了农民的市民化转化,特别是对于农民工这个特殊群体,他们离开农村之后,在城镇工作和生活,但又受到户籍制度限定,无法享受与城镇居民同等的社会保障、教育医疗等基本公共服务。又如教育渠道不通畅,在大多数社会阶层无法通过资源交换获取优势地位的形势下,更多寄希望于通过教育实现阶层地位的上升,但随着教育成本的上升和就业市场的竞争加剧,部分社会阶层成员会因为教育致贫、教育返贫或是就业困难而无法获得有效的升迁,不满情绪和对立情绪高涨,加剧了阶层关系的紧张程度。

三是工人、农民等社会主体的阶层地位明显下降产生的阶层关系不和谐问题比较突出。城市中的工人阶层特别是原国有企业的工人,在改革前保持了较高的经济地位、政治地位和社会地位,随着改革的推进,其经济地位、政治地

---

① 马建堂. 城乡居民收入差距确确实实在继续扩大 [N]. 经济观察报,2010-01-21.

位和社会地位明显下降，部分人可能处于失业、半失业状态，甚至沦为社会的弱势群体，表现出较大的不满情绪，由此产生了阶层关系的不和谐。农村中农民阶层的经济、政治、文化、社会、生态权益缺失现象严重，也造成农村阶层关系中的不和谐问题。如农民和基层干部、管理者之间的矛盾，农民和政府、土地开发商等在征地问题上产生的矛盾比较尖锐；城市管理中由于对外来务工人员的种种限制，以及在子女教育、落户等政策方面有歧视性政策而产生的城市居民与流动人口之间关系的不和谐等。

四是社会流动规模很大，社会流动过程中出现的阶层关系问题突出。改革以来，社会流动速度大大加快，流动人口的规模也越来越大，流动人口中比例最高的就是从农村流入城市的农民工群体，在不同城市之间流动的白领劳动者群体规模也在不断壮大。流动人口在给我国经济社会发展做出巨大贡献的同时，也给城市管理、公共服务、社会保障等方面带来很大的压力。如，流动人口聚集区的城市管理问题、流动人口的就业问题、流动农民工子女的教育问题、流动人口的社会服务问题、流动人口的社会保障问题、农民工对于城市社区生活的适应问题、外来人口与本地居民的关系问题等，这些也都对阶层关系和谐提出了严峻挑战。

五是阶层关系中存在一些对抗性因素。如在私营企业中，私营企业主阶层和雇佣工人阶层在工资待遇、劳动时间、生产条件、管理方法等方面存在的冲突和对立，就具有一定的对抗性质。劳资矛盾是任何实行市场经济的国家都会面对的普遍性问题，在社会主义初级阶段这一矛盾也将在我国长期存在。劳资矛盾是中国社会比较突出的阶层关系问题，而私营企业中的劳资矛盾尤其突出，据 2002 年第五次全国私营企业抽样调查结果，被调查的私营企业中员工平均货币工资水平相当于全国平均数的 94.3%、国有企业的 91.7%，且员工收入的内部差异很大，拖欠工资、克扣工资比较普遍，员工的合法权益得不到有效保护。[1] 由于对劳动者权益保护的相关制度还不够完善，伴随着我国经济发展和经济结构的调整变化，企业内部的劳资矛盾仍然呈现出相对上升的趋势，由此产生的对社会秩序的冲击和影响不容低估。统计资料显示，"2005 年全国各级劳动争议仲裁委员会立案受理劳动争议案件高达 31.4 万件，涉及劳动者 74 万人。……全国各级劳动争议仲裁委员会立案受理集体劳动争议案件 1.9 万件，

---

[1] 周显信. 简论我国社会阶层矛盾的基本现状与基本对策 [J]. 马克思主义研究，2003 (6)：69.

涉及劳动者41万人"①。到2008年更是攀升至69万件，比2005年翻了一倍，"各级法院在2008年受理的劳动争议案件达28万余件，同比上升93.93%"②。加之私营企业主阶层的高收入、高消费给其他社会阶层成员造成强烈压力，以及部分私营企业主存在的偷税漏税、制假贩假等不法行为引起社会的普遍不满等因素，都对阶层关系带来一定的负面影响。

应该说，改革时期我国阶层关系演进中问题的产生具有一定必然性，阶层关系演进中问题产生的原因也是多方面的。

一是人民日益增长的物质文化生活需要同落后的社会生产之间的主要矛盾是改革时期阶层关系问题产生的根本原因。经过新中国成立以来的发展，特别是改革以来的较快发展，社会生产力总体水平有了很大提高，社会各阶层成员的物质文化生活水平也有了很大提高，但生产力发展起点低、底子薄、人口多等客观原因，造成我国经济总量虽然很大，但人均水平很低，发展质量不高，发展很不均衡，不仅多数社会阶层成员的生活还不富裕，还有几千万人的温饱问题没有得到解决，衣食住行、教育就业等问题都还没有得到有效解决，造成阶层关系演进中出现很多问题，特别是围绕经济利益方面产生的不同社会阶层成员之间的阶层冲突比较突出。

二是"以经济建设为中心"和"让一部分地区、一部分人先富起来"的非均衡发展战略是改革时期阶层关系问题产生的历史原因。与非均衡发展战略相联系的是与之相配套的政策安排，在"让一部分地区、一部分人先富起来"政策的作用下，东部沿海的广大地区特别是城市的经济得到了迅速发展，中西部地区特别是农村地区的经济发展相对比较缓慢；原有体制内的产业工人和农民阶层的收入增长比较缓慢，而率先冲破传统的计划经济体制的束缚、投身社会主义市场经济浪潮的部分社会阶层成员，在政府政策的鼓励下依靠诚实劳动、合法经营先富起来，从而造成不同社会阶层成员之间的收入水平和贫富差距迅速扩大。

三是处于社会转型时期，机制转轨、利益调整以及观念更新是改革时期阶层关系问题产生的内在原因。由于改革是逐步推进的，在改革进行的过程中新建立的体制机制还不够健全完善，这就使得原有体制内的部分社会阶层成员在医疗、养老、住房、教育等领域享有的福利保障逐步弱化，而新的更加完善的社会保障体制没能及时建立起来，普通家庭承担的医疗、养老、住房、教育成

---

① 白天亮. 劳动者：单位给您备案了吗？[N]. 人民日报，2007-02-25.
② 杨琳. 劳资群体性事件进入高发期[EB/OL]. (2009-12-14). http://news.xinhuanet.com/legal/2009-12/14/content_ 12642477. htm.

本在逐年增加，致使部分社会阶层成员的生活负担急剧加重，在一定程度上加剧了社会阶层中的部分阶层特别是贫困阶层生活的困难程度，造成部分社会阶层成员的不满情绪高涨。同时，由于体制机制不健全，社会各阶层成员还不能完全公平地获取各种资源和发展机会，如，依然发挥作用的户籍管理制度以及与之相联系的教育、医疗、保障等福利制度，实质上限制了不同社会阶层成员在获取资源和机会时的权限，导致社会不公问题比较突出，这是改革时期阶层关系问题产生的重要原因。

四是政府政策偏差是改革时期阶层关系问题产生的主观原因。改革以来，各级政府的政策更多地服从于经济建设这个大局，而把社会建设放到次要地位，造成所谓"一条腿长一条腿短"的现象比较明显。为了推动经济更快地发展，政府首先考虑的往往是将更多的资源投入发展条件相对优越的城市地区，而对于经济发展基础欠缺的农村地区则存在某种程度的相对忽视；为了尽快把经济发展起来，政府将更多精力放在了经济发展方面，造成经济发展相对发达而社会民生事业发展相对滞后；更多地注重提高经济效率，把"蛋糕"做大，而对如何把"蛋糕"分好重视不足，尤其对弱势群体的发展问题存在某种程度的忽略，从而造成了城乡地区发展差距和贫富人群发展差距的持续扩大。

改革时期我国阶层关系演进中出现的问题在一定程度上影响了阶层关系和谐，针对阶层关系演进中存在的问题，党和政府采取了很多政策措施积极加以解决，部分问题得到了解决，阶层关系得到一定程度缓和，但根本性问题还没有完全解决，其中的突出表现就是群体性事件频发。据2005年中国社会科学院《社会蓝皮书》统计数据，从1993年到2003年间，中国群体性事件数量已由1万起增加到6万起，参与人数也由约73万人增加到约307万人，呈快速增长趋势。因各种社会矛盾而发生的群体性事件一直呈上升态势，这反映出阶层关系问题日益突出，其产生的社会危害性不容轻视。

改革时期我国阶层关系演进中存在的问题的特点表现为：相较于改革前阶层关系演进的历史，改革时期，我国从一个政治主导型社会逐步转变为一个经济主导型社会，经济利益分配失衡成为我国阶层关系问题产生的直接原因，经济利益矛盾在我国阶层关系问题中占主导地位，经济利益冲突是阶层关系问题的集中表现。如由于企业改制、破产重组等导致的下岗工人安置问题引发的劳动争议事件多发；由于农村土地承包、土地流转、城乡征地拆迁等环节引发的利益冲突事件多发。钱颖萍根据2012年我国法制网舆情监测中心公布的数据对我国群体性事件发生原因进行了统计，"因警民冲突和官民冲突而引发的群体事件合计高达35.5%……因社会纠纷导致的群体性事件，占到总体的24.4%；征地强拆也成为此次调查中群体性事件发生的主要原因，占到总数的22.2%；因环境污染引发的维权事件则占到了总数的8.9%"[1]。肖唐镖近年所收集到的近500个群体性事件案例所指向的发生原因高度吻合，即绝大多数属于"利益取向型群体性事件"[2]。这表明，在我国当前群体事件中活跃的是经济因素、社会因素，而非政治因素。

在2004年中共中央办公厅发布的《关于积极预防和妥善处置群体性事件的工作意见》中，将我国发生的群体性事件明确定性为"由人民内部矛盾引发"[3]的事件，是群众认为自身权益受到侵害而酝酿的串联、聚集等活动，属于非对抗性矛盾。应该说，并非所有群体性事件都是阶层关系问题所致，但阶层关系问题确是群体性事件发生的重要原因。改革时期，社会各阶层成员之间的关系主要是围绕经济利益而展开的，并由此引发阶层关系一定程度的紧张，激化了不同社会阶层之间的矛盾和冲突，造成阶层关系问题日益突出，对经济社会发展产生了一定负面影响，必须引起高度重视，并着力加以解决。

## 第二节　全面深化改革进程中我国阶层关系演进的现状分析

中共十八大以来，以习近平同志为核心的中央领导集体高举全面深化改革的旗帜，在中共十八大提出深化改革的基础上，进一步提出全面深化改革，到中共十八届三中全会对全面深化改革做出全面总体部署，全面深化改革由此全面展开。2022年10月，习近平在中共二十大报告中对近十年来的全面深化改革伟大实践给予了充分肯定："我们以巨大的政治勇气全面深化改革，打响改革攻坚战，加强改革顶层设计，敢于突进深水区，敢于啃硬骨头，敢于涉险滩，敢于面对新矛盾新挑战，冲破思想观念束缚，突破利益固化藩篱，坚决破除各方面体制机制弊端，各领域基础性制度框架基本建立，许多领域实现历史性变革、系统性重塑、整体性重构，新一轮党和国家机构改革全面完成，中国特色社会

---

[1] 钱颖萍．我国群体性事件中政府回应机制研究：基于社会冲突理论［J］．理论与改革，2014（5）：108-109．

[2] 肖唐镖．当代中国的"群体性事件"：概念、类型与性质辨析［J］．人文杂志，2012（4）：154．

[3] 魏新文，高峰．处置群体性事件的困境与出路：以警察权的配置与运行为视角［J］．中共中央党校学报，2007（1）：90．

主义制度更加成熟更加定型,国家治理体系和治理能力现代化水平明显提高。"① 全面深化改革是在考量新时代经济社会发展新形势、新特点和面临新矛盾、新问题的背景下提出来的,是我国发展进入重要历史关头的关键抉择。要推动全面深化改革就必须紧紧依靠社会各阶层的力量,因此准确把握全面深化改革进程中阶层关系演进规律和发展趋势,深入分析全面深化改革进程中阶层关系演进方面出现的新问题及其对经济社会发展可能产生的影响,及时处理全面深化改革以来的阶层关系问题,增进阶层关系和谐,就具有特别重要的意义。

**一、全面深化改革以来我国阶层关系演进概况**

全面深化改革开启了阶层关系演进的新时代。这一时期既是全面深化改革全面开启和重点突破的重要时期,也是全面深化改革推动阶层关系演进的重要时期。根据全面深化改革的进程和阶层关系演进的实际,可以把阶层关系演进过程划分为两个阶段:第一阶段,2013年11月中共十八届三中全会以来到2017年10月中共十九大之前,这一时期是全面深化改革全面开启的重要时期,也是阶层关系演进发生深刻变化的重要时期;第二阶段,2017年10月中共十九大以来至今,这一时期是全面深化改革重点突破的重要时期,也是阶层关系演进继续发生深刻变化的重要时期。

(一) 中共十八届三中全会到中共十九大前阶层关系演进概况

中共十八届三中全会完成了全面深化改革6大方面、15个领域的全面战略部署和整体顶层设计。按照这一全面战略部署和整体顶层设计,2014年实施和完成了中央全面深化改革领导小组确定的80个重点改革任务,2015年实施和完成了中央全面深化改革领导小组确定的101个重点改革任务,2016年实施和完成了中央全面深化改革领导小组确定的97个年度重点改革任务和128个其他改革任务,2017年更是全面深化改革向纵深推进的关键一年,按照"把责任压实、要求提实、考核抓实,推动改革落地见效"的要求,推动改革向纵深发展。5年时间里,全面深化改革全面开启,先后推出的改革举措达到1500多项,在"重要领域和关键环节改革取得突破性进展,主要领域改革主体框架基本确立"②。

紧紧围绕"让人民群众有更多获得感"展开是这一时期全面深化改革的突

---

① 习近平. 高举中国特色社会主义伟大旗帜 为全面建设社会主义现代化国家而团结奋斗:在中国共产党第二十次全国代表大会上党的报告[M]. 北京:人民出版社,2022:9.
② 习近平. 决胜全面建成小康社会 夺取新时代中国特色社会主义伟大胜利:在中国共产党第十九次全国代表大会上的报告[M]. 北京:人民出版社,2017:3-4.

出特色。全面深化改革坚持做到社会各阶层成员关心什么、期盼什么,改革就要抓住什么、推进什么,通过全面深化改革实现发展成果更多更公平惠及社会各阶层,给社会各阶层成员带来更多获得感。习近平强调"把是否促进经济社会发展、是否给人民群众带来实实在在的获得感,作为改革成效的评价标准"①。围绕"让人民群众有更多获得感"的全面深化改革全面展开,积极促进让社会各阶层共享经济、政治、文化、社会、生态等各方面发展成果的一系列重大改革举措落地见效,"五年来的成就是全方位的、开创性的,五年来的变革是深层次的、根本性的"②。中共十八届三中全会以来,围绕"让人民群众有更多获得感"进行全面深化改革的成果具体体现在以下方面。

经济方面,通过扎实推进供给侧结构性改革,发展的质量和效益明显提高。2013—2017年,我国国内生产总值分别增长7.8%、7.3%、6.9%、6.7%、6.9%,经济运行始终保持在合理区间。在积极推动经济高质量发展的同时,积极促进和扩大就业,加快收入分配制度改革,大力实施精准扶贫、精准脱贫工程,促进社会各阶层成员共享经济发展成果,城乡居民收入稳步增长。通过不断提高居民收入在国民收入分配中的比重,促进重点群体收入增长,鼓励和支持返乡下乡人员创业创新,建立职工工资正常增长的长效机制,制定完善艰苦边远地区津贴增长机制的意见和地区附加津贴制度实施方案等一系列改革举措使收入分配更合理、更有序。城乡居民的收入水平持续提高,年均增长速度不仅超过物价增长水平,也超过人均GDP的增长水平,保持了居民收入增长与经济发展增长基本同步。持续"提低",各地多次上调最低工资标准;不断"控高",改革中央企业负责人薪酬制度、改革国有企业工资决定机制、逐步缩小行业工资收入差距等政策陆续出炉,社会各阶层成员之间的收入分配差距不断缩小。精准扶贫、精准脱贫政策持续发力,"六千多万贫困人口稳定脱贫,贫困发生率从百分之十点二下降到百分之四以下"③。"2017年全国居民恩格尔系数为29.3%"④,进入了联合国划分的20%~30%的富足区间。联合国秘书长古特雷斯(Guterres)在给"2017减贫与发展高层论坛"的贺信中高度赞赏中国的减

---

① 中共中央宣传部. 习近平总书记系列重要讲话读本[M]. 北京:人民出版社,2016:83.
② 习近平. 决胜全面建成小康社会 夺取新时代中国特色社会主义伟大胜利:在中国共产党第十九次全国代表大会上的报告[M]. 北京:人民出版社,2017:8.
③ 习近平. 决胜全面建成小康社会 夺取新时代中国特色社会主义伟大胜利:在中国共产党第十九次全国代表大会上的报告[M]. 北京:人民出版社,2017:5.
④ 国家统计局. 国内市场繁荣活跃 消费结构转型升级:改革开放40年经济社会发展成就系列报告之七[EB/OL]. (2018-09-05). http://www.stats.gov.cn/ztjc/ztfx/ggkf40n/201809/t20180905_1621054.html.

贫方略，认为中国实行的"精准减贫方略是帮助贫困人口、实现《2030年可持续发展议程》宏伟目标的唯一途径。中国已实现数亿人脱贫，中国的经验可以为其他发展中国家提供有益借鉴"①。

政治方面，积极推动人民当家做主的制度体系建设，促进社会各阶层成员共享政治发展成果。包括加快完善人民代表大会制度，密切人大代表与人民的联系。大力发展社会主义协商民主，2015年2月中共中央印发的《关于加强社会主义协商民主建设的意见》明确提出，"继续重点加强政党协商、政府协商、政协协商，积极开展人大协商、人民团体协商、基层协商，逐步探索社会组织协商"②，协商民主形式不断丰富，协商民主渠道不断拓宽，协商民主发展的步伐明显加快。全面依法治国进程加快推进，2014年6月中央全面深化改革领导小组审议通过《关于司法体制改革试点若干问题的框架意见》，推动司法体制改革迅速展开：2015年5月1日起，全国法院全面实行立案登记制，长期以来困扰人民群众行使诉讼权的"立案难"问题已经成为历史；2015年1月，最高法第一巡回法庭在深圳正式揭牌，司法便民、利民取得重大进展；2015年6月，发布《关于完善法律援助制度的意见》，为更多困难群众提供及时便利、优质高效的法律援助服务；《人民陪审员制度改革试点方案》将人民陪审员的学历要求从大专以上降低到高中以上文化学历，保障社会各阶层成员有序参与司法；2015年7月召开的全国高院院长会上，"互联网+司法"成为主题，通过信息化建设，我国建成了全球最大的裁判文书数据库，当事人不仅可以从网上了解案件审判执行流程，还可以借助互联网参与司法拍卖、收看庭审直播、运用视频信访。政府部门不断调动起社会各阶层对改革的参与热情、畅通参与渠道、健全参与机制，国务院在网上开展"我来参与国务院文件清理"活动，搭建与社会各阶层成员互动的平台，以满足社会各阶层成员的参与感和有效增强社会各阶层成员的获得感。

文化方面，积极推动文化体制机制不断创新，努力构建社会效益和经济效益相统一的体制机制，促进社会各阶层成员共享文化发展成果。2014年4月2日，国务院办公厅印发《文化体制改革中经营性文化事业单位转制为企业的规定》和《进一步支持文化企业发展的规定》，明确进一步深化文化体制改革，正确处理社会效益和经济效益的关系，统筹文化宏观管理体制与微观运行机制改

---

① 中共国务院扶贫办党组. 脱贫攻坚砥砺奋进的五年[N]. 人民日报, 2017-10-17.
② 中共中央文献研究室. 十八大以来重要文献选编：中[M]. 北京：中央文献出版社，2016：293.

革。2015年9月，中共中央办公厅、国务院办公厅印发《关于推动国有文化企业把社会效益放在首位、实现社会效益和经济效益相统一的指导意见》，明确提出"社会效益指标考核权重应占50%以上"，"探索建立党委和政府监管有机结合、宣传部门有效主导"①的国有文化资产管理体制，将"两个效益"相统一的原则要求转化为具体制度设计。同时，积极促进基本公共文化服务标准化、均等化，2015年1月，中共中央办公厅、国务院办公厅印发《关于加快构建现代公共文化服务体系的意见》，首次把标准化、均等化作为重要制度设计和工作抓手，确定了14个小类22条基本公共文化服务具体标准。2016年12月，颁布《中华人民共和国公共文化服务保障法》，首次以法律形式明确各级政府在公共文化服务中的责任和义务，为人民群众基本文化权益和基本文化需求实现提供了法治保障。通过文化体制改革和文化体制机制创新，基本公共文化服务标准化、均等化水平不断提高，越来越多的博物馆、文化馆、图书馆、美术馆向社会各阶层成员免费开放，电影公益放映质量得到明显提升，优秀影视作品不断涌现，使社会各阶层成员精神文化需求的满足程度和实现质量得到很大提高，整个社会的精神面貌和社会心态也发生了明显的积极变化。

积极推动社会体制改革，促进社会各阶层成员共享社会发展成果。包括户籍制度改革取得重大突破：2014年7月30日，国务院《关于进一步推进户籍制度改革的意见》正式公布，其规定，取消"农业"和"非农业"户口性质的区别，建立城乡统一的户口登记制度，根据城市类型实施差别化落户政策，全面实施居住证制度，并提出到2020年努力实现1亿左右农业转移人口和其他常住人口在城镇落户。② 2016年1月1日，《居住证暂行条例》施行；2016年9月印发《推动1亿非户籍人口在城市落户方案》，"农业"户口和"非农业"户口的差别从此成为历史。我国城镇化率从2012年的52.6%增至2017年末的58.5%，8000多万农业转移人口成为城镇居民。③

教育制度改革，促进教育公平。2015年推出《国务院关于加快发展民族教育的决定》旨在缩小民族地区与其他地区的差距；《国务院办公厅关于印发乡村教师支持计划（2015—2020年）的通知》明确"发展乡村教育，帮助乡村孩子

---

① 张贺.文化企业必须始终把社会效益放在首位［N］.人民日报，2015-09-15.
② 人民网.公安部副部长黄明就户籍制度改革答记者问 全国取消农业非农业户口区分［EB/OL］.（2014-07-31）.http：//politics.people.com.cn/n/2014/0731/c1001-25373310.html.
③ 中国政府网.2018政府工作报告［EB/OL］.（2018-03-05）.http：//www.gov.cn/zhuanti/2018lh/2018zfgzbg/zfgzbg.htm.

学习成才，阻止贫困现象代际传递"，必须把乡村教师队伍建设摆在优先发展的战略地位；《国务院关于进一步完善城乡义务教育经费保障机制的通知》，合理配置义务教育资源，推动城乡义务教育在更高层次实现均衡发展；开始施行《高中阶段教育普及攻坚计划（2017—2020年）》，到2020年全国普及高中阶段教育的目标更近。城乡义务教育一体化改革稳步推进，缓解了"乡村弱、城镇挤"的问题，更多困难家庭的孩子有了同等受教育的机会，教育公平性得到有效改善。截至2017年，90%以上的残疾儿童享有受教育机会；80%以上的外来务工人员随迁子女在流入地公办学校就学。"教育事业全面发展，中西部和农村教育明显加强"①。

实施就业优先战略。2015年5月，国务院出台《关于进一步做好新形势下就业创业工作的意见》，提出要把稳定就业和扩大就业作为经济运行的下限，同时围绕促进以创业带动就业提出了一系列政策。2017年3月，国务院发布《"十三五"推进基本公共服务均等化规划》，提出加强就业援助，确保有就业能力的零就业家庭、低保家庭至少有一人就业。做好高校毕业生就业和农村劳动力转移就业，化解过剩产能过程中的职工安置问题，健全最低工资标准调整和工资支付保障长效机制，落实职工带薪年休假制度。同时就基本劳动就业创业，提出国家实施就业优先战略，大力推动大众创业、万众创新，鼓励以创业带动就业，健全覆盖城乡的公共就业创业服务体系，加强职业技能培训，维护职工和企业的合法权益，推动构建更加和谐的劳动关系，推动实现比较充分和更高质量的就业。"城镇新增就业年均一千三百万人以上。"②

社会保障制度改革深化。以基本养老、基本医疗、最低生活保障制度为支柱，以养老、医疗、失业、工伤、生育五大保险为框架，以社会福利、社会救助、住房保障为辅助覆盖城乡居民的社会保障安全网已经基本建成。截至2017年末，全国参加基本养老保险人数为9.15亿，全国各类养老服务机构和设施15.5万个③；2017年末全国参加基本医疗保险人数为11.77亿；优抚安置。截至2017年底，国家抚恤、补助各类重点优抚对象857.7万人④。医药卫生体制改革深化，理顺医药比价，推进分级诊疗，"覆盖城乡居民的社会保障体系基本

---

① 习近平. 决胜全面建成小康社会 夺取新时代中国特色社会主义伟大胜利：在中国共产党第十九次全国代表大会上的报告[M]. 北京：人民出版社，2017：5.
② 习近平. 决胜全面建成小康社会 夺取新时代中国特色社会主义伟大胜利：在中国共产党第十九次全国代表大会上的报告[M]. 北京：人民出版社，2017：5.
③ 中国向联合国提交的《国家人权报告》[N]. 人民日报，2018-10-19.
④ 潘跃. 老有所养，从"有保障"到"更完善"[N]. 人民日报，2018-10-08.

建立，人民健康和医疗卫生水平大幅提高，保障性住房建设稳步推进"①。

生态文明建设加快推进，促进社会各阶层成员共享生态文明发展成果。2014年修订了《中华人民共和国环境保护法》，2015年4月中共中央、国务院印发《关于加快推进生态文明建设的意见》，明确了生态文明建设的总体要求、主要目标、重点任务等。2015年9月，《生态文明体制改革总体方案》发布。在这5年时间里，通过生态文明建设目标评价考核办法、关于健全生态保护补偿机制的意见、省级空间规划试点方案、关于划定并严守生态保护红线的若干意见，建立起源头严防、过程严管、后果严惩的基础性框架体系；统筹生态保护和经济社会发展、国家公园建设和保护地体系完善，注重改革的联通性、协调性、完整性的国家公园体制试点稳步推进；建立以绿色生态为导向的农业补贴制度，政策目标由以数量增长为主转到数量质量生态并重；审议通过关于全面推行河长制的意见，为维护河湖健康生命、实现河湖功能永续利用提供了制度保障；通过对地方环境保护管理体制的根本性变革，全面破除地方保护主义对环境监测执法的干预；等等。生态文明制度更加完善，生态环境得到明显改善，"生态文明建设成效显著"②。

这也是阶层关系发生深刻变化的重要时期。五年来，立足问题导向破除利益藩篱，统筹推进经济、政治、文化、社会、生态文明各领域改革，积极扩大全面深化改革的社会受益面，增进社会各阶层成员的获得感、安全感、幸福感。随着全面深化改革的开启，我国经济社会发展面临的很多突出矛盾和问题正被一一破解，社会主义市场经济体制不断完善，社会主义民主法治制度不断健全，社会主义文化建设领域体制机制逐步完善，社会建设领域的民生改善不断取得进展，社会治理体制机制创新不断推进，生态环境保护制度框架基本形成，这些方面的改革成效和积极进展都有力地推动了我国阶层关系演进的正向发展。全面深化改革直指一切不合时宜的体制机制弊端，全力突破利益固化的藩篱，给社会各阶层成员创造出更加公平的制度环境，让社会各阶层成员普遍受益。2017年，城乡居民收入增速超过经济增速，收入分配格局明显改善，2017年城乡居民人均可支配收入比率为2.71，比2012年下降0.17。③ "中等收入群体持

---

① 习近平. 决胜全面建成小康社会 夺取新时代中国特色社会主义伟大胜利：在中国共产党第十九次全国代表大会上的报告［M］. 北京：人民出版社，2017：5.
② 习近平. 决胜全面建成小康社会 夺取新时代中国特色社会主义伟大胜利：在中国共产党第十九次全国代表大会上的报告［M］. 北京：人民出版社，2017：5.
③ 国家统计局. 2017年城乡居民人均可支配收入之比为2.71［EB/OL］.（2018-08-31）. http：//www.ce.cn/xwzx/gnsz/gdxw/201808/31/t20180831_30175315.shtml

续扩大"①，2018年1月中国社科院日前发布的《中等收入群体的分布与扩大中等收入群体的战略选择》报告显示，中国大约有4.5亿人口属于中等收入家庭。如果将中间收入群体、中上收入群体和高收入群体相加在一起，则大约有6亿人口属于中等收入以上收入家庭。② 社会各阶层成员对当前生活满意度明显提升，2016年6月至9月国务院发展研究中心中国民生指数研究课题组民生问题满意度调查显示，居民对当前生活的满意度、对未来的信心以及对民生工作的评价都有所提高。49.5%的被访者对当前生活非常满意或比较满意，较2015年的47.7%略有上升，其中非常满意的比例由13%增长至14.1%，比较满意的比例由34.7%增长至35.4%。③ 社会各阶层成员的获得感、安全感和幸福感得到很大提升，对阶层关系演进和阶层关系问题的解决都产生了重要的积极影响，"全社会发展活力和创新活力明显增强"④。

（二）中共十九大以来阶层关系演进概况

依据中国特色社会主义进入新时代、社会主要矛盾转化等重大判断，中共十九大做出全面深化改革新的战略部署，确定以满足人民对美好生活的向往作为进一步全面深化改革的方向，以解决发展中不平衡不充分的问题作为全面深化改革的突破口，以构建系统完备、科学规范、运行有效的制度体系为实现目标。在博鳌亚洲论坛2018年年会开幕式上的主旨演讲中，习近平发出中国共产党推进全面深化改革的政治宣示："在新时代，中国人民将继续自强不息、自我革新，坚定不移全面深化改革，逢山开路，遇水架桥，敢于向顽瘴痼疾开刀，勇于突破利益固化藩篱，将改革进行到底。"⑤ 可以看出以习近平同志为核心的中央领导集体继续坚持全面深化改革的力度和决心前所未有，努力推进全面深化改革重点突破的意志和勇气坚如磐石。2019年1月，习近平在中央全面深化改革委员会第六次会议上指出，"对标到2020年在重要领域和关键环节改革上

---

① 习近平．决胜全面建成小康社会 夺取新时代中国特色社会主义伟大胜利：在中国共产党第十九次全国代表大会上的报告 [M]．北京：人民出版社，2017：5．
② 人民网．我国中等收入群体已超三亿 缩小收入分配差距仍是重点 [EB/OL]．（2018-01-17）．http：//politics.people.com.cn/n1/2018/0117/c1001-29769359.html．
③ 葛延风，张冰子，余宇．国研中心民生指数研究课题组最新调查显示——我国居民对当前生活满意度提升 70%被访者对未来生活有信心 [N]．经济日报，2016-11-23．
④ 习近平．决胜全面建成小康社会 夺取新时代中国特色社会主义伟大胜利：在中国共产党第十九次全国代表大会上的报告 [M]．北京：人民出版社，2017：4．
⑤ 光明网．开放共创繁荣 创新引领未来：在博鳌亚洲论坛2018年年会开幕式上的主旨演讲 [EB/OL]．（2018-04-11）．https：//m.gmw.cn/baijia/2018-04/11/28277483.html#verision=b400967d．

取得决定性成果，继续打硬仗，啃硬骨头，确保干一件成一件"①，为不断把全面深化改革向纵深推进提供了重要遵循。习近平在中共二十大报告中指出，"十九大以来的五年，是极不寻常、极不平凡的五年……五年来，我们党团结带领人民，攻克了许多长期没有解决的难题，办成了许多事关长远的大事要事，推动党和国家事业取得举世瞩目的重大成就"②。

站在新的历史起点上，2022年10月召开的中共二十大进一步把全面深化改革确定为新时代中国特色社会主义事业发展"必须牢牢把握"的重大原则，赋予了全面深化改革新的内涵、目标和要求，即"坚持深化改革开放。深入推进改革创新，坚定不移扩大开放，着力破解深层次体制机制障碍，不断彰显中国特色社会主义制度优势，不断增强社会主义现代化建设的动力和活力，把我国制度优势更好转化为国家治理效能"③，并对全面深化改革做出了更加全面的战略部署。2023年4月21日，习近平主持召开二十届中央全面深化改革委员会第一次会议，强调2023年是全面贯彻党的二十大精神的开局之年，也是改革开放45周年和党的十八届三中全会召开10周年，"要把全面深化改革作为推进中国式现代化的根本动力，作为稳大局、应变局、开新局的重要抓手，把准方向、守正创新、真抓实干，在新征程上谱写改革开放新篇章"④。

这一时期是全面深化改革重点突破的重要时期。

紧紧围绕"人民日益增长的美好生活需要"展开是这一时期全面深化改革的突出特色和核心内容。进入新时代，中国社会主要矛盾已经转化为人民日益增长的美好生活需要和不平衡不充分的发展之间的矛盾，表明不仅人民美好生活需要的范围在不断扩展，从原来的物质文化生活需要，扩展到经济、政治、文化、社会、生态等多方面日益增长的需要，而且需要的层次也在不断提高，包括对经济、政治、文化、社会、生态等需要的更高要求和在民主、法治、公平、正义、安全、环境等方面的新的更高要求。结合当前阶段我国经济社会发展实际，相对于人民日益增长的美好生活需要，不平衡不充分发展是主要制约因素，这种不平衡不充分发展涉及经济、政治、文化、社会、生态等领域，由

---

① 习近平主持召开中央全面深化改革委员会第六次会议强调 对标重要领域和关键环节改革 继续啃硬骨头确保干一件成一件［N］.人民日报，2019-01-24.

② 习近平.高举中国特色社会主义伟大旗帜 为全面建设社会主义现代化国家而团结奋斗：在中国共产党第二十次全国代表大会上党的报告［M］.北京：人民出版社，2022：4.

③ 习近平.高举中国特色社会主义伟大旗帜 为全面建设社会主义现代化国家而团结奋斗：在中国共产党第二十次全国代表大会上党的报告［M］.北京：人民出版社，2022：27.

④ 习近平主持召开二十届中央全面深化改革委员会第一次会议强调 守正创新真抓实干 在新征程上谱写改革开放新篇章［N］.人民日报，2023-04-22.

<<< 第二章 全面深化改革进程中我国阶层关系演进的历史回顾和现状分析

此产生出很多现实问题，包括阶层关系问题，如果不能很好地满足"人民日益增长的美好生活需要"，包括阶层关系问题在内的现实问题就会不断激化。据此，中共十九大指出根本出路在于全面深化改革，全面深化改革必须紧紧围绕社会主要矛盾，以解决发展中不平衡不充分的问题作为全面深化改革的突破口，以更大的勇气与智慧向纵深推进改革，以满足人民"期盼有更好的教育、更稳定的工作、更满意的收入、更可靠的社会保障、更高水平的医疗卫生服务、更舒适的居住条件、更优美的环境"① 等日益增长的对美好生活的需要，以此促进包括阶层关系问题在内的现实问题的解决。习近平在庆祝改革开放40周年大会上说："必须坚持以人民为中心，不断实现人民对美好生活的向往。"② 中共十九大以来，围绕"人民日益增长的美好生活需要"进行全面深化改革的成果具体体现在以下几方面。

　　经济发展方面：建设现代化经济体系，推动经济发展水平更高、质量更好，供求总量更平衡、供求结构更合理，更好地满足了人民日益增长的美好物质生活需要。习近平在中共十九大报告中首次提出"建设现代化经济体系"这一战略目标。建设现代化经济体系是由社会经济活动各个环节、各个层面、各个领域的相互关系和内在联系构成的一个有机整体，内容包括：创新引领、协同发展的产业体系，统一开放、竞争有序的市场体系，体现效率、促进公平的收入分配体系，彰显优势、协调联动的城乡区域发展体系，资源节约、环境友好的绿色发展体系，多元平衡、安全高效的全面开放体系，充分发挥市场作用、更好地发挥政府作用的经济体制。建设现代化经济体系既是一个重大的理论课题，又是一个重大的实践课题。2018年1月30日，习近平在中共中央政治局第三次集体学习时强调，必须深刻认识建设现代化经济体系的重要性，建设现代化经济体系"以上几个体系是统一整体，要一体建设、一体推进"③。据此，2018年1月中共中央、国务院印发《关于实施乡村振兴战略的意见》，全面部署加快推进农业农村现代化，实现乡村振兴战略安排。完善农村土地制度是乡村振兴的基础，习近平指出，"农村改革不论怎么改，都不能把农村土地集体所有制改垮了，不能

---

① 中共中央文献研究室. 习近平关于全面深化改革论述摘编 [M]. 北京：中央文献出版社，2014：91.
② 习近平. 在庆祝改革开放40周年大会上的讲话 [N]. 人民日报，2018-12-19.
③ 习近平在中共中央政治局第三次集体学习时强调 深刻认识建设现代化经济体系重要性 推动我国经济发展焕发新活力迈上新台阶 [N]. 人民日报，2018-02-01.

把耕地改少了，不能把粮食生产能力改下去了，不能把农民利益损害了"①。习近平在中共十九大报告中提出："保持土地承包关系稳定并长久不变，第二轮土地承包到期后再延长三十年。"② 在经济发展基础上，让社会各阶层成员的收入水平进一步得到提高。中共十九大提出："坚持在经济增长的同时实现居民收入同步增长、在劳动生产率提高的同时实现劳动报酬同步提高。"③ 与之前"两个同步"的提法不同的是，既讲"同步"也讲"同时"，更加注重经济与社会民生的协调发展，充分体现了共享发展理念。接着，2019年1月1日起，新个人所得税改革方案实施，在享受每月5000元基本减除费用和"三险一金"专项扣除基础上，纳税人还可享受子女教育、继续教育、大病医疗、住房贷款利息、住房租金以及赡养老人6项附加扣除，让中等收入者美好生活需要的实现有了更多保障。到2020年底，"我们经过接续奋斗，实现了小康这个中华民族的千年梦想，我国发展站在了更高历史起点上。我们坚持精准扶贫、尽锐出战，打赢了人类历史上规模最大的脱贫攻坚战，全国八百三十二个贫困县全部摘帽，近一亿农村贫困人口实现脱贫，九百六十多万贫困人口实现易地搬迁，历史性地解决了绝对贫困问题"④。

政治发展方面：加快建设保障人民当家做主的制度体系建设，依法保障全体公民公平享有广泛的民主权利，更好地保障公民的人身权、财产权、人格权等基本政治权利不受侵犯，依法公正对待人民群众的诉求，努力让人民群众在每一个司法案件中都能感受到公平正义，更好地满足人民日益增长的对民主法治、公平正义的需要。习近平在中共十九大报告中提出："完善基层民主制度，保障人民知情权、参与权、表达权、监督权。""加强人民当家做主制度保障。"⑤ 2018年12月十三届全国人大常委会第七次会议表决通过《关于修改〈村民委员会组织法〉和〈城市居民委员会组织法〉的决定》，村委会、居委会的任期由3年改为5年，成员可以连选连任，不仅有利于基层干部队伍的稳定，

---

① 中共中央文献研究室. 十八大以来重要文献选编：上 [M]. 北京：中央文献出版社，2014：671.

② 习近平. 决胜全面建成小康社会 夺取新时代中国特色社会主义伟大胜利：在中国共产党第十九次全国代表大会上的报告 [M]. 北京：人民出版社，2017：32.

③ 习近平. 决胜全面建成小康社会 夺取新时代中国特色社会主义伟大胜利：在中国共产党第十九次全国代表大会上的报告 [M]. 北京：人民出版社，2017：46-47.

④ 习近平. 高举中国特色社会主义伟大旗帜 为全面建设社会主义现代化国家而团结奋斗：在中国共产党第二十次全国代表大会上的报告 [M]. 北京：人民出版社，2022：7-8.

⑤ 习近平. 决胜全面建成小康社会 夺取新时代中国特色社会主义伟大胜利：在中国共产党第十九次全国代表大会上的报告 [M]. 北京：人民出版社，2017：37.

而且有利于实现社会阶层成员的民主权利,激发农村和城镇社会阶层成员的内在活力,增进农村和城镇阶层关系和谐程度,推动实现更加有效的乡村治理和城市治理。2022年10月,中共二十大进一步指出:"全过程人民民主是社会主义民主政治的本质属性,是最广泛、最真实、最管用的民主。"[1] 协商民主是实践全过程人民民主的重要形式,积极推动全面发展协商民主,完善协商民主体系,健全各种制度化协商平台,以实现协商民主广泛多层制度化发展。人民当家做主的制度体系更加健全,人民民主权利得到更加充分的保障和实现。

文化发展方面:更加关注人民精神文化需求的新特点、新趋势,着力化解精神文明建设与物质文明建设的不协调不同步问题,着力化解文化发展中的不平衡不充分问题,推动文化事业和文化产业健康快速发展,推动社会主义文艺繁荣兴盛,以丰富优质的精神文化产品和服务满足人民日益增长的美好精神文化生活需要。习近平在中共十九大报告中提出"完善公共文化服务体系,深入实施文化惠民工程,丰富群众性文化活动"[2]。2018年4月10日,文化和旅游部通过了《文化和旅游部关于落实中央深改委、中央文改领导小组2018年工作要点的工作方案》,指出要着力做好包括加强文化宏观管理体制改革、完善现代公共文化服务体系在内的八个重点领域和关键环节的改革,强调坚持问题导向,抓好重点难点改革任务,推动重点改革任务落地见效。这些改革举措进一步推动了文化事业和文化产业的繁荣发展,更好地满足了人民日益增长的美好精神文化生活需要。2021年5月,文化和旅游部发布了《"十四五"文化产业发展规划》,明确了"十四五"文化产业发展的总体要求、重点任务、保障措施,系统部署指导文化和旅游系统文化产业工作,以促进文化产业发展更好地满足人民日益增长的精神文化需求,为建设社会主义文化强国奠定坚实基础。中共二十大进一步提出"坚持把社会效益放在首位、社会效益和经济效益相统一,深化文化体制改革,完善文化经济政策"[3],为文化繁荣发展谋篇布局。

社会发展方面:重点抓好民生工作,完善公共服务体系,更好地实现"幼有所育、学有所教、劳有所得、病有所医、老有所养、住有所居、弱有所扶"的目标。包括实施健康中国战略,加快提升人民文化素质和身体素质,提升人力资本;

---

[1] 习近平. 高举中国特色社会主义伟大旗帜 为全面建设社会主义现代化国家而团结奋斗:在中国共产党第二十次全国代表大会上的报告[M]. 北京:人民出版社,2022:37.

[2] 习近平. 决胜全面建成小康社会 夺取新时代中国特色社会主义伟大胜利:在中国共产党第十九次全国代表大会上的报告[M]. 北京:人民出版社,2017:44.

[3] 习近平. 高举中国特色社会主义伟大旗帜 为全面建设社会主义现代化国家而团结奋斗:在中国共产党第二十次全国代表大会上的报告[M]. 北京:人民出版社,2022:45.

继续深化教育改革，2018年中共中央、国务院先后出台《关于全面深化新时代教师队伍建设改革的意见》《关于学前教育深化改革规范发展的若干意见》等，要求积极扩大学前教育资源，加强师资建设，千万家庭的孩子"入园难"问题得以缓解。重视加强健康社会心态的培育和引导，加强社会心理服务体系建设，培育自尊自信、理性平和、积极向上的社会心态；加速推进"全民参保"，根据人社部的相关部署，继广大农民工之后，扩大参保覆盖范围的重点是中小微企业和广大农民工、灵活就业人员、新业态就业人员、未参保居民等群体，更好地满足人民日益增长的美好生活需要。户籍制度改革进一步实现突破，2019年4月，国家发展和改革委员会发布《2019年新型城镇化建设重点任务》，其中明确规定继续加大户籍制度改革力度，从加快农业转移人口市民化、优化城镇化布局形态等6个方面促进新型城镇化进程。包括"积极推动已在城镇就业的农业转移人口落户"，同时教育、医疗、养老等相关的公共服务覆盖面都将进一步扩大，"今年确保有意愿的未落户常住人口全部持有居住证，鼓励各地区逐步扩大居住证附加的公共服务和便利项目"，实现公办学校普遍向随迁子女开放，完善随迁子女在流入地参加高考的政策等。① 通过努力，社会发展方面已经实现"城镇新增就业年均一千三百万人以上。建成世界上规模最大的教育体系、社会保障体系、医疗卫生体系，教育普及水平实现历史性跨越……人民群众获得感、幸福感、安全感更加充实、更有保障、更可持续，共同富裕取得新成效"②。

生态文明发展方面：中共十九大进一步将"坚持人与自然和谐共生"③ 作为新时代坚持和发展中国特色社会主义的基本方略之一，做出了加快生态文明体制改革、建设美丽中国的战略部署。2018年5月，党中央、国务院组织召开全国生态环境保护大会，提出要"加大力度推进生态文明建设、解决生态环境问题，坚决打好污染防治攻坚战，推动我国生态文明建设迈上新台阶"④。从健全法律法规、完善标准体系、健全自然资源资产产权制度和用途管制制度、完善生态环境监管制度、严守资源环境生态红线等方面，形成了深化生态文明体制改革的战略部署和制度架构，在大气、水、土壤、海洋、饮水安全、减灾防

---

① 陆娅楠. 2019年新型城镇化建设重点任务明确［N］. 人民日报，2019-04-09.
② 习近平. 高举中国特色社会主义伟大旗帜 为全面建设社会主义现代化国家而团结奋斗：在中国共产党第二十次全国代表大会上的报告［M］. 北京：人民出版社，2022：11.
③ 习近平. 决胜全面建成小康社会 夺取新时代中国特色社会主义伟大胜利：在中国共产党第十九次全国代表大会上的报告［M］. 北京：人民出版社，2017：23.
④ 顾仲阳. 坚决打好污染防治攻坚战 推动生态文明建设迈上新台阶［N］. 人民日报，2018-05-20.

灾、水土保持、防沙治沙等环境保护重点领域全面推进生态文明建设，更好地满足人民日益增长的美好生活环境的需要。党的二十大报告中进一步提出："生态文明制度体系更加健全……生态环境保护发生历史性、转折性、全局性变化，我们的祖国天更蓝、山更绿、水更清。"[1]

这一时期也是阶层关系演进继续发生深刻变化的重要时期。就全面深化改革对阶层关系的影响而言，全面深化改革产生的积极因素明显地缓解了阶层关系的紧张状态。新型城镇化的快速推进缓解了农村经济社会发展的压力，国家对"三农"转移支付力度加大也进一步推动城乡收入分配差距出现缓慢缩小趋势。保障人民当家做主的制度体系建设进一步拓展了社会各阶层成员表达自身利益诉求的途径和通道，社会各阶层成员之间的博弈空间进一步扩大，有助于社会各阶层在博弈中形成妥协性多赢格局。主流意识形态引领能力不断增强，强化了马克思主义理论的指导地位，社会主义核心价值体系建设和社会主义核心价值观培育进一步巩固了不同社会阶层成员团结的思想基础；以民生为重点的社会建设更是使社会各阶层成员普遍受益，人民日益增长的美好生活需要得到很大程度的满足和实现。这些因素都对阶层关系的演进和阶层关系问题的解决产生了积极影响。

同时应该指出的是，全面深化改革中存在的一些问题和因素也引发、造成了阶层关系中的不和谐甚至紧张。如"发展不平衡不充分问题仍然突出……城乡区域发展和收入分配差距仍然较大；群众在就业、教育、医疗、托育、养老、住房等方面面临不少难题"[2]，不同社会阶层成员之间的贫富差距调节机制仍然不完善，不同社会阶层成员收入水平差距依然很大，恶化了阶层关系；社会各阶层成员有序政治参与的权利还没有完全实现，表达自身利益诉求的渠道还比较有限；部分社会阶层成员存在心理失衡、心态不正的倾向，文化差异和心理冲突对阶层关系的影响不断上升；社会阶层之间的一些分化机制存在着不透明、不公平问题，仍然存在各种阶层成员之间的侵害行为，以及一定程度的阶层固化加剧；从生态环境方面看，资源环境问题仍然比较突出，因环境问题产生的阶层关系问题呈上升态势。全面深化改革进程中，社会矛盾和社会问题存在一定程度的交织叠加，阶层关系演进仍然面临着一定的合法性挑战，阶层关系中存在的这些问题都必须通过继续推进全面深化改革来着力加以解决。

---

[1] 习近平. 高举中国特色社会主义伟大旗帜 为全面建设社会主义现代化国家而团结奋斗：在中国共产党第二十次全国代表大会上的报告［M］. 北京：人民出版社，2022：11.
[2] 习近平. 高举中国特色社会主义伟大旗帜 为全面建设社会主义现代化国家而团结奋斗：在中国共产党第二十次全国代表大会上的报告［M］. 北京：人民出版社，2022：14.

（三）全面深化改革以来我国阶层关系演进的特点

1. 全面深化改革是阶层关系演进的根本动因

如果说改革是解决发展进程中的问题，那么全面深化改革就是解决发展起来以后的问题。"发展起来以后的问题不比不发展时少"①，解决我国发展起来以后面临的一系列突出矛盾和问题，全面深化改革是唯一正确选择。正如习近平所言："改革开放是决定当代中国命运的关键一招，也是决定实现'两个一百年'奋斗目标、实现中华民族伟大复兴的关键一招。"② 全面深化改革意味着改革进入攻坚期和深水区，坚决破除一切不合时宜的思想观念和体制机制弊端，突破利益固化的藩篱，这是全面深化改革面临的艰巨任务和严峻挑战；能不能革除体制机制弊端，能不能突破利益固化的藩篱，逐步形成合理的发展格局和利益结构，是全面深化改革面临的主要挑战和重大难题。习近平深刻指出，"在深化改革问题上，一些思想观念障碍往往不是来自体制外而是来自体制内"③，这就要求我们要坚决冲破传统思想观念的束缚，以勇于自我革命的气魄、坚忍不拔的毅力推进全面深化改革，坚决破除利益固化藩篱，敢于触及深层次的利益关系和利益矛盾，彻底冲破妨碍生产力发展的体制机制障碍。

比较十一届三中全会以来的改革，全面深化改革有着更为复杂的语境。因为，一方面，之前的改革是社会各阶层成员普遍从中受益，容易形成改革共识和支持改革的强大力量；全面深化改革则是利益增进和利益调整并存，在部分社会阶层成员获益的同时，不可避免地会有部分社会阶层成员利益受损，对全面深化改革的看法和态度会发生很大分化，形成全面深化改革的共识更难，阶层关系和谐会面临更大考验。另一方面，随着经济社会发展水平的不断提高，社会各阶层成员基本物质文化生活需要得到满足之后，对美好生活的需要迅速增长，对全面深化改革就有了更多期待和更高要求。如收入水平提高了，就会更多地关注分配不公问题；基本物质生活需要有保障了，就会产生更多对精神文化生活的要求；实现了学有所教，对教育资源不均衡现状的不满日益凸显；人员能自由流动了，打破城乡和城市之间户籍壁垒的呼声愈发迫切；等等。加之不同社会阶层成员利益诉求更加多元多样，甚至不同社会阶层成员利益诉求本身就存在直接的冲突和对立，如从社会整体利益出发，在经济发展中需要调

---

① 中共中央文献研究室. 邓小平思想年编：1975—1997 [M]. 北京：中央文献出版社，2011：719.
② 中共中央文献研究室. 习近平关于全面深化改革论述摘编 [M]. 北京：中央文献出版社，2014：30.
③ 中共中央文献研究室. 习近平谈治国理政：第1卷 [M]. 北京：外文出版社，2018：87.

结构、去产能，淘汰落后产能，但如果企业关门、员工下岗，必然会影响一部分社会阶层成员的生活、就业与发展。

面对考验，习近平强调改革要"做到老百姓关心什么、期盼什么，改革就要抓住什么、推进什么，通过改革给人民群众带来更多获得感"①。全面深化改革要从发展最突出的问题改起，从社会各阶层成员最期盼的领域改起。这样的价值排序，通过全面深化改革，致力于社会制度的进一步完善、体制机制的进一步健全、社会政策的进一步规范，不同社会阶层成员的获得感、幸福感、安全感普遍得到很大提升，阶层关系和谐程度得到进一步协调和增进。

2. 阶层关系演进趋势总体向上向好，阶层关系现状总体比较和谐

这具体表现在：一是多数社会阶层成员的经济地位、政治地位、社会地位改善明显。中共十八大以来，农民阶层、工人阶层和新社会阶层收入水平普遍得到明显提升，当家做主的民主权利得到更多实现，中等收入者阶层不断壮大，社会贫困群体的规模不断减少，社会阶层地位在持续不断上升中。2012年，我国的城镇化率为52.6%，国家统计局发布的2022年国民经济和社会发展统计公报显示，2022年末全国常住人口城镇化率为65.2%，比2012年提高12.6个百分点。全年全国居民人均可支配收入36883元，比上年增长5.0%，扣除价格因素，比上年实际增长2.9%，实现了与经济增长基本同步。脱贫攻坚成果巩固拓展。全年脱贫县农村居民人均可支配收入15111元，比上年增长7.5%，扣除价格因素，实际增长5.4%，快于全国农村居民收入增速。② 农民阶层规模迅速减少，工人阶层规模迅速扩大；蓝领比例不断下降，白领比例不断上升，在大城市表现尤其明显。"我国脱贫攻坚战取得了全面胜利，现行标准下9899万农村贫困人口全部脱贫，832个贫困县全部摘帽，12.8万个贫困村全部出列，区域性整体贫困得到解决，完成了消除绝对贫困的艰巨任务，创造了又一个彪炳史册的人间奇迹！"③ 多数社会阶层经济地位、政治地位、社会地位的普遍上升，对阶层关系产生了积极正向的影响。

二是在影响社会成员的阶层地位变化的诸因素中，凭后天努力和个人本领的作用明显上升，先赋性因素和非个人努力因素的作用明显下降，对多数社会阶层成员产生了更大的激励作用。这一积极变化进一步引导社会各阶层尤其是

---

① 习近平. 在中央全面深化改革领导小组第二十三次会议上的讲话 [N]. 人民日报，2016-04-18.
② 中国政府网. 中华人民共和国2022年国民经济和社会发展统计公报 [EB/OL]. (2023-02-28). http://www.gov.cn/xinwen/2023-02/28/content_5743623.htm.
③ 习近平. 在全国脱贫攻坚总结表彰大会上的讲话 [N]. 人民日报，2021-02-25.

处于较低阶层的社会成员更加注重通过增强个人本领和个人的实干实绩来提升自己的阶层地位，有利于激发社会各阶层成员的积极性和社会有机体的活力。

三是通过全面深化改革，社会各阶层成员的获得感、幸福感、安全感持续增强，对国家经济社会发展形势、发展方向、发展道路等具有较高认同感，对国家发展前景表现出比较强的信心和积极心态，为全面建成小康社会，进而建设社会主义现代化强国奠定了牢固的社会基础，有助于形成强大的社会合力。

3. 文化性因素和心理性因素在阶层关系演进中的影响在逐步上升

比较改革时期，阶层关系影响因素中政治性因素继续下降，经济性因素发挥着重要作用，同时文化性因素和心理性因素的影响在逐步上升。这表明，当前阶层关系问题具有主要由社会经济利益冲突引起并逐步向社会心理冲突转化的特点。当阶层关系问题主要处于经济利益冲突阶段，阶层关系问题更多地表现为不同阶层之间的冲突，冲突双方的目的是以挽回利益或维护自身利益而展开的，矛盾一般处于显性存在状态，冲突一般会控制在一定范围内。当阶层关系问题主要由社会心理冲突形成时，其表现形式更多地表现为阶层与政府、与社会之间的冲突，冲突不再是以利益诉求为目的，而是主要以发泄不满情绪为目的，矛盾会以隐性状态存在而不易察觉，但遇到某些偶然的外部因素时，就会唤起潜在的社会情绪爆发，对社会造成不可预知和不可控制的伤害。这种社会价值观念冲突和心理冲突的出现，是阶层关系问题激化的一个表现。

社会心态作为一种动态社会心理现象，是社会变迁的反映。改革以来，贫富差距迅速扩大、社会公正明显失衡以及其他社会问题的出现，导致部分社会阶层成员的不公平感、不安全感、焦虑怨恨情绪等负面社会心态凸显。全面深化改革以来，制度层面和政策层面一系列重大改革举措的出台对社会心态产生了积极的重要影响，社会阶层成员的不公平感、不安全感、焦虑怨恨情绪明显得到缓解和改善，但仍然是阶层关系问题中的突出问题。

针对全面深化改革以来阶层关系演进中文化性因素和心理性因素影响在逐步增强的特点，我们必须更加注重精神文化建设，加强积极健康的社会心理、社会心态的培育和引导，以此减少消极文化性因素和心理性因素对阶层关系的负面影响。

**二、阶层关系演进中的积极变化及其重要影响**

全面深化改革以来，通过把"摸着石头过河"与加强顶层设计结合起来，全面推进经济、政治、文化、社会、生态文明各领域改革，取得了全面深化改革的实质性突破和多方面成就，也促使阶层关系发生了一系列积极变化。

（一）阶层关系演进中积极变化的具体表现

一是工人阶级先进性进一步提升、领导地位进一步加强、内部团结进一步增强。工人阶级是中国特色社会主义事业的领导阶级，坚决维护工人阶级的国家领导阶级的政治地位是协调阶层关系必须坚持的基本原则。工人阶级必须明确自身的阶级意识和阶级地位，工人阶级是一个具有先进性的阶级，工人阶级必须始终保持自身的先进性，做到用马克思主义中国化的最新理论成果武装自己的头脑，不断提高工人阶级的理论素养和思想认识水平，积极担负起领导和建设中国特色社会主义的神圣职责。全面深化改革以来，以习近平同志为核心的党中央始终强调工人阶级是"我们党最坚实最可靠的阶级基础"和推动社会经济发展的领导力量，应坚决摒弃"无视我国工人阶级主力军作用的观点"[1]，始终代表工人阶级的整体利益并与其保持紧密联系，切实把握和满足工人阶级的利益诉求，不断为工人阶级发展提供政策支持和良好平台，从而依靠工人阶级领导中国特色社会主义不断发展。

二是中等收入者不断成长壮大对经济、政治、社会发展的积极作用不断增强。中共十八届三中全会的重要决定中明确提出"逐步形成橄榄型分配格局"[2]，习近平也强调，"扩大中等收入群体，关系全面建成小康社会目标的实现，是转方式调结构的必然要求，是维护社会和谐稳定、国家长治久安的必然要求"[3]。习近平在中共十九大报告中指出，十八大以来的五年，"中等收入群体持续扩大"[4]。一般认为，我国目前的中等收入者大致有四个来源：一是传统的中产阶层，包括小业主、小商贩等自营业主和个体户；二是部分干部和知识分子；三是私营企业主和乡镇企业家；四是外资企业中的技术人员等。中国社科院2015年的"中国社会状况综合调查"（Chinese Social Survey，简称CSS）调查数据显示，作为职业分类的农民阶级已下降到28%左右，工人阶级上升到34%左右，中产阶层上升到33%左右，雇主阶层占5%左右。[5] 张翼教授认为，在后工业化的拉动之下，未来中产阶层尤其是新中产阶层的数量和占比仍会持

---

[1] 习近平．在庆祝"五一"国际劳动节暨表彰全国劳动模范和先进工作者大会上的讲话[N]．人民日报，2015-04-29．
[2] 中共中央文献研究室．十八大以来重要文献选编：上[M]．北京：中央文献出版社，2014：537．
[3] 中共中央文献研究室．习近平谈治国理政：第2卷[M]．北京：外文出版社，2017：369．
[4] 习近平．决胜全面建成小康社会 夺取新时代中国特色社会主义伟大胜利：在中国共产党第十九次全国代表大会上的报告[M]．北京：人民出版社，2017：5．
[5] 王翠娟．以阶层分析的视角治理好网络社会[J]．领导科学，2017（7）：20．

续增长，农民阶级还会降低，工人阶级稳定在一定规模。①西南财经大学中国家庭金融调查与研究中心发布的2015年调查数据显示，中国中等收入家庭成年人口数量为2.17亿，占成年人口比例为21.4%，中国中产的规模和财富总额均居世界首位。②在我国经济社会快速发展的基础上，中等收入群体的规模持续壮大。2022年5月，在中共中央宣传部举行的"中国这十年"系列主题新闻发布会上，中国国家发改委副主任胡祖才表示"城镇新增就业年均超过1300万人，居民人均可支配收入超过3.5万元，比2012年增长近八成，增速快于经济增长。城乡居民收入比显著缩小至2.5∶1。中等收入群体规模超过4亿人。体现生活品质和消费升级的恩格尔系数，按联合国标准，中国人民生活已经进入相对殷实富足阶段"③。2022年10月，二十大新闻发言人孙业礼表示，"到2020年，我国国内生产总值达到101.6万亿元，稳居世界第二大经济体，人均国内生产总值超过1万美元；我国进入中等收入的人口超过4亿人，形成了全球规模最大、最具成长性的中等收入群体；城乡居民恩格尔系数分别下降到29.2%、32.7%，人民生活品质明显提升"④。中等收入群体扩大是当前阶层关系演进的重要特征和积极变化。中等收入群体壮大的意义在于，当越来越多的社会成员处于中间阶层时，贫富差距就会逐步缩小，政策的资源分配可以照顾到更加广泛的社会阶层成员，将有助于推进新时代我国阶层关系的良性发展。

　　三是政府与社会互动关系基本形成。社会组织是政府与社会阶层成员联系和沟通的桥梁和纽带，人民团体、行业协会、城乡社区居民自治组织在内的各种社会组织不仅在社会事务中可以发挥积极作用，在实现包括阶层关系在内的社会关系的协同共治中也具有不可替代的独特作用。当前，在我国尤其是在城市，社会组织呈现出蓬勃发展的良好势头，政府与社会组织之间已经建立起了良好的合作关系和协调机制，不仅优化了社会组织的发展环境，使社会组织得到迅速发展，也促进政府职能的进一步转变，提高了政府的公共服务能力。政府与社会组织之间建立的这种新的互动合作关系，不仅有助于协调和化解不同社会阶层成员之间的矛盾和冲突，而且有助于更好地实现政府与社会各阶层成员之间的良性互动，使政府与社会各阶层更加紧密地联系在一起，从而改善和

---

① 王翠娟.以阶层分析的视角治理好网络社会［J］.领导科学，2017（7）：20.
② 李春玲.特大城市社会治理创新需要新视角［N］.光明日报，2015-12-21.
③ 陆娅楠.党的十八大以来，我国经济社会发展和生态文明建设取得了具有里程碑意义的重大成就：经济发展大提高 生态环境大改善［N］.人民日报，2022-05-13.
④ 金良快.二十大新闻发言人举行新闻发布会向中外记者介绍大会议程及有关情况［N］.人民日报，2022-10-16.

提升政府的形象和公信力,增强社会各阶层成员对政府的信任度和政治认同感。

四是"城归"群体的出现、城市人口向农村转移极大地推动着农村阶层关系的改善。著名经济学家厉以宁认为,"'城归'是指外出到城里打工的农民,经过七八年甚至一二十年的积累,有了储蓄和技术,因农村需要人而返回农村……'城归'群体已经达到1000万人左右,占外出农民工4000万人的1/4"①。在中共十九大提出实施乡村振兴战略之后,更多的"城归"返乡创业,"全国返乡入乡创业创新人员已达850万人,在乡创业创新人员达3100万人"②。国家发改委等19部门联合印发《关于推动返乡入乡创业高质量发展的意见》,明确提出到2025年,打造一批具有较强影响力、一二三产业融合发展的返乡入乡创业产业园、示范区(县),全国各类返乡入乡创业人员达到1500万人以上,带动就业人数达到6000万人左右。③ 2020年12月,在"第三届中国优秀扶贫案例报告会"上,中国劳动学会会长、人力资源和社会保障部原副部长杨志明指出,被称为"城归"的返乡农民工群体在乡村振兴中发挥着重要作用。④ "城归"群体的出现对我国来讲,不仅意味着新的人口红利正在产生,而且"城归"群体回乡给农村经济社会发展带来积极影响,改变着农村劳动力结构,优化着农业产业结构,各种新的经营形式和新的经营理念对乡村经济社会发展发挥着重要作用,丰富着乡村文化生活,促进乡村社会治理。"城归"大都是乡村精英群体,从农村走向城市,如今又重回乡村,用在城市里学习带来的新思想、新观念、新方式对农村阶层关系演进和阶层关系问题的解决产生了积极又深远的影响。

五是由互联网所创造的电子商务市场,极大地改变了我们的生活方式、时空概念以及物质基础,改变了以城市为中心的传统交易模式,使得城市和乡村的关系不再是等级化的而是网格化的,极大地推动新型城乡关系的实现。以互联网和以互联网为基础的电子商务迅猛发展深刻地改变着原有的以城市为中心的城乡结构和城乡关系,社会阶层成员可以通过各种现代化的手段从事各种经济、政治、文化和社会活动,这将导致人口和生产快速扩散,必然对阶层关系产生深刻影响,对于实现阶层关系和谐具有重要的积极意义。

---

① 李晨赫,厉以宁."城归"会给中国带来巨大变化[N].中国青年报,2016-12-03.
② 李婕.到2025年,全国各类返乡入乡创业人员有望达到1500万人以上:"城归"创业,政策加把力[N].人民日报海外版,2020-03-12.
③ 中国政府网.19部门出台意见推动返乡入乡创业高质量发展[EB/OL].(2020-02-07). http://www.gov.cn/xinwen/2020/02/07/content_5475859.html.
④ 人民网扶贫频道.第三届中国优秀扶贫案例报告会在京举行[EB/OL].(2020-12-25). http://rmfp.people.com.cn/n1/2020/1225/c406725-31979595.html.

六是社会心态总体向上向好。具体表现在：经过改革的长期洗礼，社会各阶层在经历了改革初期的心理动荡和心态失衡考验之后，对改革的认识更趋理性，中国人社会心理承受力也在提高，社会心态越来越理智而成熟；伴随开放的不断扩大，社会各阶层对各种外来文化的接受能力不断提高，社会心态越来越开放和多元；与国家民族的日益强盛相关联，社会各阶层普遍表现出对国家的未来也越来越充满信心，拥有较高的政治参与热情，社会心态越来越主动和积极。李路路、王元超在《当前社会态度变迁基本趋势》中指出，"近年来，我国居民在个人生活层面上的总体态度倾向性日趋积极，具体表现为生活幸福感和社会地位自我评价明显提升；在社会层面上表现出看似相反、实则内在相关的总体包容倾向，一方面，对收入不均的不合理性的接纳程度明显提高，另一方面对机会不平等的感知则有所增强；在规范层面上的总体态度倾向性上趋向自由"[①]。

（二）阶层关系演进中积极变化的影响分析

在纪念建党95周年的"七一"讲话中，习近平提出，全面深化改革"让制度更加成熟定型，让发展更有质量，让治理更有水平，让人民更有获得感"[②]。通过全面深化改革，阶层关系演进中的积极因素不断增加，和谐程度不断提高，又形成了推动经济社会发展的重要力量。其对经济社会发展产生的积极影响集中表现在以下几方面。

一是我国社会流动速度明显加快，社会各阶层成员投身中国特色社会主义事业的积极性被极大地调动起来。据新华社2022年1月发文《我国登记在册个体工商户1.03亿户 实现历史性突破》，"截至2021年底，全国登记在册个体工商户已达1.03亿户，占市场主体总量的2/3。其中，九成集中在服务业，主要以批发零售、住宿餐饮和居民服务等业态为主"[③]。市场监管总局副局长蒲淳表示："2021年个体工商户新设退出比为100∶50，与近几年数据基本持平，并未出现大规模市场退出潮。调查显示，个体工商户平均从业人数为2.68人，以此推算，全国个体工商户解决了我国2.76亿人的就业。"[④] 非公有制经济的发展壮大是我国经济社会发展的强大推动力，促使我国生产力水平不断提高，综合国力不断增强。2023年2月28日，国家统计局发布2022年国民经济和社会发展

---

① 李路路，王元超. 当前社会态度基本趋势［N］. 北京日报，2020-12-07.
② 习近平. 在庆祝中国共产党成立95周年大会上的讲话［N］. 人民日报，2016-07-02.
③ 中国政府网. 我国登记在册个体工商户1.03亿户 实现历史性突破［EB/OL］.（2022-01-27）. www.gov.cn/xinwen/2022-01/27/content_5670765.htm.
④ 中国政府网. 国务院新闻办就激发市场活力支持市场主体发展有关情况举办发布会［EB/OL］.（2022-01-28）. www.gov.cn/xinwen/2022-01/28/content_5673539.htm.

统计公报，初步核算，全年国内生产总值已经达到1210207亿元，比上年增长3.0%。① 生产力快速增长是国家综合国力增强和人民生活水平提高的物质基础。我国经济实力、综合国力的大幅提升使我国成功实现了从低收入国家向中等收入国家的跨越。

二是基本形成了适合我国发展阶段和社会制度的现代社会阶层结构和比较和谐的阶层关系，为最终实现社会现代化创造了条件。其中"新的社会阶层人士"的发展壮大尤其值得关注。2015年《中国共产党统一战线条例（试行）》中，明确将新的社会阶层人士作为统一战线成员的单独一个方面，新的社会阶层人士已成为我国社会主义现代化进程中一支正在蓬勃发展、充满创新活力的积极力量。按照2020年12月新修订的《中国共产党统一战线条例》，新的社会阶层人士主要包括四类人群，即民营企业和外商投资企业管理技术人员、中介组织和社会组织从业人员、自由职业人员、新媒体从业人员。新的社会阶层人士正在快速发展，据2021年调查统计，全国新的社会阶层人士总体数量约为9100万人，比2016年增加了约1900万，5年增幅达26.3%。② 新的社会阶层人士还显现出年轻化、知识化、专业化的特征，在政治、经济、文化、社会等领域发挥着越来越重要的作用。从新社会阶层的职业性质、收入水平和社会地位认同等方面来判断，这部分人是我国中等收入群体的重要组成部分。习近平在中共二十大报告中指出："加强党外知识分子思想政治工作，做好新的社会阶层人士工作，强化共同奋斗的政治引领。"③ 伴随中等收入群体的扩大，中国进入了消费社会阶段。中国正在从"波浪式、模仿型消费向多样化、个性化和定制化消费转型"④。中等收入群体的消费由生存型向发展型过渡，在保健、旅游、体育、娱乐、医疗等方面的消费占比大大增加，而农民阶层和工人阶层正在从日常生活消费向耐用消费品消费过渡。消费结构的升级换代正在成为推动我国经济社会发展的重要推动力。

**三、阶层关系演进中存在的主要问题及其影响**

全面深化改革以来，社会各阶层成员的物质财富不断积累，经济生活和精

---

① 国家统计局. 中华人民共和国. 2022年国民经济和社会发展统计公报［EB/OL］.（2023-02-28）. http://www.stats.gov.cn/sj/zxfb/202302/t20230228_1919011.html.

② 王莉燕. 新的社会阶层人士统战工作实现创新发展呈现崭新局面［N］. 光明日报，2022-07-27.

③ 习近平. 高举中国特色社会主义伟大旗帜为全面建设社会主义现代化国家而团结奋斗：在中国共产党第二十次全国代表大会上的报告［M］. 北京：人民出版社，2022：40.

④ 张翼. 当前中国社会结构发生的急剧变化［N］. 北京日报，2018-08-22.

神生活都得到很大丰富和发展,精神面貌也得到很大提升。但由于经济社会发展存在着不平衡不充分性,一些突出问题还没有得到根本解决,如城乡区域发展和收入分配差距依然较大,部分社会成员在就业、教育、医疗、居住、养老等方面还面临一些困难和难题,反映在阶层关系演进中仍然存在一些比较突出的问题。中共二十大指出:"在充分肯定党和国家事业取得举世瞩目成就的同时,必须清醒看到,我们的工作还存在一些不足,面临不少困难和问题。"①

(一)阶层关系演进中存在的主要问题

全面深化改革是在改革基础上更加深刻的社会变革,当然会对阶层关系产生极大影响,因为全面深化改革和阶层关系演进都还在进行过程中,把握当前阶层关系演进进程,揭示阶层关系演进过程中存在的问题难度很大。我们通过参考相关研究成果和做了大量的实际调研,认为在全面深化改革过程中,阶层关系演进中仍然存在一些比较突出的问题,集中表现为阶层分化过度和阶层利益固化并存,以及由此引发的社会焦虑情绪、不满情绪比较严重,造成阶层关系出现一定程度的紧张。具体表现在以下四个方面。

1. 从不同社会阶层之间的经济关系看,不同阶层之间的经济利益关系矛盾依然比较突出

尽管近年来党和政府为缩小收入差距做出巨大努力,如全面取消农业税,加大支农惠农力度;将个税起征点提高到 5000 元,减轻工薪阶层税负;不断提高企业退休人员基本养老金,2014 年启动实施新型农村合作医疗和城镇居民基本医疗保险"并轨";等等,但收入差距仍然有继续扩大趋势。据统计局公布的数据,从 2013 年到 2017 年,中国居民收入的基尼系数分别为 0.473、0.469、0.462、0.465、0.467②,从 2018 年到 2021 年,中国居民收入的基尼系数分别为 0.468、0.465、0.468、0.466③,虽然呈现小幅波动、总体下降趋势,但收入差距依然较大。

劳资关系紧张问题依然比较突出。劳资冲突表现为一种显性化和常态化的社会阶层矛盾,并且逐步呈扩散蔓延之势。劳动者的利益诉求也逐步从拖欠工资、最低工资标准等基本生存型需要转向改善工作环境、居住条件、福利待遇

---

① 习近平. 高举中国特色社会主义伟大旗帜为全面建设社会主义现代化国家而团结奋斗:在中国共产党第二十次全国代表大会上的报告[M]. 北京:人民出版社,2022:14.
② 中国政府网. 统计局:中国的基尼系数总体呈下降趋势[EB/OL]. (2017-01-20). http://www.gov.cn/xinwen/2017-01/20/content_ 5161566.htm.
③ 国家统计局. 中国统计年鉴 2022[EB/OL]. (2023-02-15). http://www.stats.gov.cn/sj/ndsj/2022/indexch.htm.

等发展型需要，劳资冲突发生的空间也逐步从企业内部扩展到企业外部，对社会秩序造成的冲击也更大。据单光鼐对2014年全年监测到的案例进行的分析，劳动争议较2013年上升了10个百分点，位居各类社会矛盾冲突中首位。[①] 近年来，我国先后出台实施了《中华人民共和国劳动合同法》《中华人民共和国就业促进法》《中华人民共和国劳动争议调解仲裁法》，提高最低工资标准，提升劳动合同签约率，劳资关系获得了一定程度的改善，但劳资关系冲突仍存在。根据《中国统计年鉴》的数据，2012年以来，我国劳动争议案件数呈逐年递增趋势：2012年为64.12万件，2013年为66.58万件，2015年突破80万件，2016年增加到82.84万件，到2019年已经突破100万件，增加到106.96万件，到2021年更是突破120万件，增加到125.20万件。[②] 新经济形态尤其是数字经济的迅速发展给我国劳资关系带来了新的挑战，劳资关系冲突呈现出多发态势，成为当前阶层关系问题中的突出问题。

农村集体产权制度改革过程中农村阶层成员之间的经济利益矛盾比较突出。农村集体产权制度改革不仅关系重大，关系到社会主义初级阶段基本经济制度的完善和农村基本经营制度的巩固，而且涉及面广，涉及3.44万亿元账面资产和66.9亿亩集体土地的利益，涉及6亿的农村人口和2.87亿的农业转移人口的切身利益。按照农村集体产权制度改革部署，农村集体产权制度改革方案是实行农村集体资产股份制改革，实现从"人人有、人人没份"到"人人有份、人人有"。根据这一方案，2017年，全国完成改革的集体经济组织实现股金分红411亿元，成员股东人均分红315元，农民群众在改革中有了更多获得感。[③] 但同时，农村集体产权制度改革存在的不完善又使农村阶层关系出现新的问题。华中师范大学中国农村研究院调查咨询中心依托"百村观察"平台，对全国31个省（市、自治区）210个村4980位农户就农业合作社进行专题调查和深入访谈之后，得出的结论是：由于流转程序不民主、保障机制不健全、补偿机制不合理等因素的影响，宅基地流转与管理呈现：离乡不离土，农民流动难以带动宅基地流动；换房不放权，宅基地闲置现象普遍；征用少纠纷多，宅基地征用

---

① 单光鼐. 群体性事件背后的社会心态[J]. 中国党政干部论坛, 2015 (5): 21.
② 国家统计局. 中国统计年鉴2022 [EB/OL]. (2023-02-15). http://www.stats.gov.cn/sj/ndsj/2022/indexch.htm.
③ 乔金亮. 农村集体资产股份制改革进度过半 从"人人有、人人没份"到"人人有份、人人有"[N]. 经济日报, 2018-11-20.

前景堪忧等特点。① 这表明，农民经济权益的实现程度仍然有待提高，因为农村集体产权制度改革不完善带来的农村阶层关系问题应当引起足够重视。

2. 从不同社会阶层之间的政治关系看，工人阶级作为领导阶级的地位有待进一步提高

混合所有制是我国基本经济制度的重要实现形式，国有企业混合所有制改革的目的是解放和发展生产力，是包括工人阶级在内的最广大人民群众的根本利益所在，国有企业混合所有制改革必须维护工人阶级的根本利益。但在国有企业混合所有制改革过程中，存在职工在企业管理和维护自身权益方面缺少话语权，劳动者的主体地位被边缘化、模糊化的问题。国有企业职工对国有企业的认同感、归属感出现一定程度的下降，国有企业职工对国有企业的知情权、参与权和发展权一定程度受到影响，国有企业内部管理者与职工之间的矛盾和冲突有所上升。对于国有企业改革中出现的这个问题，习近平强调，"那种无视我国工人阶级成长进步的观点，那种无视我国工人阶级主力军作用的观点，那种以为科技进步条件下工人阶级越来越无足轻重的观点，都是错误的、有害的"②，"全心全意为工人阶级和广大劳动群众谋利益，是我国社会主义制度的根本要求"③。国有企业混合所有制改革进程中，必须始终坚持巩固工人阶级领导阶级的政治地位，必须始终坚持保障工人阶级的根本利益，才能保证国有企业改革的正确方向。

从阶层政治关系看，利益表达渠道不畅通，也是阶层政治关系不和谐的突出问题。所谓利益表达，是指社会各阶层成员向国家、向社会表示自己的态度、意见和要求，以求影响国家和社会政策的过程。所谓利益表达渠道，是社会各阶层成员向党和政府、执政党表达自身利益诉求的途径和中介。随着时代的发展，不同的主体表现出不同的利益追求，且不同的时间和地点相同的利益主体所追求的利益不断变化，主体为了满足各种需求，所追求的利益越来越多样化，畅通利益表达渠道就显得极为重要。利益表达渠道不畅通或是缺乏利益表达渠道，可能会造成影响阶层关系和谐的社会矛盾，甚至酿成群体性事件。

3. 从不同社会阶层之间的文化关系看，不同阶层之间价值认同和心理认同

---

① 华中师范大学中国农村研究院调查咨询中心课题组. 让农民在乡村振兴中有更多获得感[N]. 光明日报, 2018-11-15.
② 习近平. 在庆祝"五一"国际劳动节暨表彰全国劳动模范和先进工作者大会上的讲话[N]. 人民日报, 2015-04-29.
③ 习近平. 在庆祝"五一"国际劳动节暨表彰全国劳动模范和先进工作者大会上的讲话[N]. 人民日报, 2015-04-29.

冲突比较激烈

社会阶层分化加剧，带来的是价值观念更加多元，社会心理需求更加多样，不同社会阶层成员在价值观念、社会心理方面存在的隔阂比较突出，成为影响阶层关系的重要因素。"无直接利益冲突"越来越成为全面深化改革进程中的阶层关系问题最突出的表现，即阶层矛盾和冲突事件的参与者与事件本身无直接的利害关系，只是表现为发泄某种情绪，这说明阶层之间的文化冲突和观念冲突已经对阶层关系和谐和社会稳定产生了直接影响。

从价值认同冲突方面看：全面深化改革进一步促进阶层分化，引起社会各阶层利益关系的深度调整，社会各阶层成员在共同利益一致问题上对根本利益以及基本价值的共识意识弱化；社会各阶层成员的独立意识和个体价值追求增强，共同价值观在凝聚社会力量、协调社会关系以及提供精神动力等方面的作用难以发挥。不同社会阶层成员因为有不同的文化背景、不同的利益需求、不同的知识体系、不同的信息接收来源，其价值观念也更加多元。同时，由于缺乏社会各阶层成员普遍认同和普遍接受的共同价值观念，如对权利的理解和认识，每个人都有不同的理解，更多的是从自身角度去理解和认识权利，不考虑他人的权利，由此产生的个人权利越界而引发的阶层关系冲突有加剧趋势。

从心理认同冲突方面看，其突出表现是阶层成员存在一定的社会不公平感。值得注意的是，物质财富的增长对于每一个阶层成员来说都是真实可感受到的，但这种物质财富的增长并没有能够使社会阶层成员的生活满意度得到同步提高。在社会阶层成员的物质财富普遍增加的情况下，社会阶层成员主观上对这种物质财富增长的喜悦度不高，更多感受到的是个人收入的不合理，是相对于他人自己处于"中下层"甚至"下层"的社会地位。这种不公平感就是比较明显的戴维斯（Davis）所谓"发展型相对剥夺感"，即"当一个社会的价值能力和人们的价值期望均在提高，但社会的价值能力由于某种原因而有所跌落，从而导致价值期望和价值能力之间的落差扩大时，就会产生发展型相对剥夺感"[①]。这种发展型相对剥夺感的存在，造成当前部分社会阶层成员在物质财富普遍增长、生活水平普遍提高的情况下，仍然会对自己的收入和生活产生不满意的情绪和心理失衡，甚至是严重的挫败感，不利于阶层关系的和谐和社会秩序的安定有序。据王俊秀、张跃的研究，"2019、2020、2022年民众总体公平感和机会公平感均处于中等偏上水平（Ms≥4.62），超过半数的民众认可社会总体公平及机会公平（占比≥57.07）。对比近年来的公平感发现，2022年总体公平感高于2019

---

① 赵鼎新. 社会与政治运动讲义 [M]. 北京：社会科学文献出版社, 2012: 80-81.

年和2020年，并且，2022年认可社会总体公平的民众占比分别比2019、2020年提升了14.96和12.36个百分点"①。这表明，当前我国社会阶层成员的社会公平感虽有所上升，但总体水平仍然有待进一步提高。

价值认同和心理认同冲突影响到社会心态发生一些值得注意的变化，集中表现在以下几方面。

一是部分社会阶层成员存在比较明显的底层认同和弱势认同，即阶层认同向下层移动，包括一些按照经济收入、政治地位、社会地位来看应该归属于更高阶层的人，甚至部分高校教授、公务员也自认为属于底层或是弱势。此种阶层心态不仅会让大多数阶层成员产生不安全感和不公平感，也容易导致社会阶层心理和社会阶层行为的极端化和绝对化，增加社会不稳定、不和谐的因素。

二是社会阶层成员之间的信任程度不高。2013年，新闻周刊《瞭望》"新生代市场监测机构"通过对五个中大型城市进行民意调查，结果显示接近半数的受访者认为当前中国社会诚信状况很差。只有不到一半的人认为社会上大多数人可信，不需要小心提防，但如果这个人是陌生人，信任的比例就更低，只有二到三成。②王俊秀、张跃的研究显示，2019、2020、2022年"民众一般信任处于中等偏上水平（Ms≥4.68），而陌生人信任则处于中等偏下水平（Ms≤3.84）；约六成及以上民众认为社会大多数人可信任（占比≥58.79%），但只有约三成及以下民众认为社会上大多数人信任陌生人（占比≤31.26%）……2022年仍有近四成民众认为社会上大多数人不信任陌生人"③，当前社会信任问题仍不可忽视。这种不信任表现在不同社会阶层成员之间，这种不信任心态使得社会阶层成员都会因此生活在谨慎不安和相互提防中，长久下去会形成一种不信任文化，加剧社会各阶层成员之间的内耗和冲突，成为阶层冲突和阶层关系问题产生的温床。

三是社会负向情绪加剧。当前社会情绪总体基调以正向为主，但也存在一些不利于阶层关系和谐的负向情绪基调，特别是当前社会存在的比较普遍的社会焦虑心理。这种社会负向情绪的逐渐积累，完全可能对阶层关系产生严重的破坏性影响。在现实生活中，可以看到许多负向社会情绪的表现，"疫苗事件""降压药致癌事件"等，都反映出食品药品安全问题带来的社会阶层成员普遍的

---

① 王俊秀，张跃. 我国社会心态的新变化与应对：基于三年社会心态调查数据的分析报告[J]. 人民论坛，2023（3）：22.
② 印丹榕. 社会心态对青少年思想政治教育的影响[J]. 人民论坛，2014（35）：161.
③ 王俊秀，张跃. 我国社会心态的新变化与应对：基于三年社会心态调查数据的分析报告[J]. 人民论坛，2023（3）：22.

焦虑心理等。这种负向情绪累积到一定程度，一旦出现诱发因素，就会成为社会事件发生的情绪能量，在事件发生后不断升级扩大，造成群体情绪失控，从而导致社会事件出现失控的局面，对阶层关系和社会秩序产生非常严重的消极后果。

实践表明，积极向上、健康乐观的社会心态有助于促进社会系统的良性运行，而负向消极的社会心态和社会情绪则会给社会系统的正常发展带来很大的阻碍和困扰，所以，必须重视当前我国社会心态方面存在的问题。对社会心态的准确把握和有效引导，对正确认识和处理全面深化改革进程中的阶层关系问题具有重要的现实意义和理论意义。

4. 从不同社会阶层之间的社会关系看，阶层固化趋势日益明显

阶层固化是因为社会资本和社会资源向优势群体积聚，从而限制和剥夺了社会中、下层群体成员对社会资源的共享，底层群体成员向上流动的机会、空间和渠道愈来愈狭窄，因此产生贫困阶层并出现贫困的代际传递，这是社会不平等的集中表现。社会要想不断地发展与进步，必须消除这种不平等，积极构建开放的社会阶层结构，不同社会阶层成员之间实现畅通有序的社会流动，使得社会阶层成员能够依靠自己的努力成功实现向上的流动。当然阶层固化并不完全是消极的。具体而论：一方面，阶层之间存在适当的封闭性有助于社会阶层成员保持阶层地位的相对稳定性，对于社会秩序具有积极作用；另一方面，一旦阶层封闭超过了临界点，就会使社会中下层特别是底层成员不能实现正常的发展，剥夺了底层成员通过自身努力获得较好的生存条件和生活质量的权利，导致底层成员产生不公平感与被剥夺感，当这种负面情绪积累到一定程度，则会影响阶层关系的和谐，甚至会危及社会秩序的稳定。

当前，我国阶层固化问题最直接的反映就是网络、媒体中频繁出现的"红二代""富二代""官二代""贫二代""农二代"等热词。我们认为，阶层固化将导致中国梦难以实现。习近平阐释"中国梦"时说"中国梦是国家的、民族的，也是每一个中国人的"[①]，要让每个人都能够共享人生出彩的机会，努力使人人享有平等的机会，都有发展机会，都有机会实现"我的梦"，才能实现"中国梦"。我们相信，随着经济、政治、文化、社会和生态文明体制改革的全面推进，有利于社会流动的制度环境将不断完善，将最大限度确保社会各阶层成员都拥有人生出彩和梦想成真的机会，能够共建共享共有既充满活力又和谐稳定的社会。

---

① 中共中央文献研究室. 习近平谈治国理政：第 1 卷 [M]. 北京：外文出版社，2018：49.

总的来看，全面深化改革以来的阶层关系演进仍然处于阶层关系问题多发、频发阶段，阶层关系问题比较复杂，但目前出现的阶层关系问题都不是根本冲突性的阶层关系问题，而且随着全面深化改革不断推进，引起阶层关系不和谐的一些因素会逐渐弱化直至消失，所以阶层关系问题不会转化为全局性的直接行动和破坏性的阶层冲突。当然，其中一些阶层关系问题处于较高的压力态势又需要引起我们的足够重视，并成为阶层关系调整的关键内容和关注重点。同时，要高度重视一些影响阶层关系的其他因素，比如外部环境的变化、信息社会的影响、社会组织方式的变革等因素。只有这样，才能保证全面深化改革阶段的阶层关系按照正常的轨道演进和发展。

（二）阶层关系问题产生的影响分析

全面深化改革进程中，影响阶层关系演进的因素更加错综复杂，不仅仅是不同阶层成员之间物质利益关系发生很大变化，不同阶层成员之间的价值观念和社会心态也在发生深刻变化，由此产生的阶层关系问题，以及由此带来的社会风险有增无减。亨廷顿（Huntington）曾经提出过一个观点，他认为现代化进程会天然地引起社会的一种不稳定，因为"经济增长不仅会用某一速度改善着人们的物质福利，同时还会以更高的速度增加着人们的社会挫折感"[①]。所以整个现代化进程中，我们都要从全局的高度重视并处理好阶层关系问题，消除造成社会不稳定的因素。尤其是在当前，阶层关系问题已经对社会和谐与政治稳定产生直接影响，对全面深化改革顺利推进、"四个全面"战略布局的顺利展开造成了一定阻碍，必须充分估计阶层关系问题所产生的消极影响。

一是阶层关系问题对中国共产党的执政基础产生了消极影响。工人阶级和农民阶级这两个基本阶层的经济地位、政治地位、社会地位的相对下降，会影响到工人阶级和农民阶级这两个基本阶层在国家政治活动中的积极性和话语权，甚至会影响到他们对中国共产党作为执政党的信任和拥护。毛泽东指出："人民民主专政需要工人阶级的领导……没有工人阶级的领导，革命就要失败，有了工人阶级的领导，革命就胜利了。"[②] 这表明，中国共产党在领导革命、建设和改革的全部实践进程中都必须紧紧依靠工人阶级，充分发挥工人阶级作为领导阶级的重要作用，这也是全面深化改革取得成功、中国特色社会主义事业顺利发展的根本政治保证。农民阶级则是中国共产党执政兴国最主要的社会基础，

---

① 塞缪尔·亨廷顿. 变革社会中的政治秩序 [M]. 李盛平，杨玉生，译. 北京：华夏出版社，1988：51.
② 中共中央文献研究室. 毛泽东选集：第4卷 [M]. 北京：人民出版社，1991：1479.

必须处理好与农民阶级的关系，调动起农民阶级对参与全面深化改革和中国特色社会主义事业的积极性。同时，改革以来不断发展壮大的新社会阶层也是拥护和支持全面深化改革和中国特色社会主义事业的重要力量。如何协调好工人阶级、农民阶级与新社会阶层之间的阶层关系是关系到中国共产党执政基础和社会基础巩固的重要问题，必须予以高度重视。

二是阶层关系问题给执政党和政府制定政策带来很大挑战。阶层分化过程实质上是社会各阶层利益重新分配的过程，必然导致社会各阶层之间和阶层内部之间的利益关系此消彼长，以各自利益为核心的矛盾冲突日益突出，加之不同社会阶层成员的价值观更加多元，利益诉求显性化和碎片化就更加明显，即所谓"人人有需求，个个有要求"。在这种形势下，中国共产党如何代表社会各阶层的共同利益，兼顾社会各阶层的具体利益，真正做到让社会各阶层共同分享改革、发展的成果，就成为十分重要又很难实现的问题。作为执政党的中国共产党在制定政策时，要全面考量社会各阶层的利益关系，制定和实行相对公平合理的政策措施。但由于社会各阶层利益分化加剧，发展的不平衡不充分问题突出，制定和实行相对公平合理的政策措施的难度在不断加大。不同的社会阶层成员往往都是从各自的利益要求出发，导致各种利益矛盾和关系问题更加复杂，对执政党的执政能力和执政水平提出了更高的要求和更大的考验。

三是阶层关系问题对主流意识形态形成很大冲击。在阶层分化形势下，不同社会阶层成员的价值取向更加多元，价值认同和文化认同本身就面临考验，加之阶层关系方面存在的问题进一步加剧了部分社会阶层成员对主流意识形态的排斥心理。同时，在全媒体时代，网络媒体往往把一些社会阶层成员的负面情绪和失衡心态扩大化，对主流意识形态的影响也不容忽视。从外部环境看，一些国际、国内的政治势力利用信息网络化的便捷渠道传播其意识形态和价值观念，加快在我国思想文化领域的渗透，对主流意识形态形成的冲击很大。长此以往，这种渗透和冲击会动摇我们国家统一、政治安定、社会和谐的思想基础，对此，必须引起高度关注和有效应对。

四是阶层关系问题阻碍了社会凝聚水平的提升。特别是贫富差距的不断加大导致了不同社会阶层成员之间的摩擦和冲突增加，仍然存在的制度性歧视在一定程度上影响到社会阶层成员对国家和社会的认同，不同社会阶层成员个体的差异化待遇，导致部分阶层成员对社会产生负面评价等，这些阶层关系问题的存在都严重影响到社会阶层成员之间的和谐共处，损害了社会安定有序的基础。

习近平多次强调，他最担心三个陷阱：塔西佗陷阱、中等收入陷阱和修昔底德陷阱。其中，中等收入陷阱又称拉美陷阱，其主要原因之一就是拉美国家在经济社会发展过程中,因为忽视了社会的公平正义,造成阶层关系问题激化,阶层关系不和谐,进而导致社会秩序混乱,政局动荡不定,经济停滞不前。要避免陷入中等收入陷阱,正确认识和处理好阶层关系问题至关重要。这就要求作为执政党的中国共产党在制定路线、方针和政策时,更好地代表最广泛社会阶层成员的根本利益、共同利益,同时协调好社会各阶层成员的具体利益,这是由中国共产党的政党性质和政治地位决定的。

**四、阶层关系问题的特点、性质和实质**

全面深化改革进程中的阶层关系问题还需要通过全面深化改革来解决。全面深化改革以来,经济社会迅速发展的同时,阶层分化日益加剧,阶层关系日益复杂化,及时客观地分析全面深化改革进程中阶层关系变化的实际,认真对待全面深化改革进程中阶层关系方面出现的新问题、新情况,是顺利推进全面深化改革的现实需要。

(一)阶层关系问题的特点

全面深化改革时期,随着阶层结构变化和阶层关系演进,我国已从改革前的政治主导型社会发展到改革时期的经济主导型社会,再逐步转变为精神文化主导型社会。精神文化利益分配失衡成为全面深化改革进程中我国阶层关系问题产生的重要根源,精神文化利益矛盾在我国阶层关系问题中占据越来越重要的地位。这一特点具体表现为:

一是全面深化改革进程中的阶层关系问题具有广泛性。这种广泛性既表现为不同社会阶层之间的矛盾和冲突存在广泛性,也表现在参与的阶层存在广泛性。从不同社会阶层之间矛盾和冲突存在的广泛性看,尤其对于中国的基层社会,无论城市还是农村,不同社会阶层之间的矛盾和冲突都具有一定的广泛性。郭志远通过对基层社会具体的矛盾冲突研究,概括出城市的社会矛盾主要有七类,农村的社会矛盾主要有四类。[①] 从参与阶层存在的广泛性看,当前不同社会阶层之间的矛盾和冲突参与的阶层往往不再仅仅限于一些底层群体、弱势阶层,矛盾和冲突参与的阶层除了过去的农民阶层、农民工、失业人员等底层群体、弱势阶层外,参与其中的社会阶层成员往往还包括部分教师、医生、企业管理人员、中小企业主等中上层群体、优势阶层,这种参与阶层的广泛性在食品药品安全、生态环境污染、物业纠纷等矛盾冲突中表现得更加明显。

---

① 郭志远. 我国基层社会矛盾预防与化解机制创新研究[J]. 安徽大学学报(哲学社会科学版),2014(2):119-122.

二是全面深化改革进程中的阶层关系问题具有复杂性。全面深化改革进程中阶层关系问题最重要的根源是利益失衡，阶层关系问题有因为征地补偿不合理、不规范导致的，有因为国有企业改革引发的员工工作安置不合理导致的，有因为私营企业主和职工的工资纠纷导致的，有因为民间非法集资受骗问题导致的，有因为城市管理中的执法不当引发的小商小贩和城管人员的矛盾，还有因发生重大突发事件，如重大交通事故的责任认定和赔偿、医疗事故纠纷、重大食品药品安全事故、环境污染群体性事件导致的等，具有复杂性。

三是全面深化改革进程中的阶层关系问题具有多变性。多变性表现之一是不同社会阶层成员之间的矛盾引发的群体性事件的类型多样，主要有维权行为、社会泄愤事件、社会骚乱、社会纠纷，甚至出现有组织犯罪，而且往往因为制度化渠道受阻，矛盾面临被挤压至非制度化渠道的风险，这就使利益受损方挫折感加剧，易被激发出对抗心理。多变性表现之二是阶层关系问题引发的社会失范现象多变，如"以身抗争""以命抗争""挟尸闹丧""极端反社会"等行为，如堵塞交通要道、围堵执法人员、打砸政府机关等行为。多变性表现之三是阶层关系问题的影响因素多元，有经济因素、社会因素、环境因素、心理因素等，其中心理因素的影响明显呈现上升趋势。

四是全面深化改革进程中的阶层关系问题具有心理性。改革以来，我国经历了经济体制的深刻变革，社会结构的深刻变动，利益格局的重大调整，社会阶层的严重分化，不可避免地传导到社会阶层成员的思想观念层面，引起阶层成员的思想认识、价值观念、心理心态的变化，加之社会心理服务体系不健全，由心理问题引发的阶层关系问题日益凸显，不同社会阶层之间因心理、心态原因引发的冲突行为时有发生。为此，在进一步调整利益格局的基础上，正确引导网络舆论和加强社会心理服务成为迫切需要。

(二) 阶层关系问题的性质

针对全面深化改革进程中所出现的各种阶层关系问题，必须认真地加以分析和判断，正确认识全面深化改革进程中阶层关系问题的性质是正确处理全面深化改革进程中阶层关系问题的前提。

1. 正确认识阶层关系问题的性质必须坚持马克思主义基本立场、观点和方法

根据马克思主义唯物史观，生产力与生产关系、经济基础与上层建筑之间的矛盾是人类社会的基本矛盾，这一基本矛盾在阶级社会是对抗性的，解决这一矛盾的根本途径是革命。生产力与生产关系、经济基础与上层建筑之间的矛

盾在社会主义阶段则是非对抗性的，解决这一矛盾的根本途径是改革，可以通过改革利用社会主义制度自身的调节功能来解决，不需要进行社会革命。社会基本矛盾性质决定阶层矛盾性质。社会主义社会基本矛盾在人与人、群体与群体之间的关系上表现为阶层矛盾，社会主义社会基本矛盾是非对抗性的，决定了阶层关系问题在社会主义社会与以往阶级社会中的阶级对抗性质是根本不同的。毛泽东指出，在社会主义阶段存在两类不同性质的社会矛盾，"这就是敌我之间的矛盾和人民内部的矛盾。这是性质完全不同的两类矛盾"①。刘少奇进一步发展了毛泽东关于社会主义矛盾学说，他认为，"现在人民内部的矛盾已成为主要矛盾"②。敌我之间的矛盾是对抗性的矛盾，包括阶层矛盾在内的人民内部矛盾，存在于人民之间，是属于非对抗性的，"一般说来，人民内部的矛盾，是在人民利益根本一致的基础上的矛盾"③。当然，矛盾依据一定的条件是可以相互转化的，也就是说，非对抗性的人民内部矛盾与对抗性的敌我矛盾在某种情况下是可以转化的。面对非对抗性的阶层矛盾如果处理不当，非对抗性的阶层矛盾也可能发生根本转化，成为对抗性的阶级矛盾。

在全面深化改革背景下，我国阶层结构的多元分化主要是由我国社会生产力快速发展、经济结构不断调整、社会分工不断发展所引起的，阶层分化和阶层结构调整的过程中所出现的不同社会阶层之间的利益冲突，以及由此产生的阶层关系问题归根到底是由不同社会阶层之间利益的差异引起的，属于人民内部矛盾的范畴，是非对抗性的。当然，也应当承认阶层关系问题中的劳资关系问题还是具有一定的对抗性，但要看到，当前阶段的劳资关系问题是存在于社会主义制度范围内，只要坚持中国共产党的领导，坚持人民民主专政的国家政权性质，坚持公有制为主体不动摇，这一问题是可控的。同时，劳资双方分别拥有工会和商会组织，即使出现一定的劳资冲突，双方可以通过工会和商会组织以及政府提供的解决问题的平台和渠道，通过法律协商来加以解决。从当前劳资关系问题的表现看，多数劳资关系问题集中于提高工资待遇之类的经济利益诉求，这也有别于马克思主义理论意义上的、政治斗争色彩浓厚的劳资冲突。

2. 正确认识阶层关系问题的性质必须从中国实际出发

改革以来，因为我国社会主义制度是在社会生产力相对落后的基础上建立起来的，社会生产力的发展还远不能满足人民不断增长的物质和文化生活的需

---

① 中共中央文献研究室. 毛泽东文集：第7卷 [M]. 北京：人民出版社，1999：204-205.
② 中共中央文献研究室. 刘少奇选集：下 [M]. 北京：人民出版社，1985：296.
③ 中共中央文献研究室. 建国以来重要文献选编：第10册 [M]. 北京：中央文献出版社，1994：63.

要，所以不同社会阶层成员之间会存在因为需要和利益得不到满足而产生的矛盾。这是阶层关系问题产生的根本原因。十一届三中全会以来，随着党和国家工作重心转移到经济建设上来，不同社会阶层成员的各种活动和价值追求也主要是围绕经济建设和物质利益展开的，物质利益关系成为阶层关系的核心，也成为阶层关系问题产生的根源。

全面深化改革以来，经过长期努力，特别是中共十八大以来，"五年来的成就是全方位的、开创性的，五年来的变革是深层次的、根本性的"，中国特色社会主义已经进入新时代，"我国社会主要矛盾已经转化为人民日益增长的美好生活需要和不平衡不充分的发展之间的矛盾"，阶层关系问题产生的根源和表现也发生了很大变化。人民日益增长的美好生活需要和不平衡不充分的发展之间的矛盾成为全面深化改革进程中阶层关系问题产生的根源，阶层关系问题越来越多地表现为精神文化、思想观念、社会心理冲突的特点，越来越多地表现为"无直接利益矛盾"。这也就决定了处理全面深化改革进程中阶层关系问题的方式是在发展基础上实现更平衡更充分的发展，满足人民日益增长的美好生活需要。

因此，从性质看，全面深化改革进程中的阶层关系问题是不同社会阶层之间的经济、政治、文化、社会、生态等方面出现的矛盾和冲突，属于人民内部矛盾性质。这也就决定了全面深化改革时期针对阶层关系问题，必须用处理人民内部矛盾的方法加以解决。这就是要从新时代我国发展的新的历史方位出发，以充分调动一切积极因素为实现新时代中国特色社会主义事业服务为根本任务，在大力发展社会生产力的基础上，不断提高我们处理阶层关系问题的能力和水平，努力化解一切影响阶层关系和谐稳定发展的消极因素，以此不断增进阶层关系和谐程度，实现社会各阶层和谐相处、共同发展。

（三）阶层关系问题的实质

全面深化改革进程中的阶层关系问题产生的根源在于利益问题。马克思指出："人们为之奋斗的一切，都同他们的利益有关。"[1] 阶层关系问题的产生源于社会各阶层成员基本权利的保障，由基本权利保障问题所引发的阶层关系问题主要表现在两个方面：其一，围绕着基本权利保障水准问题而引发的阶层关系问题，表现在保障水准只能不断提高，不能下降。其二，围绕着基本权利保障范围的不断拓宽而引发的阶层关系问题，从争取基础性基本权利的保障到争取多方面基本权利的保障。全面深化改革进程中的阶层关系问题的实质是不同

---

[1] 中共中央马克思恩格斯列宁斯大林著作编译局. 马克思恩格斯全集：第1卷 [M]. 北京：人民出版社，1956：82.

社会阶层之间的利益矛盾，是在根本利益一致基础上的具体利益矛盾。得出这一结论的依据是基于我国的基本国情。

我国是一个社会主义国家，人民的内部包含有不同的社会阶层，人民群众的具体利益是由不同社会阶层成员各方面的具体利益构成的。社会主义制度本身决定了不同社会阶层成员既存在共同的根本利益，根本利益具有一致性；不同社会阶层成员也存在各自特殊的具体利益，存在具体利益的差异性甚至可能导致存在利益的冲突。这就意味着，不同社会阶层成员存在根本利益的一致性，决定了不同社会阶层成员各种具体的利益关系都可以在这个基础上进行调节；不同社会阶层成员存在具体利益的差异性，通过协调具体利益关系实现彼此具体利益的相对均衡不仅是必要的，而且是实现阶层关系和谐的基础。这就为我们通过全面深化改革处理好阶层关系问题提供了可能。不同社会阶层成员的根本利益是一致的，不同社会阶层成员之间的利益冲突和利益矛盾是在其根本利益一致基础上的利益冲突和利益矛盾，而这些利益冲突和利益矛盾是在全面深化改革进程中产生的利益冲突和利益矛盾，必须通过继续全面深化改革才能够得到协调和解决。

全面深化改革进程中的阶层关系问题的特点、性质和实质决定了要运用非对抗性方式来解决。我们研究全面深化改革进程中的阶层关系问题就是为了寻求形成推动全面深化改革、实现中华民族伟大复兴中国梦的强大力量，这就需要我们在处理阶层关系问题时更多地强调不同社会阶层成员之间相互的包容性，强调寻找不同社会阶层成员相互间的共同点，通过协调彼此的利益关系来实现社会各阶层实现中华民族伟大复兴中国梦的共同目标。只要能够做到这一点，有针对性地解决好不同社会阶层成员合理的经济、政治、文化、社会和生态利益诉求，阶层关系问题是完全可以化解的。当然，如果阶层关系问题长期不能得到合理解决而日积月累，再掺入一些其他因素，性质就可能会发生变化，其危害性就会大大增加，所以必须认真对待。

# 第三章

# 全面深化改革进程中的阶层关系问题产生的原因分析

阶层关系问题是现实环境发生变化的集中表现，全面深化改革进程中的阶层关系所面对的现实环境，与改革开放前的社会主义革命时期和社会主义建设时期、改革开放新时期相比已经发生了极其深刻的变化，阶层关系问题也呈现出新的特点。如果说改革开放前的社会主义革命时期和社会主义建设时期的阶层关系问题更多地表现为政治利益方面的矛盾，改革开放新时期的阶层关系问题更多地表现为经济利益方面的矛盾，那么全面深化改革进程中的阶层关系问题更多地表现为精神文化利益方面的矛盾，不同社会阶层之间的精神文化权益的实现程度不同、文化认同和心理共识冲突日益明显是其突出特点。要全面把握全面深化改革进程中的阶层关系问题发生的原因以及发展趋势，必须对其产生的现实环境做深入考察和分析研判，在调查阶层关系问题现状的基础上研究如何解决阶层关系中存在的不和谐问题，推动阶层关系从不够和谐向和谐转变，并向更高和谐水平发展。

## 第一节　根本原因——阶段性因素

阶段性因素是全面深化改革进程中的阶层关系问题产生的根本原因。本节重点讨论阶段性因素对全面深化改革进程中的阶层关系问题产生的影响。根据马克思主义唯物史观，在社会发展的不同阶段，其社会性质、主要矛盾和主要任务各不相同，正确认识特定社会发展阶段的阶段性特征、社会性质和主要矛盾，才能明确特定阶段必须解决的主要矛盾或主要问题。对社会发展阶段定位不准确，把握不住主要矛盾，必然导致包括阶层关系问题在内的各种社会关系问题因为不能及时得到解决而激化。所以，正确认识我国现在所处的发展阶段的阶段性特征、性质和主要矛盾，是正确认识和处理全面深化改革进程中的阶层关系问题的前提和关键。当然主要矛盾又是变化发展的，及时把握社会主要矛盾的部分质变,是中国共产党执政能力强弱的集中体现。

**一、中国共产党对我国社会发展阶段和阶段性特征的探索**

在中国革命、建设和改革的各个历史时期,中国共产党都高度重视对我国社会发展阶段和阶段性特征的探索。适时把握历史变革和时代发展的大势,及时准确地对中国社会的社会性质和发展阶段做出准确判断,以抓住主要矛盾,明确中心任务,制定党在特定阶段的基本路线和基本纲领,是中国共产党引领革命、建设和改革事业不断取得新成就,创造新辉煌,走向新胜利的基本经验。

民主革命初期,毛泽东指出:"认清中国社会的性质,就是说,认清中国的国情,乃是认清一切革命问题的基本的根据。"① 改革初期,邓小平回顾总结了1957年下半年以后在探索社会主义建设道路过程中所出现的错误,他认为这一错误"总的来说,就是对外封闭,对内以阶级斗争为纲,忽视发展生产力,制定的政策超越了社会主义的初级阶段"②。江泽民指出:"认识中国国情,最重要的是认识对中国革命和建设有重大影响的一切有利的和不利的现实因素,特别是认识中国社会的性质和发展阶段,认识社会主要矛盾和它的变化。"③ 习近平在中共十九大报告中进一步强调指出,我国社会主要矛盾虽然发生了转化,但"我国仍处于并将长期处于社会主义初级阶段的基本国情没有变,我国是世界最大发展中国家的国际地位没有变"④,这是中国特色社会主义事业发展新的历史方位,也是我们正确认识全面深化改革进程中的阶层关系问题的总依据。

(一)对我国社会发展阶段的探索

对我国社会发展阶段的正确判断是解决我国发展的定位问题,准确定位是制定正确的路线方针政策的重要前提和基本依据,只有实现准确定位才能做到正确立论。进入社会主义阶段后,毛泽东对我国社会发展阶段有过非常重要的正确判断,他在《读苏联政治教科书的谈话》中对社会主义发展阶段做出明确划分,认为社会主义社会可以分为不发达的社会主义和比较发达的社会主义两个阶段,并且认为中国应该处在不发达的社会主义阶段。⑤ 但毛泽东的这一正确

---

① 中共中央文献研究室. 毛泽东选集:第2卷[M]. 北京:人民出版社,1991:633.
② 中共中央文献编辑委员会. 邓小平文选:第3卷[M]. 北京:人民出版社,1993:269.
③ 中共中央文献研究室. 十三大以来重要文献选编:下[M]. 北京:人民出版社,1993:1634.
④ 习近平. 决胜全面建成小康社会 夺取新时代中国特色社会主义伟大胜利:在中国共产党第十九次全国代表大会上的报告[M]. 北京:人民出版社,2017:12.
⑤ 中共中央文献研究室. 毛泽东文集:第8卷[M]. 北京:人民出版社,1999:116.

认识在社会主义建设时期没有起到应有的理论指导作用,从1957年下半年开始,我们出现了"制定的政策超越了社会主义的初级阶段"基本国情的"左"的错误,给社会主义建设事业带来严重影响。要从根本上纠正这一错误倾向,就必须深化对我国社会发展阶段的认识。在邓小平的主持下,中共十一届六中全会通过的《关于建国以来党的若干历史问题的决议》中第一次使用"初级的阶段"的表述。中共十三大全面阐述了社会主义初级阶段的基本含义、历史地位、基本任务,形成了比较完整的社会主义初级阶段理论。中共十四大指出,社会主义初级阶段是一个至少需要上百年的很长的历史阶段,这是我国制定一切路线、方针和政策的基本依据。中共十六大提出:"我国正处于并将长期处于社会主义初级阶段……人民日益增长的物质文化需要同落后的社会生产之间的矛盾仍然是我国社会的主要矛盾。"[1] 中共十九大再次确认:"没有改变我们对我国社会主义所处历史阶段的判断,我国仍处于并将长期处于社会主义初级阶段的基本国情没有变。"中共二十大再次强调:"我国是一个发展大国,仍处于社会主义初级阶段。"[2] 中国共产党人对社会主义发展阶段形成的重要认识,极大地丰富和发展了马克思主义社会发展阶段理论。

不同社会发展阶段的主要矛盾是不同的,主要矛盾又决定主要任务。在确定了具体所处的社会发展阶段的基础上,还需要进一步认清这一特定阶段的主要矛盾是什么。社会主义建设初期,我国经济文化发展水平很低,国家的落后面貌没有得到根本改变,人民的生活水平极其低下,基本的物质生活需要都还难以得到实现和满足,人民对于基本物质文化生活需要的强烈需求与社会生产相对落后之间存在的矛盾十分突出。中共八大对国内的主要矛盾做出重要判断,认为是人民对于经济文化迅速发展的需要同当前经济文化不能满足人民需要的状况之间的矛盾,当前的主要任务是必须大力发展社会生产力。十一届三中全会之后,邓小平坚持从我国的基本国情出发,明确指出"人民生活长期停止在很低水平"和"经济长期处于停滞状态"是我国社会主要矛盾的两个方面的特点,我国所面临的主要矛盾仍然"是人民日益增长的物质文化需要同落后的社会生产之间的矛盾",并提出"是否有利于发展生产力,应当成为我们考虑一切

---

[1] 中共中央文献研究室. 十六大以来重要文献选编: 上 [M]. 北京: 中央文献出版社, 2005: 14.
[2] 习近平. 高举中国特色社会主义伟大旗帜为全面建设社会主义现代化国家而团结奋斗: 在中国共产党第二十次全国代表大会上的报告 [M]. 北京: 人民出版社, 2022: 20.

问题的出发点和检验一切工作的根本标准"①。江泽民在中共十五大报告中指出："社会的主要矛盾是人民日益增长的物质文化需要同落后的社会生产之间的矛盾，这个主要矛盾贯穿我国社会主义初级阶段的整个过程和社会生活的各个方面。"② 胡锦涛在中共十八大报告中继续强调指出"人民日益增长的物质文化需要同落后的社会生产之间的矛盾这一社会主要矛盾没有变"③。

  改革开放以来，尤其是中共十八大以来的五年时间里，我国经济社会发展都取得了很大成绩，人民的生活水平有了很大提高，社会主要矛盾也呈现出一些新特点：从人民生活水平来看，我国城镇居民人均可支配收入，1978年为343元，2017年达到36396元；我国农村居民人均可支配收入，1978年为70元左右，2017年达到13432元。2017年，全国居民人均消费支出达到18322元，其中城镇居民人均消费支出24445元，农村居民人均消费支出10955元。④ 从社会生产来看：1980年，我国国内生产总值4545.6亿元，2001年首次超过10万亿元，2010年将近40万亿元，2020年突破100万亿元，2022年更是达到121万亿元。⑤ 2010年，中国超过了美国，成为全球制造业第一大国。在世界500种主要工业品中，中国已经有200多种产品产量位居全球第一位。这表明，我国社会主要矛盾的两个方面都发生了深刻变化。从人民的需要方面看，我国已经成功解决了十几亿人的温饱问题，人民基本的物质文化生活需要已经得到比较充分的满足和实现，提出了对物质文化生活更多、更高、更新的要求，同时对精神文化生活的需要日益强烈，对民主、法治、公平、正义、安全、环境等方面的需要与日俱增；从社会生产看，社会生产力水平总体上得到了显著提高，我国社会生产能力在很多方面已经进入世界前列，社会生产方面面临的更加突出的问题是发展不平衡不充分，这已经成为影响人民日益增长的美好生活需要得到满足的主要制约因素。根据原有的社会主要矛盾两个方面都发生显著变化的客观实际，习近平提出了一个重要的论断，即"我国社会主要矛盾已经转化为人民日益增长的美好生活需要和不平衡不充分的发展之间的矛盾"，这一判断

---

① 中共中央文献研究室. 十三大以来重要文献选编：上 [M]. 北京：人民出版社，1991：13.
② 中共中央文献研究室. 十五大以来重要文献选编：上 [M]. 北京：人民出版社，2000：17.
③ 中共中央文献编辑委员会. 胡锦涛文选：第3卷 [M]. 北京：人民出版社，2016：624.
④ 国家统计局. 中国统计年鉴2018 [EB/OL]. (2018-09-01). http://www.stats.gov.cn/tjsj/ndsj/2018/indexch.htm.
⑤ 国家统计局. 中华人民共和国2022年国民经济和社会发展统计公报 [EB/OL]. (2023-02-28). http://www.stats.gov.cn/sj/zxfb/202302/t20230228_1919011.html.

正是根据我国社会主义初级阶段主要矛盾发生重大变化所做出的科学判断,具有十分重要的理论创新价值和实践指导意义。

社会主要矛盾是社会基本矛盾在一定社会历史阶段的集中表现,不是一成不变的,而是随着社会发展而不断发展变化的。从"人民日益增长的物质文化需要同落后的社会生产之间的矛盾"转化为"人民日益增长的美好生活需要和不平衡不充分的发展之间的矛盾",反映的正是社会主义初级阶段主要矛盾逐步发生变化的客观实际。其中"人民日益增长的物质文化需要同落后的社会生产之间的矛盾"可以看作"发展过程中"的主要矛盾,而"人民日益增长的美好生活需要和不平衡不充分的发展之间的矛盾"则可以看作"发展起来后"的主要矛盾。根据对主要矛盾发生转化这一重大问题的重要判断,习近平对当前所处具体社会发展阶段做出新的重要判断:"经过长期努力,中国特色社会主义进入了新时代,这是我国发展新的历史方位。"① 这一新的重要判断对我们准确把握新时代阶段性特征,认识新时代阶层关系演进规律以及演进中存在的阶层关系问题提供了重要依据。

(二) 对我国社会发展阶段阶段性特征的探索

认识和把握中国特色社会主义新的阶段性特征,是在新的历史条件下确立发展目标、制定发展战略和大政方针的基本前提,也是深刻揭示阶层关系问题产生的根本原因的需要。

中共十五大第一次从九个方面全面概括了社会主义初级阶段的基本特征,认为社会主义初级阶段的总体特征就是不发达。这种不发达表现在生产力方面,就是由农业人口占很大比重、由自然经济和半自然经济占很大比重,逐步转变为由贫困人口占很大比重和地区经济、文化很不平衡;在生产关系和上层建筑方面,就是文盲半文盲占很大比重、科技教育文化落后、社会主义精神文明发展程度不高等。社会主义初级阶段就是改变我国生产力生产关系不发达状况,逐步缩小同世界先进水平差距的历史阶段。在此基础上,中共十七大从八个方面进一步概括了社会主义初级阶段进入新世纪后新的阶段性特征,强调进入新世纪,中国特色社会主义发展正处于矛盾的凸显时期、发展的关键时期和改革的攻坚时期的特殊阶段。中共十八大报告进一步分析指出,这一特殊阶段"发展中不平衡、不协调、不可持续问题依然突出"②,不平衡、不协调、不可持续

---

① 习近平. 决胜全面建成小康社会 夺取新时代中国特色社会主义伟大胜利:在中国共产党第十九次全国代表大会上的报告 [M]. 北京:人民出版社,2017:10.
② 中共中央文献编辑委员会. 胡锦涛文选:第3卷 [M]. 北京:人民出版社,2016:615.

的问题表现在经济、政治、文化、社会、生态发展的方方面面,强调"我国仍处于并将长期处于社会主义初级阶段的基本国情没有变,人民日益增长的物质文化需要同落后的社会生产之间的矛盾这一社会主要矛盾没有变,我国是世界最大发展中国家的国际地位没有变"①。

习近平非常重视根据新的发展实际对社会主义初级阶段新的阶段性特征的分析和把握,多次强调我国仍处于并将长期处于社会主义初级阶段的基本国情没有变,这是我们认识当下、规划未来、制定政策、推进事业的客观基点,同时也要看到我国经济社会发展每个阶段呈现出来的新特点。习近平强调,经过长期努力,中国特色社会主义进入了新时代,随着我国发展历史方位发生的转换,社会主要矛盾也发生了转化,已经由人民日益增长的物质文化需要同落后的社会生产之间的矛盾,转化为人民日益增长的美好生活需要和不平衡不充分的发展之间的矛盾,但我们处在并长期处在社会主义初级阶段的基本国情依然没有变,我们是世界上最大的发展中国家的国际地位依然没有变。同时,习近平又强调"三个前所未有",即"我们前所未有地靠近世界舞台中心,前所未有地接近实现中华民族伟大复兴的目标,前所未有地具有实现这个目标的能力和信心"②。这意味着,当前我国总体上仍然处于社会主义初级阶段,必须坚持党的社会主义初级阶段的基本路线不动摇;同时,"三个前所未有"标志着当前我国所处的社会主义初级阶段是初级阶段中的较高阶段,是正在逐步从中低端水平向中高端水平迈进的阶段,这是中国特色社会主义事业发展的基本依据。

正确认识新时代特定阶段的阶段性特征是深刻揭示全面深化改革进程中的阶层关系问题的前提。根据习近平对新时代特定阶段的阶段性特征的相关重要论述,我们认为,新时代阶段性特征最突出的表现之一,是"人民日益增长的美好生活需要"。"人民日益增长的美好生活需要"不仅包含人民在基本物质文化生活方面提出的更多、更高、更新的要求,还包含人民在政治生活、社会生活、精神文化生活、环境生态等方面的要求。马克思、恩格斯明确指出"无产阶级的运动是绝大多数人的,为绝大多数人谋利益的独立的运动"③,满足人民日益增长的美好生活需要不仅是新时代中国特色社会主义事业发展新的奋斗目标,也是新时代中国共产党执政的出发点和归宿点。

---

① 中共中央文献编辑委员会.胡锦涛文选:第3卷[M].北京:人民出版社,2016:536.
② 中共中央宣传部.习近平总书记系列重要讲话读本[M].北京:学习出版社,2014:133.
③ 中共中央马克思恩格斯列宁斯大林著作编译局.马克思恩格斯选集:第1卷[M].北京:人民出版社,2012:411.

<<< 第三章　全面深化改革进程中的阶层关系问题产生的原因分析

新时代阶段性特征最突出的表现之二，是"不平衡不充分的发展"。我国发展的不平衡主要体现为：经济领域的发展相对发达，政治、文化、社会、生态环境领域的发展虽稳步推进，但与经济领域相比差距依然很大；东部、中部与西部的发展存在不平衡、城市与农村的发展存在不平衡、发达地区与欠发达地区的发展存在不平衡；不同社会阶层成员、不同社会群体成员在共享发展成果方面也存在不平衡，"两头小、中间大"橄榄型分配格局还没有完全形成；等等。我国发展的不充分主要体现为：经济社会发展方式有待充分转变、全面依法治国有待充分推进、精神文化文明有待充分提升、社会民生事业有待充分发展、生态环境保护有待充分改善、体制机制有待充分改革等。实现更平衡更充分的发展不仅是新时代中国特色社会主义事业发展新的根本任务，也是新时代中国共产党执政的新目标和新要求。

从满足"人民日益增长的美好生活需要"出发，解决"不平衡不充分的发展"问题是解决社会主要矛盾的必然要求，也是正确认识和处理全面深化改革进程中的阶层关系问题的核心和关键。习近平号召全党"一定要永远与人民同呼吸、共命运、心连心，永远把人民对美好生活的向往作为奋斗目标"[①]。进入新时代、化解新矛盾、满足新期待，必须在推动经济高质量发展的基础上进一步发扬社会主义民主政治、繁荣社会主义先进文化、构建社会主义和谐社会、建设社会主义生态文明，提供更多更好的物质财富和精神文化食粮，以更好地满足人民日益增长的美好生活需要。

## 二、新时代阶段性特征对阶层关系问题影响的具体分析

新时代，是习近平对我国社会发展阶段做出的最新的重要判断。对新时代特定阶段的阶段性特征的把握，以及阶段性特征对我国阶层关系问题所产生的影响分析是准确认识和处理全面深化改革进程中的阶层关系问题的重要内容。

（一）影响阶层关系问题的阶段性因素分析

新时代是中国特色社会主义事业发展的重要阶段，不仅工业化、信息化、新型城镇化和农业现代化迅猛发展，而且推动我国阶层结构和阶层关系迅速发生变化。新型城镇化、非农化加速进行，现代服务业强劲增长，带动第三产业的从业人员不仅超过了工业从业人员，也超过了工业和农业从业人员之和；大众创业、万众创新呈燎原之势，以创新为驱动力的社会流动也正在兴起，城乡

---

① 习近平. 决胜全面建成小康社会 夺取新时代中国特色社会主义伟大胜利：在中国共产党第十九次全国代表大会上的报告 [M]. 北京：人民出版社，2017：1.

之间、职业之间、行业之间的社会流动都在加速进行。在阶层结构剧烈变动、阶层关系深刻变化中，阶层关系问题的产生也与这一特定阶段的阶段性因素直接相关，具有明显的阶段性特点。具体表现在：

一是随着我国经济社会发展程度不断提高，社会各阶层成员的衣食住行等基本生存性需要得到比较充分的满足和实现，但对于基本生存性需要的要求不断提高，如更加洁净的空气、安全无污染的水、升级改善的住房、完善良好的医疗条件、方便畅通的交通等成为日益迫切的需要，对食品药品安全、生活工作环境安全的要求更高。2021年8月，中国人大网发布的《新视野 大数据时代的信息安全》中指出："在我国数字经济进入快车道的时代背景下，如何开展数据安全治理，提升全社会的'安全感'，已成为普遍关注的问题。"① 反映出社会各阶层成员的基本生存性需要得到满足，但发展性需要没有能够得到充分满足，发展性精神文化层面需求不能得到完全满足。由此带来社会各阶层成员的失落感和不安全感，以及因此产生的焦虑情绪和不满情绪是影响阶层关系和谐的重要因素。

二是全面深化改革时期，社会阶层分化更加多元，不同社会阶层成员的需求也表现出很大的差异性，不仅贫富、城乡、劳资和不同信仰的阶层成员之间存在需求差别，而且在年龄、价值观、消费方式方面也存在明显的差异，增加了阶层关系的复杂性，不同社会阶层成员之间的文化认同和心理认同冲突加剧，价值观方面的冲突比较明显。收入差距加大和阶层过度分化导致部分社会阶层成员的幸福感、获得感缺失，也成为全面深化改革进程中阶层关系问题产生的重要因素。

三是随着社会各阶层成员生活节奏加快，竞争压力加剧，阶层成员个人的极端情绪和不健康心态引起的社会事件频发。如因路况不如意而出现暴怒甚至危险驾驶的路怒症，因口角之争而大打出手致残致死的暴力行为，因生活遭受挫折而上街砍人发泄的反社会行为，因想不劳而获快速致富而出现的诈骗行为等，背后都隐藏着阶层成员个人的极端情绪和不健康的社会心态。一旦阶层成员个人的极端情绪和不健康的社会心态形成，阶层成员将比较容易出现对社会、对人生的认知偏差，看问题容易负面偏激，情绪反应激烈，容易出现冲动性、报复性的破坏行为。当这种不健康的社会心态蔓延变成整个社会普遍的社会心态时，极易激化不同社会阶层之间的矛盾，诱发不同社会阶层之间的社会冲突。

---

① 中国人大网. 新视野 大数据时代的信息安全［EB/OL］.（2021-08-03）. http：//www.npc.gov.cn/npc/c30834/202108/143b825f6429463d88a9d4beab9d29d3.shtml.

当前阶层关系方面出现的很多问题，很大程度上与这种阶层成员个人的极端情绪和不健康的社会心态有关。

（二）阶段性因素影响阶层关系问题的具体表现

精神、心理、情绪、心态成为影响阶层关系的主要因素，"无直接利益矛盾"成为阶层关系问题的新特点。当前我国社会精神、心理、情绪、心态问题形成原因与阶段性因素直接相关。

一是社会各阶层成员维护自身权益的愿望与现实还不能完全满足这种愿望之间的矛盾是引发不同社会阶层成员情绪问题的内在动因。随着社会各阶层成员的主体意识、权利意识、民主意识、责任意识等不断提高，参与经济生活、政治生活、文化生活、社会生活的积极性和维护自身权益的意识也显著增强，越来越敢于公开直接地表达、提出自己的利益要求，一旦自身合法权益直接或间接受到损害，这种愿望与现实之间存在的差距将非常容易引起阶层成员的心理失衡，使阶层成员产生各种消极心态和负面情绪。近年来，社会各阶层成员对于食品安全、环境安全的要求进一步提高，食品安全、环境污染焦虑成为全社会普遍的情绪，发生的许多群体性事件都是由食品安全、环境污染或担心环境被污染引发的。2021年4月，国家市场监督管理总局以"强化食品安全监管守护'舌尖上的安全'"为主题举办2021年第二季度例行新闻发布会，市场监管总局食品抽检司副司长梁钢指出："我国仍处于食品安全易发、多发期，一些食品安全问题仍需持续治理。"[1]

二是不同社会阶层成员之间的一些利益关系冲突问题加剧成为部分社会阶层成员非理性社会情绪产生的重要原因。当前阶段，社会各阶层成员的利益需求更加多样化，利益关系和利益矛盾也更加错综复杂。但同时，由于存在发展的不平衡不充分，社会各阶层成员之间利益矛盾更加显现，利益冲突加剧，各种利益矛盾和利益冲突不能得到及时有效的解决，从而造成部分社会阶层成员对党和政府产生不信任感，甚至产生怀疑、不满、怨恨等消极情绪。2019年2月，四川省自贡市荣县发生比较强烈的地震之后，部分网民认为是因政府不断开采页岩气造成的，尽管此前当地官方对此做出明确回复"荣县近期小地震活动是否与页岩气开发有关的问题，还需要会同地质、地震等专业机构进一步开

---

[1] 中国政府网.市场监管总局以"强化食品安全监管守护'舌尖上的安全'"为主题举办2021年第二季度例行发布会［EB/OL］.（2021-04-22）. http://www.gov.cn/xinwen/2021-04/22/content_ 5601272.htm.

展深入的科学分析"①，但在地震发生之后，还是发生了荣县城区里的部分阶层成员因为质疑政府对于地震与页岩气开发没有直接关系的说法，聚集到行政中心静坐抗议的群体性事件。

三是一定程度的社会不公问题导致一些负面的社会情绪趋于激化。公平正义是培育积极的社会情绪和健康的社会心态的重要前提，也是促进阶层关系和谐的重要基础。公平正义得到充分实现能够有效地促进社会各阶层成员的情绪平衡和心态平和；公平正义不能够得到充分实现则往往会造成社会各阶层成员的情绪失衡和心态失衡。当前社会仍然存在一些有违公平正义的现象，如教育不公、分配不公等，加之一些党员干部的腐败案件还时有发生，这都严重损害了党和政府的形象，致使党群关系、干群关系在一定范围内、一定程度上仍然呈现出一定的紧张状态，强化了社会各阶层成员对社会问题的不满情绪，使得部分社会阶层成员对社会不公问题的抱怨，甚至愤恨情绪加剧，社会心理和社会心态失衡。

四是政府处理阶层关系问题时存在一定程度上的相对滞后更进一步加剧了部分阶层成员社会消极情绪的发生发展。当前，面对复杂多变的阶层关系问题，我国阶层关系问题处理机制还不够完善，社会各阶层成员的民意表达渠道还不够畅通，党和政府对于舆情疏导的制度建设也还不够完善，就可能出现阶层关系问题因为得不到及时的疏通和化解而激化。同时，党和政府在处理阶层关系问题方面如果应对能力不足、处理方式不恰当也会导致阶层关系问题激化。2020年12月，国务院应急管理办公室发文："云南省'昆明市西山区政府'网存在多个空白栏目，浙江省'浙江公路'微博3年未更新，国家粮食和储备局'国储广东'微信公众号自2017年开通以来只发布了6条信息，且与工作职责无关……抽查的政府门户网站中52.3%存在办事指南不规范、内容不完整等问题，少数网站仍未建立听民意、汇民智渠道，企业和群众在线办事、咨询政策存在困难。"②加之，政府与社会的关系还没有完全理顺，社会组织在解决阶层关系问题方面的作用还没有很好地发挥出来，都会进一步加剧社会各阶层成员的不满情绪和心态失衡。

五是新兴媒体对社会情绪的传播起了扩散与放大效应。近年来，社会各阶

---

① 澎湃新闻. 地震频发是否和页岩气开采有关？荣县3月前曾称需进一步研究［EB/OL］.（2019-02-25）. https：//baijiahao.baidu.com/s？id=1626449040412535383&wfr=spider&for=pc.

② 中国政府网.2020政府网站和政务新媒体检查情况通报［EB/OL］.（2020-12-16）. http：//www.gov.cn/zhengce/content/2020-12/16/content_5569781.htm.

层成员的权利维护意识和诉求表达意识都在不断增强，但体制内正常的社情民意表达渠道不够畅通，这就导致体制外负面社会情绪迅速增长并以各种非正常形式释放出来，特别是通过网络论坛、微博、博客、微信、QQ 等载体释放出来。新兴媒体越来越成为部分阶层成员发表言论、表达意见、释放情绪的重要通道，同时由于网络发布的匿名性，发表者所承担的风险和责任都很小，使得一些阶层成员往往借题发挥、借机宣泄，把大量未经证实，甚至是有意歪曲的信息发布出来，造成很大的社会影响。各种非理性的社会情绪通过新兴媒体迅速扩散和持续放大，严重损害了阶层关系和社会秩序。

这表明，全面深化改革进程中的阶层关系问题与我国所处的新时代这个社会发展阶段的特定阶段密切相关，具有明显的阶段性特征。新时代社会主要矛盾是全面深化改革进程中阶层关系问题产生的社会根源，发展的不平衡不充分是阶层关系问题解决的主要制约因素，处理阶层关系问题必须联系社会主要矛盾，在促进更平衡更充分发展的基础上，更好地满足"人民日益增长的美好生活需要"，以积极促进阶层关系问题的有效解决。

## 第二节 深层次原因——制度性因素

制度性因素是全面深化改革进程中的阶层关系问题产生的深层次原因。本节重点讨论制度性因素对全面深化改革进程中的阶层关系问题的影响。王伟光认为："所谓社会制度是一定社会形态的主要内容和根本标志，是对社会形态本质内容的内在的、一般的规定。它是一定社会的经济、政治、文化等制度的总称，包括社会政治制度、经济制度、文化制度、教育制度、法律制度等。"[①] 制度不完备是全面深化改革进程中阶层关系问题产生的深层次原因。所以正确认识和客观评价中国特色社会主义制度建设对全面深化改革进程中的阶层关系问题产生的影响，是解决全面深化改革进程中的阶层关系问题的基础和核心。

### 一、制度性因素影响阶层关系的理论分析

社会制度本质上是实现统治阶级利益的一种利益制度。关于制度，诺贝尔经济学奖获得者道格拉斯·诺斯（Douglass C. North）提出："制度是个社会的

---

[①] 王伟光. 社会制度、社会体制和组织机构的含义及其相互关系 [J]. 哲学动态，1986 (6): 34.

游戏规则，更规范地讲，它们是决定人们的相互关系而人为设定的一些制约。"① 罗尔斯（Rawls）说："正义的主要问题是社会的基本结构，或者更准确地说，是社会主要制度分配基本权利和义务，决定于社会合作产生的利益之划分的方式。"② 协调复杂的社会利益关系，需要更加完善有效的制度机制。达伦多夫认为，部分社会阶层关系方面存在的社会对立可能导致政治方面的冲突发生，但是这种政治方面的冲突并非一定会变得日益发展激化，一定必须诉诸暴力手段，从而对社会秩序更加具有破坏性。他主张通过制度化的方式来寻求阶层关系问题的解决，如果尝试采用制度化的方式方法，任何一个社会都有能力处理好包括阶层关系矛盾在内的各种社会内部的问题，"通过各种组织和机构得到抑制，通过组织和机构，冲突可以在宪法制度之内得到表现。政治党派、选举和议会，使得冲突成为可能，又不至于爆发革命"③。达伦多夫还阐述了一系列化解不同社会阶层之间的社会冲突的制度化策略，包括增强制度对于不同社会阶层之间的利益矛盾、利益冲突的容纳能力，增强用制度化的方式去解决不同社会阶层之间的利益矛盾、利益冲突的能力等。这都为我们从制度层面认识和处理当前的阶层关系问题提供了可资借鉴的重要思路。

科学合理的制度体系对于阶层关系问题的解决具有决定性作用。在阶级社会中，社会制度的功能是从经济、政治、文化、社会等方面最大限度维护和实现统治阶级的利益，同时因为出于维持社会秩序和政治稳定的需要，也在一定程度上保证被统治者阶级利益的获取和实现。如对于劳资矛盾，既保证占统治地位的社会阶层利益分配方式得到最大限度的实现，又把劳工冲突、资本与劳动的冲突纳入制度化范围，形成日益完善的包括工资水平、劳动时间、劳动条件的谈判和协商等在内的制度安排，以保证通过制度化方式照顾到劳动者阶层的部分利益，通过协调双方各自的利益关系，满足不同利益主体的利益需求，解决好阶层关系问题，以此缓和阶层矛盾。

世界各国现代化的经历和经验都表明，科学合理的社会制度是建立和谐的阶层关系的基础和核心。在各个国家现代化的进程中，社会阶层成员利益的多元化必然会导致社会阶层成员需求的多元化，不同社会阶层成员的利益诉求日益多样化、复杂化，不同社会阶层成员之间不可避免地会产生一些矛盾和冲突。

---

① 道格拉斯·诺斯. 制度、制度变迁与经济绩效 [M]. 刘守英，译. 北京：人民出版社，1994：3.
② 罗尔斯. 正义论 [M]. 万俊人，译. 北京：中国社会科学出版社，2001：7.
③ 拉尔夫·达伦多夫. 现代社会冲突 [M]. 林荣远，译. 北京：中国社会科学出版社，2016：141.

<<< 第三章　全面深化改革进程中的阶层关系问题产生的原因分析

在冲突和矛盾发生后，不同社会阶层成员都会把维护自己的切身利益作为处理阶层关系的首要原则，但维护自己切身利益的前提是必须遵守共同的制度规则。不同社会阶层成员如果不能遵循共同的制度规则，就必定会导致阶层关系问题激化，甚至导致不同社会阶层成员之间爆发更加激烈的矛盾冲突。所以，协调错综复杂的不同社会阶层成员之间的利益关系，需要社会各阶层成员遵循共同的底线规则和制度规定，建立完善的制度机制，多元化的利益需求必须在共同的制度框架下才能顺利得以实现。如果不同社会阶层成员之间的矛盾和冲突能够凭借公正的制度和规则得到公正的解决，就不会按照某个强势阶层的利益偏好来进行人为的处置，那么，不仅阶层关系问题容易解决，而且会使阶层成员对社会制度产生一种认同感和信任感，这将有助于不同社会阶层和谐共处和阶层关系和谐发展。

法治、健全、合理、有效的社会制度是现代社会得以正常运行的重要条件和根本保障。因为法治、健全、合理、有效的社会制度具有相对稳定性，避免了人治社会所具有的随意性、多变性、人亡政息、成本过大、风险过多等多重弊端，不仅可以带给社会各阶层成员非常稳定的确定性前景以及可以预期的长远利益，而且能够有效又稳定地协调社会各阶层成员之间的利益关系，便于形成整个社会相对稳定的利益体系和利益格局。当然，社会制度也都会有一个逐步发展完善的过程，尤其是在我国，改革带来的社会各阶层成员之间急剧的利益分化，不仅会使原有的社会制度不能适应急剧变化的社会现实，制度的权威性也会面临现实的严峻挑战，而且会因为新的社会问题不断出现，制度的供给出现供不应求的情况，甚至可能出现制度真空，造成社会秩序严重混乱甚至失控的局面。因此，建立科学完备的制度体系，既是坚持中国共产党对一切工作的领导的政治要求，也是对中国共产党"总揽全局、协调各方"执政能力和领导能力的现实考验。

**二、阶层关系和谐视域下推进制度创新的实践回顾**

"制度是人类设计出来用于调节人类相互关系的一些约束条件"[1]，科学合理的制度能够有效地协调社会各阶层成员之间的利益关系。中国共产党几代中央领导集体都认识到，从阶层关系和谐的意义上说，制度问题"更带有根本性、

---

[1] 道格拉斯·诺斯. 制度、制度变迁与经济绩效 [M]. 刘守英，译. 北京：人民出版社，1994：3.

全局性、稳定性和长期性"①，必须始终坚持以制度创新促进阶层关系问题的有效解决。中国共产党历来重视通过制度创新处理阶层关系问题，邓小平在协调阶层关系问题的制度创新方面做出了特殊而重要的贡献。邓小平在充分肯定中国特色社会主义制度在协调阶层关系问题方面所具有的优越性的同时，也深刻指出中国特色社会主义制度存在的不完善，特别是一些具体制度方面存在的不完善，是我国阶层关系问题产生的重要原因。在处理阶层关系问题的实践活动中，邓小平认为解决阶层关系问题必须以制度建设作为有效保障，"这要从制度方面解决问题"②。在制度创新方面，邓小平明确提出了进行中国特色社会主义制度创新的重要原则、根本途径和具体方式，即坚持中国特色社会主义基本制度不变、以中国共产党主导的稳妥渐进的制度变迁方式来推进中国特色社会主义制度创新、以党内民主推动人民民主的实现等。从阶层关系和谐的角度强调中国特色社会主义制度创新的重点是：坚持和完善人民代表大会制度，坚持和完善中国共产党领导的多党合作和政治协商制度，坚持和完善民族区域自治制度，大力发展社会主义基层民主等。十一届三中全会以来，邓小平从恢复被"文化大革命"破坏了的国家各项制度入手，改革完善了党和国家的领导制度、干部选拔任用制度，建立健全了国家经济、政治、文化、社会制度，在增进阶层关系和谐方面取得很大成效。邓小平主张协调阶层关系一定要坚持拓宽民主的渠道，就是能够让阶层成员"有出气的地方，有说话的地方，有申述的地方"③。只有通过制度建设建立和完善不同社会阶层成员的利益表达机制、利益协调机制，才能使阶层关系问题得到有效疏通和积极化解，有效防止阶层关系问题的激化。注重制度建设，坚持从制度层面探寻阶层关系问题产生的根源，并以此寻求解决阶层关系问题的对策和方法，是邓小平认识和处理我国阶层关系问题理论和实践的一个鲜明特点。

中共十三届四中全会以来，从处理阶层关系问题、促进阶层关系和谐的目的出发，以江泽民为代表的中国共产党人在中国特色社会主义制度创新方面也做出了很多努力。在2001年建党80周年的"七一"讲话中，江泽民第一次明确提出了"制度创新"的命题，强调制度创新是社会主义制度的自我完善和发展，而不是离开社会主义道路、放弃社会主义制度。江泽民形成了比较全面的

---

① 中共中央文献研究室．十八大以来重要文献选编：上［M］．北京：中央文献出版社，2014：64．
② 中共中央文献编辑委员会．邓小平文选：第2卷［M］．北京：人民出版社，1994：348．
③ 中共中央文献编辑委员会．邓小平文选：第1卷［M］．北京：人民出版社，1994：273．

制度创新思想，包括从社会主义本质认识的高度突出强调加强社会主义政治文明建设的重要性；明确了中国特色社会主义经济制度、政治制度、文化制度建设三位一体制度建设的发展路径；以健全民主集中制的组织原则为核心，以健全党的领导制度、组织制度、干部制度等具体制度为主体的党的制度建设的重要思想；等等。江泽民制度创新思想是对邓小平制度创新思想的继承和发展，这些重要的制度创新的思想成果为处理阶层关系问题进一步拓宽了制度解决的思路和路径。

胡锦涛非常重视通过制度创新来解决阶层关系问题，提出"深化改革，建立健全促进社会和谐的制度保障"①。他主张通过建立健全处理阶层关系问题的长效机制，使阶层关系问题得到及时有效解决，"我们既要立足当前、着力解决影响社会和谐的突出矛盾和问题，又要着眼长远、在制度建设和创新上多下功夫"。制度创新方面要进一步完善处理人民内部矛盾的方式方法，具体包括建立健全深入了解民情、充分反映民意、广泛集中民智、切实珍惜民力的决策机制，建立健全党和政府主导的维护群众权益机制，建立健全社会矛盾纠纷调处机制等，"把人民调解、司法调解、行政调解结合起来，依法及时合理地处理群众反映的问题"②。在庆祝中国共产党成立90周年大会上的讲话中，胡锦涛指出："我们推进社会主义制度自我完善和发展，在经济、政治、文化、社会等各个领域形成一整套相互衔接、相互联系的制度体系。"③ 正是经过长期坚持不懈的努力，逐步形成了符合中国国情、比较系统完善的中国特色社会主义制度体系。

改革以来，中国特色社会主义制度体系建设从经济、政治、文化、社会、生态等方面对于协调社会各阶层的利益关系都发挥了积极重要的作用。同时，由于这一制度从探索到形成只有短短几十年的时间，还不够完善和成熟，相对于全面深化改革进程中出现的新的阶层关系问题来讲，仍然存在一些不相适应的问题。邓小平指出："恐怕再有三十年的时间，我们才会在各方面形成一整套更加成熟、更加定型的制度。在这个制度下的方针、政策，也将更加定型化。"④ 江泽民指出："再经过二十年的努力，到建党一百周年的时候，我们将

---

① 中共中央文献研究室. 十六大以来重要文献选编：下 [M]. 北京：中央文献出版社，2008：677.
② 中共中央文献研究室. 十六大以来重要文献选编：中 [M]. 北京：中央文献出版社，2006：715.
③ 中共中央文献编辑委员会. 胡锦涛文选：第3卷 [M]. 北京：人民出版社，2016：527.
④ 中共中央文献编辑委员会. 邓小平文选：第3卷 [M]. 北京：人民出版社，1993：372.

在各方面形成一整套更加成熟更加定型的制度。"① 胡锦涛在中共十七届中央政治局第三次集体学习时也强调指出："要着力推进经济、政治、文化、社会等领域各项改革成果的制度化……为建设富强民主文明和谐的社会主义现代化国家不断提供有效制度保障。"② 这就为进一步完善中国特色社会主义制度体系的努力明确了方向和要求。

中共十八大以来，习近平围绕中国特色社会主义制度创新做出很多重要论述，系统论述了处理阶层关系问题、实现阶层关系和谐是寓于一整套更完备、更稳定、更管用的制度体系之中的思想。他指出，"中国特色社会主义制度是特色鲜明、富有效率的，但还不是尽善尽美、成熟定型的"③，从处理阶层关系问题的现实需要看，"一些改革部署和重大政策措施需要进一步落实"④，因而"摆在我们面前的一项重大历史任务，就是推动中国特色社会主义制度更加成熟更加定型，为党和国家事业发展、为人民幸福安康、为社会和谐稳定、为国家长治久安提供一整套更完备、更稳定、更管用的制度体系"⑤，就是摆在我们面前的一项重大历史任务。习近平强调，要坚持通过全面深化改革进一步完善和发展中国特色社会主义制度体系，创造处理阶层关系问题的制度基础，"让一切劳动、知识、技术、管理、资本的活力竞相迸发，让一切创造社会财富的源泉充分涌流，让发展成果更多更公平惠及全体人民"⑥。为处理阶层关系问题视域下推进中国特色社会主义制度创新提供了理论依据。

从处理阶层关系问题视角来看制度创新的成果：经济制度方面，公有制为主体、多种经济成分共同发展的社会主义初级阶段的基本经济制度和按劳分配为主体、多种分配方式并存的个人收入分配制度得到不断发展完善，公有制经济与非公有制经济长期共存、平等竞争、共同发展的局面基本形成，按劳分配与按要素分配相结合的个人收入分配制度得以确立，为协调社会各阶层经济利

---

① 中共中央文献编辑委员会. 江泽民文选：第1卷 [M]. 北京：人民出版社，2006：253.
② 中共中央文献编辑委员会. 在中央政治局第三次集体学习时的讲话 [N]. 人民日报，2008-01-31.
③ 中共中央文献研究室. 习近平谈治国理政：第1卷 [M]. 北京：外文出版社，2018：10.
④ 习近平. 决胜全面建成小康社会 夺取新时代中国特色社会主义伟大胜利：在中国共产党第十九次全国代表大会上的报告 [M]. 北京：人民出版社，2017：9.
⑤ 中共中央文献研究室. 习近平谈治国理政：第1卷 [M]. 北京：外文出版社，2018：104-105.
⑥ 中共中央文献研究室. 十八大以来重要文献选编上 [M]. 北京：中央文献出版社，2014：512.

益关系提供了重要制度基础；政治制度方面，人民代表大会制度、多党合作和政治协商制度、基层群众自治制度建设和社会主义协商民主发展，落实社会各阶层民主权利，扩大社会各阶层有序政治参与，初步建立了社会各阶层的利益表达制度，包括政党利益表达制度、人民代表利益表达制度、社会团体利益表达制度、大众传媒利益表达制度等，为协调社会各阶层政治利益关系提供了重要制度基础；"一元主导，多样并存"的文化制度和以社区、社团的自主、自治为主要内容的社会制度建设也取得重要进展，扩大了社会各阶层的公共空间，激发了社会各阶层的积极性和创造活力。全面深化改革进程中，中国特色社会主义制度的进一步完善，优化了不同社会阶层之间社会资源的分配方式和获取方式、社会组织结构与方式、职业结构、利益结构、社会权力结构、社会沟通模式、社会交往与社会行为方式、社会流动模式、居住和生活方式、社会认同方式、社会价值观与社会评价等，给中国社会带来的不仅是经济社会的快速发展，还极大地增进了阶层关系的和谐程度。

需要指出的是，中国特色社会主义制度建设在取得成就的同时，也还存在"社会矛盾和问题交织叠加，全面依法治国任务依然繁重，国家治理体系和治理能力有待加强"[①]的不足。从阶层关系演进的实际需要看，在现有的制度体系中，面对新的阶层关系问题时仍然存在一些"不适应""不管用"的问题。同时，在现有的制度体系贯彻和执行过程中，也存在虽然有制度但没有能够得到很好执行，致使有些制度流于形式，还不能有效地规范或约束部分社会阶层成员行为的问题，也还存在一些社会阶层成员思想意识中形成一种破坏制度才能获益、遵守规则就会吃亏的错误意识的现象，轻视制度的作用、不遵从制度的现象仍然不同程度存在着，这些问题都对阶层关系产生了一定影响。这表明，制度不完备仍然是造成当前阶层关系问题的重要原因，制度问题仍然是处理阶层关系问题的关键点，制度创新仍然是解决阶层关系问题的重要任务。

### 三、阶层关系问题产生的制度性因素的具体分析

制度性因素是全面深化改革进程中的阶层关系问题产生的深层次原因，认识和把握当前中国特色社会主义制度不完备的具体表现对于正确认识和处理阶层关系问题意义重大。中国特色社会主义制度的基本内涵是什么？中共十八大明确指出，"中国特色社会主义制度，就是人民代表大会制度的根本政治制度，

---

① 习近平. 决胜全面建成小康社会 夺取新时代中国特色社会主义伟大胜利：在中国共产党第十九次全国代表大会上的报告［M］. 北京：人民出版社，2017：9.

中国共产党领导的多党合作和政治协商制度、民族区域自治制度以及基层群众自治制度等基本政治制度，中国特色社会主义法律体系，公有制为主体、多种所有制经济共同发展的基本经济制度，以及建立在这些制度基础上的经济体制、政治体制、文化体制、社会体制等各项具体制度"①。中国特色社会主义制度体系具体包括根本制度、基本制度和具体制度三个层次，这为本课题从制度性因素出发对全面深化改革进程中的阶层关系问题产生的影响分析提供了基本依据，也为我们研究处理阶层关系问题视域下的制度创新问题提供了基本依据。

完善和发展中国特色社会主义制度体系是处理好阶层关系问题的关键，而完善和发展中国特色社会主义制度体系的前提是坚持社会主义根本制度、基本制度和具体制度不动摇。这就要求我们在坚持社会主义根本制度、基本制度和具体制度不动摇的基础上，通过全面深化改革革除不利于阶层关系和谐发展的体制机制弊端，为促进阶层关系和谐、激发和增强社会有机体活力提供根本保证。正如习近平所说："我们全面深化改革，不是因为中国特色社会主义制度不好，而是要使它更好；我们说坚定制度自信，不是要故步自封，而是要不断革除体制机制弊端，让我们的制度成熟而持久。"② 这是正确认识和处理全面深化改革进程中的阶层关系问题产生的制度性因素的根本政治前提。在坚持这一根本政治前提的基础上，我们对制度不完备的具体表现及其原因做一集中分析。

（一）经济制度不完备影响阶层关系问题的具体分析

我国的改革是从所有制的变革开始的。从改革前我国实行单一的公有制，到改革初期，在公有制之外，国家允许私营经济在法律规定的范围内存在和发展，从私营经济是社会主义公有制经济的补充，到中共十六大两个"毫不动摇"，即"毫不动摇地巩固和发展公有制经济""毫不动摇地鼓励、支持和引导非公有制经济发展"③，再到中共十八届三中全会"两个都是"，即"公有制经济和非公有制经济都是社会主义市场经济的重要组成部分，都是我国经济社会发展的重要基础"④。在不断肯定和提升非公有制经济的地位和作用的同时，非公有制经济蓬勃发展起来，深刻地影响到社会阶层结构和社会阶层关系的变动

---

① 中共中央文献研究室. 十八大以来重要文献选编：上 [M]. 北京：中央文献出版社，2014：10.
② 中共中央文献研究室. 习近平关于全面深化改革论述摘编 [M]. 北京：中央文献出版社，2014：22.
③ 中共中央文献编辑委员会. 江泽民文选：第3卷 [M]. 北京：人民出版社，2006：548.
④ 中共中央文献研究室. 十八大以来重要文献选编：上 [M]. 北京：中央文献出版社，2014：515.

和演进。我国确立公有制为主体、多种所有制经济共同发展的基本经济制度为构建和谐的阶层关系创造了前提条件，我国基本经济制度的不断完善对阶层关系和谐产生的积极影响也应该得到充分肯定，但其存在的不完善又是阶层关系问题产生的重要制度因素。

经济制度不完备集中表现在所有制结构的调整和改革还没有完全到位。所有制结构由单一的公有制模式向以公有制为主的多种所有制结构模式转变过程中，所有制结构的整体调整带动了阶层关系的调整。所有制结构调整的推进，使得劳动力在不同所有制、不同行业、不同地域之间实现自由流动，多种所有制形式下的劳动形式和分配形式的日益多样，逐渐改变了原有的由工人阶级、农民阶级和知识分子阶层构成的阶层结构，形成普遍意义上的利益分化。原有的社会阶层不断分化，新社会阶层产生并发展壮大，我国社会阶层结构已经基本具备现代社会阶层结构的基本要素和形态雏形，同时整体的阶层关系也有了很大改善。但同时由于所有制结构的调整和改革还没有完全到位，所有制结构方面存在的不完善使阶层关系方面存在很多问题，特别是由于客观存在的主体多元，体制转轨进程中出现的权力失范，易于形成非市场因素造成的比较严重的贫富分化，致使下层社会难以平等地拥有发展条件，逐渐失去向上流动的动能，造成底层比重过大而中间层规模过小的结构性问题，以及不同阶层之间关系的结构性紧张问题。如在国有企业混合所有制改革中存在的利益关系更加错综复杂。从阶层关系方面看，最突出的问题是国有企业的管理者与普通职工之间的利益冲突，这一关系问题的产生与国有企业混合所有制改革进程中利益协调机制不健全，对管理者的约束机制和对职工的保障机制不完善有很大关系；在农村土地制度改革和土地流转过程中出现的村民内部、村民与村委会之间、村民与企业之间的利益冲突，这些阶层关系问题的产生就与新一轮农村土地制度改革存在流转程序不民主、保障机制不健全、补偿机制不合理等现行的土地制度不完备有密切关联。

(二) 政治制度不完备影响阶层关系问题的具体分析

中国特色社会主义政治制度的优越性为构建和谐的阶层关系创造了前提条件，中国特色社会主义政治制度建设取得的成效对阶层关系和谐产生的积极影响也应该得到充分肯定。但同时，政治制度不完备又是阶层关系问题产生的重要制度因素。

政治制度不完备集中表现在：一是社会各阶层成员的利益表达渠道还不够畅通，利益表达机制、利益分配机制、利益均衡机制还不够健全。社会各阶层成员利益表达渠道不畅和内容缺失已经成为影响全面深化改革进程中的阶层关系的突出问题和薄弱环节。就我国目前的具体情况来看，利益表达的制度建设还是存在相对滞后的问题。如从人大代表构成和政协委员的构成看，都存在着社会各阶层成员的代表和委员分布不均，未达到均衡覆盖的问题。各类社会组织以及群众自治组织成熟度不高，如工会还不能很好地代表工人的利益诉求，与资方和地方政府进行谈判，基层群众自治组织也因为政府行政干预影响加大，还难以充分代表阶层成员的利益及愿望，而丧失了必要的社会信任及成员支持。这样，社会组织和群众自治组织利益表达和矛盾协调功能也不能得到充分发挥。二是不同社会阶层成员拥有的政治资源差异很大。从总体上看，不同社会阶层成员拥有的政治资源存在明显分化，国家公务员和国有企业管理者不仅拥有较多的经济资源、文化资源和社会资源，也因为与党和政府有密切的联系，在政治资源上占有明显优势地位，而工人阶层和农民阶层则处于相对劣势，农民工阶层更处于政治资源匮乏的不利地位，新社会阶层则因为掌握着大量的经济资源，随着其经济地位、社会地位的逐步上升，他们拥有的政治资源也在不断扩大，在获取自身利益的同时，往往可能会损害其他阶层的利益，对阶层关系产生不利的影响。

### （三）文化制度不完备影响阶层关系问题的具体分析

改革以来，文化制度改革激发了文化发展的内生动力，文化事业和文化产业都获得了很大发展，较好地满足了社会各阶层成员基本文化需求和多样化的文化产品需要，为构建和谐阶层关系创造了前提条件，文化制度改革取得的成效对阶层关系和谐产生的积极影响也应该得到充分肯定。但同时，现有的文化制度存在的不完备对阶层关系和谐也产生了一定的消极影响。具体表现在以下方面。

主流意识形态整合能力不强。主流意识形态作为社会的观念上层建筑发挥着重要作用，具有扩大社会认同、形成思想共识、凝聚精神力量的社会整合作用和社会整合能力。社会各阶层成员由于所处的社会环境、具体利益存在差异，进而引起思想观念多元分化，需要主流意识形态积极整合社会各阶层成员的思想观念，在对社会各阶层成员进行团结、教育和引导的基础上，力争形成具有广泛社会共识的最大公约数。但现在主流意识形态对日益分化的社会各阶层成员思想观念的整合能力不强，社会各阶层成员对中国特色社会主义思想认同和情感认同都还有待提高；文化自身的创新能力不足，文化产品的生产与消费者的需求还存在差距，特别是优秀文化产品和文化服务，不管是数量还是质量，都存在相对不足的问题。主要表现在：基本型文化消费供给过剩且质量不高，启迪心智、陶冶心性、满足消费者较高层次精神追求和情感体验的发展型文化消费品供给数量和质量都明显不足。

（四）社会制度不完备影响阶层关系问题的具体分析

社会制度反映的是一个国家或地区民众的组织化程度和社会服务的社会化程度。社会制度的发展实则是通过国家与社会的关系渠道为实现一定的社会公平、社会文明、社会稳定以及防止社会过度分化提供一种有效的制度保障。一个社会的组织化程度越高，社会的稳定性就越强，社会的活力就越容易激发。中共十八届三中全会指出："紧紧围绕更好保障和改善民生、促进社会公平正义深化社会体制改革，改革收入分配制度，促进共同富裕，推进社会领域制度创新。"[①] 社会制度改革是全面深化改革的基本内容。社会结构的急剧转型、人民生活需求的不断提高、利益格局的深刻变动都迫切要求推进社会制度改革。中共十八届三中全会提出，经济体制改革的核心问题是正确处理好政府与市场的关系，更加尊重市场规律，更好地发挥政府作用。以此为参照，社会体制改革的核心问题是正确处理好政府与社会的关系，更加尊重社会运行规律，更好地利用社会力量。就社会体制改革而言，政府与社会的关系主要体现为两个方面的基本问题：一方面是政府在社会领域的越位、错位、缺位问题；另一方面是政府向社会还权、放权、赋权的问题。改革以来，社会体制改革为构建和谐阶层关系创造了前提条件，社会体制改革取得的成效对阶层关系和谐产生的积极影响也应该得到充分肯定。但同时，现有的社会体制存在的不完备对阶层关系和谐产生了一定影响。具体表现在以下方面。

我国现行的社会制度是从改革以来"政府—单位"的两极结构逐步过渡到"政府—社区"的两极结构，政府对社会发展的积极性高涨，社区在基层社会建设上的责任愈益重要，政府在社会领域中相关的财政投入也逐年增加，为促进阶层关系和谐发挥了重要的、不可或缺的作用。但是，也应看到，"政府—社区"的两极式社会制度仍然存在着严重的"以政代社""以政干社"的问题，政府在社会领域中的职能至今未能完全实现有效的转变，社会组织发展还不充分、不健全，社会组织化程度仍然比较低，社区建设成效仍然比较有限，不同社会阶层之间的和谐共处仍然缺乏良好的公共空间。这些都会对阶层关系的演进产生一定的影响。

---

① 中共中央文献研究室．十八大以来重要文献选编：上［M］．北京：中央文献出版社，2014：513．

（五）生态文明制度不完备影响阶层关系问题的具体分析

中共十八大以来，以习近平同志为核心的中央领导集体大力推进生态文明制度建设，生态文明制度建立、完善和实施都取得了明显成效。生态文明制度建设方面，先后印发了《关于加快推进生态文明建设的意见》《生态文明体制改革总体方案》，颁布了《大气污染防治行动计划》和《水污染防治行动计划》，并逐步建立了环境保护问责制度等，生态文明制度不断建立健全，基本实现了在生态文明建设各领域、各环节均有法律政策可依、有规章制度可循。建立并实施中央环境保护督察制度，实现了31个省区市全覆盖，环境监管执法力度明显加大。生态文明建设取得明显成效，生态状况比以前明显好转。生态环境部发布的《2021中国生态环境状况公报》显示：2021年全国生态环境质量主要指标顺利完成，生态环境质量明显改善。生态环境部发布的《2021年中国海洋生态环境状况公报》显示，管辖海域海水水质整体持续向好，水质优良海域面积比例持续提升，劣四类海域面积持续下降。但生态环境稳中向好的基础还不稳固，生态环境质量由量变到质变的拐点尚未出现，仍存在某些区域、某些时段、某些指标波动变差的可能。[①] 生态环境发展不平衡、不充分的问题还没有从根本上解决，生态环境保护仍然任重而道远。

从制度层面看，我国生态文明建设仍然存在制度不完备的问题，其突出表现是生态文明制度碎片化、分散化、部门化的问题仍然十分明显，制度执行过程中各职能部门职责划分不清、责任落实不到位、损害责任追究缺失等问题仍然比较突出。从最近几年发生的一些重大生态环境事件暴露出来的问题看，都存在一些具有普遍性的问题，如地方政府的环保意识不强、履职不到位、执法监督作用发挥不好等，甚至存在一些地方政府制定的法律规范、政策文件与中央政策和国家法律相抵触的问题。在生态环境部等七部门联合开展的"绿盾2017"国家级自然保护区监督检查专项行动中，就核实和废止了与中央政策和国家法律存在冲突的"地方性法律法规12部、修订51部"[②]。

进入新时代，随着我国社会主要矛盾的转化，生态环境在人民美好生活幸福指数中的权重不断提高，对优美生态环境的需要日益增长。习近平指出，"良好生态环境是最公平的公共产品，是最普惠的民生福祉"[③]，强调要正确处理好

---

① 刘毅，寇江泽. 2021年全国生态环境质量明显改善[N]. 人民日报，2022-05-31.
② 徐玉生. 扎实推进生态文明制度体系建设[N]. 人民日报，2018-10-29.
③ 中共中央宣传部. 习近平总书记系列重要讲话读本[M]. 北京：人民出版社，2014：123.

经济发展同生态环境保护的关系，发展经济是为了民生，保护生态环境同样也是为了民生。要更好地实现社会各阶层成员对优美生态环境的需要，为阶层关系和谐创造良好的环境条件，就必须加强生态文明制度建设，保证在中国特色社会主义事业发展过程中，既要创造更多的物质财富和精神财富以满足人民日益增长的美好生活需要，也要提供更多优质生态产品以满足人民日益增长的优美环境需要。

阶层关系和谐视域下制度不完备的原因与我国改革特殊的历史背景和实践进程有关。改革时期，由于缺乏系统的理论指导和既有的实践经验借鉴，所以我国改革采取的是渐进式改革方式，重要方法是所谓的"摸着石头过河"，习近平指出"摸着石头过河，是富有中国特色、符合中国国情的改革方法"[①]。经过艰苦不懈的努力，改革取得了多方面明显的成效，在经济迅速发展、人民生活水平大幅提高、综合国力显著增强的同时，也保持了国家政局的稳定以及社会关系整体的和谐。但是，因为这一时期的改革次序是从外围到核心，先增量后存量，先经济后政治，先着手在体制外寻求新的增长点，在新体制基本形成后再打破旧体制，存在着比较突出的改革内容表象化、改革措施碎片化的问题，其结果就是在社会主义制度建设方面仍然不完备，还没有从根本上突破旧的体制机制，新的社会制度的完善和体制机制的健全也还需要时日。

我们认为，制度不完备是造成阶层关系问题的深层次原因，通过全面深化改革进一步健全中国特色社会主义制度体系，是协调阶层关系、处理阶层关系问题的必然要求。全面深化改革阶段，要继续"充分发挥经济体制改革牵引作用"[②]，针对经济、政治、文化、社会和生态文明体制方面暴露出来的弊端和某些环节存在的具体问题，通过全面深化改革逐步予以解决。积极推动政治体制改革，促进政治权力科学合理配置，严格规范权力主体的行为，充分发扬社会主义民主，建立更加完善的社会各阶层成员的权益保障机制；积极推动文化体制改革，大力加强社会主义思想文化建设，积极培育和践行社会主义核心价值观，使之成为社会各阶层成员共同的价值追求；积极推动社会体制改革，促进以民生为重点的社会改革的开展，打破不公正、不合理的利益分配格局，切实解决好教育、就业、分配、养老、医疗、保障等民生问题，积极构建社会主义和谐社会；积极推动生态文明体制改革，进一步促进保护生态环境的制度体系

---

[①] 中共中央文献研究室. 习近平关于全面深化改革论述摘编 [M]. 北京：中央文献出版社，2014：34.

[②] 中共中央文献研究室. 十八大以来重要文献选编：上 [M]. 北京：中央文献出版社，2014：513.

的建立和完善。积极推动经济、政治、文化、社会、生态文明各领域的全面深化改革，形成经济体制改革、政治体制改革、文化体制改革、社会体制改革和生态文明体制改革良性互动的局面，进一步健全中国特色社会主义制度体系，并以此来实现更有效地激发社会各阶层的积极性、主动性和创造性，保持经济发展、政治稳定、文化繁荣、社会和谐、生态良好的目的。

全面深化改革以来，我国在重要领域和关键环节改革上已经取得了决定性成果，基本形成了系统完备、科学规范、运行有效的制度体系，但要使各方面制度更加成熟更加定型，就必须"以强烈的历史使命感，最大限度集中全党全社会智慧，最大限度调动一切积极因素，敢于啃硬骨头，敢于涉险滩，以更大决心冲破思想观念的束缚、突破利益固化的藩篱，推动中国特色社会主义制度自我完善和发展"[①]。只有这样，才能真正为处理好阶层关系问题、实现阶层关系和谐提供坚强有力的制度保障。

## 第三节 直接原因——政策性因素

政策性因素是全面深化改革进程中的阶层关系问题产生的直接原因。本节重点讨论政策性因素对全面深化改革进程中的阶层关系的影响。政策对制度的长期运行具有规划、目标取向、修正等作用，从而使制度按照理想的轨道运行。所谓改革实质上就是不断用政策变量去修正制度或是体制机制，因而政策在处理阶层关系问题方面发挥了重要作用。新中国成立以来的70多年间，我国的社会制度并没有发生根本改变，但是阶层结构和阶层关系却发生了巨大的变化，这正是政策变量发挥重要作用所致。政策性因素是全面深化改革进程中阶层关系问题产生的直接原因。所以正确认识和客观评价我国全面深化改革以来的政策，是处理好全面深化改革进程中阶层关系问题的条件和要求。本节在厘清政策性因素与阶层关系和谐之间关系的基础上，在对我国通过政策协调阶层关系的历史回顾的基础上，具体分析政策性因素对全面深化改革进程中的阶层关系问题的影响。

**一、政策性因素影响阶层关系的理论分析**

政策是"国家和政党为了实现一定的总目标而确定的行动准则，它表现为

---

① 中共中央文献研究室.十八大以来重要文献选编：上 [M].北京：中央文献出版社，2014：514.

对人们的利益进行分配和调节的政治措施和复杂过程"①。政策具体包括经济政策、政治政策、社会政策、科教文卫政策等。其中社会政策对阶层关系的影响更为直接和紧密，因为社会政策的一个最突出的特点就是直接作用于社会各阶层成员的实际利益，与阶层关系的联系最为密切，对阶层关系的发展会产生更为直接的影响。"社会政策"这一术语的提出者瓦格纳（Wagner）认为，"社会政策是运用立法和行政的手段，以争取公平为目的，清除分配过程中的各种弊害的国家政策"②。吴忠民认为，社会政策是指"以公正为理念依据，以保证民众的基本权利、提升民生水准、增进社会的整体福利、保证社会安全为主要目的，以国家的立法和行政干预为主要途径而制定和实施的一系列的行为准则、法令和条例的总称"③。社会政策具体包括社会保障政策、公共医疗卫生政策、公共住房政策、公共教育政策、劳动就业政策等。公平完善的社会政策是协调社会各阶层之间利益关系、增进阶层关系和谐程度的重要支撑，公平完善的社会政策对阶层关系和谐起积极作用；反之，则对阶层关系和谐起消极作用。因此，要促进阶层关系和谐，制定公平完善的政策特别是社会政策是至关重要的。对此，社会政策的研究者们指出，选择性的福利政策容易使福利接受者污名化，进而对"社会产生分裂的影响"，只有普惠性的社会政策方案才能有助于促进社会的整合。借助公平完善的社会政策，能为解决阶层关系问题提供强有效而且是强有力的支持。

阶层结构的形成和阶层关系的演进受许多变量的影响，在我国现行体制下，与阶层结构和阶层关系构建有关的政策是影响阶层关系的最重要变量。政策是政府意志的体现，是一种权威性的社会价值分配方案，对某一具体政策而言，这种价值分配将会在与政策相关的社会阶层成员中进行，必将对社会阶层成员在阶层关系中的位序产生影响。中国是一个典型的政府主导型社会，政府的政策对于阶层结构和阶层关系的影响很大，甚至可能是决定性的，尤其是社会政策中的收入分配及调节政策、社会保障政策、教育政策对我国阶层结构和阶层关系的影响更加深刻，而且这些政策还会继续影响我国阶层结构和阶层关系的发展趋势与演变状况。所以，重视政策创新，特别是社会政策创新对阶层关系发展的影响，对于我们正确认识和处理全面深化改革进程中的阶层关系问题具有特殊意义。

---

① 孙光. 现代政策科学 [M]. 杭州：浙江教育出版社，1998：27.
② 曾繁正. 西方国家法律制度、社会政策及立法 [M]. 北京：红旗出版社，1998：165.
③ 吴忠民. 走向公正的中国社会 [M]. 济南：山东人民出版社，2008：222.

2006年,"社会政策"这个概念第一次被写入中共十六届六中全会通过的《中共中央关于构建社会主义和谐社会若干重大问题的决定》,这表明中国共产党已经从执政的高度和发展的全局重视社会政策在促进社会发展、增进阶层关系和谐方面的重要性。为提高社会政策协调阶层关系的有效性,吴忠民提出"落实社会政策:要力度更要精确度"[1],认为能够彰显社会的公平正义,能够体现经济和社会发展成果为社会各阶层成员普遍共享的社会政策显然更有助于阶层关系问题的解决,所以,为解决好阶层关系问题,必须重视制定和实施更加公平完善、科学有效的社会政策。

## 二、阶层关系和谐视域下推进政策创新的实践回顾

公平完善的政策对于全面深化改革进程中的阶层关系问题的解决具有重要作用。中国共产党始终代表中国最广大人民的根本利益,以人民利益为中国共产党的最高利益和全部利益,从维护人民利益出发,服务和服从于阶层关系和谐发展的需要,积极进行政策创新,对解决阶层关系问题起到了非常重要的作用。

毛泽东认识到,要处理好阶层关系问题,实现阶层关系和谐,就必须兼顾不同阶层成员之间的利益,协调不同阶层成员之间的利益冲突。他指出,"我们是以占全人口百分之九十以上的最广大群众的目前利益和将来利益的统一为出发点的"[2],只有从关心不同社会阶层成员的切身利益入手,使阶层成员切身感受到共产党是代表阶层成员利益的,才能得到阶层成员的支持和拥护,"我们应该深刻地注意群众生活的问题,从土地、劳动问题,到柴米油盐问题"[3]。社会主义改造时期,面临复杂多变的国内外形势,为了协调好社会各阶层成员之间的利益关系,毛泽东实行了一系列积极政策,包括解决工人阶级的失业问题和吃饭问题、实行土地改革以满足农民阶级的土地要求、给小手工业者找出路以维持他们的生计生活等。社会主义建设时期,针对苏联模式中存在的残酷剥夺农民的做法,毛泽东强调,"我们对农民的政策不是苏联的那种政策,而是兼顾国家和农民的利益"[4],并认为无论只顾哪一个阶层,都是不利于社会主义的,应该兼顾和处理好不同社会阶层之间的利益关系。为此,大力发展救济福利事业,所需经费和物资全部计入国家或地方财政预算,这种救济福利事业在当时

---

[1] 吴忠民. 落实社会政策:要力度更要精确度[N]. 中国社会科学院报,2009-06-02.
[2] 中共中央文献研究室. 毛泽东选集:第3卷[M]. 北京:人民出版社,1991:864.
[3] 中共中央文献研究室. 毛泽东选集:第1卷[M]. 北京:人民出版社,1991:138.
[4] 中共中央文献研究室. 毛泽东文集:第7卷[M]. 北京:人民出版社,1999:30.

较大程度上解决了困难群体的基本生存问题，有益于阶层关系问题的解决。教育的重要性在这一时期也得到了较大程度的重视，为了改变"百分之八十的人过去都是文盲"的不利局面，毛泽东十分重视大众教育的重要性，将社会主义建设同教育事业发展紧密联系起来，在《关于正确处理人民内部矛盾的问题》中明确指出，"应该使受教育者在德育、智育、体育几方面都得到发展，成为有社会主义觉悟的有文化的劳动者"①，教育事业的发展有助于普通社会阶层成员凭借自身的努力实现向上流动，改变自身和家庭的阶层地位。毛泽东还对社会主义条件下的社会公正问题进行了一定程度的探索，提出了在经济社会发展基础上要逐步消灭"三大差别"的美好设想，并提出要赋予社会阶层成员平等的政治权利等主张。毛泽东在政策制定和实施方面所做的努力使当时的阶层关系问题得到了一定程度的缓和。

　　改革初期，邓小平就提出我们制定和实行的政策要体现社会主义优越性，要符合共同富裕的要求，"不讲多劳多得，不重视物质利益，对少数先进分子可以，对广大群众不行，一段时间可以，长期不行"②。实行的个人收入分配政策要使所有的社会阶层成员都能够获益，同时要防止出现严重的两极分化，"如果我们的政策导致两极分化，我们就失败了；如果产生了什么新的资产阶级，那我们就真是走了邪路了"③。邓小平认为，如果在改革和发展中出现了不同社会阶层之间贫富的两极分化，就可能造成不同社会阶层之间原本非对抗性的矛盾演变为对抗性矛盾，这就势必严重影响到阶层关系的和谐统一。所以，要采取一系列政策措施如税收调节等，保障共同富裕目标的实现。在政治权利方面，邓小平主张落实和保障不同社会阶层成员都真正享有通过各种有效形式管理国家事务、经济文化事务、公共事务的权利。邓小平还根据不同社会阶层成员的特点，通过采取不同的政策来实现不同社会阶层成员的利益，从而提高阶层关系和谐程度。对农民阶层，肯定农民阶层创造的"交够国家的，留足集体的，剩余都是自己的"分配模式，主张给农民阶层以更多的生产经营自主权，使之成为市场经济的主体；通过实行村民自治制度，使农民阶层的民主权利得到落实，成为政治生活的主体。对知识分子阶层，邓小平指出，"一定要在党内造成一种空气：尊重知识，尊重人才"④，要为知识分子创造比较好的工作和生活条

---

① 中共中央文献研究室. 毛泽东文集：第7卷 [M]. 北京：人民出版社，1999：226.
② 中共中央文献编辑委员会. 邓小平文选：第2卷 [M]. 北京：人民出版社，1994：146.
③ 中共中央文献编辑委员会. 邓小平文选：第3卷 [M]. 北京：人民出版社，1994：110-111.
④ 中共中央文献编辑委员会. 邓小平文选：第2卷 [M]. 北京：人民出版社，1994：41.

件，为知识分子提供更高的政治地位和更好的物质待遇。围绕着"尊重知识、尊重人才"这个核心，中国共产党逐步形成了以"政治上充分信任，工作上放手使用，生活上关心照顾"为主要内容的针对知识分子阶层的系统的理论和政策，在协调阶层关系方面发挥了重要作用。

江泽民指出，"加快改革开放和经济发展，目的都是满足人民日益增长的物质文化需要"[①]。在不断完善社会主义市场经济体制的过程中，坚持效率优先、兼顾公平的原则，在分配制度改革方面，坚持实行按劳分配为主体、多种分配方式并存的分配制度，同时采取多种政策手段对收入水平差距进行调节；在社会保障制度改革方面，实行社会统筹和个人账户相结合的养老、医疗保险制度，完善失业保险和社会救济制度，为社会各阶层成员提供最基本的社会保障；高度重视"三农"问题，强调"农村稳定是整个社会稳定的基础，农民问题始终是我国革命建设、改革的根本问题"[②]，把农村建设和农民阶层利益的实现作为制定政策的关键部分加以重视，以增进阶层关系和谐，维护社会的均衡发展。

胡锦涛在处理阶层关系问题中也非常重视政策的创新和完善。如经济方面，提出"两个同步""两个提高"，即"努力实现居民收入增长和经济发展同步、劳动报酬增长和劳动生产率提高同步，提高居民收入在国民收入分配中的比重，提高劳动报酬在初次分配中的比重"[③]，大幅度提高普通劳动者的劳动性收入水平，同时加强对个人所得税的征收，逐步扭转收入分配差距不断扩大的趋势，实现发展成果由人民共享，最大限度兼顾和协调社会各阶层的经济利益关系。政治方面，根据当前我国社会阶层结构变化的情况，要求在人大代表中提高基层人大代表特别是一线工人阶层、农民阶层、知识分子阶层的代表比例，降低党政领导干部代表比例；强调社会主义协商民主是我国人民民主的重要形式，积极推进协商民主广泛、多层、制度化发展；重视疏通社会弱势群体表达自己利益要求的渠道；等等。民生方面，包括强调教育公平是社会公平的重要基础，要优先发展教育，并坚持教育的公益性质，不断加大政府财政对教育的投入和支持的力度，促进教育事业的发展；健全劳动标准体系和劳动关系的协调机制，加强劳动保障的监察和争议调解的仲裁，努力构建和谐的劳动关系等，有效协调不同社会阶层成员之间的经济、政治、文化、社会、生态利益关系。

中共十八大以来，以习近平同志为核心的中央领导集体从处理阶层关系问

---

① 中共中央文献编辑委员会. 江泽民文选：第1卷 [M]. 北京：人民出版社，2006：239.
② 中共中央文献编辑委员会. 江泽民文选：第1卷 [M]. 北京：人民出版社，2006：258.
③ 中共中央文献编辑委员会. 胡锦涛文选：第3卷 [M]. 北京：人民出版社，2016：642.

题的现实需要出发，把保障和改善民生放在更加突出的位置，实行一系列社会政策，大幅度提升了社会各阶层成员的幸福感、获得感和安全感。一是积极完善收入分配政策，社会各阶层成员之间收入差距逐步缩小。国家统计局发布的2022年国民经济和社会发展统计公报显示，2022年，全年全国居民人均可支配收入36883元，比上年增长5.0%，扣除价格因素，实际增长2.9%。城乡居民人均可支配收入比值为2.45，比上年缩小0.05。① 二是强调就业是民生之本，实行积极促进就业政策，就业形势基本稳定，城镇调查失业率控制在5%左右。与此同时，我国不断完善劳动者权益保障法规，数以亿计的农民工的平均工资水平和劳动权益保障水平稳步提高。三是大力发展社会保障事业，社会保障网越织越密。国家统计局发布的2022年国民经济和社会发展统计公报显示，2022年末全国参加城镇职工基本养老保险人数50349万人，比上年末增加2275万人。参加城乡居民基本养老保险人数54952万人，增加155万人。参加基本医疗保险人数134570万人，其中参加职工基本医疗保险人数36242万人，参加城乡居民基本医疗保险人数98328万人。参加失业保险人数23807万人，增加849万人。年末全国领取失业保险金人数297万人。年末全国共有683万人享受城市最低生活保障，3349万人享受农村最低生活保障，435万人享受农村特困人员救助供养，全年临时救助1083万人次。② 以基本养老、基本医疗、最低生活保障制度为支柱，以养老、医疗、失业、工伤、生育五大保险为框架，以社会福利、社会救助、住房保障为辅助，我国已经建成世界上最宏大的覆盖城乡居民的社会保障安全网。通过这一系列的社会政策，有效促进了阶层关系问题的解决，增进了阶层关系的和谐程度。

从现行政策来看，存在的问题主要有：收入分配政策仍然不完善，不同社会阶层成员之间的收入差距还比较大，特别是因为现实社会存在的一些不合理、不合法因素产生的贫富差距、身份差距等问题，造成部分社会阶层成员的不公平感还比较强烈；就业政策仍然不完善，一方面城市就业压力持续加大，一定程度上增加了部分社会阶层成员的不安感和无助感，另一方面就业机会的不平等又造成部分社会阶层成员无法拥有平等的生存和发展空间，由此部分社会阶层成员产生的不公平感和负面情绪也不容忽视。这些都对社会心态产生了一些消极影响，危害到阶层关系的和谐稳定。特别是随着我国经济社会发展水平和

---

① 国家统计局. 中华人民共和国2022年国民经济和社会发展统计公报［EB/OL］.（2023-02-28）. http://www.stats.gov.cn/sj/zxfb/202302/t20230228_1919011.html.

② 国家统计局. 中华人民共和国2022年国民经济和社会发展统计公报［EB/OL］.（2023-02-28）. http://www.stats.gov.cn/sj/zxfb/202302/t20230228_1919011.html.

社会各阶层成员的生活水平不断提高，社会各阶层成员的公平意识、民主意识、权利意识、法治意识也在不断增强，对社会不公问题的反映也越来越强烈，现实存在的政策不完善的问题如果不能够得到很好解决，还会进一步影响到社会各阶层成员对全面深化改革的信心和决心，影响到国家整个改革和发展的大局。

随着中国特色社会主义进入新时代，社会主要矛盾已经转化为人民日益增长的美好生活需要和不平衡不充分的发展之间的矛盾，对政策创新发展提出了更多、更高、更新的要求，政策创新应当积极有效地回应新时代社会各阶层成员满足日益增长的美好生活需要的多方面、多元化、多层次的需求。从有利于解决阶层关系问题、促进阶层关系和谐的意义上强调政策创新，就要求政策创新不仅要考虑为满足社会各阶层不断增长的美好生活需要提供充分保障，更要考虑为底层成员或困难群体在收入、健康、教育等方面提供基础保障，尤其需要积极为底层成员或困难群体的能力提升创造条件，通过对底层成员或困难群体的保护和支持，协调不同社会阶层成员之间的利益关系，更好地实现社会各阶层成员之间的有机融合和和谐共处。

### 三、阶层关系问题产生的政策性因素的具体分析

在我国，制度框架下的政策创新在推动阶层关系构建与发展中的作用是特别重要的。新中国成立之初，针对我国当时的阶级、阶层关系，以毛泽东为核心的中央领导集体通过实行一系列积极政策，包括促进就业、对困难人群实行社会救济等来体现社会主义的平等原则；改革初期，以邓小平为核心的中央领导集体通过实行"让一部分人先富起来"为导向的收入分配政策，使我国从一个均等化程度非常高的整体性社会演变为阶层迅速分化的多元化社会，政策影响阶层结构变化和阶层关系演进都非常明显。改革以来，我国在政策制定和政策执行方面都取得了很大进展，但因为政策的调整往往需要一个很长的过程，特别是全面深化改革以来，我国阶层结构和阶层关系都发生了深刻变化，针对全面深化改革以来出现的阶层关系问题，政府已经出台了很多政策进行协调和处理，并且已经对协调阶层关系、促进阶层关系和谐起到了一定积极作用，但现有政策存在的一些不完善造成的阶层关系问题依然突出，为此，我们需要对当前阶层关系问题产生的政策性因素进行具体分析。

（一）阶层关系和谐视域下政策不完善的集中表现

政策性因素是全面深化改革进程中的阶层关系问题产生的直接原因，结合阶层关系问题的实际表现和具体特点，我们认为，现有政策存在的不完善集中

表现在以下方面。

一是政策制定方面对社会各阶层成员的利益保障还不够充分，特别是对物质利益照顾不够。具体表现在：我国社会福利支出占国家财政支出的比例还偏低，社会福利的标准偏低，难以满足不同社会阶层成员多元化、多层次的福利需求。以社会救助制度为例，据《2021年民政事业发展统计公报》：截至2021年底，全国共有城市低保对象737.8万人，全国城市低保平均保障标准711.4元/人·月，全年支出城市低保资金484.1亿元；有农村低保对象3474.5万人，全国农村低保平均保障标准6362.2元/人·年，全年支出农村低保资金1349.0亿元。[1] 社会救助政策的覆盖范围和社会救助水平都还难以完全满足底层成员或贫困群体的现实需要，社会救助政策应保尽保的目标还没有完全实现。困难家庭因为社会救助政策不够完善生活得不到及时救助而陷入绝境，对社会和谐产生一定的消极影响。近年来，由此产生的社会悲剧事件时有发生，表明我国社会保障事业发展中的不平衡和不充分的问题比较突出，与我国现有的经济发展水平相比还很不相称，尤其相对于人民日益增长的美好生活需要来说，存在的差距还很大。为此，国家需要进一步加大对社会保障事业的财政投入，尤其是要加大对经济社会发展相对落后地区、偏远贫困地区、困难家庭和弱势群体的财政投入力度和经济支持力度，实现社会保障体系全覆盖，真正实现社会各阶层成员能够共享国家经济社会发展的成果。

二是政策制定方面还存在比较明显的部门化色彩。政策制定要在注重保障社会各阶层成员权利平等的基础上，正确处理社会各阶层之间的利益关系，实现不同社会阶层成员之间利益关系的和谐，由此促进阶层关系的和谐。但现在我国政策制定过程中公共性不足的问题仍然突出，如随着统一的城乡居民养老保险制度和医疗保险制度的实施，现行户籍管理制度出现了去身份化、去地域化的积极变化，但也有政策仍然对流动人口的社会保障和就业教育等权益具有较强的排斥性。如按照地方政府城市公租房政策，公租房主要惠及的是拥有本地城市户口的低收入群体和住房困难群体；如部分城市的网约车规定，非本地户籍人口没有资格从事网约车。这些都是以户籍身份区分不同社会阶层成员享有的权益，强化具有某些特定身份的阶层成员的特殊福利。除此之外，还有很多因素可能影响到政策的公共性不足，如职业身份、单位属性、行业属性等，特别是在养老金制度改革中，行政单位、事业单位和企业单位的养老金制度虽

---

[1] 中华人民共和国民政部. 2021年民政事业发展统计公报 [EB/OL]. (2022-08-26). https://www.mca.gov.cn/article/sj/tjgb/202208/20220800043589.shtml.

然并轨了，但行政单位、事业单位增设了职业年金，非行政单位、事业单位人员则没有职业年金。这些政策实行的结果可能会在一定程度上加剧不同社会阶层成员之间的过度分化。

三是政策制定方面阶层的开放性不足。适度开放、公平有序的阶层流动是构建和谐的阶层关系的必然要求。如果制定的政策违背了阶层开放性原则，就会造成社会阶层的阶层固化问题，甚至会造成阶层结构和阶层关系的扭曲变形，形成不同社会阶层成员之间对立的社会情绪。当前阶层关系发展中存在的比较明显的仇富情绪就是政策缺乏阶层开放性、社会流动受阻和阶层固化加剧的现实反映。

根据帕金（Parkin）的"社会屏蔽"理论，现代社会的基本趋势是从集体排他转向个体排他，而目前我国政策制定方面存在的阶层开放性不足的问题，就是对于某些阶层采取集体排他政策，如现行政策中存在的落户限制、就业歧视、保障排斥等，都会把城镇化进程中从农村进入城市的部分社会阶层成员排斥在城市的正式居民之外，必定会激化阶层关系问题。这种阶层开放性不足的政策甚至会因为阻断了部分底层群体改变自己阶层地位的正常渠道，使底层群体产生一种悲观情绪和绝望心理，其社会影响可能是非常严重的。近年来，部分地区少数底层社会群体出现的极端破坏行为应该引起足够重视。实行更加开放的社会政策，从集体排他转向个体排他，是消除底层成员尤其是底层精英分子的社会不满、社会仇恨情绪，缓解阶层关系问题的重要出路。

四是政策制定方面阶层成员的参与程度不高。"公民参与是社会政策的精髓。"[①] 社会阶层成员广泛参与政策的制定过程不仅是尊重社会阶层成员的知情权和参与权，也有助于不同社会阶层成员对国家政策的认识和理解，对政策的顺利执行也具有积极意义。目前我国政策制定方面还是由政府主导，政策的制定主要由政府决策部门内部建立的信息收集和政策研究机构负责，这就会造成缺少社会阶层成员广泛参与的政策与社会各阶层成员的实际利益需求存在不一致，甚至会造成某些社会阶层成员的利益因此受损。如部分地方政府在主持制定与社会阶层成员利益紧密相关的拆迁征地补偿政策、保障性住房分配政策时，往往因为没有充分征询与拆迁征地补偿政策、保障性住房分配政策利益直接相关的阶层成员的利益诉求，出现在政策制定和政策执行环节存在有违公平正义原则的问题，这不仅会降低政府的公信力，而且会激化阶层关系问题，给我们处理阶层关系问题带来严峻挑战。

---

① 莫泰基. 公民参与：社会政策的基石 [M]. 北京：中华书局，1995：2.

五是政策制定方面仍然存在"政策多、法律少"的现象。以社会各阶层成员的社会权益保障为例,《中华人民共和国宪法》赋予社会各阶层很多社会权利,如教育权、就业权、保障权等。在这些社会权益的保障方面,从法律层面来讲,国家先后制定的法律有《中华人民共和国义务教育法》《中华人民共和国社会保险法》《中华人民共和国老年人权益保障法》《中华人民共和国就业促进法》等,但社会各阶层成员社会权益的实现更多还是需要一些政策法规形式来提供保障。以贫困人口的社会救助为例,2014年5月我国制定实施了新的《社会救助暂行办法》,对待贫困人口的救助问题也仍然是从行政事务的角度,从政策层面,而不是从法律权利的角度,从法律层面来加以实现的。在现实生活中,"人情保""关系保"等不公正现象的出现与政策制定方面仍然存在"政策多、法律少"的不完善有关。只有将政策进一步上升为法律,才能通过法律形式更好地保障社会各阶层,特别是特定阶层成员相应的社会权益,只有实现法制化,处理阶层关系问题、协调阶层关系矛盾"才能定型化、精细化,才能增强执行力和运行力"[①]。

我们认为政策的不完备带来的是社会阶层分化过程中的过度分化和阶层固化,而社会阶层分化过程中的过度分化和阶层固化产生的直接结果,就是致使政府在制定政策时更难以协调不同社会阶层成员的需要。在多元分化的社会,不同社会阶层成员对政策的需求本身存在很大的差异性,政府政策的制定和执行很难同时实现对所有社会阶层成员的有效覆盖,因此政府政策制定和执行也就必然无法让所有社会阶层成员都满意。在这种情况下,不同社会阶层成员之间的道德情感、价值观念和心理认同就可能发挥非常重要的作用。当然,如果道德情感和心理认同也难以协调彼此的利益需求矛盾,不同社会阶层成员之间的冲突就必然会发生。在政策不完善的情况下,如果存在部分社会阶层成员对另一部分社会阶层成员利益的侵害和占有,利益被侵害的一方就难以认可既有的政策,还会由此产生相对的被剥夺感,对阶层关系和谐产生严重影响。所以,就当前我国阶层关系面临的形势而言,亟待推出更加注重社会公平正义的社会政策,使不同社会阶层成员之间的利益关系冲突能够得到及时有效的调整,同时通过加强中国特色社会主义文化建设,提高社会各阶层成员思想文化水平和道德修养,加强社会心理服务体系建设,培育自尊自信、理性平和、积极向上的社会心态等,积极增进阶层关系和谐程度。

---

① 张文显. 法治化是国家治理现代化的必由之路[J]. 法制与社会发展, 2014, 20(5): 8.

## （二）政策不完善影响阶层关系问题的具体分析

政策是政府意志的集中体现，是一种权威性的价值分配方案，对某一具体政策而言，这种价值分配将会在与政策相关的不同社会阶层成员中实现，必然会对不同社会阶层成员在阶层关系中的地位产生直接影响。工业化、信息化、新型城镇化和农业现代化是我国现代化进程中的主要内容，加速推进工业化、信息化、新型城镇化和农业现代化是实现全面建成小康社会和实现新"两步走"战略部署的重要途径，也是全面深化改革进程中影响我国阶层关系演进的重要实践。习近平在中共十九大报告中指出，要"推动新型工业化、信息化、城镇化、农业现代化同步发展"①。在此，我们通过以"四化"进程中的新型城镇化为例，对政策性因素影响全面深化改革进程中的阶层关系问题的表现做具体分析，以此说明政策不完善如何影响阶层关系问题。

中共十八大明确提出走中国特色新型城镇化道路，中共十八届三中全会全面阐释了中国特色新型城镇化的新内涵，指出所谓走中国特色新型城镇化就是"推进以人为核心的城镇化，推动大中小城市和小城镇协调发展、产业和城镇融合发展，促进城镇化和新农村建设协调推进"②。针对走中国特色新型城镇化道路，习近平指出："推进城镇化是解决农业、农村、农民问题的重要途径，是推动区域协调发展的有力支撑，是扩大内需和促进产业升级的重要抓手。"③ 在这里，中国特色新型城镇化作为我国经济增长的新引擎和经济结构转型的主要途径，被赋予了更为重要的历史使命。

关于新型城镇化对社会阶层关系的影响的一般分析。我国正在经历世界最大规模的新型城镇化进程，据第七次全国人口普查结果，2020年，全国人口共141178万人，居住在城镇的人口为90199万人，占63.89%；居住在乡村的人口为50979万人，占36.11%。与2010年相比，城镇人口增加23642万人，乡村人口减少16436万人，城镇人口比重上升14.21个百分点。④ 新型城镇化进程对我国阶层结构和阶层关系演进产生直接影响：一方面，新型城镇化是培育合理社

---

① 习近平. 决胜全面建成小康社会 夺取新时代中国特色社会主义伟大胜利：在中国共产党第十九次全国代表大会上的报告［M］. 北京：人民出版社，2017：21.
② 中共中央文献研究室. 十八大以来重要文献选编：上［M］. 北京：中央文献出版社，2014：524.
③ 中共中央文献研究室. 十八大以来重要文献选编：上［M］. 北京：中央文献出版社，2014：589.
④ 国家统计局. 第七次全国人口普查主要数据情况［EB/OL］.（2021-05-11）. http://www.stats.gov.cn/sj/zxfb/202302/t20230203_1901080.html.

会阶层结构的重要推动力量。新型城镇化进程对农村社会阶层成员构成产生的主要影响是农村人口持续减少和农村原有社会阶层内部构成发生明显变化,对城市社会阶层结构产生的影响则主要表现为工人阶级阶层队伍持续发展壮大、工人阶级内部构成成分复杂化,以及新社会阶层力量发展壮大。在新型城镇化加速发展的条件下,农村社会中农民阶层的进一步减少是必然趋势,农民阶层的多元分化不仅将继续,分化的力度还会进一步加大。新型城镇化也将加快工人阶级阶层的分化和整合过程。

另一方面,新型城镇化也极大地影响着我国阶层关系的演进。在当前新型城镇化迅速发展的同时,阶层关系方面也出现了一些问题。这其中有城市居民与外来人口之间的矛盾、城市低收入阶层与农民工之间的矛盾,也有城市高收入阶层与农村低收入阶层之间的矛盾等,问题的实质是城市流动人口的社会融入问题,造成新型城镇化中这些阶层关系问题的重要原因与政策偏差有关。如一些地方政府通过制定地方性政策限制外来人口或是农民工从事某些行业的经营和工作,想以此缓解地方就业压力和城市居民的不满情绪,但这样的政策只会进一步加剧城市居民与外来人口、农民工之间的紧张关系,形成一种新的城乡矛盾。

我们知道,新型城镇化的根本要义是人的城镇化。城镇化面临的最大挑战和阻力就是"人的城镇化"问题,也即城镇化的核心问题。"人的城镇化"是一个比较复杂的概念,它所涵盖的内容十分广泛,最重要的是指作为城镇化主体的人自身的生产方式、生活方式、文明素质和社会权益所发生的重大变化。"人"的城镇化的最终目标是,城乡居民拥有平等的经济权利、社会权利、政治权利和发展权利,如土地和住房等财产权利、获得社会保障和公共服务的权利等。"人"的城镇化特别强调,在城镇化中要实现"人"公平公正的社会权益。这其中,核心的问题是城市流动人口的社会融入问题。社会融入从宏观层面来讲,是指制度政策对流动人口接纳包容还是拒绝排斥,微观层面有四个维度,包括经济、社会、文化和心理。城镇化进程中社会融入需要政府的主导、社区的融合,包括个人的努力。社会融入是非常重要的事情,是关系到阶层关系问题解决的关键,只有成功实现了城市流动人口的社会融入,才可能真正形成一个共有、共建、共享的和谐社会。

关于当前我国新型城镇化的相关政策对阶层关系问题的影响的具体分析。在促进城市流动人口的社会融入方面,遇到的突出难题有:一是与现有的户籍政策有关。目前的户籍政策是,全面放开小城市、小城镇户籍,有序放开中等城市,严格控制特大城市。而我们所做的一些调研表明,农民、农民工多数希望到县以上的城市定居,小城镇对他们的吸引力并不大。原因是大城市的资源,特别是附着在户籍上的教育资源优势非常明显。我国教育资源的分布极不平衡,城市与乡村、大城市与小城市、经济发达地区与经济落后地区,教育资源的分布差异极大,所以,表面上是户籍问题,本质上是资源分布不均等问题。二是与现有的社会保障政策有关。目前,全国参加城市保障的农民工占城镇就业农民工的比例甚低,在小规模企业、个体户就业的农民工基本上没有参保。因为目前城乡保障体系还不能完全接轨,各省市之间保障体系也不能够完全接轨,农民工流动性大,流动后可能享受不到原来的保障,造成对于社会保障的积极性不高。三是与城镇化后的农民权益保障问题有关。在新型城镇化进程中,部分农民、农民工对于落户城镇的意愿和动力并不强,其原因还在于,现行政策中对于怎样解决城镇化、市民化后的农民利益承续、交换,以及怎样建立农村退出机制等都不够明确和完善,对于农民来讲,留在农村里的宅基地、承包地、林地等都意味着具有潜在的经济利益,他们不愿意放弃。

改革开放以来,中国经历了世界上规模最大、速度最快的城镇化进程,中国常住人口城镇化率从1978年17.92%上升到2022年65.2%。从城镇化发展规律来看,未来十几二十年,我国仍将处于城镇化快速发展阶段。习近平明确提出:"推进城镇化的首要任务是促进有能力在城镇稳定就业和生活的常住人口有序实现市民化。"① 农民市民化是推进新型城镇化乃至工业化的首要任务,需要政府为所有的流动人口提供均等化的公共服务。处理好新型城镇化进程中的阶层关系问题,必须在户籍政策、土地政策、社会保障政策等方面进一步完善相关政策,尤其是要实行城乡一体的户籍政策,让农民阶层获得与城镇居民平等的就业权利、居住权利,平等分享教育、医疗保障、公共服务等资源,平等享受新型城镇化带来的发展利益。

从现有的户籍政策来看,中央层面的政策是非常明确的。根据2014年国务院印发的《关于进一步推进户籍制度改革的意见》,要求全面放开建制镇和小城市落户限制、有序放开中等城市落户限制、合理确定大城市落户条件、严格控制特大城市人口规模,同时提出"促进有能力在城镇稳定就业和生活的常住人口有序实现市民化","稳步推进义务教育、就业服务、基本养老、基本医疗卫生、住房保障等城镇基本公共服务覆盖全部常住人口",强调"稳步推进城镇基

---

① 习近平. 真抓实干主动作为形成合力确保中央重大经济决策落地见效[N]. 人民日报,2015-02-11.

本公共服务常住人口的全覆盖,有效保护农村户籍利益"①。这表明中央政府已经开始着手解决长期以来存在的城乡户籍利益的矛盾,一定程度上回应了以农民工为主体的流动人口的利益诉求,推动政策去身份化、去地域化,相较之前的户籍制度改革确实有很大突破。但是地方层面的户籍制度改革并没有取得实质性突破,尤以北京、上海、广州、深圳等特大城市围绕户籍制度所构建的政策体系仍然对流动人口具有较强的排斥性,这表明我国新一轮户籍制度改革的政策尚未彻底突破"户籍利益固化的藩篱"。

通过以上分析,我们可以看到,当前我国阶层关系问题产生的影响因素中,政策性因素的影响很大,政策不完善的问题仍然比较突出,特别是政策的公平性问题凸显,由此造成不同社会阶层成员之间的利益关系的不和谐。在我国现行体制下,与阶层构建有关的社会政策是影响阶层结构的重要变量,有关政策的不完善尤其明显加剧了阶层关系问题的激烈程度,必须引起高度关注。特别是:

教育政策不完善。全面深化改革以来,我国为促进教育公平做了很多努力,制定和出台了很多促进教育公平的政策。但从阶层关系和谐的意义上来看,教育资源尤其是基础教育资源在不同区域分布的不均衡,仍然是阶层关系影响因素中更为主要的因素。基础教育资源的不均衡性主要表现在,东部、中部和西部,城市和乡村,在师资水平、经费投入、教学设备配置等方面都存在不均衡性。教育资源的不均衡分布体现的是教育不公,教育不公又会加剧社会的不平等和阶层固化,教育政策不完善对阶层关系的影响在增强。文晓国利用最近三次人口普查资料数据,从城镇与乡村两个维度对近30年以来中国教育发展与教育平等进行研究发现:教育不平等现象相对突出的省区也同样是教育发展相对落后的省区,而这些省区主要位于中国西部地区;无论是教育发展还是教育平等,乡村都落后于城镇,而且城乡之间教育发展的差距有扩大的倾向;城乡之间的教育发展差距已经成为影响全国及各省区教育不平等最为重要的因素。②2019年2月,中共中央办公厅、国务院办公厅印发《加快推进教育现代化实施方案(2018—2022年)》提出开始实施中西部教育振兴发展计划,"以保障义

---

① 中国政府网. 国务院关于进一步推进户籍制度改革的意见:国发〔2014〕25号[A/OL].(2014-07-30). https://www.gov.cn/zhengce/content/2014-07/30/content_ 8944. htm.

② 文晓国. 中国教育发展与教育平等的城乡考察:基于最近三次人口普查资料的实证研究[J]. 教育与经济, 2016 (3): 2.

务教育为核心，全面落实教育扶贫政策，稳步提升贫困地区教育基本公共服务水平"①，这将会有助于推进教育政策创新，更好地实现教育公平，有利于处理好阶层关系问题。

户籍政策不完善。全面深化改革以来，我国从政府层面特别是中央政府层面为推进户籍管理制度改革做了很多努力，制定和出台了很多促进人员自由流动的政策，如2018年11月发布的《中共中央国务院关于建立更加有效的区域协调发展新机制的意见》明确提出："加快建立医疗卫生、劳动就业等基本公共服务跨城乡跨区域流转衔接制度，研究制定跨省转移接续具体办法和配套措施，强化跨区域基本公共服务统筹合作。"② 2019年2月，国家发展改革委发布《关于培育发展现代化都市圈的指导意见》，其中也提出要"放开放宽除个别超大城市外的城市落户限制，在具备条件的都市圈率先实现户籍准入年限同城化累积互认，加快消除城乡区域间户籍壁垒"③，以积极推进本地人口和外来人口的市民化进程，促进不同地区不同阶层成员的有序流动、合理分布和社会融合。但现有的户籍管理制度仍然只部分地发挥作用，与之相关的户籍政策仍然存在很多不完善的地方，与阶层关系和谐发展存在一些不相适应的地方，如购房落户政策、人才落户政策等，与协调阶层关系的努力有明显的相悖之处。户籍政策存在的不完善是从最为基础的资源获取机制上产生的不平等，是导致社会不公的根源，也是导致阶层关系问题的重要原因。

就业政策不完善。就业是民生之本，政府采取了很多促进就业的政策。2018年12月，国务院制定的《关于做好当前和今后一个时期促进就业工作的若干意见》提出，以创业促就业，加大创业担保贷款支持力度；鼓励企业在遇到困难时不要裁员或少裁员，对不裁员或少裁员的参保企业，可返还其上年度实际缴纳失业保险费的50%等。④ 包括对招用农村贫困人口、城镇登记失业半年以上人员的各类企业，3年内给予定额税费减免；职业技能提升政策，从失业保险基金结余中拿出1000亿元，用于1500万人次以上的职工技能提升和转岗转业培训等。现有的就业政策存在的不完善主要表现在：就业政策的制定和实施更

---

① 中共中央办公厅、国务院办公厅. 加快推进教育现代化实施方案（2018—2022年）[N]. 人民日报，2019-02-24.
② 中共中央国务院关于建立更加有效的区域协调发展新机制的意见[N]. 人民日报，2018-11-30.
③ 中国政府网. 国家发展改革委员关于培育发展现代化都市圈的指导意见[EB/OL]. (2019-02-21). http://www.ndrc.gov.cn/gzdt/201902/t20190221_928325.html.
④ 国务院印发《意见》：做好当前和今后一个时期促进就业工作[N]. 人民日报，2018-12-06.

多是按照工人、农民、大学生等社会阶层成员的身份，或者区域划分来安排的，在利益分化加剧、利益主体日益多元化的市场经济环境下，不同的社会阶层成员有不同的利益诉求，这样的政策安排很难界定就业政策实施过程中的实际受益者和可能存在的利益受损者；同时会因为部分强势阶层可能通过他们占有的资源优势让政策在实施过程中向他们倾斜，从而使其他社会阶层成员难以获得相应的政策支持，加剧不同社会阶层成员之间的就业不平等。另外，我国现有的就业政策依然存在比较明显的体制内外、城乡之间、不同性质的用人单位之间具体的就业政策方面的差异，仍然存在地域、性别、学历等方面的就业歧视，推动"大众创业、万众创新"方面的政策体系也还不完善，在实施过程中还面临很多问题和障碍等。

社会保障政策不完善。全面深化改革以来，社会保障政策得到很大改进，但仍然存在一些不完善的地方。我国现有的社会保障政策基本是针对不同社会阶层，如城镇企业职工、城市居民、农村居民、公务人员等，实行的是不同政策体系，如养老保险、医疗保险等。在社会救助方面，也有农村社会救助和城市社会救助体系，各类社会福利项目方面的实际投入、覆盖面和人均福利水平等方面都有较大差距。这些政策造成了不同社会阶层成员实际所获得的福利待遇不均等问题比较突出。从阶层关系和谐的意义上看待社会保障政策，现有的社会保障政策中存在的不完善之处仍然是阶层关系问题产生的重要原因。

随着中国特色社会主义进入新时代，我国社会主要矛盾已经转化为人民日益增长的美好生活需要和不平衡不充分的发展之间的矛盾，人民日益增长的对美好生活的需要对政策创新提出新的更高的要求。这就要求政策完善的重点应该是以缓解社会各阶层成员的民生问题为突破口，以构建更加完善的政策体系为目标，以更好地协调社会各阶层成员经济、政治、文化、社会、生态文明等方面的利益关系为任务，在更好地满足人民日益增长的美好生活需要的过程中，推动阶层关系问题的解决，更好地增进阶层关系和谐。

根据以上分析，我们认为，全面深化改革进程中的阶层关系问题的产生，其原因是综合的、多方面的、多层次的。既有客观原因，如阶段性因素是根本性因素，也有主观原因，如认识不正确、制度不完备、政策不到位也是重要因素。这就决定了要处理好全面深化改革进程中的阶层关系问题，不仅需要在发展生产力的基础上，以更平衡更充分的发展更好地满足社会各阶层成员日益增长的对美好生活的需要，而且必须在总结历史和实践的经验教训的基础上，进一步推进制度创新、政策创新，以更加科学合理、公平完善的制度、政策促进阶层关系问题的解决，以提高处理阶层关系问题的针对性和有效性。

# 第四章

# 处理全面深化改革进程中的阶层关系问题的历史镜鉴

能否正确认识和处理全面深化改革进程中的阶层关系问题直接关系到全面深化改革的伟大实践能否顺利推进。只有正确认识全面深化改革进程中的阶层关系问题,才能认清全面深化改革的动力与阻力,明确全面深化改革的重点内容和基本策略;也只有正确处理全面深化改革进程中的阶层关系问题,才能在社会各阶层中达成关于全面深化改革的广泛共识,凝聚全面深化改革的磅礴力量。阶层关系问题是任何一个国家在任何一个发展阶段都会面临的重大现实问题,通过对中国共产党成立以来处理阶层关系问题历史经验的回顾总结,并对其他国家处理阶层关系问题经验教训的回顾总结,能够为我们正确认识和处理全面深化改革进程中的阶层关系问题提供重要而有益的借鉴。

## 第一节 中国共产党处理阶层关系问题的基本实践及其基本经验

进入全面深化改革时期,中国共产党面临的国内外现实环境都发生了很大变化,但对中国共产党成立以来在各个历史时期处理阶层关系问题的历史经验进行回顾总结,仍然能够为处理好全面深化改革进程中的阶层关系问题提供有益镜鉴。基于此,我们全面回顾了中国共产党成立以来各个时期处理阶层关系问题的基本实践,分析其处理阶层关系问题的实践活动和主要做法,并总结其处理阶层关系问题的基本经验,以期为中国共产党处理全面深化改革进程中的阶层关系问题提供重要的实践借鉴。

**一、改革前中国共产党处理阶层关系问题的基本实践**

(一)新民主主义革命时期中国共产党处理阶层关系问题的基本实践

新民主主义革命时期,"帝国主义和中华民族的矛盾、封建主义和人民大众的矛盾"①是中国近代社会的主要矛盾,这就决定了中国共产党领导的新民主主义革命的主要任务是求得民族独立和人民解放,要取得这一革命的胜利就必须协调好与其他阶级、阶层的关系,建立广泛的革命统一战线。由于中国社会的阶级、阶层结构是"两头小、中间大",农民"是中国革命的最广大的动力,是无产阶级的天然的和最可靠的同盟者"②,处理好无产阶级与农民阶级两大阶层之间的关系是新民主主义革命时期处理阶层关系问题的核心和关键。

新民主主义革命时期,毛泽东从中国社会阶级、阶层关系发展的实际出发,创造性地运用马克思主义阶级分析理论分析我国的阶级、阶层关系问题,提出了一整套处理无产阶级与农民阶级关系问题的做法。政治方面,毛泽东充分肯定农民阶级的革命积极性。他在1927年初《湖南农民运动考察报告》中指出,在新民主主义革命中"农民是最大的革命民主派"③,号召全党"要立刻下了决心,把农民问题开始研究起来"④。充分尊重和维护农民阶级在民主革命中的主体地位,通过农民协会这种组织形式把农民阶级的力量组织起来,"农会便成了唯一的权力机关,真正办到了人们所谓'一切权力归农会'"⑤,这一革命行动不仅有效地激发了农民阶级的革命积极性,而且有效地提高了农民阶级的组织化程度,使农民阶级在民主革命中的重要作用得到充分体现。经济方面,毛泽东主张要照顾到革命的同盟者的利益,应该充分尊重和尽力满足农民阶级的利益要求,特别是满足农民阶级对土地的核心利益要求,"谁赢得农民,谁就会赢得中国;谁能解决土地问题,谁就会赢得农民"⑥。在新民主主义革命阶段,毛泽东始终高度重视土地革命,通过进行彻底的土地革命满足了农民阶级无偿得到土地的要求。思想方面,毛泽东强调对农民阶级要加强无产阶级思想教育,"严重的问题是教育农民"⑦,"我们感觉无产阶级思想领导的问题,是一个非常重要的问题"⑧,必须重视对农民进行马克思主义思想教育,提高农民的政治思想觉悟和阶级革命意识。通过努力,中国共产党成功地处理了无产阶级和农民阶级的关系问题,赢得了农民阶级对中国共产党领导的新民主主义革命的广泛

---

① 中共中央文献研究室. 毛泽东选集: 第2卷 [M]. 北京: 人民出版社, 1991: 631.
② 中共中央文献研究室. 毛泽东选集: 第2卷 [M]. 北京: 人民出版社, 1991: 643.
③ 中共中央文献研究室. 毛泽东选集: 第3卷 [M]. 北京: 人民出版社, 1991: 1075.
④ 中共中央文献研究室. 毛泽东文集: 第1卷 [M]. 北京: 人民出版社, 1993: 39.
⑤ 中共中央文献研究室. 毛泽东选集: 第1卷 [M]. 北京: 人民出版社, 1991: 14.
⑥ 洛易斯·惠勒·斯诺. 斯诺眼中的中国 [M]. 王恩光, 译. 北京: 中国学术出版社, 1982: 47.
⑦ 中共中央文献研究室. 毛泽东选集: 第4卷 [M]. 北京: 人民出版社, 1991: 1477.
⑧ 中共中央文献研究室. 毛泽东选集: 第1卷 [M]. 北京: 人民出版社, 1991: 77.

支持,极大地推动了新民主主义革命事业的胜利发展。

(二) 社会主义革命时期中国共产党处理阶层关系问题的基本实践

进入社会主义革命时期,无产阶级和民族资产阶级之间的矛盾成为中国社会的主要矛盾,这就决定了中国共产党领导的社会主义革命的中心任务是实现对民族资本主义工商业的社会主义改造,建立社会主义制度。在马克思主义阶级分析理论中,无产阶级和资产阶级是根本对抗性的阶级关系,无产阶级领导的社会主义革命的根本任务就是消灭资产阶级。但由于中国国情的特殊性,社会主义革命时期无产阶级和民族资产阶级之间的矛盾不同于一般的阶级、阶层关系问题,无产阶级和民族资产阶级的关系也不同于一般的对抗性的阶级关系。所以处理好无产阶级和民族资产阶级关系是社会主义革命时期我国阶级、阶层关系中的一个特殊问题。

社会主义革命时期,毛泽东从中国社会阶级、阶层关系发展的实际出发,创造性地运用马克思主义阶级分析理论分析我国阶级、阶层关系问题,提出了一整套处理无产阶级与民族资产阶级关系问题的做法。面对新中国成立初期特殊严峻的国内外形势,毛泽东分析了民族资本主义工商业发展的两重性,即资本主义工商业发展既有不利于国计民生的消极作用,又有利于国计民生的积极作用;民族资产阶级既有拥护共产党、拥护《共同纲领》、愿意接受社会主义教育改造的一面,又有剥削工人劳动、发展资本主义的另一面。对此,毛泽东创造性地提出可以把无产阶级同民族资产阶级之间的对抗性阶级矛盾当作非对抗性阶层关系来处理。经济方面,对民族资本主义工商业实行和平赎买政策,部分满足了民族资产阶级的经济利益要求,从而赢得了民族资产阶级对国家和平赎买政策的支持和配合。思想方面,加强对民族资产阶级的社会主义思想教育和思想改造,提高他们对社会主义制度的认识水平和认同程度。通过正确处理无产阶级和民族资产阶级之间的阶层关系问题,赢得了民族资产阶级对中国共产党领导的社会主义革命的广泛支持,极大地推动了社会主义革命事业的顺利发展。

(三) 社会主义建设时期中国共产党处理阶层关系问题的基本实践

进入社会主义建设时期,先进的社会主义制度同落后的社会生产力之间的矛盾成为中国社会的主要矛盾,这一主要矛盾决定了我们的根本任务已经由通过革命来解放生产力,变成在社会主义新的生产关系保护下大力发展社会生产力。此时中国社会的阶级阶层结构也发生了巨大变化,剥削阶级已经基本上被消灭了,阶层结构是由工人、农民、知识分子三个阶层组成的,即"两阶级一阶层"。要发展生产力必须充分发挥这三个阶层特别是充分发挥知识分子的作用，所以处理阶层关系问题的核心是处理好无产阶级和知识分子的阶层关系。

毛泽东始终重视对知识分子问题的研究，从中国社会阶级、阶层关系发展的实际出发，创造性地运用马克思主义阶级分析理论分析知识分子问题，提出了一整套处理无产阶级与知识分子的阶层关系的做法。政治方面，毛泽东做出了绝大多数知识分子"已经是工人阶级的一部分"的重要判断，强调对于凡是真正愿意为社会主义事业服务的知识分子，我们在政治方面都应当给予充分的信任，"无产阶级没有自己的庞大的技术队伍和理论队伍，社会主义是不能建成的"①。要充分发挥知识分子的重要作用，毛泽东提出要实行"百花齐放，百家争鸣"的方针，放手让知识分子在各条战线大展身手、大展宏图。经济方面，照顾好知识分子的工作和生活，"从根本上改善同他们的关系，帮助他们解决各种必须解决的问题，使他们得以积极地发挥他们的才能"②。包括给知识分子增加补贴，改善他们的生活待遇，并对知识分子的科技成果和文艺作品给予激励等。思想方面，重视对知识分子进行社会主义思想教育，要求"知识分子必须继续改造自己，逐步地抛弃资产阶级的世界观而树立无产阶级的、共产主义的世界观"③。毛泽东正确处理了无产阶级和知识分子阶层之间的阶层关系问题，有力地推动了社会主义建设事业的发展。

**二、改革时期中国共产党处理阶层关系问题的基本实践**

进入改革时期，随着改革的推进，原有的社会阶层内部逐步发生分化，新的社会阶层不断发展壮大，"两阶级一阶层"的社会阶层结构被彻底打破，阶层关系演进中出现了很多新问题，对如何正确认识和处理阶层关系问题提出了新要求。

（一）以邓小平为核心的第二代中央领导集体处理阶层关系问题的基本实践

邓小平认为，进行现代化建设必须处理好阶层关系问题。正确认识和处理改革时期的阶层关系问题，必须在马克思主义阶级分析理论指导下，从我国阶层关系演进的实际出发，根据对阶层关系变化的新判断调整处理阶层关系的方针和政策。对此，邓小平从社会主义基本矛盾运动角度深刻揭示改革时期阶层

---

① 中共中央文献研究室. 毛泽东文集：第7卷 [M]. 北京：人民出版社，1999：309.
② 中共中央文献研究室. 毛泽东文集：第7卷 [M]. 北京：人民出版社，1999：225.
③ 中共中央文献研究室. 毛泽东文集：第7卷 [M]. 北京：人民出版社，1999：225.

关系问题产生的根源，认为当前阶段中国社会的主要矛盾是生产力总体发展水平还很低，远远不能满足人民和国家的需要，"解决这个主要矛盾就是我们的中心任务"[1]。阶层关系问题是社会主义时期主要矛盾在阶层关系方面的集中表现，生产力发展水平低是阶层关系问题产生的根源，这就需要在发展生产力的基础上不断消除产生阶层关系问题的根源，真正实现阶层关系和谐。

在处理具体的阶层关系问题方面，邓小平非常注重对工人阶级、农民阶级和新社会阶层的定性分析，为正确处理改革时期的阶层关系问题提供了重要依据。邓小平认为，在阶层关系中，工人阶级是人民民主专政的国家政权的领导阶级，"工人阶级最重要的特点之一就是同社会化的大生产相联系，因此它的觉悟最高，纪律性最强，能在现代的经济进步和社会政治进步中起领导作用"[2]。农民阶级则是人民民主专政的国家政权的最重要的社会基础，邓小平指出："中国有百分之八十的人口住在农村，中国稳定不稳定首先要看这百分之八十稳定不稳定。"[3] 知识分子阶层，邓小平认为"已经是工人阶级自己的一部分"[4]，要充分发挥知识分子阶层在社会主义建设中的积极作用和聪明才智，做到尊重知识、尊重人才。关于新社会阶层，邓小平认为，"个别资产阶级分子可能会出现，但不会形成一个资产阶级"，"如果产生了什么新的资产阶级，那我们就真是走了邪路了"[5]，所以，在改革过程中，私营企业主阶层不会也不可能发展成为一个独立的阶级。对不同社会阶层成员的定性分析，成为制定解决阶层关系问题政策的重要依据。

邓小平还非常注重运用经济手段解决阶层关系问题，他认为"政治问题要从经济的角度来解决"[6]。运用经济手段解决阶层关系问题最根本的就是要实现社会各阶层成员的共同富裕，这是社会主义社会最大的优越性，也是实现阶层关系和谐的根本制度保障。针对改革以来我国不同社会阶层成员之间收入水平差距迅速扩大对阶层关系产生的严重影响，邓小平发出了严正警告："如果搞两极分化，情况就不同了，民族矛盾、区域间矛盾、阶级矛盾都会发展，相应地中央和地方的矛盾也会发展，就可能出乱子。"[7] 邓小平有效地处理了我国改革

---

[1] 中共中央文献编辑委员会. 邓小平文选：第2卷 [M]. 北京：人民出版社，1994：182.
[2] 中共中央文献编辑委员会. 邓小平文选：第2卷 [M]. 北京：人民出版社，1994：136.
[3] 中共中央文献编辑委员会. 邓小平文选：第3卷 [M]. 北京：人民出版社，1993：65.
[4] 中共中央文献编辑委员会. 邓小平文选：第2卷 [M]. 北京：人民出版社，1994：89.
[5] 中共中央文献编辑委员会. 邓小平文选：第3卷 [M]. 北京：人民出版社，1993：139-111.
[6] 中共中央文献编辑委员会. 邓小平文选：第2卷 [M]. 北京：人民出版社，1994：195.
[7] 中共中央文献编辑委员会. 邓小平文选：第3卷 [M]. 北京：人民出版社，1993：364.

初期的阶层关系问题，为改革赢得了广泛的社会支持和群众基础，有力地推动了改革开放的伟大事业。

（二）以江泽民为核心的第三代中央领导集体处理阶层关系问题的基本实践

随着改革实践的不断推进，新社会阶层力量的不断发展壮大，不同社会阶层之间的矛盾冲突不断加剧，我国的阶层结构和阶层关系也正在发生一系列深刻变化。面对我国阶层结构和阶层关系的新形势，江泽民从巩固中国共产党执政地位的战略高度，深入思考如何"不断增强党的阶级基础和扩大党的群众基础，不断提高党的社会影响力"①这一重大课题，他指出"妥善处理各方面的利益关系，把一切积极因素充分调动和凝聚起来，至关重要"②，中国共产党必须始终做到"代表中国最广大人民的根本利益"。

在邓小平对不同社会阶层进行定性分析的基础上，江泽民进一步深化了对我国不同社会阶层地位和作用的认识。对于工人阶级，他认为："全心全意依靠工人阶级这一条，我们决不可动摇。"③为此，要认真研究工人阶级队伍发生的新变化，如工人阶级的队伍在不断壮大，工人阶级的整体素质在不断提高，工人阶级的内部构成更加复杂，其流动性也在不断加大，要紧紧依靠工人阶级，巩固工人阶级的政治地位、经济地位和社会地位。对于农民阶级，他认为：必须尊重农民的首创精神，"包产到户、乡镇企业和村民自治等都是在党的领导下我国亿万农民的伟大创造"④。必须重视实现和保护农民阶级的利益，为此需要"把调动农民的积极性作为制定农村政策的首要出发点"⑤。对于改革以来出现的新社会阶层，江泽民对他们的阶级属性进行了明确界定，认为新社会阶层"也是有中国特色社会主义事业的建设者"⑥。在对不同社会阶层的阶层特点分析的基础上，江泽民进一步提出了处理阶层关系问题的目的是"努力形成全体人民各尽其能、各得其所而又和谐相处的局面"。实现不同社会阶层之间的和谐共处，增进阶层关系和谐。

江泽民还创新了处理阶层关系问题的思路和方法。他认为，协调好不同社会阶层成员之间关系的前提是协调好不同社会阶层成员之间的利益关系，充分

---

① 中共中央文献编辑委员会. 江泽民文选：第3卷 [M]. 北京：人民出版社，2006：284.
② 中共中央文献编辑委员会. 江泽民文选：第3卷 [M]. 北京：人民出版社，2006：539.
③ 中共中央文献编辑委员会. 江泽民文选：第1卷 [M]. 北京：人民出版社，2006：64.
④ 中共中央文献编辑委员会. 江泽民文选：第2卷 [M]. 北京：人民出版社，2006：210.
⑤ 中共中央文献编辑委员会. 江泽民文选：第2卷 [M]. 北京：人民出版社，2006：209.
⑥ 中共中央文献编辑委员会. 江泽民文选：第3卷 [M]. 北京：人民出版社，2006：286.

调动社会各阶层成员的积极性,才能"让一切劳动、知识、技术、管理和资本的活力竞相迸发,让一切创造社会财富的源泉充分涌流"[1]。江泽民主张,在处理阶层关系问题时,要结合社会各阶层成员对物质和精神文化生活的新要求,通过"不断发展先进生产力和先进文化……不断实现最广大人民的根本利益"[2],充分激发蕴含于社会各阶层成员中的积极性和创造力,积极促进社会各阶层成员自由而全面地发展,更好地实现阶层关系的和谐统一。

(三) 以胡锦涛为核心的中央领导集体处理阶层关系问题的基本实践

进入新世纪新阶段,改革更加深入推进,在推动我国经济社会发展进步的同时,也必然产生这样那样的矛盾和问题,阶层关系问题就是其中的一个突出矛盾和问题。随着阶层关系问题的凸显,其对国家稳定和社会和谐的影响也越来越明显,如果阶层关系问题处理不当,就可能会造成不同社会阶层之间的对抗,影响改革和发展的大局。对此,胡锦涛明确提出"不能让矛盾积累和发展起来,以致影响国家改革发展稳定的大局"[3]。从中国特色社会主义事业发展的全局考虑,胡锦涛认为处理好阶层关系问题意义重大,"促进政党关系、民族关系、宗教关系、阶层关系、海内外同胞关系的和谐,对于增进团结、凝聚力量具有不可替代的作用"[4]。这表明,胡锦涛已经把处理好阶层关系问题、促进阶层关系和谐上升到事关改革和中国特色社会主义事业发展全局的高度。

面对我国阶层关系问题多发高发、复杂多样的新形势,胡锦涛认为我们应该正视这一问题,因为这是我们在改革过程中难以完全避免的问题,"关键是我们要正视矛盾,找到化解矛盾的正确途径和有效方法"[5]。针对阶层关系问题复杂多变的新形势,胡锦涛明确提出"妥善处理各种利益关系和社会矛盾,切实维护社会稳定,形成全体人民各尽其能、各得其所而又和谐相处的局面",这就提出了"促进阶层关系和谐"的目标。

对于如何处理阶层关系问题,胡锦涛认为阶层关系问题产生的根本原因还是因为生产力水平不够高,经济社会发展程度低,"解决我国经济社会发展面临的许多矛盾和问题,包括构建社会主义和谐社会面临的许多矛盾和问题,关键还是要靠发展"[6]。在发展的基础上,要消除阶层关系发展中的不和谐因素,还

---

[1] 中共中央文献编辑委员会. 江泽民文选:第3卷 [M]. 北京:人民出版社,2006:540.
[2] 中共中央文献编辑委员会. 江泽民文选:第3卷 [M]. 北京:人民出版社,2006:281.
[3] 中共中央文献编辑委员会. 胡锦涛文选:第2卷 [M]. 北京:人民出版社,2016:294.
[4] 中共中央文献编辑委员会. 胡锦涛文选:第2卷 [M]. 北京:人民出版社,2016:637.
[5] 中共中央文献编辑委员会. 胡锦涛文选:第2卷 [M]. 北京:人民出版社,2016:294.
[6] 中共中央文献编辑委员会. 胡锦涛文选:第2卷 [M]. 北京:人民出版社,2016:287.

必须通过思想建设，使不同的社会阶层成员能够在思想认识方面形成共识，"一个社会是否和谐，一个国家能否实现长治久安，很大程度上取决于全体社会成员的思想道德素质"①。从处理阶层关系问题的现实需要出发，胡锦涛提出通过社会主义和谐文化建设，在全社会培育和谐精神，倡导和谐理念，引导不同社会阶层成员运用和谐的思维方式去认识和处理阶层关系问题，以此推动阶层关系和谐发展。胡锦涛认为，建设社会主义和谐文化的根本是建设社会主义核心价值体系和社会主义核心价值观，坚持以社会主义核心价值体系和社会主义核心价值观来引领多样化的社会思潮，最大限度形成不同社会阶层成员思想认识上的共识，奠定阶层关系和谐的思想基础。同时，针对我国阶层关系问题的特殊性，即阶层关系问题多发生在民生领域，胡锦涛提出把加强和改进民生作为正确处理阶层关系问题的重点，指出"着力保障和改善民生……努力使全体人民学有所教、劳有所得、病有所医、老有所养、住有所居，推动建设和谐社会"②。

正是以胡锦涛为核心的中央领导集体高度重视阶层关系问题，创新处理阶层关系问题的思路和举措，才及时化解了改革时期阶层关系演进进程中的种种风险和危机，最大限度增进了阶层关系的和谐程度，巩固了国家安定团结的政治局面。

**三、中国共产党处理阶层关系问题的基本经验**

高度重视阶层关系问题、积极促进阶层关系和谐是中国共产党领导中国革命和建设事业不断取得胜利的成功经验。在中国共产党领导新民主主义革命的初期，毛泽东就认识到分清敌友是中国革命的首要问题，"中国过去一切革命斗争成效甚少，其基本原因就是因为不能团结真正的朋友，以攻击真正的敌人"③，必须根据中国社会各阶级、阶层的阶级特性和政治立场，确定革命革谁的命、由谁来革命的问题，结成广泛而巩固的革命统一战线。改革初期，邓小平也多次指出正确认识和处理阶层关系问题是保持社会和谐、政治安定的关键，对于顺利推进改革和现代化事业至关重要，"没有安定团结的政治环境，没有稳定的社会秩序，什么事也干不成"④。正是中国共产党的几代中央领导集体都高度重视阶层关系问题，在处理阶层关系问题方面采取了一系列成功做法和有效

---

① 中共中央文献编辑委员会. 胡锦涛文选：第2卷[M]. 北京：人民出版社，2016：290.
② 中共中央文献编辑委员会. 胡锦涛文选：第2卷[M]. 北京：人民出版社，2016：642.
③ 中共中央文献研究室. 毛泽东选集：第1卷[M]. 北京：人民出版社，1991：3.
④ 中共中央文献编辑委员会. 邓小平文选：第3卷[M]. 北京：人民出版社，1993：331.

举措，巩固和增强了中国共产党革命和执政的阶级基础和社会基础，为中国共产党领导中国革命和建设事业不断取得胜利提供了重要的动力支持。回顾中国共产党处理阶层关系问题的历史，我们认为中国共产党正确处理阶层关系问题的基本经验主要有五点。

（一）以马克思主义阶级分析理论为指导思想

作为一个马克思主义政党，中国共产党始终坚持运用马克思主义阶级分析理论认识和处理我国的阶层关系问题，这是中国共产党在认识和处理我国阶层关系问题时始终坚持的基本立场。

中国共产党在坚持运用马克思主义阶级分析理论认识和处理我国阶层关系问题的实践活动中，始终坚持马克思主义阶级分析理论的基本立场、观点和方法。毛泽东指出，"对于马克思主义的理论，要能够精通它、应用它，精通的目的全在于应用"[1]。习近平强调指出，"坚持以马克思主义为指导，是当代中国哲学社会科学区别于其他哲学社会科学的根本标志"[2]。马克思主义阶级分析理论的基本立场、观点和方法在中国革命和建设实践中也充分发挥了科学理论的巨大威力。如，马克思、恩格斯十分重视研究阶级、阶层结构和阶级、阶层关系，强调无产阶级及其政党在进行反对资本主义制度的革命实践中，必须正确分析资本主义社会不同社会阶级、阶层的地位及关系，以此作为无产阶级政党制定政策和策略的重要依据。又如马克思、恩格斯在分析资本主义社会的阶级、阶层结构和阶级、阶层关系时，并没有简单地把阶级分析与阶层分析对立起来，而是坚持做到阶级分析和阶层分析的有机统一。这些基本观点和方法在中国共产党研究中国社会阶级、阶层结构和阶级、阶层关系的实践活动中都得到很好的遵循和坚持。

中国共产党在坚持运用马克思主义阶级分析理论认识和处理阶层关系问题的实践活动中，还始终坚持以创新的思想和实践不断丰富和发展马克思主义阶级分析理论。中国共产党的几代中央领导集体都坚持把马克思主义阶级分析理论看作一个不断发展的理论。邓小平指出，"不以新的思想、观点去继承、发展马克思主义，不是真正的马克思主义者"[3]。习近平强调指出，要"着眼于马克思主义理论的运用，着眼于对实际问题的理论思考，着眼于新的实践和新的发展"。在运用马克思主义阶级分析理论分析处理我国阶级、阶层关系问题的实践

---

[1] 中共中央文献研究室. 毛泽东选集：第3卷［M］. 北京：人民出版社，1991：815.
[2] 习近平. 在哲学社会科学工作座谈会上的讲话［N］. 人民日报，2016-05-19.
[3] 中共中央文献编辑委员会. 邓小平文选：第3卷［M］. 北京：人民出版社，1993：292.

活动中，中国共产党体现出了高度的政治自觉和理论自觉，也是在创造性地运用马克思主义阶级分析理论的过程中实现了中国共产党政治上的成长成熟。

### （二）以服从和服务于解决社会主要矛盾的需要为基本依据

社会主要矛盾是阶层关系问题产生的社会根源，阶层关系问题实质上是特定阶段社会主要矛盾在阶层关系方面的集中表现。中国共产党始终坚持使阶层关系问题的解决服务和服从于社会主要矛盾解决的需要，这是中国共产党认识和处理阶层关系问题的根本方法。

阶层关系问题是社会主要矛盾在阶层关系方面的具体表现。在中国革命和建设的各个时期，中国共产党始终非常重视对特定阶段社会主要矛盾的分析，联系主要矛盾揭示阶层关系问题的性质和特征，并以此作为制定处理阶层关系问题政策的依据。如在新民主主义革命时期，根据"帝国主义和中华民族的矛盾，封建主义和人民大众的矛盾，这些就是近代中国社会的主要的矛盾"①的判断，毛泽东提出服从和服务于解决这一主要矛盾的需要，处理阶层关系问题的核心内容是无产阶级"必须在各种不同的情形下团结一切可能的革命的阶级和阶层"②。又如在改革初期，邓小平在深刻总结我国社会主义建设的经验教训的基础上指出，"我们的生产力发展水平很低，远远不能满足人民和国家的需要，这就是我们目前时期的主要矛盾"③，深刻地揭示了生产力发展水平很低决定人民物质文化生活需求得不到满足，是社会主义初级阶段阶层关系问题产生、阶层关系不和谐的社会根源，"大大发展社会生产力，并在这个基础上逐步改善人民的物质文化生活"④是解决主要矛盾的需要，也是处理好阶层关系问题的根本要求。

中共十八大以来，习近平继续坚持处理阶层关系问题的这一根本方法，重视把解决阶层关系问题与解决社会主要矛盾联系起来思考，强调处理阶层关系问题要服从和服务于解决"人民日益增长的美好生活需要和不平衡不充分的发展之间的矛盾"这一主要矛盾的需要，努力做到"最大限度团结一切可以团结的力量"。习近平认为，把解决阶层关系问题与解决社会主要矛盾联系起来思考就是要"顺应人民过上更好生活新期待"，千方百计改善民生，推进社会建设与经济建设协调发展，以促进阶层关系问题的解决和阶层关系和谐的实现。

---

① 中共中央文献研究室. 毛泽东选集：第2卷 [M]. 北京：人民出版社，1991：631.
② 中共中央文献研究室. 毛泽东选集：第2卷 [M]. 北京：人民出版社，1991：645.
③ 中共中央文献编辑委员会. 邓小平文选：第2卷 [M]. 北京：人民出版社，1994：182.
④ 中共中央文献研究室. 改革开放三十年重要文献选编：上 [M]. 北京：中央文献出版社，2008：212.

### (三) 以对不同阶层特点的分析和把握为重要前提

在革命和建设的各个时期，都重视对不同社会阶层的定性分析和定位分析，并结合不同社会阶层的阶层性质和阶层特点实行相应的政策措施，是中国共产党处理阶层关系问题实践的重要经验。

这具体表现在：民主革命阶段，毛泽东认为农民是革命最大的民主派，他非常重视对农民阶层的阶层性质和阶层特点的准确分析。毛泽东指出，农民阶级本身具有很强的革命要求，要重视激发农民阶级的革命意识和革命精神；同时农民阶级又是小生产者，自身具有很多阶级局限性，要重视对农民阶级的思想教育。这些分析为中国共产党制定协调工人阶级与农民阶层的阶层关系政策提供了重要的理论依据。社会主义革命时期，毛泽东对民族资产阶级的阶层性质和阶层特点的分析同样十分深刻。他认为"在资产阶级民主革命时期，它有革命性的一面，又有妥协性的一面。在社会主义革命时期，它有剥削工人阶级取得利润的一面，又有拥护宪法、愿意接受社会主义改造的一面"[①]。毛泽东对民族资产阶级的阶层性质和阶层特点的分析，为这一时期中国共产党制定协调工人阶级与民族资产阶级的阶层关系政策提供了重要的理论依据。

进入改革时期，邓小平、江泽民、胡锦涛对改革以来新出现的新社会阶层的阶层性质和阶层特点的分析则进一步丰富和发展了中国共产党的这一重要思想理论成果。邓小平首先肯定私营企业存在的必要性和积极作用，明确界定私营企业主不是新生的资产阶级，提出现阶段在社会主义制度限定的范围内私营企业主群体不会发展成为新的资产阶级。在邓小平的基础上，江泽民不仅明确指出了新的社会阶层的人员构成而且指明了新的社会阶层的政治地位，认为应将改革以来新出现的新社会阶层"与工人、农民、知识分子、干部和解放军指战员团结在一起，他们也是有中国特色社会主义事业的建设者"[②]。对新社会阶层的阶级属性的准确界定，为处理改革时期的阶层关系问题提供了重要依据。中共十八大以来，新社会阶层的内涵和构成都发生了很大变化，根据这一阶层关系变化实际，习近平不仅对"留学人员""新媒体中的代表性人士""非公有制经济人士"做出了准确的政治定位，认为他们是中国特色社会主义伟大事业的建设者，而且进一步揭示了新时代新社会阶层构成成分不断发展变化的趋势，提出了处理好新"三种人"的阶层关系的基本政策，这是中国共产党顺应中国特色社会主义事业发展需要，积极促进阶层关系和谐的重要创新成果。

---

① 中共中央文献研究室. 毛泽东文集：第7卷 [M]. 北京：人民出版社，1999：206.
② 中共中央文献编辑委员会. 江泽民文选：第3卷 [M]. 北京：人民出版社，2006：286.

在对不同社会阶层成员的阶层性质和阶层特点分析和把握的基础上，中国共产党继承和发扬重视群众工作和统一战线工作的优良传统，又积极探索新形势下群众工作和统一战线工作的新方法。包括把教育引导与解决实际问题相结合，把德治与法治相结合，把尊重和实现社会各阶层成员的物质利益和精神文化需求相结合。建立健全群众信访制度，积极构建覆盖社会各阶层成员的信访网络；运用网络征求民意，开设官方论坛、官方微博等联系通道，更加广泛地听取社会各阶层成员的意愿和诉求。在正确处理阶层关系问题、促进阶层关系和谐方面取得了明显成效。

（四）以人民利益至上为根本原则

中国共产党是全心全意为人民服务的政党，在领导中国革命、建设和改革的实践中，始终坚持做到以人民利益为中国共产党的最高利益和全部利益。在处理阶层关系问题过程中始终坚持人民利益至上，做到全心全意为人民服务始终是中国共产党处理阶层关系问题的根本原则。

在革命和建设的各个时期，中国共产党始终把代表社会各阶层成员的根本利益和最广泛社会阶层成员的具体利益作为制定处理阶层关系问题政策的出发点和归宿点。毛泽东指出，中国共产党"是以占全人口百分之九十以上的最广大群众的目前利益和将来利益的统一为出发点的"[1]。坚持人民利益至上就是在处理阶层关系问题时要从有利于维护和实现社会各阶层根本利益出发，探寻解决阶层关系问题的新方法。

在处理阶层关系问题的实践活动中坚持人民利益至上，就是坚决反对党员干部搞特殊化。对于党员干部特殊化，邓小平多次提出批评，"要讲特殊化，恐怕首先表现在高级干部身上"，"应该看到，这不单是一个党风问题，而且形成了一种社会风气，成了一个社会问题"[2]。党员干部搞特殊化的问题不仅损害党和政府的威信，而且败坏社会风气，如果不能得到坚决纠正，会严重影响党群关系、干群关系，导致不同社会阶层成员之间产生不满甚至对立情绪，严重影响到阶层关系的和谐。

在处理阶层关系问题的实践活动中坚持人民利益至上，就是要坚决制定和实施能够惠及社会各阶层成员的政策举措，通过积极促进就业，保障教育公平，调整收入差距，加大国家精准扶贫精准脱贫力度，完善社会保障体制等努力，着力解决改革进程中因利益关系调整而产生的贫富差距扩大问题，有效地实现、

---

[1] 中共中央文献研究室．毛泽东选集：第3卷［M］．北京：人民出版社，1991：864．
[2] 中共中央文献编辑委员会．邓小平文选：第2卷［M］．北京：人民出版社，1994：216．

维护和发展社会各阶层成员的根本利益。中国共产党在处理阶层关系问题过程中始终做到以人民利益至上，赢得了社会各阶层成员的广泛支持，为推动阶层关系问题的解决发挥了积极作用。

（五）以改革促和谐为根本途径

根据马克思主义唯物史观，阶层关系问题是社会主要矛盾在阶层关系方面的具体表现，在处理阶层关系问题过程中坚持以改革促和谐始终是中国共产党处理阶层关系问题的根本途径。

根据马克思主义唯物史观，人类社会发展是建立在生产力与生产关系、经济基础与上层建筑基本矛盾运动基础上的，阶级社会里的社会基本矛盾属于对抗性性质，解决阶级社会里的社会基本矛盾的根本途径就是革命。毛泽东进而指出，社会主义社会基本矛盾是非对抗性质的，主要表现为包括阶层关系问题在内的大量人民内部矛盾，解决社会主义社会里的社会基本矛盾的根本途径就是改革，只有通过改革才能从根本上消除产生阶层关系问题的根源，实现阶层关系和谐发展。

改革初期，邓小平就明确指出"党和国家现行的一些具体制度中，还存在不少的弊端，妨碍甚至严重妨碍社会主义优越性的发挥"①，也正是这些具体制度方面存在的弊端极大地妨碍了社会各阶层成员之间关系的和谐，造成了很多阶层关系问题。十一届三中全会以来，我们通过对经济、政治、文化、社会等领域的改革，逐步建立起一套具有鲜明中国特色的社会主义制度体系，极大地促进了阶层关系问题的解决。但同时，经济体制、政治体制、文化体制、社会体制、生态文明体制方面存在的一些不完善，又使改革和发展的成果还没有能够更多更公平地惠及不同社会阶层成员，由此产生了新的阶层关系问题。这就决定了只有通过全面深化改革才能进一步解决好阶层关系问题，更好地促进阶层关系和谐。

全面深化改革以来，在以习近平同志为核心的中央领导集体的领导下，按照全面深化改革的战略部署，更加注重把公平正义原则和精神寓于全面深化改革的具体方面，在进一步创造出丰富的物质财富和精神财富的同时，致力于创造更加公平正义的社会环境，着力解决好社会各阶层最直接最关心最现实的利益问题，在处理阶层关系问题、实现阶层关系和谐方面不断取得新进展，更加巩固了党长期执政最可靠的阶级基础和群众基础。

自中国共产党成立以来，就始终高度重视研究我国的阶级、阶层关系问题，

---

① 中共中央文献编辑委员会．邓小平文选：第2卷［M］．北京：人民出版社，1994：327.

在革命和建设的各个历史时期，积极处理阶层关系问题、促进阶层关系和谐的实践从来没有间断过，在正确认识和处理阶层关系问题过程中实现的理论成果和成功实践不仅极大地丰富和发展了马克思主义阶级分析理论，为革命、建设、改革的伟大事业聚集了深厚的力量支持和群众基础，也为全面深化改革时期正确认识和处理阶层关系问题积累了宝贵经验，对我们在全面深化改革时期正确认识和处理阶层关系问题提供了重要镜鉴。

## 第二节　国外处理阶层关系问题的主要做法及有益借鉴

现代化是一般国家发展的必经阶段，世界各个国家的现代化发展历程都表明，在国家进行现代化过程中，现代化发展到一定程度，在国家经济和社会加快发展的同时，往往也是国家经济结构容易失调、社会稳定秩序容易失序、社会心理心态容易失衡，包括阶层关系问题在内的社会问题急剧增多的时期。近些年来，一些国家先后出现政局动荡，甚至政权更迭，原因尽管是多方面的，但其中经济发展出现停滞甚至倒退、不同社会阶层成员之间的财富分配严重不公、不同社会阶层成员之间的对立情绪严重、阶层关系问题突出是普遍存在的现象，阶层关系问题长期得不到有效改善是共同原因。研究并总结借鉴他国的经验教训，对于我们认识和处理好全面深化改革进程中的阶层关系问题，增进阶层关系和谐，是十分必要的。

### 一、西方发达国家：以美国为主要分析对象

作为一个以移民为主的国家，美国在阶层关系演进过程中面临的最大挑战是如何把来自不同文化背景和民族传统的社会各阶层成员有机融合为一体。美国历来比较重视多元文化的融合，从建国初期要求少数移民放弃自己的文化接受美国的欧裔白人文化，到之后尊重多元文化共生共长，多元文化之间的边界被逐渐模糊。除此之外，宗教力量和社会组织的发展壮大在增进阶层关系和谐上也发挥了重要作用。回顾总结美国阶层关系演进的历史，总结美国处理阶层关系问题的经验和教训，不仅仅可以给我们提供一些启示和借鉴，当前美国阶层关系演进中存在的问题对我们也具有一定的警示作用。

（一）美国阶层关系演进概况

就美国的历史来看，其阶层关系演进大体经历了三个阶段。

第一阶段，进入工业社会前，从美国建国起到19世纪末工业革命基本完成。这一时期，美国经济获得了一定发展，特别是南北战争结束后，南方经济发展明显加快，至1884年，工业在美国的比重首次超过农业，上升到53.4%，标志着工业革命在美国全国范围内基本完成。① 由于工厂制度和资本主义在美国的快速发展，工人阶级的力量和资产阶级的力量都有了很大发展，农场主阶层也发生了很大分化，其中的一部分发展为机械化大农场主，另一部分则因破产沦为农业雇佣工人。1900年农业工人总数达到200万人，占农业人口总数的35.5%。同时由于经济上的自由放任主义盛行，社会财富日益集中到少数垄断集团手中，使美国出现比较严重的贫富两极分化，阶层关系问题不断激化。1893年，估计9%的美国家庭占有国民财富的71%，而91%的美国家庭只占有29%的财富。这一时期由于阶层关系问题加剧引发的工人阶级、农民阶级的罢工游行等街头运动兴起，资产阶级政权在对工人阶级、农民阶级的权益要求给予一定满足的同时，也运用国家机器进行压制甚至镇压，如1886年发生的"秣市惨案"等。

第二阶段，工业社会阶段，19世纪末到20世纪50年代。19世纪末，美国完成工业革命，进入工业社会，到20世纪初，美国社会又完成了城市化和垄断化，社会阶层结构突出的变化就是形成了一个人数不多但能量巨大的垄断资产阶级。这一时期贫富差距也在迅速扩大，突出表现在美国仅占全国人口2%左右的富人阶层拥有全国财富的60%，而占人口65%的贫困阶层只拥有全国财富的5%左右。② 同时，随着外部移民的大量涌入和本国城市化进程的加速推进，文化差异、种族矛盾和相对滞后的公共设施，使得城市成为阶层关系问题的集中地，社会正常的发展进程受到严重干扰。

第三阶段，后工业社会阶段，20世纪50年代以来。第三产业与中产阶级的壮大是后工业社会的主要标志，到20世纪50年代，美国第三产业已经超过第一和第二产业之和，1952年占国民生产总值57.9%；中产阶级成为社会的主体力量。③ 同时，美国收入差距在不断扩大，特别是进入70年代后，基尼系数从1970年的0.399上升到2005年的0.469④，社会不平等问题日益突出。这一时期，深刻影响美国社会甚至政局的大资产阶级通过推动保守政府实行限制工会

---

① 罗家德. 别重蹈美国式浮躁的老路 [J]. 人民论坛，2010 (33)：62.
② 余志森. 美国通史：第4卷 [M]. 北京：人民出版社，2008：81-188.
③ 吴晓林. 现代化进程中的阶层分化与政治整合 [M]. 天津：天津人民出版社，2012：106.
④ 吴晓林. 现代化进程中的阶层分化与政治整合 [M]. 天津：天津人民出版社，2012：108.

作用、有利于维护自身利益的政策，加剧了美国社会的贫富差距和社会不平等的趋势。如里根政府实行的大幅度减少各项社会福利开支，同时大幅度降低高收入者和大企业所得税率的被称为"劫贫济富"的政策，而小布什政府实行的有利于美国社会中的高收入群体和美国金融利益集团的富人减税和放纵金融冒险的政策，更是直接导致美国"次贷危机"的爆发。

2008年，美国金融危机爆发以后，在以劳工、青年人、自由派知识分子和少数族裔等社会力量为重要选民基础的奥巴马政府面对金融危机和社会危机，实行了包括实施大规模赤字财政刺激经济、重振实体经济、积极创造就业机会扩大就业、通过培训提高劳工的技能、要求取消对富人的减税、签署《医保改革法》以扩大医保覆盖面等政策，奥巴马政府的政策具有比较明显的"扶贫抑富"的自由主义倾向，从客观上有利于促进社会公平，缓和不同社会阶层成员之间的冲突和矛盾，有助于美国阶层关系问题的解决。但2016年的美国大选，又进一步激化了美国的阶层关系问题。这次大选中，在宗教问题、同性恋问题等方面持有完全对立立场的总统候选人特朗普和希拉里之间的激烈纷争也使美国社会不同阶层成员之间的对立更加尖锐化了，甚至出现了意识形态的极化现象，并由此引发了各种形式的对立行动。特别是美国大选暴露出来的所谓民主自由掩盖下的金钱政治实际上已经愈演愈烈，这也使越来越多的美国阶层成员对美国民主的种种问题感到悲观。"经济学人智库"分布的2016年各国民主指数排行榜上，"美国的民主得分近10年来首次低于8分，跌出所谓的'完美的民主国家'行列，堕落为'有瑕疵的民主国家'"[①]。2016年以来，不同社会阶层成员之间的不平等加深、中产阶层的规模萎缩、社会阶层之间的流动性下降等，都成为影响美国阶层关系和谐的重要因素。

（二）美国处理阶层关系问题的主要做法

一是得益于宗教在协调阶层关系问题中的文化融合和价值引导。美国自建国起就实行政教分离，但宗教对美国政治和社会生活的影响仍然很大。有关数据显示，美国人中"每10个人就有9个人自称相信上帝，有8个人认为宗教对于他们的生活非常重要，有7个人属于某个宗教组织"[②]。美国的宗教在缓解不同社会阶层成员之间的矛盾冲突方面发挥了重要作用。这既与美国宗教的特点有关，即美国宗教教派众多，美国宗教呈现出多元化的特色，其中新教是美国

---

① 佟德志. 从所谓"完美的民主国家"到"有瑕疵的民主国家"[J]. 红旗文稿，2017（9）：8.

② 李其荣. 宗教对当代美国社会的影响[J]. 学术界，2008（6）：55.

宗教中最重要也是影响最大的宗教；也与美国的宗教政策有关，即美国保障宗教自由的权利，这就使美国的宗教文化和世俗文化实现了有机融合。美国的宗教文化和世俗文化的有机融合，使宗教在社会生活和文化生活方面发挥着重要作用，尤其是在不同社会阶层成员的道德、信仰和价值观的引领和整合方面发挥着重要作用，这有利于协调美国社会阶层关系中的矛盾和冲突。

二是得益于社会组织在协调阶层关系问题中的居中调停。美国历来崇尚"小政府大社会"，有意通过社团组织的发展来解决政府失灵、市场失灵所产生的社会问题，为培育社会组织而采取一系列支持措施，如税收优惠政策、政府购买公共服务等。其中税收优惠政策规定，对社团组织本身与宗旨相关的活动予以免税，对向特定社团组织进行捐赠的个人或组织予以减税，社团组织通过这些税收减免政策间接地获得了大量的资金支持，从而为它的独立运作奠定了坚实的物质基础。政府购买公共服务则不断加强着政府与社会组织在公共服务领域内的合作，有助于形成良好而紧密的政府与社会的关系。社会组织的发展有赖于政府的支持政策，政府的社会治理也离不开社会组织的广泛参与，双方都会积极寻求不同层次的合作。

三是得益于其相对完善的社会政策和比较健全的社会保障制度。具体表现在：从社会政策方面，美国政府建立了促进就业机制，1960年就成立了人力委员会，把利用和开发人力资源作为工作目标，既提供劳动就业职位，也提供就业教育和职业培训机会，有效地提高了一般劳动者就业和再就业的能力；1938年就颁布了《公平劳动标准法》，实现了最低工资立法，保证劳动者得到合理的劳动报酬；建立了庞大的社会保障体系，包括社会保险、公共援助、退伍军人项目和教育项目四大类，为全体社会阶层成员提供了基本生活保障。

四是得益于其比较完备的种族矛盾和民族矛盾的社会协调机制。作为一个由移民组成的国家，不同发展历史、不同文化传统的民族和种族之间的矛盾冲突是美国社会面临的最大挑战。美国从建国以来就大力构建和不断强化国民认同感，包括承认欧洲为美国主流文化的缘起，确立基督教和英语的主导地位；通过整合欧洲政治学说形成美国的基本价值观，如有限政府、自由市场、强调个人自由等，有效地增强了美国人的国民认同；提倡多元文化，尊重少数族裔特性，调和不同民族和种族的差异，这些也都有益于美国社会阶层关系问题的缓和。

(三) 当前美国阶层关系问题表现及其原因分析

1. 当前美国阶层关系问题的具体表现

一是贫富差距加大，中产阶层的规模衰减，致使不同社会阶层成员之间的

&lt;&lt;&lt; 第四章　处理全面深化改革进程中的阶层关系问题的历史镜鉴

裂痕加大，对立情绪加剧。按照2015年美国政府的贫困线标准，美国社会的贫困人口约有4670万，占人口总数的15%，贫困在美国依然是一个大问题。① 不仅如此，在2010—2013年的几年时间里，大多数美国家庭的财富没有增长，但与此同时，财富排名前3%的美国家庭的收入已经达到历史最高位。② 这一数据再次表明，美国不同社会阶层之间的社会财富分配不公加剧，贫富差距扩大了。在此情景下，中产阶级的生存变得愈加艰难。1991年，美国中产阶级占社会各阶层人数的比例为62%；2010年，美国中产阶级占社会各阶层人数的比例下降到59%。③ 对此，2009年奥巴马总统上台时就颁布了一系列"拯救中产阶级"措施，并于2010年9月美国劳工节上举起"为中产阶级而战"的旗帜，重申拯救"社会脊梁"的承诺，实施延长减税期限、增加就业的经济政策，但效果并不明显，致使不同社会阶层成员之间的鸿沟越来越深，不同社会阶层成员之间的矛盾日益突出，阶层关系问题进一步加剧。"占领华尔街"运动就是美国阶层关系问题激化的突出表现，这一运动不仅波及整个美国社会，而且形成全球性的抗议运动。根据皮尤研究中心的一项分析，随着不平等加剧，可以划分为中产阶级的成年人比例更是减少到2021年的50%。④ 2022年，美国经历了高通胀，通胀率一度高达9.1%，创下40年来新高，这更是让美国的中等收入家庭遭到重创。

二是移民问题激化，进一步加剧美国社会阶层关系中的分裂与对立。奥巴马在2012年6月签署总统命令，推行"童年移民暂缓遣返计划"（DACA），目的是向在孩童时期非法抵达美国的移民提供稳定的未来并让他们留下来。DACA适用于2012年6月15日前未满31岁且自2007年来持续居住于美国境内的移民。这项计划涵盖就学学生、获得研究生毕业证书者、在武装部队服役的军人以及从未犯下重罪的移民。前任总统特朗普则认为，DACA保护的是违反美国法律的人，对合法移民来说不公平，并侵犯国会制定移民法的权力，宣布废除有关移民特赦的"童年移民暂缓遣返计划"。特朗普此举引发的社会争议持续不断，美国不同社会阶层成员之间围绕移民问题的民意分歧进一步扩大，加剧了美国社会的阶层关系问题。现任总统拜登的移民政策立场有所调整，从上任之前极力批驳共和党移民政策，到上任后采取一定宽松政策，再到向特朗普政府

---

① 王如君. 贫富分化加剧美国社会不公 [N]. 人民日报，2016-07-05.
② 闫勇. 美欧阶层分化引发学者思考 [N]. 中国社会科学报，2017-05-05.
③ 闫勇. 美欧阶层分化引发学者思考 [N]. 中国社会科学报，2017-05-05.
④ 搜狐网. 在美国年入多少钱才算中产阶级？[EB/OL]. （2023-01-26）. https://business.sohu.com/a/634651300_121123705.

政策靠拢，逐渐趋向强硬、严厉，在处理移民问题上也很难有所作为。

三是种族歧视问题突出。种族歧视和种族偏见，是美国阶层关系中的深层次矛盾，造成了美国社会的文化多元撕裂。"目前在美国全国范围内总共有784个已知的'仇恨组织'，数量较2000年初增加了30%……黑人群体成为主要袭击目标，针对黑人的暴力和仇恨犯罪明显高于白人。"① 种族歧视和种族偏见对美国阶层关系和谐的负面影响有进一步加剧的倾向，是严重影响美国阶层关系和谐的风险因素之一。

四是社会贫困和不平等加剧。有关统计数据显示："美国最富裕的1%人群所占有的社会财富持续增加，2016年占有全国38.6%的财富。而占总人口90%的大众所拥有的财富和收入水平在过去25年里总体呈现下降趋势。"② 2018年6月4日，联合国人权理事会极端贫困和人权问题特别报告员菲利普·奥尔斯顿（Philip Alston）发布的一份最新报告称，"美国的贫困和社会不平等问题比通常人们想象的更为严重，而且还有进一步恶化的趋势"③。与此同时，美国舆论也认为，比社会不平等不断扩大更让人忧心的是，这一不平等现象正在日益固化。《纽约时报》专栏作家爱德华·多波特（Edward Dobot）说，"美国的繁荣之路正在把如此多的国民抛在身后，那些贫困家庭的孩子只能接受落后的教育，在入学的第一天起就同那些家境良好的孩子拉开差距"④。不平等的加剧特别是这种不平等的固化现象加剧正是美国阶层关系演进过程中越来越严重的问题。

2. 当前美国阶层关系问题产生的原因分析

一是与美国实施的"新自由主义"政策有关。从里根政府开始，在很长一个时期，美国均坚持实行"新自由主义"政策，直到2008年的金融危机爆发前，"新自由主义"一直是美国政府制定经济政策的主要依据和重要制度。"新自由主义"理论过分强调市场的作用，在推动经济发展过程中限制政府对经济社会发展的有效调控和及时干预，这就使得美国政府对于经济社会发展中存在的问题不能及时有效地采取应对之策，致使阶层关系问题逐步累加而日益加剧。

二是与美国的政治制度有关。从选举制度看，美国的选举实行一人一票，但美国富人实际上有更大的政治代表性，越来越多的金钱影响着美国的选举以及公共政策的制定。富裕阶层和普通中下层民众在许多政策的立场上相反，如

---

① 张免. 美国种族主义丧钟还要鸣多久？[EB/OL].（2015-06-26）. https：//world.huanqiu.com/article/9CaKrnJMrtA.
② 张梦旭. 贫富差距加大折射美国治理困境 [N]. 人民日报，2018-06-07.
③ 张梦旭. 贫富差距加大折射美国治理困境 [N]. 人民日报，2018-06-07.
④ 张梦旭. 贫富差距加大折射美国治理困境 [N]. 人民日报，2018-06-07.

税收、劳工、社会福利等。普通中下层普遍支持提高最低工资标准、提供更多的失业保险金等政策，这些政策往往有利于提升中产阶层的经济处境和减少社会不公等，但这往往会招致富裕阶层的反对。在富裕阶层和大企业控制下的美国政治，严重削弱了美国社会的流动性，激化了不同社会阶层之间的矛盾冲突。

从美国政党制度看，美国是典型的两党制国家，这种政党制度设计的初衷是避免出现权力专断和实现不同政党之间的政策互补，但现在这种政党制度已经完全演变成为两党之间持续不断而且日益加剧的争斗和倾轧。因为在实行过程中，几乎所有问题上都会出现按党派划线的情形，尤其是在一些重大议题上，两党总是互相争斗、互相牵制而无法达成一致，致使很多惠民政策无法出台。如涉及医保制度改革问题时，属于民主党的奥巴马总统推行的医保法案在国会通过时，共和党议员没有一名投赞成票。属于共和党的特朗普当选总统后，很快就推翻了奥巴马时期的很多政策。2021年，民主党的拜登当选，拜登政府在外交方面重返应对气候变化的《巴黎协定》，重新修补与盟国的关系，重新强调多边主义和全球合作，力图展示与强调"美国优先"的特朗普时期截然相反的姿态。在内政方面大力推行经济复苏计划，提出实行强制口罩令等主张以应对疫情，致力于解决美国"系统性种族主义"问题等。但美国两党政治极化局面难以改变，且党派政治向其他领域渗透，更加激化了社会分裂，抗议和团结两大目标双双落空。这一政党制度实行的结果就是导致某些阶层或利益集团的利益长期固化，严重损害了阶层关系的正常发展。

三是与社会组织的影响力弱化有关。美国的社会组织发展成熟完善，在消除贫困、帮助移民和少数族裔、保护妇女儿童权益、为老年人服务等方面都发挥着重要作用。近年来，虽然一些新社团组织不断兴起，如环保组织、新妇女组织、读书会等，但宗教团体、工会等组织成员数量出现减少现象，总体影响力下降，产生的直接影响是社会各阶层成员参与社区公共事务讨论的热情减退和社会信任感不足，这也不利于阶层关系的协调和融合。

四是与主流媒体的舆论引导有关。美国的新闻业向来是美国自我标榜的所谓民主制度优越性的典型样板，美国主流媒体的精英们也一向以进步事业的先锋和人民大众的代表自居。但2016年的美国大选充分暴露出主流媒体从传播内容到产业结构的商业化转型，主流媒体的知识精英们在追逐经济利益的过程中，对美国现存体制下的各种社会问题总是有意回避甚至是充耳不闻，已经完全失去了回应社会关切的能力，也由此最终丧失了美国普通社会阶层成员的信任。从这个意义上，美国新闻界现在面临的危机，实际上已经不仅仅是新闻业的行业危机，而是象征着美国社会出现的一种文化共识危机甚至可以说是政治制度危机。

面对美国阶层关系演进中存在的突出问题,美国社会、政治的权力阶层一直试图通过采取一些改革措施来缓解和协调不同社会阶层成员之间存在的种种矛盾。这些改革举措包括改革社会福利制度,强化政治精英、社会精英、文化精英的社会责任,加快科学技术进步更新的步伐,等等,但这些改革措施对于当前美国社会阶层关系问题的改善所能发挥的作用都是非常有限的。阶层关系问题的加剧甚至影响到美国民众对国家、政府和政治的信心,有79%的美国人对现有体制表示不满,他们希望有所改变。① 由此我们可以看出,"美国社会正进入一个沉重的内部转型期,会出现暴力活动增多、社会分化加深、部分中产阶层贫困化等现象,而这些都将是长期现象"②。

(四)美国处理阶层关系问题实践的有益借鉴

一是加强社会核心价值观建设。通过包容多样的社会核心价值观建设,增强社会各阶层成员的文化认同和价值观认同,以此消除不同社会阶层成员之间存在的思想文化和价值观念的冲突,增强不同社会阶层成员对国家和社会的归属感和向心力,创造适宜不同社会阶层成员共同成长发展的文化氛围和人文环境,促使社会各阶层成员都能够保持积极向上、开拓进取的心理状态和精神面貌。

二是促进外来人员积极融入社会。通过建立城乡统一的劳动力市场,为外来人员创造更多、更公平、更稳定的就业机会;同时积极为外来人员提供完善的职业技能、城市生活、社会适应等培训和服务,提供更多生活服务方面的设施和条件,如住房、医疗、教育、养老等,积极帮助外来人员在转变就业身份的同时,真正实现社会身份的转变,真正融入城市生活。

三是充分发挥社会组织的重要作用。通过建立社会组织与政府之间的良性互动关系,使社会组织成为不同社会阶层成员之间的有机链接,以及政府和社会之间的连接纽带。积极引导和有力支持不同社会阶层成员建立属于自己的相应的利益维权组织,利用这种利益维权组织通过规范、合法、有序的途径和方式维护自身的合法权益,将不同社会阶层成员维护自身合法利益的行为纳入制度化、规范化的轨道,以有效维护国家和社会的和谐有序。

四是壮大中产阶层,优化阶层结构。建立公平有序、分层合理的现代社会

---

① 褚国飞. 美国超级精英正在毁灭开放型体制[N]. 中国社会科学报,2014-09-05.
② 尹霞. 美国总统选举结局实质是社会阶层对立和博弈的结果[J]. 红旗文稿,2016 (24):10.

阶层结构,是一个国家现代化进程中不可或缺的重要内容。中等收入阶层的不断成长壮大,对于国家和社会的稳定发展起着非常重要而特殊的作用。壮大中等收入群体队伍,形成两头小、中间大的"橄榄型"社会阶层结构是处理阶层关系问题、缓和社会阶层矛盾、增进阶层关系和谐的重要手段和重要基础。

**二、发展中国家:以金砖四国为主要分析对象**

金砖国家是发展中国家的"领头羊"和新兴经济体的典型代表,在国际关系中的地位和影响日益显著,对金砖国家的关注和研究已经逐渐超越金砖国家本身。习近平指出:"观察金砖合作发展,有两个维度十分重要:一是要把金砖合作放在世界发展和国际格局演变的历史进程中来看。二是要把金砖合作放在五国各自和共同发展的历史进程中来看。"① 以俄罗斯、巴西、印度、南非这四个金砖国家的阶层关系演进状况,对比我国阶层关系的演进状况应是题中之意,全面考察金砖四国处理阶层关系问题的基本实践,总结金砖四国处理阶层关系问题的经验教训,对我国处理好阶层关系问题意义重大。

(一)金砖四国阶层关系演进概况

1. 俄罗斯阶层关系演进概况

俄罗斯的阶层关系演进大致经历了三个时期。

第一个时期是戈尔巴乔夫(Gorbachev)时期。1985 年,戈尔巴乔夫上台以后,就开始着手对苏联进行全方位的改革,他以"公开性"和"新思维"作为苏联全方位改革的指导性纲领,其改革的结果就是导致苏联政治由共产党领导演变为多党政治,苏联经济由公有制演变为多元并存,苏联文化由马克思主义一元领导的社会主义文化演变为西方思想严重影响和冲击苏联社会阶层成员的多元思想观念,苏联社会主义制度的基础产生严重动摇,社会秩序遭受到很大冲击。在苏联社会发生急剧变化的同时,一些特权阶层利用国家政策松动的机会开始瓜分国家财产,其直接的影响结果就是在短时间内形成了一个脱胎于特权阶层的新贵阶层,造成苏联社会的阶层结构和阶层关系开始发生急剧转变,阶层关系发生剧烈震荡,阶层关系问题明显激化。

第二个时期是叶利钦(Yeltsin)时期。叶利钦执政以后,开始推行所谓的"全盘西化",彻底抛弃了苏联时期的政治制度、经济制度,特别是大规模私有化的猛烈进行对原有社会体制的极度冲击,造成了俄罗斯的阶层结构和阶层关

---

① 习近平.习近平在出席金砖国家领导人厦门会晤时的讲话[N].人民日报,2017-9-06.

系剧烈变动,整个社会出现了极大的动荡。叶利钦在1992年8月20日的公开声明中指出,俄罗斯私有化的目的就是要造就一个所有者阶级,"我们需要的不是一小撮百万富翁,而是数百万名的财产拥有者"①,但是这导致一部分官员和企业家利用"法制真空"和职务便利借私有化之机,从权贵阶层迅速变为官僚资本家,许多人因此一夜暴富,成为新富阶层,即"新俄罗斯人"。这些新的俄罗斯权贵们占据国家和社会的绝大部分财富,而大部分的普通社会阶层成员却成为私有化改革的利益牺牲者,沦为新贫民,包括从前属于中产阶级的一部分知识分子。叶利钦主导的私有化导致俄罗斯社会的贫富差距急剧扩大,阶层关系问题日益严峻,尤其是大量边缘化人群的出现,对于俄罗斯社会来说也是一个极大的不稳定因素。

第三个时期是普京(Putin)时期。普京上台以后,在俄罗斯开始了新一轮改革,随着经济、政治、社会改革的不断深入,俄罗斯社会正在出现一个新的中产阶级力量,并且其规模正在不断地发展壮大。俄罗斯的中产阶层,特别是核心中产阶层主要由受过高等教育的经理或领导、企业家和专家组成,该人群从2003年全国人口的11%增长到2014年的16%,在2008—2009年的经济危机中稍微有所减少,从14%下降到11%。② 2008年,俄罗斯政府制定的《2020年前社会经济发展长期纲要》提出,到2020年将中产阶层规模扩大到总人口的60%~70%。③ 成长中的俄罗斯的中产阶层在社会剧变中发展,并逐渐走向成熟,成为俄罗斯社会稳定的基础,阶层关系问题得到了一定程度的缓和。

2. 巴西阶层关系演进概况

巴西的阶层结构和阶层关系在近几十年发生的最大变化,就是城市化运动中,大批农村人口进入城市。随着大批农村人口进入城市,巴西城市拥有了大量的劳动力,加上技术进口,其经济取得了令世界瞩目的发展,巴西经济以年均7%的速度增长,一度创造了"巴西奇迹"。

从阶层关系方面看,其积极变化主要表现在,在经济发展的同时,就业的增长和收入水平的提高,使得巴西的中产阶层力量也发展很快,根据2014年巴西家庭抽样调查数据,巴西的中产阶层从2002年的不足人口比例的40%上升到了2014年占人口比例的52%。④ 从就业方面看,2005—2015年社会各阶层的失

---

① 约瑟夫·R. 布拉西. 克里姆林宫的经济私有化 [M]. 上海:上海远东出版社,1999:28.
② 朱迪. 金砖国家中产阶层的发展概况和困境 [J]. 文化纵横,2016 (4):53.
③ 林莹. 中产阶级与威权体制转型 [J]. 俄罗斯研究,2018 (5):52.
④ 朱迪. 金砖国家中产阶层的发展概况和困境 [J]. 文化纵横,2016 (4):53.

业率显著下降，新中产阶层的失业率则从6.1%下降到4.6%。从收入分配结构的调整看，基尼系数从2001年的近0.6下降到2012年的0.53，① 这得益于个人收入中的养老金增长和工资收入水平的提高。

从阶层关系方面看，其突出的问题主要表现在：一是因为巴西的经济社会发展很不平衡，东南地区属于发达地区，东北属于落后欠发达地区，城市的工业部门主要集中在东南地区，在城市化和工业化进程中，由于城市化的速度明显快于工业化的速度，这就导致了巴西的经济发展和工业化进程远远不能满足吸收就业的需要，造成失业和未充分就业现象还是比较突出。2009年，巴西有44.7%的劳动力人口处于失业或者就业不稳定状态。② 二是随着经济发展的需要，产业结构升级调整，对于劳动力质量的要求不断提高，而进入城市的大量农民并不能满足这种新的需要。由于受教育水平和贫穷等因素限制，农民等底层劳动者难以接受知识技能培训，在进入城市后缺乏相关职业技能，难以顺利找到工作，由此造成大量失业群体聚集在城市，加剧了巴西的贫民窟问题。这些不仅造成了巴西社会不平等的问题比较突出，也对巴西的阶层关系产生了比较大的影响。

3. 印度阶层关系演进概况

印度历史上深受种姓制度影响，种姓制度将印度社会分裂为四个等级，即婆罗门、刹帝利、吠舍、首陀罗，此外还有许多非印度教的人群，被视为"贱民"阶层。这种等级划分是统治阶级长期统治印度社会的重要手段。但是到了近现代以后，随着西方的民主思想不断传入，印度社会阶层成员的思想得到一定解放，尤其在取得独立以后，印度民主政治尤其是基层民主不断发展，此时，种姓制度的存在引发越来越多的社会各阶层成员在政治、经济、文化、社会等方面的冲突，造成极为复杂的阶层关系问题。

为了改变这种情况，印度政府也采取了许多措施。如在法律上废除种姓不平等，规定高种姓人群不得歧视低种姓人群；在教育和政府职位方面为落后阶层成员保留一定比例的优惠政策；不断加大对后进社会阶层成员的扶持力度；等等。这些措施有利于印度不同社会阶层之间的流动，尤其对于落后阶层来说，他们可以比原来获得更多的社会资源，从而获得更多的向上流动的机会。但是这些政策还是远远不能满足印度协调阶层关系问题现实的需要，阶层关系问题仍然比较突出。种姓制度虽然已经失去原来那种具有统治力的影响，但是它依

---

① 朱迪. 金砖国家中产阶层的发展概况和困境[J]. 文化纵横，2016（4）：53.
② 李培林. 金砖国家社会分层：变迁与比较[M]. 北京：社会科学文献出版社，2011：6.

旧被视为一种特殊的社会现象，尤其是在政治领域往往成为政客们获取利益的砝码。在一些贫穷的农村，种姓制度也依旧保持着相当的影响力，如在婚姻方面。因此，对于印度政府来说，要消除种姓制度带来的阶层关系问题仍需要长期的努力。

从印度阶层关系问题的具体表现来看，突出问题表现在社会财富过度集中、贫富差距巨大。瑞士信贷银行最新报告显示，"1%最富的人拥有印度全国财富的一半以上，5%最富的印度人拥有全国财富的68.6%，10%最富的人拥有全国财富的76.3%，全国一半以上的穷人仅拥有全国财富的4.1%"[1]。这表明，印度不同社会阶层成员之间的贫富差距巨大。同时，这种社会财富过度集中、贫富差距巨大的问题还表现在，印度不同地区之间的发展差距也在持续扩大，"1960年前3个最富的邦比最落后3个最穷的邦人均国内生产净值高出1.7倍，2014年则扩大到3倍，其中最富的喀拉拉邦比最落后的比哈尔邦高出4倍"[2]。这种地区发展的极度不平衡也进一步加剧了不同社会阶层成员之间存在的社会不平等程度，恶化了印度的阶层关系问题。

4. 南非阶层关系演进概况

南非长期遭受西方的殖民统治，为了维护西方统治者即白人统治阶层的利益，殖民政府又极力推行种族歧视政策，造成了南非社会的种族不平等现象长期存在。种族和解以后，新的南非政府为弥补历史上对黑人的压迫与掠夺，不断加大对黑人的政策倾斜，黑人由此获得了政治、经济、教育等各方面前所未有的发展机会和福利待遇。但是这些政策同时又加剧了南非原有社会阶层的内部分化，产生出新的阶层关系问题。

同时，种族和解之前的南非是一个继承殖民时期财产发展而来的政府，奉行种族歧视政策，全面推行种族隔离制度。白人占据国家的绝对优势地位，掌握了社会大部分优势资源。黑人则被刻意训练为与特定的劳动力需求相匹配、为白人完成低端工作、提供廉价劳动力来源的工薪阶层，这使得黑人难以进入南非上层社会。种族和解以后，黑人的境况得到很大改善，但是这种改善主要集中在政治层面，在经济层面并没有得到明显体现。尤其是大部分处在贫困山区或者城市贫民窟里的黑人，他们难以享受到政府提供的优惠政策。真正享受到这一优惠政策的基本是黑人群体中的中产阶层，这就容易"制造出种族内部

---

[1] 苑基荣. 贫富悬殊阻碍印度社会发展[N]. 人民日报，2016-11-02.
[2] 苑基荣. 贫富悬殊阻碍印度社会发展[N]. 人民日报，2016-11-02.

的教育不公平问题,进而导致黑人群体内部的阶层固化"[1]。同时,因为政府提供的优惠政策向黑人倾斜,白人群体传统的政治、经济、社会特权地位逐渐丧失,白人内部的阶层分化现象也日益明显和加剧。一部分白人,尤其是低技能的白人沦落为社会底层,遭受了不公平的待遇。这又造成白人和黑人之间种族关系的不和谐。同时受惠于这些政策而进入社会上层的黑人也难免会遭受二次歧视。这是影响南非阶层关系的重要因素。

(二) 金砖四国阶层关系演进中存在的问题及其影响因素分析

1. 俄罗斯阶层关系演进中存在的问题及其影响因素

在社会转型初期,俄罗斯完全抛弃苏联时期的经济体制和政治体制,采取了私有化完全代替公有制的做法,其结果是造成了俄罗斯经济的大混乱和大倒退。在社会转型中,真正受益的是苏联时期的权贵们。苏联高度集中的经济体制和政治体制导致权贵阶层们借着自己的权位,以集权的方式支配国有资产。这样,在私有化进程中俄罗斯绝大部分财富落入了这部分阶层成员的手中,形成了一批"新俄罗斯人"。可以说俄罗斯的转型是以牺牲绝大部分社会阶层成员的利益完成的。这必然造成严重的阶层关系问题。

首先是俄罗斯的权贵阶层们摇身一变,成为新政府的财阀巨头。他们不仅在经济上势力巨大,垄断国家和社会的财富,而且凭借自身经济地位开始染指政治,甚至一度达到了左右和操控政局的地步。而俄罗斯原来的大批知识分子,在改革转型过程中逐渐分化,其中相当一部分人由于缺乏对社会转型的适应能力,逐渐沦为贫困者,产生了大量的"新贫困者"和"边缘化人群"。这些新贫困者普遍将造成他们自身贫困的原因归咎于俄罗斯恶劣的外部环境和俄罗斯政府的现行政策,同时对于"新的富人"靠不正当手段获取大量财富,而自己辛苦劳动却不能满足自身生活消费的现象极为不满。因此,这些新贫困者迫切希望改变现状,十分关注政府的各种改革政策。

其次是大量"边缘化人群"的出现,大大激发了俄罗斯极端主义和民族主义的情绪,增加了阶层关系的紧张感。要消除这种极端主义和民族主义的情绪,就需要重建公平公正的社会规则,有效缩小不同社会阶层成员之间的差距,使社会各阶层都有相对稳定的阶层形象和社会地位。俄罗斯必须通过加快经济改革和政治改革的进程,才能实现俄罗斯社会阶层的合理分化和阶层结构的正常转型,也才能实现俄罗斯阶层关系的正常发展和阶层关系的和谐稳定。

---

[1] 石腾飞,任国英. 种族、阶层与南非高等教育机会不平等:开普敦大学招生政策变迁的社会学研究 [J]. 世界民族,2017 (4): 97.

最后是不断扩大的收入差距。自俄罗斯社会转型以来，俄罗斯的阶层结构发生了巨大的变化，原有的中间阶层遭到很大程度的破坏，其中相当部分原有的中间阶层成员沦为新的贫困阶层成员，在社会转型的过程中被甩在阶层结构之外，成为社会的边缘人群。贫困人口不断增加，不同社会阶层成员之间的收入差距明显加大，收入差距急剧扩大是导致俄罗斯阶层关系紧张的一个重要原因。普京上台以后，根据俄罗斯的实际情况，先后制定了一系列的政治、经济和社会政策，从根本上整顿俄罗斯政治、经济和社会的混乱局面，这些政策逐渐开始显现出效果，不同社会阶层成员之间的收入差距开始逐步缩小，贫困人口开始逐步减少，作为改革的产物的新的中产阶级在总人口中所占的比例开始增长，但是，特有的政治、经济、文化因素将会在很长的一段时间内对俄罗斯的社会转型、阶层分化和阶层关系产生持续而深远的影响，其中阶层关系演进中的不稳定因素仍然存在。

2. 巴西阶层关系演进中存在的问题及其影响因素

巴西作为南美的大国，经济社会发展处于南美各国前列，但是在发展过程中，巴西社会也出现了许多问题。特别是随着产业结构的调整，高新技术的推广和使用，以及巴西经济的不景气，一些劳动技能比较低的阶层成员面临失业的困境，大量进入城市的农民又加剧了这一情况，使得巴西失业率急剧上升，为巴西造就了大量城市贫民，形成规模巨大的"贫民窟"，"贫民窟"问题至今仍是困扰巴西社会的一大难题，也对阶层关系产生不利影响。同时城市化进程中大量土地高度集中于少数人手中，大批农民成为无地农民，他们进入城市以后又无法通过其他途径获得就业机会，极大激化了巴西的包括阶层矛盾在内的社会矛盾，严重危及巴西经济社会发展，也因此加剧了巴西的阶层关系问题。

巴西经济社会统筹长期滞后，其重市场规则而轻社会公正、重视经济增长而忽视社会发展的发展模式导致巴西社会两极分化严重；20世纪90年代开始的新自由主义政策更是进一步加剧了巴西社会的失业问题和贫困化，使两极分化现象愈加严峻。2010年巴西全国贫困人口为1627万，占总人口的8.5%，2008年基尼系数为0.52[1]，这是导致巴西阶层关系问题加剧的重要原因。巴西政府存在的腐败现象也十分严重。自2013年巴西国家石油公司腐败案曝光后，相继引发了巴西政商两界的地震，上百名商界、政界人士被卷入其中，给整个拉美造成了极大的影响。严重的腐败现象，加上经济的下滑加剧引发巴西社会阶层

---

[1] 中国驻巴西使馆经济商务参赞处官网. 巴西的社会治安 [EB/OL]. (2015-07-28). http://br.mofcom.gov.cn/article/ddgk/zwcity/201107/20110707665022.shtml.

成员普遍对政治现状的极度不满。为表达自身的政治诉求，不同阶层成员纷纷走上街头，开展各类游行示威活动，社会不稳定因素增加。

此外，巴西的种族矛盾也长期存在。种族的等级结构从殖民时代的奴隶制传统开始，后来以社会达尔文主义为渊源的白化政策加以固化，并一直延续至今。在巴西，族群的等级划分是无法抹去的。不论是在地域、职业还是教育等方面都存在等级划分。巴西政府虽然也提出了促进族群融合的目标和要求，制定了反种族主义的行动策略，但这一工作的成效非常有限，种族矛盾仍然成为影响巴西阶层关系的重要因素。

3. 印度阶层关系演进中存在的问题及其影响因素

影响印度阶层关系的重要因素之一是印度的种姓制度。种姓制度作为一种封闭的身份等级制度，更看重的是社会阶层成员的先赋性身份，这种先赋性身份在印度所倡导的"各安天命"的生活哲学影响下，造成印度社会阶层之间的垂直性流动严重缺乏，进而影响印度阶层关系的正常演进。当然，印度社会还存在一种独特的社会流动模式——"梵化"，所谓"梵化"是指低种姓通过学习和教育，遵循高种姓的生活习俗、宗教仪式和人生信仰，采取高种姓的生活方式的过程。"梵化"的存在给予低种姓阶层成员以种姓身份改善生活的希望和机会，也给予低种姓阶层成员致力于通过自身努力提高自己的经济地位、政治地位和社会地位的动机和动力，有益于在印度社会形成一种人才竞争机制，以促进低种姓阶层成员实现向社会上层的社会流动，这对于阶层关系的改善发挥了积极作用。

影响印度阶层关系的重要因素之二是贫富悬殊。印度不仅人口众多，而且贫富差距十分严重。独立以后，印度政府出台了许多针对落后阶层的优惠政策，以期改变他们的生存状况，促进社会公平，但是这并没有得到预期的效果，现今印度的贫富差距现象依旧很严重。生活在城市中的富人阶层们，挥金如土，过着奢侈的生活；而底层的民众，尤其是贫民们连基本的生存环境都得不到保障，许多贫民居住在棚户区，环境脏乱差。在农村，印度农民出现了分化，底层农民生活条件极其艰苦。

影响印度阶层关系的重要因素之三是民族、宗教问题。印度是一个多民族国家，同时也是一个受宗教影响极深的国家，宗教对印度阶层关系影响巨大。在印度，最重要的宗教是印度教，印度有约83%的人口信仰印度教，其次是伊斯兰教，13.4%的印度人信仰伊斯兰教，还有锡克教、佛教和耆那教都是起源于印度的宗教。由于历史现实原因，印度教和伊斯兰教两大宗教之间积怨颇深，冲突不断，对印度阶层关系的影响最大。

在印度，女性是十分受歧视的，她们不仅要干许多男人的体力活，还不能得到社会的尊重。女性的安全也常常得不到保障，针对女性的犯罪现象十分严重。发生在2012年的印度黑公交轮奸案，不仅在其国内造成了恶劣的影响，也引发了国际社会的广泛关注，使其国际形象大为受损。案件发生后印度民众举行了大规模游行示威。类似于这样的案件，印度还有很多，由于印度相关管理制度不完善，大多案件没有得到及时处理。显然，这些问题对于印度的阶层关系来说都是影响巨大的隐患。

4. 南非阶层关系演进中存在的问题及其影响因素

南非的种族问题是影响阶层关系的重要因素。南非历史上遭受长期殖民统治，殖民政府和独立以后的后继政府都奉行种族隔离政策，使得南非种族矛盾十分尖锐。种族和解以后，虽然在一定程度上缓和了黑人和白人之间的矛盾，但并未从根本上彻底解决这一问题。政治上，南非新政府制定了一系列法律和优惠政策，来弥补历史上对黑人的不公，不少黑人因此得以从底层向上流动。但这只局限于一部分黑人，大多数黑人即便获得了政治上独立、自由、平等的权利，但实际上由于各种原因，他们并不能占据经济层面的优势，所以其实际境遇并没有达到种族和解前夕他们的期望值，因此种族矛盾逐渐激化。

阶层分化新情况。种族和解以后，南非政府实施了对黑人的大量优惠政策的倾斜。这使得黑人内部逐渐产生了分化，一部分黑人享受这些政策后开始涌入中上层社会，尤其是那些在旧政府时期本来就有着良好社会资本的黑人一跃成为南非社会新的精英阶层或富人阶层。但是更多的黑人并未获得更多优惠政策带来的实际利益，尤其是大量边远地区的人，他们的生活质量依旧不高，这样就造成了黑人内部阶层分化的加剧，同时也导致了南非贫富差距的扩大。此外，由于优惠政策向黑人倾斜，必然会导致白人所占有的社会资源减少，部分白人由于缺乏政府的福利政策，逐渐沦为贫困人群，他们对于社会和政府的不满情绪必然增加，这又导致了新的阶层关系问题。

在南非，现在制度层面的种族歧视已经不存在了。但是由于历史的原因，白人是这个国家经济发展的主要力量。南非中产阶层发展过程中最大的障碍是收入不平等和种族分化。1996—2006年，南非的收入差距整体有所上升，基尼系数从0.60增加到0.64。其中，黑人族裔的收入不平等最为显著，基尼系数从0.53增长至0.64；有色族裔的基尼系数从0.48增长至0.56，印度族裔的基尼系数从0.47增长至0.50；在这个后种族隔离时代，基尼系数唯一下降的是白人族裔，从 0.45 下降至 0.44。[①]

（三）金砖四国处理阶层关系问题的主要做法

在金砖国家阶层关系演进进程中，在社会流动、阶层分化、阶层认同方面都面临着一些共同的困境，而且这些困境往往并不仅仅是某个社会阶层单独面临的问题，而是整个国家和社会共同面临的问题。因此，处理这些阶层关系问题也不能仅仅依赖某个社会阶层，更需要根据各个国家的实际进行体制制度的改革、经济结构的优化、收入分配结构的调整等，需要政府、社会、社会各阶层的共同努力和协同合作。

1. 俄罗斯处理阶层关系问题的主要做法

转型初期，俄罗斯笃信货币主义的"休克疗法"，试图完成从计划经济向市场经济体制的"一步跨越"，结果不仅收效甚微，还导致俄罗斯经济出现大衰退，更加严重的后果是俄罗斯的阶层结构急剧失衡和阶层关系严重恶化。普京面对"叶利钦时代"遗留下来的包括阶层关系问题在内的各种社会问题，以及国家秩序存在的分裂危机，及时调整俄罗斯的转型战略，通过改革俄罗斯联邦体制、整合政党权力、惩治寡头干政、强化对非政府组织的管理等措施，理顺了中央政府与地方政府之间的关系，重建了原有的有效的垂直权力体系。同时，通过在经济方面发展混合市场经济，积极发展中小企业等政策，基本建成了国有制、集体所有制和私人所有制并存的混合所有制经济结构。这些改革举措对俄罗斯阶层结构的调整和阶层关系的改善产生了积极意义。

同时，积极调整俄罗斯的社会福利政策，进一步完善俄罗斯的社会保障制度。俄罗斯调整了社会福利政策的基本思路，对公共服务政策进行市场化改革。具体的做法主要有：通过官民合作来共建覆盖社会各阶层成员的失业救济制度；构筑多层次的医疗保健体系，实行强制医疗保险和自愿医疗保险相结合的医疗保险形式；实施"三支柱"型养老保险政策，扩大保障人群范围。所谓"三支柱"型养老保险是指政府、市场和社会共同保障老年人基本生活的制度。强调政府对于扩大养老保障人群范围负有主导责任，因此利用市场调节平台，积极鼓励居民自愿交纳养老保险。这些举措也都基本覆盖到了所有社会阶层成员，为不同社会阶层成员提供了比较完善的社会保障和生活预期，有效地缓和了阶层矛盾和社会冲突，有助于阶层关系问题的解决。

在俄罗斯的转型过程中，我们可以看到国家担任了非常重要的角色，发挥着非常重要的作用，从叶利钦开始推行私有化到普京的"强国家—强社会"都

---

[①] 朱迪. 金砖国家中产阶层的发展概况和困境［J］. 文化纵横，2016（4）：54.

是如此。俄罗斯政府试图通过国家权力创造出一个新的有产阶级,希望以此来消除旧的体制机制的影响,推动实现国家经济社会的发展。虽然结果并未完全达到预期,但是应该看到,经过俄罗斯的市场化改革,尤其是普京所推行的政府主导型的市场化改革,俄罗斯社会逐渐形成了一个新的有产阶级,即新中产阶级,他们在稳定俄罗斯的经济社会发展方面已经开始发挥重要的积极作用。

2. 巴西处理阶层关系问题的主要做法

巴西面临最大的问题就是贫富差距过大。在长期的治贫过程中巴西政府摸索出了一套缓解贫富差距的道路,尤其是经过包括卢拉(Lula)在内的几位总统的接力式努力,形成了一套较为合理完善的治贫政策,治贫政策取得比较明显的成效。最有名的便是巴西实行的"零饥饿"计划,它包括家庭救助金计划、每年提高最低工资、全民免费医疗制度、充分利用税收手段等。这些政策和措施不仅改善了巴西社会分配不公的问题,促进了社会公平,同时为巴西中产阶级的壮大创造了条件,使巴西社会逐渐形成橄榄型社会。周志伟在《巴西缓解贫富悬殊之路》中指出,"随着中产阶层的壮大,巴西国内的消费市场逐渐成熟,国内消费成为带动经济的重要'引擎',而这也是巴西能够有效应对国际金融危机的重要原因所在"[1]。

巴西政府还十分重视以教育来解决社会不公问题。巴西政府将教育与扶贫结合起来,充分发挥教育对于贫困群体摆脱贫困的重要作用。具体的做法就是由政府来提供更多更好的公立教育帮助贫困家庭的孩子接受较好的教育,增强他们摆脱贫困的能力。在巴西政府实行的政策方面,教育平等在消除贫困和社会不公等方面发挥着不可替代的作用,其积极意义在于让一般社会阶层成员通过享受良好的教育,大大提升底层社会阶层成员的要素禀赋,这不仅是底层阶层成员实现向上流动的必由之路,也是促进阶层关系和谐的重要基础。

除政府之外,社会组织在巴西社会对于阶层关系和谐也起着十分重要的作用。巴西的非政府组织非常活跃,他们致力于在解决社会问题包括阶层关系问题中发挥作用,特别是在消除贫困和促进教育平等方面做了很多工作,为增进阶层关系和谐程度发挥了积极作用。政府对非政府组织的力量也非常重视,推出了一系列由非政府组织参与的社会计划,并将政府在社会领域的部分职能委托给非政府组织参与实施。巴西非政府组织的社会角色具有多样性的特点,它不仅是推动国家民主政治重建的重要力量,扮演着政府部门的"合作者""监督者"和"督促者"的角色,还是维护底层社会阶层成员的利益,解决巴西阶层

---

[1] 周志伟. 巴西缓解贫富悬殊之路[J]. 南风窗, 2012(9): 62.

关系问题的重要力量。这是巴西处理阶层关系问题的突出特色。

3. 印度处理阶层关系问题的主要做法

印度在处理阶层关系问题方面，比较重视治理农村贫困问题。在治理农村贫困问题方面，印度通过推动实行多次土地改革、引进和实施一系列农村建设工程，创造更多的就业机会，帮助贫困阶层实现就业。为更好地解决农村就业问题，印度政府提出发展乡村工业和小工业的长期经济发展战略，印度政府在每个五年计划中都拨款用于发展小型工业，并为发展小型工业设立了各种机构；把大力发展农村传统工业作为解决农村居民就业的重要途径；实施了一系列的农村开发计划，训练和帮助农村青年自谋职业，使之能够在训练结束后创办自己的企业，增加就业人数。同时政府还向自谋职业者提供资金帮助，给予就业补贴，在每一个五年计划中都为解决农村问题、底层阶层的问题划出了一定的财政资金，建立了许多专项资金用于农村开发。这些举措对于改善底层群体生活状况，缓和阶层关系起到了积极作用。

印度建立了比较完善的医疗保障制度，对阶层关系产生了积极影响。印度政府提出合理配置医疗资源，改进医疗社会保险体系，争取在2000年实现"人人享受医疗""人人健康"的目标。印度政府通过制定一系列公共政策，使不同社会阶层的成员通过不同的医保方式，享有各自不同水准的医疗服务。多年来印度一直是通过公共医疗保健网络机构向国民提供医疗保健和疾病预防服务的。全国医疗机构在布局上公私并存，医保的重心是建立了比较完善的保健站、初级保健中心和社区保健中心农村三级医疗网络体系，免费为公众提供医疗服务。

印度比较注重发挥教育在协调阶层关系方面的积极作用。首先制定了具有多元文化教育思想的政策，奠定了教育平等的基础。强调国家应特别关心并促进低弱阶层的教育发展，保障其经济利益，政府还专门为残疾人的教育设立特殊学校，保护他们免受社会歧视及各种形式的剥削。其次，印度宪法尤其关注对弱势阶层的教育，根据宪法修订具有多元文化教育思想的政策，树立教育平等的导向。在全国实行统一的教育体制，明确提出人人享有受教育的平等权利，消除教育在城乡、贫富、阶层方面的差距。印度各大学的法案也都规定：大学应向所有人开放，不管其性别、种姓、信仰、种族或阶层；大学应为妇女、身体上有残疾的或属于落后阶层的人，特别是属于印度宪法规定的两类社会弱势群体，即表列种姓和表列部落的成员制定特殊的保护政策。

另外，在宗教族群方面，印度宗教种类多而派别复杂，且时常爆发宗教冲突。但是，也应该看到，宗教对于维持印度这样一个多民族的人口大国的阶层关系和谐也发挥了一定积极作用。为减少宗教矛盾，印度推行多元化的民族教育，尊重不同的宗教文化，如开始重视伊斯兰教众的利益等。这在一定程度上缓和了印度的宗教矛盾，也有助于缓和阶层关系问题。

4. 南非处理阶层关系问题的主要做法

南非的种族和解在协调阶层关系问题方面产生了积极作用。通过实行种族和解，对黑人采取了政策优惠倾斜，为黑人争取更多利益，一定程度上缓解了种族矛盾。同时，实现南非政权的和平交替，避免了南非不同社会阶层成员之间爆发大规模的内战，维持了南非国内不同社会阶层成员之间的基本和谐。

南非非常注重完善社会保障制度，特别是失业保障政策。南非现行失业保障政策主要有两部分：一是国家制定的法律，包括《失业保险缴费法》《失业保险法》等，这是国家通过立法机关制定的，具有强制性和长期性；二是积极的失业保障政策，包括一系列公共工程计划，具体的公共工程计划与国家经济建设相结合，具有针对性和灵活性。但是，南非的失业保险制度没有考虑非正规部门的雇员和从没工作过的劳动者，覆盖率较低；且受益人群有偏向于条件更好的失业者的倾向，不是有效的反贫困措施。而且，南非的公共工程计划投入资金较少，减贫作用有限，对劳动者技能提升不显著。

积极推进教育改革。种族和解以后，南非废除了原来的种族隔离教育政策，进行了全面教育体制改革，以期实现教育公平。为此，新南非政府推动了一系列平权运动，包括增加弱势群体的入学机会、扩大高等教育的社会受益面、加强黑人院校的能力建设与提升办学水平、实施促进教育公平的财政拨款制度等。为实现教育公平与种族平等目标，政府采取了类似的种族优惠政策，以弥补黑人在历史时期遭受到的不公，这有利于大部分处于底层的黑人获得更多的教育机会，增强自身实现向上流动的能力，对阶层关系的改善是十分有益的。

实行土地改革。南非为改变农业生产的二元结构，满足黑人群体对土地的强烈需求，制定了一系列相关的法律和政策，在南非开展土地改革。为了避免引起剧烈的社会动荡，新南非政府采取的是一条温和的土地改革路线，其主要做法是运用法律和市场机制，采取和平赎买的方式，使白人掌握的土地回到黑人群体手中，以此激发黑人群体的积极性，促进生产力水平的提高。尽管这一政策实行起来困难重重，进程也十分缓慢，特别是近年来，要求无偿征收白人土地的呼声越来越高，这对南非政府不得不说是一个艰难的问题。但是这一政策还是有效避免了引发白人的恐慌与反抗，对于缓解种族矛盾和推动阶层关系和谐起到了一定的积极作用。

（四）金砖四国处理阶层关系问题实践的有益借鉴

1. 发挥中产阶层的"社会稳定器"功能

金砖四国阶层关系演进的历史表明，发挥中产阶层"社会稳定器"的功能对于国家政局的稳定和经济社会的发展具有不可替代的作用，而要真正发挥中产阶层"社会稳定器"的功能，就必须不断壮大中产阶层的力量，同时保障中产阶层的基本利益，保障中产阶层享有良好的公共服务和完善的基础设施，拥有正常的利益表达渠道，以及相对畅通的社会流动性。如果中产阶层的生存风险增加，精神焦虑不断上升，中产阶层的优越性不复存在，就有可能同社会底层结盟，反而可能与底层成员一起共同成为社会不稳定的力量。

改革开放40多年来，中国经济发展保持较高年均增长率，由此带来的阶层结构方面的一个显著变化就是中等收入群体的形成和发展壮大。但同时，也存在中等收入群体认同感不高的问题，特别是高房价、高物价、看病贵、上学贵、收入增速慢，以及社会保障制度不完善等加剧了中等收入群体的焦虑感。所以，中国要实现中等收入群体持续健康地发展壮大，避免陷入中等收入陷阱，就应当在保持经济发展的基础上，进一步健全社会保障制度，着力解决收入分配不公平和资源分配不公平等问题，积极拓宽社会流动渠道和增强社会流动性，以稳定中等收入群体队伍，并引导他们形成对未来发展的比较积极的心理预期。

2. 增进教育在社会阶层流动中的作用

教育是促进阶层之间社会流动的一个重要途径。贫穷落后地区的孩子可以通过教育而成为经济发达地区所需要的专业知识或技能人才，下层民众可以通过教育实现自身甚至家庭的向上流动。印度加大对后进阶层、南非对黑人、巴西对穷人等所制定的教育倾斜优惠政策，就是通过政府来实现教育资源的再分配，促进教育公平，提升这些地区和阶层成员的教育水平。这为我们处理阶层关系问题提供了可贵经验。

当前我国农村地区的基础教育还比较薄弱，许多偏远地区面临着各种教育资源的匮乏，有些地区连基本的硬件设施都不能保障。因此我们要真正实现社会阶层关系更加和谐，实现中华民族伟大复兴中国梦，实现更高水平的教育公平就是必然要求。一方面，政府要不断加大对教育的投入，并采取合理政策促使教育资源实现更加合理的配置和优化；另一方面，要充分利用民间和社会的力量，充分发挥民间和社会兴办基础教育、职业教育的积极性，合理吸收和利用社会闲散资金，减轻国家的财政压力，加快教育事业的发展。

### 3. 促进城乡区域协调科学发展

区域发展的不平衡问题在许多国家都存在，尤其是在发展中国家，金砖国家这种情况更为明显。巴西为缓解这一问题，将首都从里约热内卢迁至位于巴西中部高原地区的巴西利亚。迁都不仅对巴西中西部的经济发展有一定促进作用，同时缓解了原首都的城市压力。同时为促进区域协调发展，巴西加大对贫民窟的治理力度，如改善贫民窟的基础设施、完善管理制度等。印度城乡区域发展也很不平衡，为此印度采取了一系列治理农村贫困的措施，如引进工程增加就业、完善社会保障体系、教育扶贫等，都取得了一定成效。

我国同样面临发展不协调、不平衡的问题，尤其是广大农村和中西部地区，经济发展与东部沿海地区相比较，差距很大。为改变这一局面，促进区域经济协调发展，我国相继提出西部大开发、中部崛起、振兴东北老工业基地等战略措施，这些措施对于促进区域经济协调发展产生了积极的影响。习近平提出"创新、协调、绿色、开放、共享"的新发展理念为如何处理好发展不协调、不平衡问题提供了重要的理论指导。一方面我们要加大对落后地区的扶持力度，国家既要政策倾斜，也要提供资金支持，还要让发达地区对欠发达地区进行对口帮扶，鼓励一些大企业加入进来，创造更多就业机会。另一方面，要增强欠发达地区的自我脱贫能力，变输血为造血，通过提高欠发达地区阶层成员的知识技术水平，提升其生存能力和竞争能力，达到扶志扶贫的目的。这样才能够对阶层关系问题的解决产生正向影响。

### 4. 处理好民族关系、宗教关系问题

金砖国家都是多民族国家，都有各自多样化的宗教信仰，由于历史和现实的原因，民族之间、宗教之间时常会产生冲突，尤其是其中的印度和南非可谓饱尝苦果。印度不仅是一个多民族国家，同时也是一个多宗教信仰的国家，其中印度教和伊斯兰教的宗教冲突成为印度社会不稳定的重要因素。对此，印度政府制定和实施了一系列措施，但由于其在实际过程中并没有得到严格实行，甚至损害到了其他宗教的利益，结果导致一些宗教矛盾激化，最终引发冲突，甚至酿成暴力流血事件。

我国是一个人口众多的多民族国家，且多种宗教并存，正确认识和处理好我国的民族关系、宗教关系，对于促进阶层关系和谐以及社会安定有序意义重大。习近平强调指出，"民族工作、宗教工作都是全局性工作"[1]。中共十八大

---

[1] 马占成. 巩固发展最广泛的爱国统一战线 为实现中国梦提供广泛力量支持 [N]. 人民日报, 2015-05-21.

以来，在以习近平同志为核心的党中央坚强领导下，坚持把宗教工作纳入国家治理体系，坚持运用法律调节涉及宗教的各种社会关系，宗教活动有序开展，宗教关系积极健康，宗教问题得到及时有效的化解。因为宗教问题往往是与民族问题相联系的，一些少数民族深受宗教影响，是虔诚的信教群众，我们必须重视他们的利益诉求。首先，要尊重文化的多样性。各个民族都是中华民族的一分子，中华文化是各个民族优秀文化汇聚融合的结晶。其次，要坚持宗教信仰自由的政策，保护信教群众的合法利益。最后，坚持民族平等、团结和共同繁荣的基本原则不变。积极促进少数民族地区的发展，使少数民族地区的人民更多享受经济发展成果，增强获得感。我们还要辩证地看待宗教的社会作用，必须重视发挥宗教在处理阶层关系问题方面的积极作用，积极引导宗教和宗教界人士为促进包括阶层关系在内的社会关系和谐共处发挥积极作用。

### 三、转型国家：以苏联为主要分析对象

（一）苏联阶层关系演进概况

苏联阶层关系演进明显地经历了三个阶段。

一是社会主义革命胜利之后到20世纪60年代初。社会主义革命胜利之后，苏联人口的主体是农民，农业产值占经济总产值的80%以上，农民占到总人口的85%以上。[①] 20世纪20年代末，苏联开始工业化进程，苏联的社会阶层结构和社会阶层关系也随之发生剧烈变化。从社会阶层结构看，最大的变化就是农民阶级迅速转变为工人阶级，在整个30年代，转移到城市的农民阶层达到2700万人。到1960年，苏联城市人口比重就达到49%。[②] 这意味着，苏联城市化水平已经接近城市化发展的"临界点"，苏联由此成为城市化社会。不仅如此，在农民阶层向城市大量转移的过程中，苏联政府为农民阶层提供了优厚的收入、住房、教育和医疗福利等，帮助他们快速又平稳地完成了由农民阶层向城市工人阶层的转变，也因此赢得了社会阶层成员广泛的支持。这一时期苏联的阶层关系总体比较和谐。

二是60年代苏联转化为城市化社会之后到1985年戈尔巴乔夫上台前。从60年代苏联转化为城市化社会之后，农民阶层进入城市成为城市居民，工人阶

---

[①] 邵书龙．苏联社会结构转型的社会学分析：阶级分层与阶层分层［J］．毛泽东邓小平理论研究，2009（2）：48．

[②] 邵书龙．苏联社会结构转型的社会学分析：阶级分层与阶层分层［J］．毛泽东邓小平理论研究，2009（2）：49．

层、农民阶层的子女也受到良好的教育并迅速成长为城市新一代的中间阶层，这是苏联阶层结构方面发生的积极变化。但同时，新一代中间阶层在信仰、价值观、生活方式和交往方式等方面都与之前的工人阶层和农民阶层等有很大不同，他们要求尊重社会阶层成员个人的独立性和自主性，对高度集权的斯大林体制和正统的社会主义意识形态表现出越来越明显的不满情绪，在政治态度方面也越来越强烈地要求政府开放上层空间。新一代中间阶层与苏联社会之间的"结构性紧张"状况日益发展，是这一时期阶层关系方面的突出表现。

三是1985年戈尔巴乔夫上台到苏联解体前。1985年戈尔巴乔夫上台时，苏联经济增长率已不足2%，苏联的经济、政治发展面临全面停滞的局面。为摆脱困境，在改革派的推动下，戈尔巴乔夫领导的苏联共产党开始进行市场化方向的经济改革，并进而在1988年6月的苏共第十九次代表会议上做出了进行政治分权改革的决定，即打破苏共的党政合一体制和集权体制，向社会各阶层开放政治领域，底层社会精英有了向上层流动的渠道，社会流动渠道多元化，这对于缓和阶层关系中的紧张状态起到一定积极作用。但之后在苏联第一次人代会上，社会阶层中的激进派直接提出了废止保障苏联共产党执政地位的苏联宪法第六条的动议，迫使苏联共产党确立了实行政治多党制和经济多元化的方针。在激进派的鼓动下，更多的社会阶层情绪进一步激进化，苏联进入了急剧的制度变革时期，直至苏联国家最终解体，社会主义事业最终失败。这一时期，苏联阶层关系也发生剧烈震荡，阶层关系问题急剧恶化是导致苏联社会主义事业最终失败的重要原因，其教训值得认真总结吸取。

（二）苏联阶层关系演进中存在的主要问题及其消极影响

回顾苏联阶层关系演进历史，应该说，苏联共产党和政府在阶层关系演进过程中发挥过积极作用，在促进经济迅速发展的同时，建立起了比较完善的社会保障制度，注重提高人民生活水平，特别是照顾到农民阶层的利益，赢得了包括农民阶层在内的广泛的社会支持。但在体制转轨和社会转型发展过程中，思想僵化，不能积极适应苏联阶层结构和阶层关系变化的新形势，不能及时有效地应对苏联阶层关系演进过程中出现的新问题和新形势，致使苏联共产党对整个国家的控制最终完全失控，造成了无法挽回的严重后果。苏联阶层关系演进中存在的主要问题及其消极影响具体表现在：

一是在苏联阶层关系演进过程中，体制转轨对阶层关系产生很大冲击，原有的社会阶层与新的社会阶层之间冲突加剧。苏联国家建立之初，是一个以农民阶层为主体的稳定、单一的社会，在这样一个社会阶层结构基础上，形成了高度集权的政治体制和计划经济体制,即斯大林模式,这种计划经济体制下的再分配体制以及工业化追赶战略在短时间内推动大量农民迅速转化为城市工人,但在城市化发展过程中,苏联随着改革逐渐转向了市场化,从政治、经济发展模式到资源配置方式,从生产组织形式到阶层成员的生活方式、价值观念等都在急剧变化。到1985年,苏联的城市化率达到66%①,成为一个以城市居民为主体,有不同的阶层关系结构和阶层利益结构的多元的、开放的社会。这种社会阶层结构和社会阶层关系的剧烈变动产生出了推动整个社会系统和社会形态重大调整的力量,这就是在苏联原有的社会阶层结构演变过程中逐步形成的新一代中间阶层,他们有着多元化的利益诉求和政治诉求,对老一套僵化体制有着本能的"反体制"的冲动。苏联共产党面对新一代中间阶层力量不断成长带来的新挑战,没有能够积极适应这一变化了的新形势,也没有能够对新一代中间阶层的诉求进行积极引导和疏通,而是一味地妥协退让,完全丧失了苏联共产党的主动权和领导权。

二是在苏联阶层关系演进过程中,产生了一个特权阶层,严重影响到党群关系和干群关系。在苏联阶层关系演进过程中,因为建立了覆盖全社会的比较健全的社会保障体系,不同社会阶层成员之间的收入差别不大。如斯大林时期,工人与职员和技术人员的收入比为1:2.15,到1985年已缩小到1:1.1。人民生活水平普遍比较高,如1950—1975年,苏联人均消费年增长为3.8%,增长了2.5倍,同期美国人均消费年增长为2.0%,增长了1.6倍。社会福利和补贴方面,1985年比1960年增加了3倍多,高于人均实际收入增长。同一时期消费品价格增长了7.8%,而居民工资收入增长了1倍,远高于物价的增长幅度。②但从斯大林时期开始,干部特权化现象开始出现并有愈演愈烈之势,到赫鲁晓夫(Khrushchev)时期就出现了所谓的特权阶层,而到勃列日涅夫(Brezhnev)时期特权阶层完全形成。当时苏联共产党内部形成了一个50~70万人,加上家属共约300万人的特殊利益集团。特权阶层的形成和存在对苏联社会和阶层关系的影响是极其恶劣的,是诱发苏联剧变的重要因素之一。

三是在苏联阶层关系演进过程中,马克思主义阶级分析理论指导地位的动摇和偏离是导致苏联协调阶层关系的努力失败的又一重要原因。俄国是一个以农民阶级为主的资本主义国家,在列宁领导俄国十月革命时期,列宁运用马克

---

① 邵书龙. 苏联社会结构转型的社会学分析:阶级分层与阶层分层[J]. 毛泽东邓小平理论研究,2009(2):50.
② 3.T. 戈连科娃. 俄罗斯社会结构变化与社会分层[M]. 宋竹音,王育民,译. 北京:中国财政经济出版社,2004:94.

思主义阶级分析理论和方法,深刻地分析和揭示了俄国资产阶级的特点和本质,制定了用暴力手段推翻资产阶级政权的政策和策略;同时因为无论在社会主义革命时期还是在社会主义建设时期,农民阶级都是无产阶级联合的最主要的社会力量,列宁运用马克思主义阶级分析理论,制定了相应的联合农民阶级的政策和策略,建立了巩固的工农联盟;列宁还特别注意协调无产阶级和中间阶层的关系,运用马克思主义阶级分析理论分析中间阶层的特点,指出,中间阶层必然动摇在无产阶级和资产阶级之间,无产阶级必须努力争取把他们吸引过来,为此做出必要的让步也是适当的。正是由于采取了正确的处理阶层关系问题、协调阶层矛盾的政策和措施,列宁成功地调动了包括中间阶层在内的广泛的阶层力量,党取得了社会主义革命、国内战争和社会主义建设的胜利,为无产阶级政党协调阶级、阶层关系的实践提供了宝贵经验。

在列宁之后的苏联共产党领导人任职期间,苏联共产党的指导思想日益远离马克思主义的指导,在认识和处理苏联阶层关系问题的过程中,没有坚持马克思主义阶级分析理论基本的立场观点和方法,没有能够运用马克思主义阶级分析理论及时处理苏联的阶层关系问题,致使苏联的阶层关系问题激化,给苏联的社会主义事业造成了严重后果。特别是在赫鲁晓夫时期,淡化和放弃了马克思主义阶级分析理论,淡化了苏联国内的阶级对立和阶级斗争。1956年的苏共二十大会议上,赫鲁晓夫认为国际局势日趋缓和,社会主义将同资本主义和平共处,无产阶级革命要实现和平过渡。据此,他进一步淡化国内阶级和阶级斗争。1959年的苏共二十一大会议上,赫鲁晓夫认为,由于苏联社会进入了全面展开共产主义建设时期,工人阶级同农民的联系更加密切,农民成分也发生了一些变化。1961年,在苏共的二十二大上,赫鲁晓夫认为苏联社会已经不再存在阶级斗争,公开宣布用"全民党"来代替无产阶级政党,并论证了把苏联建成全民党的理由,这就完全背离了马克思主义阶级分析理论和马克思主义政党学说。同时,赫鲁晓夫对国际、国内依然存在的并且日趋复杂的阶级斗争形势形成了错误的判断,对资产阶级自由化思潮缺乏应该具有的警惕性,在苏联发动的"非斯大林化"运动,鼓吹阶级斗争熄灭论,推行否定无产阶级专政的所谓"全民党""全民国家"理论等,都全面抛弃了马克思主义的阶级观点和阶级分析的方法,这成为苏联以马克思主义为指导的社会主义意识形态崩溃的起点。

(三)苏联处理阶层关系问题的实践镜鉴

苏联社会主义事业失败之后,在对苏联社会主义事业失败的原因分析中,

*208*

形成了很多观点和看法。从深层次的原因来看，苏联没有处理好阶层关系问题是导致其社会主义事业失败的根本原因之一，其中的教训也是非常值得我们总结和吸取的。

苏联共产党在对待阶层关系问题上出现的严重错误之一，是在处理阶层关系问题时没有始终坚持清醒的政治意识，放弃了社会主义阵地。苏联共产党始终没有认识到阶层关系问题的重要性，把阶层关系问题当作一般性问题处理，把不同社会阶层之间的矛盾和冲突简单化为物质利益矛盾，对阶层关系问题激化造成的严重后果估计不足，在处理阶层关系问题时，混同了阶层关系问题和阶级关系问题的性质，造成非常严重的错误。如 20 世纪 30 年代，苏联共产党把国内不同阶层之间大量非对抗性的阶层矛盾等同为对抗性的阶级矛盾，采取无情打击、残酷消灭的"大清洗"的方式，犯了严重的阶级斗争扩大化的错误。这就告诉我们，必须始终高度重视阶层关系问题，必须把正确认识和处理阶层关系问题上升到关系中国特色社会主义伟大事业成败的高度，认真加以解决。处理好阶层关系问题是社会关系的核心，阶层关系和谐是社会关系和谐的基础。中国共产党必须不断深化对阶层关系演进规律和趋势的认识，及时有效地处理好阶层关系演进过程中出现的新问题，化解阶层关系问题激化对社会秩序和政局稳定带来的冲击。

苏联共产党在对待阶层关系问题上出现的严重错误之二，是在处理阶层关系问题时，没有始终坚持正确的政治立场，放弃了苏联共产党的领导。在戈尔巴乔夫上台后，不同社会阶层之间的关系十分紧张，激进派步步紧逼，苏联共产党不断妥协退让，想以此缓和紧张关系，甚至于在激进派提出废止保障苏联共产党执政地位的苏联宪法第六条的动议，并要求戈尔巴乔夫辞去总书记职务时——这时的非对抗性的阶层矛盾实际上已经转化为对抗性的阶级矛盾——苏联共产党把这种阶级之间的对抗性的阶级关系问题混同为阶层关系问题，主动放弃了共产党的领导地位，确立了实行多党制和经济所有制多元化的方针，铸成颠覆性错误。在 2015 年 12 月 11 日的全国党校工作会议上，习近平强调指出："在坚持党的领导这个重大原则问题上，我们脑子要特别清醒、眼睛要特别明亮、立场要特别坚定，绝不能有任何含糊和动摇。"[①] 在坚持党对一切工作的领导的同时，还必须不断加强党的自身建设，全面提高党的执政能力和执政水平，解决好能力不足、本领恐慌的问题。

---

① 中共中央文献研究室. 习近平谈治国理政：第 2 卷 [M]. 北京：外文出版社，2017：20.

苏联共产党在对待阶层关系问题上出现的严重错误之三，是在处理阶层关系问题时，没有始终坚持正确的思想立场，放弃了马克思主义理论的指导思想地位。包括苏联在内的社会主义国家兴衰成败的经验教训告诉我们，以马克思主义理论为指导的社会主义意识形态是捍卫共产党执政地位的屏障，这个屏障的基本架构就是马克思主义理论的基本立场、观点和方法。在认识和处理社会主义国家的阶层关系问题时必须坚持马克思主义阶级分析理论的阶级观点和阶级分析的方法。2016年5月17日，习近平在哲学社会科学工作座谈会上的讲话中特别强调："面对社会思想观念和价值取向日趋活跃、主流和非主流同时并存、社会思潮纷纭激荡的新形势，如何巩固马克思主义在意识形态领域的指导地位，培育和践行社会主义核心价值观，巩固全党全国各族人民团结奋斗的共同思想基础，迫切需要哲学社会科学更好地发挥作用。"① 在处理阶层关系问题上必须旗帜鲜明，毫不动摇地坚持马克思主义阶级分析理论的基本立场、观点和方法，在坚持马克思主义阶级分析理论的基本立场、观点和方法的前提条件下，去创新和发展马克思主义阶级分析理论的具体观点和具体内容。

---

① 习近平. 在哲学社会科学工作座谈会上的讲话 [M]. 北京：人民出版社，2016：6.

第五章

# 处理全面深化改革进程中的阶层关系问题的总体思考

全面深化改革以来，以习近平同志为核心的中央领导集体不畏全面深化改革的艰难险阻，坚持"必须以更大的政治勇气和智慧，不失时机深化重要领域改革"①，积极开拓进取，全力推动全面深化改革不断向全面纵深发展。在全面深化改革进程中，阶层关系演进呈现出新特点：社会阶层构成多元化、阶层利益诉求多样化、阶层利益关系复杂化。同时，阶层关系演进中出现的一些新形势、新情况、新问题，对社会秩序的和谐稳定造成了一定的影响，这引起了党中央的高度关注。虽然，我们取得了改革开放和社会主义现代化建设的历史性成就，但是必须清醒地看到，面临不少的困难和挑战，其中突出的一个方面就是"社会矛盾和问题交织叠加"②。因而，正确认识和处理包括阶层关系问题在内的社会关系，是进一步推进全面深化改革的迫切需要。对于如何正确认识和处理阶层关系问题，以习近平同志为核心的中央领导集体从理论层面和实践层面都进行了积极的探索，做出了很多重要的理论论述和实践努力。根据我们对中共十八大以来习近平相关重要论述和实践活动的理解和把握，结合对全面深化改革进程中阶层关系问题产生原因的深入分析，我们提出正确处理全面深化改革进程中的阶层关系问题的目标指向、核心理念、基本原则、总体思路以及具体路径。

## 第一节 处理全面深化改革进程中阶层关系问题的目标指向

消除不同社会阶层成员之间存在的社会不平等，实现不同社会阶层成员之

---

① 中共中央文献研究室. 习近平谈治国理政：第1卷 [M]. 北京：外文出版社，2018：70.
② 习近平. 决胜全面建成小康社会 夺取新时代中国特色社会主义伟大胜利：在中国共产党第十九次全国代表大会上的报告 [M]. 北京：人民出版社，2017：9.

间关系的和谐统一是马克思主义阶级分析理论研究阶层关系问题的基本价值取向和根本实现目标。据此，以毛泽东为核心的第一代中央领导集体提出处理我国阶层关系问题的目标指向是"调动一切积极因素为社会主义事业服务"①。改革初期，以邓小平为核心的第二代中央领导集体多次强调"安定团结十分重要"②，把有利于实现国家的安定团结作为处理我国阶层关系问题的目标指向。面对改革深化推进过程中阶层关系问题更加错综复杂的局面，以江泽民为核心的第三代中央领导集体提出，把"努力形成全体人民各尽其能、各得其所而又和谐相处"③作为处理我国阶层关系问题的目标指向。以胡锦涛为核心的中央领导集体认为"社会和谐是中国特色社会主义的本质属性"④，据此确定处理好我国阶层关系问题的目标指向应该是增进团结、凝聚力量。全面深化改革以来，习近平从实现中华民族伟大复兴中国梦的战略高度重视正确认识和处理我国阶层关系问题，提出"实现中国梦必须凝聚中国力量"⑤。在这里，习近平"中国梦"思想把处理我国阶层关系问题的现实与实现中国梦的目标有机结合在一起，强调中国梦不仅是国家梦、民族梦，也是人民梦、个人梦，是中国社会各阶层成员共同的梦，实现中国梦也需要中国社会各阶层成员万众一心、共同追梦。习近平"中国梦"思想不仅有利于激发每一个处在这样伟大时代的中国社会各阶层成员追求梦想、实现梦想的行动自觉，而且为全面深化改革进程中处理好我国阶层关系问题确定了明确的目标指向，具有极其丰富的科学内涵。

### 一、"中国梦"思想的科学内涵及其创新意义

"中国梦"思想首次提出是习近平 2012 年 11 月 29 日参观《复兴之路》展览时，他指出："实现中华民族伟大复兴，就是中华民族近代以来最伟大的梦想。"⑥ 之后的多次重要讲话中，习近平全面阐释了"中国梦"的主要内容以及

---

① 中共中央文献研究室. 建国以来重要文献选编：第 8 册 [M]. 北京：中央文献出版社，1994：266.
② 中共中央文献研究室. 十一届三中全会以来重要文献选读：上 [M]. 北京：人民出版社，1987：26.
③ 本书编写组. 中国共产党第十六次全国代表大会文件汇编 [M]. 北京：人民出版社，2002：15.
④ 本书编写组. 科学发展观党员干部读本 [M]. 北京：人民出版社，2008：186.
⑤ 中共中央文献研究室. 习近平关于实现中华民族伟大复兴的中国梦论述摘编 [M]. 北京：中央文献出版社，2013：43.
⑥ 中共中央宣传部. 习近平总书记系列重要讲话读本 [M]. 北京：学习出版社，2014：25.

实现途径，赋予"中国梦"思想丰富的内涵。"中国梦"思想是中共十八大以来以习近平同志为核心的中央领导集体实现马克思主义理论中国化的重要理论创新成果，具有重要的理论意义和实践意义。

(一)"中国梦"思想的科学内涵

1."中国梦"的主要内容

习近平指出，"中国梦"最基本的内涵是"国家富强、民族振兴、人民幸福"①。"中国梦"最核心的内容就是实现中华民族的伟大复兴，因此中国梦不仅是国家梦、民族梦，还是人民梦、每个人的梦。"中国梦"不仅是新时代中国特色社会主义的鲜亮底色，更是统领新时代中国特色社会主义事业发展的总目标。

中国梦是国家梦，是实现国家富强的梦，国家富强是中国梦的基础。不同于以个人为中心的西方文化传统的是，中国文化传统始终强调的是以集体和国家为中心，爱国主义成为中华民族民族精神的必然追求和精神信仰，坚持集体利益、民族利益、国家利益为上，并以此形成中国人特有的家国一体的思想观念，认为国家强、民族强，国家好、民族好，人民才会更好，每个人才会更好，国家富强是民族振兴和人民幸福、个人发展的保障。历史和现实也教育我们，国家落后，民族就会挨打受欺凌，人民的幸福生活和个人的自由发展也就无法实现。要实现中国梦，首先就要建立一个富强的国家，这种富强不仅体现在经济繁荣、科技强盛方面，还体现在中华文化的影响力、凝聚力和向心力方面，体现在中国特色社会主义道路优越、制度自信方面。

中国梦是民族梦，是实现民族振兴的梦，民族振兴是中国梦的前提。在中国共产党的坚强领导下，中国已经实现了从半殖民地半封建到国家独立、民族解放的历史性跨越，即将实现从解决十几亿人的生活温饱问题的初步目标、总体上实现小康社会的中期目标，到实现"一个也不能少"的全面建成小康社会的阶段性目标的历史性跨越。实现中华民族伟大复兴的中国梦是中华民族大家庭共同的梦，是由56个民族组成的中华民族命运共同体共同的梦，是中华民族的共同心愿和共同目标。习近平指出："中国梦意味着中国人民和中华民族的价值体认和价值追求……意味着中华民族团结奋斗的最大公约数。"② 当然，实现

---

① 中共中央宣传部. 习近平总书记系列重要讲话读本 [M]. 北京：学习出版社，2014：28.

② 中共中央宣传部. 习近平总书记系列重要讲话读本 [M]. 北京：学习出版社，2014：104.

中华民族伟大复兴的中国梦也离不开全国各族人民大团结的力量，所以必须"促进各民族像石榴籽一样紧紧抱在一起，共同团结奋斗、共同繁荣发展"①。

中国梦是人民梦也是每个人的梦，是实现人民幸福的梦，是实现每个人自由发展的梦，实现人民幸福和每个人自由发展是中国梦的核心。习近平指出，中国梦最根本的就是要实现中国人民的美好生活需要，是人民一个个具体的、实实在在的梦想，是每个人的梦想。"人民对美好生活的向往，就是我们的奋斗目标"②，中国共产党坚持实现国家富强与民族振兴的最终落脚点都是为了实现人民幸福、每个人的幸福生活。只有人民过上了幸福的生活，民族才是真正振兴，国家才是真正强大。只有"让每个人获得发展自我和奉献社会的机会，共同享有人生出彩的机会，共同享有梦想成真的机会"③，才是真正实现了中国梦。

坚持中国梦是国家梦、民族梦与人民梦、每个人的梦的统一，把实现每个人的梦想与实现国家梦想、民族梦想、人民梦想紧密相连，是习近平"中国梦"思想的真谛。在这里，习近平把国家利益、民族利益、人民利益和个人利益紧密连接在一起，赋予中国梦以融国家利益、民族利益、人民利益和每个人的利益为一体的命运共同体丰富的内涵，不仅富含中华优秀传统文化的文化基因和积极成分，也成功升华为中国共产党治国理政的全新理念和核心价值，必然成为激励社会各阶层成员不断奋进、同心筑梦的精神动力和思想基础。

2. "中国梦"的实现途径

习近平关于中国梦的重要论述不仅回答了什么是中国梦，而且回答了如何实现中国梦，即实现中国梦必须走中国道路，所谓"中国道路"就是中国特色社会主义道路；实现中国梦必须弘扬中国精神，所谓"中国精神"就是以爱国主义为核心的民族精神和以改革创新为核心的时代精神；实现中国梦必须凝聚中国力量，所谓"中国力量"就是中国社会各阶层成员大团结的力量。

实现中国梦必须走中国道路，坚持走"中国道路"就是坚持走中国特色社会主义道路，这是实现中国梦的根本政治前提。历史和现实一再表明，道路决定命运，没有找到正确的道路，任何革命和建设的任务都不可能实现。历史和现实还一再表明，实现中国梦既不能走封闭僵化的老路，也不能走改旗易帜的

---

① 习近平. 决胜全面建成小康社会 夺取新时代中国特色社会主义伟大胜利：在中国共产党第十九次全国代表大会上的报告[M]. 北京：人民出版社，2017：40.
② 中共中央文献研究室. 十八大以来重要文献选编：上[M]. 北京：中央文献出版社，2014：70.
③ 中共中央宣传部. 习近平总书记系列重要讲话读本[M]. 北京：学习出版社，2014：32.

邪路,实现中国梦唯一正确的道路是必须走中国特色社会主义道路。这就明确了实现中国梦必须始终高举中国特色社会主义伟大旗帜,必须始终坚定中国特色社会主义的理论自信、道路自信、制度自信、文化自信,必须始终在中国共产党领导下以中国社会各阶层成员的大团结为基础向着中华民族伟大复兴中国梦的目标共同奋进。

实现中国梦必须弘扬中国精神,"中国精神"就是以爱国主义为核心的民族精神和以改革创新为核心的时代精神,这是实现中国梦的强大精神力量。实现中国梦,要求我们不仅必须具备实现中国梦物质方面的雄厚基础,还要求我们必须具备实现中国梦精神方面的强大动力。以爱国主义为核心的民族精神和以改革创新为核心的时代精神就是我们实现中国梦精神方面的强大动力。以爱国主义为核心的民族精神是始终能够实现把中华民族的民族力量团结在一起的精神力量,以改革创新为核心的时代精神则是始终能够实现推动中国特色社会主义伟大事业发展的精神力量。必须继续大力弘扬中国精神,不断增强自强不息的精神动力,才能取得实现中国梦的伟大胜利。

实现中国梦必须凝聚中国力量,中国力量就是包括中国社会各阶层成员在内的人民大团结的力量,这是实现中国梦的雄厚物质基础。中国梦是人民梦、每个人的梦,必须不断增进人民福祉;中国梦是包括社会各阶层成员在内的人民梦,还必须紧紧依靠社会各阶层成员在内的人民来实现。人民的力量是无穷的,只要把社会各阶层成员的力量聚集起来为实现共同梦想而奋斗,实现中国梦的力量就会无比强大。中国梦也为每个中国人创造了实现自己人生价值的广阔舞台,激发每个人把自己的个人梦与国家梦、民族梦、人民梦紧密联系在一起,在形成关于中华民族伟大复兴中国梦广泛共识的基础上紧密团结在一起,共同在实现中国梦的伟大实践中实现每个人最大的人生价值,书写出每个人最美的人生华章。

习近平明确指出,实现中国梦"必须走中国道路,必须弘扬中国精神,必须凝聚中国力量"。实现中国梦必须同时做到三个"必须"的统一,就是要做到把中国道路、中国精神、中国力量紧密结合在一起,使之不仅成为中国共产党团结带领全国人民实现中国梦的基本遵循,还将在实现中国梦的伟大实践中显示出巨大威力,正如习近平所说的:"现在,我们比历史上任何时期都更加接近中华民族伟大复兴的目标,比历史上任何时期都更有信心、更有能力实现这个目标。"① 只要我们在中国梦的征程上始终坚持做到三个"必须"的统一，中华民族伟大复兴的中国梦就一定能够胜利实现。

（二）"中国梦"思想的创新意义

1. "中国梦"思想进一步丰富和发展了马克思主义的唯物史观

习近平"中国梦"思想实现了对马克思主义唯物史观的丰富和发展。一方面，习近平强调中国梦是国家梦、民族梦，也是人民梦、每个人的梦，实现中国梦是中国共产党的初心，"中国共产党人的初心和使命，就是为中国人民谋幸福，为中华民族谋复兴"②，把人民利益、民族利益、国家利益和党的利益统一起来，强调中国共产党以人民利益、民族利益、国家利益为党的最高利益和全部利益，全心全意为人民服务是中国共产党的根本宗旨，实现中国梦就是为人民谋利益，人民利益是中国梦的出发点和归宿点；另一方面，习近平强调人民是实现中国梦的主体，人民不仅是中国梦的创造者、追求者，也是中国梦的享有者，中国梦必须紧紧依靠人民来实现，中国梦的深厚源泉在于人民。这表明，习近平"中国梦"思想具有非常鲜明的理论品格和理论特质，"中国梦"思想的核心精神就是以人为本，"中国梦"思想不仅丰富了马克思主义唯物史观的理论内涵，而且闪耀着马克思主义唯物史观的伟大光辉。

2. "中国梦"思想具有鲜明的中国特色、时代特色、大众特色

"中国梦"思想是中共十八大以来，习近平对中国特色社会主义事业发展的总目标所做的高度概括和生动表达，也是中共十八大以来最重要的马克思主义中国化最新理论创新成果，更是中国共产党成功实现马克思主义中国化、时代化、大众化的光辉典范，这一命题本身具有鲜明的中国特色、时代特色、大众特色。其中国特色表现在，"中国梦"思想蕴含了中国的历史底蕴和文化元素，就如同毛泽东用"大同世界"来描述共产主义社会、邓小平用"小康社会"来描述"三步走"战略中的第二步阶段性战略目标一样，融合和借用了中华优秀传统文化中的有益养料、丰富思想、政治智慧；其时代特色表现在，符合和顺应了当今时代的发展潮流，即以各自的"梦"来确定国家发展目标，并以此来提振人心、凝聚力量，如美国梦、俄罗斯梦、印度梦。"中国梦"思想的提出不仅赋予中国特色社会主义发展目标以特定表达，而且具有更加丰富深刻的内涵。

---

① 习近平. 在纪念中国人民抗日战争暨世界反法西斯战争胜利69周年座谈会上的讲话[N]. 人民日报，2014-09-04.

② 习近平. 决胜全面建成小康社会 夺取新时代中国特色社会主义伟大胜利：在中国共产党第十九次全国代表大会上的报告[M]. 北京：人民出版社，2017：1.

其大众特色表现在,"中国梦"从表达方式上通俗易懂、生动形象,十分大众化;从表述内容上把抽象的中国特色社会主义事业发展目标与具体的人民利益紧密结合,易于为社会各阶层成员所接受所认同。

3. "中国梦"思想为新时代中国特色社会主义事业发展指明了方向

"中国梦"思想从历史的角度揭示了近代以来中国历史发展的主线,中国近代以来的历史就是为实现中华民族伟大复兴的中国梦而努力奋斗的历史,正是通过一代又一代的中国人前仆后继、不懈奋斗,中华民族才真正"迎来了从站起来、富起来到强起来的伟大飞跃,迎来了实现中华民族伟大复兴的光明前景"[1]。也正是通过一代又一代的中国人前仆后继、不懈奋斗,我们才可能在今天充满骄傲和自信地宣布我们已经"比历史上任何时期都更接近、更有信心和能力实现中华民族伟大复兴的目标"[2]。习近平"中国梦"思想为新时代中国特色社会主义事业发展指明了方向。

目标已经确定,方向已经指明,实现中国梦的路线图也越来越清晰,这就是习近平在中共十九大提出的新"两步走"战略,"第一个阶段,从2020年到2035年,在全面建成小康社会的基础上,再奋斗十五年,基本实现社会主义现代化……第二个阶段,从2035年到本世纪中叶,在基本实现现代化的基础上,再奋斗十五年,把我国建成富强民主文明和谐美丽的社会主义现代化强国"[3]。按照这一战略部署,在以习近平同志为核心的中国共产党的坚强领导下,中国梦的实现前景愈益光明,中华民族伟大复兴的中国梦在一代一代中国人前仆后继的接力奋战中一定会成为现实。

## 二、处理阶层关系问题语境中中国梦的丰富内涵

(一)积极增进社会各阶层成员之间的关系和谐

积极增进社会各阶层成员之间的关系和谐是实现中国梦的现实需要。具体而言:一方面,阶层关系是社会关系的核心,处理好社会关系的核心是处理好

---

[1] 习近平. 决胜全面建成小康社会 夺取新时代中国特色社会主义伟大胜利:在中国共产党第十九次全国代表大会上的报告 [M]. 北京:人民出版社,2017:10.

[2] 习近平. 决胜全面建成小康社会 夺取新时代中国特色社会主义伟大胜利:在中国共产党第十九次全国代表大会上的报告 [M]. 北京:人民出版社,2017:15.

[3] 习近平. 决胜全面建成小康社会 夺取新时代中国特色社会主义伟大胜利:在中国共产党第十九次全国代表大会上的报告 [M]. 北京:人民出版社,2017:28-29.

阶层关系。"实现中国梦必须凝聚中国力量"①，中国力量的形成离不开阶层关系和谐，阶层关系和谐是凝聚中国力量的基础，是实现中国梦的现实需要。另一方面，实现国家富强、民族振兴、人民幸福的伟大中国梦，必须有和谐稳定的社会环境，而要形成这样一个和谐稳定的社会环境，也必须处理好阶层关系问题，积极增进不同社会阶层成员之间的关系和谐。

　　阶层关系和谐是中国特色社会主义的应有之义和内在要求。吴忠民提出，良性的阶层关系具有三大特征："社会阶层之间的相互开放和平等进入；各阶层应当得到有所差别且恰如其分的回报；各阶层之间应当保持一种互惠互利的关系；等等。"② 这就意味着，实现阶层关系和谐必须正确认识和处理好不同社会阶层成员之间的利益关系，协调好不同社会阶层成员之间利益差别以及利益冲突。实践经验表明，要保持阶层关系的和谐稳定就必须将不同社会阶层成员之间的差别限定在合理的、社会各阶层成员可以承受和容忍的范围之内，在阶层合作的基础上来探寻协调不同社会阶层成员之间利益差别和利益冲突的路径和方法。

　　形成平等友爱、融洽和谐的阶层关系是全面深化改革阶段团结内部力量、保持社会稳定的重要基础，也是实现中华民族伟大复兴中国梦的现实需要。对此，习近平明确指出，实现中国梦必须建立包括"社会主义劳动者、社会主义事业建设者、拥护社会主义爱国者、拥护祖国统一和致力于中华民族伟大复兴爱国者"③ 的最广泛联盟，其中"致力于实现中华民族伟大复兴"④ 是对全面深化改革阶段处理好阶层关系问题与实现中国梦的关系最为精确的诠释。"不同的社会发展阶段，有不同的社会阶层结构"⑤，不同的社会发展阶段，也必定有不同的阶层关系问题。要通过各种方式，积极化解阶层关系发展中不利于阶层关系和谐的风险因素，积极消除阶层关系问题激化的潜在因素，为实现社会稳定和国家长治久安奠定基础，为实现中华民族伟大复兴的中国梦创造条件。

　　全面深化改革进程中处理阶层关系问题的目的是积极增进社会各阶层成员

---

① 中共中央文献研究室. 习近平关于实现中华民族伟大复兴的中国梦论述摘编 [M]. 北京：中央文献出版社，2013：43.
② 吴忠民. 社会学视野中的和谐社会：促进社会公平和正义 [N]. 人民日报，2004-11-30.
③ 中共中央文献研究室. 十八大以来重要文献选编：中 [M]. 北京：中央文献出版社，2016：539.
④ 中共中央文献研究室. 习近平关于实现中华民族伟大复兴的中国梦论述摘编 [M]. 北京：中央文献出版社，2013：47.
⑤ 郭强，席富群. 全面建设小康社会论 [M]. 苏州：苏州大学出版社，2003：65.

之间的关系和谐,而全面深化改革进程中的阶层关系问题也必须通过全面深化改革来解决。要通过全面深化改革,依靠制度、政策的完善,依靠法律、道德的力量,运用各种方式方法,去积极化解和有效消除经济社会发展中出现的造成阶层关系问题的因素,以此达到社会阶层之间和社会阶层内部的关系和谐,并由此实现整个社会关系的和谐。就现实而言,正确处理阶层关系问题、实现阶层关系和谐是构建社会主义和谐社会的重要内容,而正确处理阶层关系问题必须通过畅通社会流动通道、优化社会阶层结构、实现公平正义来实现,这正是全面深化改革的核心内容和根本目标。阶层关系和谐与全面深化改革之间的这种一致性也决定了促进阶层关系和谐必定始终贯穿于全面深化改革的全过程。

中共十八大以来,以习近平同志为核心的中央领导集体提出"实现中国梦必须凝聚中国力量"[1],正确处理阶层关系问题就是为了协调阶层关系,增进阶层团结,并最终"促进政党关系、民族关系、宗教关系、阶层关系、海内外同胞关系的和谐,最大限度调动一切积极因素,共同致力于实现中华民族伟大复兴"[2]。这就要求我们,在认识和处理阶层关系问题时,一定要从实现中华民族伟大复兴中国梦的高度认识阶层关系问题,以增强我们促进阶层关系和谐行动的自觉性,通过努力把不同社会阶层成员的力量都团结起来,我们就能够为实现中华民族伟大复兴的中国梦积聚起无比深厚的强大力量。

(二)最大限度激发社会各阶层的生机和活力

最大限度激发社会各阶层的生机和活力是实现中国梦的动力之源。中国梦是国家梦、民族梦、人民梦,要实现国家富强、民族复兴、人民幸福的国家梦、民族梦、人民梦,都必须最大限度激发社会各阶层成员的生机和活力。

最大限度激发社会各阶层成员的生机和活力是全面深化改革进程中处理阶层关系问题的目标指向。协调阶层关系问题,实现阶层关系和谐,才能有效激发社会各阶层成员的积极性和创造力。十一届三中全会以来,我国40多年的改革之所以能够在多方面都取得重大成效,就在于改革得到了包括新社会阶层在内的广泛的社会各阶层成员的积极参与,是阶层关系和谐基础上形成的人民的巨大力量推动了这场改革。全面深化改革在实现"到2020年,在重要领域和关键环节改革上取得决定性成果"的阶段性目标和"完善和发展中国特色社会主

---

[1] 中共中央文献研究室.习近平关于实现中华民族伟大复兴的中国梦论述摘编[M].北京:中央文献出版社,2013:43.

[2] 中共中央文献研究室.习近平关于实现中华民族伟大复兴的中国梦论述摘编[M].北京:中央文献出版社,2013:47.

义制度，推进国家治理体系和治理能力现代化"的总目标时，也始终站在社会各阶层成员的立场上，从社会各阶层成员的根本利益出发，"把最大公约数找出来，在改革开放上形成聚焦"①。最大限度实现阶层关系和谐，才能凝聚起强大的社会力量，同社会各阶层一道把全面深化改革推向前进。

要最大限度激发社会各阶层成员的生机和活力，就必须消除社会各阶层成员发展过程中所面临的种种障碍，这些障碍既包括横向的各方面的障碍，如身份歧视、种族歧视、性别歧视、财富歧视等，也包括纵向的亦即"代际"的各方面的障碍，如"穷二代""富二代""官二代"现象等。中共十八届三中全会的《中共中央关于全面深化改革若干重大问题的决定》指出，要"规范招人用人制度，消除城乡、行业、身份、性别等一切影响平等就业的制度障碍和就业歧视"②。习近平也多次指出，要通过全面深化改革，坚决打破现实存在的阶层利益固化的藩篱，进一步激发出社会各阶层成员的积极性、主动性和创造性。一旦消除了阻碍阶层成员发展的障碍和藩篱，就会极大地拓展社会各阶层成员自我选择的空间，同时会使社会各阶层成员把自己的意愿与自己的切身利益有机地结合在一起。这样做的结果，必然会极大地激发社会各阶层成员创业与工作的主动性、积极性和创造性，进而能够激发整个社会有机体的活力和创造力。

中共十八大以来，致力于激发社会各阶层成员活力的努力取得了显著成绩。为了有效激发社会活力，党和政府一直把"简政放权、放管结合、优化服务"③作为深化行政审批制度乃至行政体制改革的中心任务，把政府不该管、管不了、管不好的事情交给市场、交给社会，把该由地方和基层政府去做的事情权力下放，正确处理政府与市场、政府与社会、社会与市场以及中央政府和地方政府的关系，激发市场和社会的活力，鼓励和支持大众创业、万众创新，让一切创造财富的源泉都能够充分涌流出来，努力做到人尽其才、物尽其用。从促进阶层关系和谐发展方面，特别注重激发和动员社会各阶层成员的力量实现共同参与，正如习近平在中共十九大报告中指出的，"要激发全社会创造力和发展活力"④。为此坚决"破除妨碍劳动力、人才社会性流动的体制机制弊端，使人人

---

① 中共中央文献研究室．习近平关于实现中华民族伟大复兴的中国梦论述摘编［M］．北京：中央文献出版社，2013：45．
② 中共中央关于全面深化改革若干重大问题的决定［M］．北京：人民出版社，2013：44．
③ 国务院研究室编写组．十二届全国人大四次会议《政府工作报告》辅导读本［M］．北京：人民出版社，2016：208．
④ 习近平．决胜全面建成小康社会 夺取新时代中国特色社会主义伟大胜利：在中国共产党第十九次全国代表大会上的报告［M］．北京：人民出版社，2017：35．

都有通过辛勤劳动实现自身发展的机会"①。从体制机制方面，充分发挥社会组织和阶层成员自身的积极性，实现政府治理和社会调节、阶层成员自治良性互动，为整个社会有机体既充满活力又和谐有序提供完善的制度基础和组织保障。同时，积极创造条件让每个阶层成员都能从国家的改革发展中获得利益和发展机会，让参与国家改革发展的每个阶层成员都能够享受到国家改革发展的成果。这些改革举措和实践努力都充分激发起社会各阶层成员参与国家改革发展的积极性。

（三）服务于实现社会各阶层全面发展的需要

服务于实现社会各阶层全面发展的需要是实现中国梦的根本要求。关注人的全面发展是马克思主义阶级分析理论的基本价值取向。在马克思看来，"个人的全面发展，只有到了外部世界对个人的才能的实际发展引起的作用为个人本身所驾驭的时候，才不再是理想、职责等"②。中国梦是最广大人民的梦、每一个阶层成员的梦，是人民幸福、阶层发展，每一个阶层成员都能获得自由而全面的发展，服务于实现社会各阶层成员全面发展的需要是实现中国梦的根本要求，也是全面深化改革进程中处理阶层关系问题的目标指向。明确实现中国梦是以服务于实现社会各阶层成员自由而全面的发展需要为目标指向，必将更好地满足和实现社会各阶层成员在经济、政治、文化、社会、生态等方面日益增长的对美好生活的需要，更好地推动社会各阶层成员自由而全面的发展目标的实现。

社会各阶层成员的自由全面发展是一个逐步实现的过程，其实现程度与社会发展阶段有关，由生产力发展水平决定。作为人类社会最先进的社会主义制度的建立为社会各阶层成员的自由全面发展提供了根本的制度保障。中国共产党自成立以来，始终把推动社会各阶层成员的全面发展作为自己的奋斗目标。在长期的实践活动中，无论是推翻旧政权建立新中国，通过改革开放开辟中国特色社会主义道路，还是通过全面深化改革推进中国特色社会主义伟大事业，始终将为中国人民谋幸福、为中华民族谋复兴作为自己的初心和使命，把全心全意为人民服务的根本宗旨贯彻到中国共产党的一切活动中，不断促进社会各阶层成员的全面发展。中共十八大以来，以习近平同志为核心的中央领导集体

---

① 习近平. 决胜全面建成小康社会 夺取新时代中国特色社会主义伟大胜利：在中国共产党第十九次全国代表大会上的报告 [M]. 北京：人民出版社，2017：46.
② 中共中央马克思恩格斯列宁斯大林著作编译局. 马克思恩格斯全集：第3卷 [M]. 北京：人民出版社，1972：330.

把"促进人的全面发展"同"增进人民福祉"一起作为"发展的出发点和落脚点"。2020年10月,中共十九届五中全会把"社会文明程度得到新提高"[①] 作为"十四五"发展目标提出来,更是把"中等收入群体显著扩大,基本公共服务实现均等化,城乡区域发展差距和居民生活水平差距显著缩小"[②] 作为2035年基本实现社会主义现代化远景目标也提了出来。在发展中,既要为社会各阶层成员谋利益,也要不断提升社会各阶层成员的素质和能力;既要重视高素质高层次人才的作用,也要创造条件提高所有劳动者的素质和能力。始终坚持以人民为中心,把推动社会各阶层成员的全面发展作为党的全部理论创新和实践活动的价值判断标准,从社会各阶层成员的根本利益出发谋划改革思路,制定改革举措,保证社会各阶层成员在共建、共治、共享中有更多获得感、幸福感和安全感,充分调动社会各阶层成员的积极性、主动性和创造性。

实现中国梦是中共十八大以来,以习近平同志为核心的中央领导集体为处理全面深化改革进程中的阶层关系问题而确定的目标指向,其中积极增进社会各阶层之间的关系和谐是实现中国梦的现实需要,最大限度激发社会各阶层成员的生机和活力是实现中国梦的动力之源,服务于实现社会各阶层成员的全面发展的需要是实现中国梦的根本要求。这一根本目标指向,为正确认识和处理全面深化改革进程中的阶层关系问题指明了方向。只要能够处理好全面深化改革进程中的阶层关系问题,把不同社会阶层成员的力量都团结起来,我们就能为"实现'两个一百年目标'、实现中华民族伟大复兴的中国梦增添强大力量"[③]。

## 第二节 处理全面深化改革进程中阶层关系问题的核心理念

在确定了处理阶层关系问题的目标指向之后,需要解决的问题就是以什么样的核心理念指导实现这一目标。理念是行动的先导,理念决定行动,犹如旗

---

① 中共中央文献研究室. 中共中央关于制定国民经济和社会发展第十四个五年规划和二〇三五年远景目标的建议 [M]. 北京:人民出版社,2020:8.
② 中共中央文献研究室. 中共中央关于制定国民经济和社会发展第十四个五年规划和二〇三五年远景目标的建议 [M]. 北京:人民出版社,2020:5.
③ 中共中央文献研究室. 十八大以来重要文献选编:中 [M]. 北京:中央文献出版社,2016:562.

帜，昭示着方向。认识和处理阶层关系问题的核心理念是否正确从根本上决定着认识和处理阶层关系问题实践的成效乃至成败。"创新、协调、绿色、开放、共享"的新发展理念，是习近平根据对社会主义发展规律的深刻认识，结合对我国现代化建设面临的特殊局势和发展中存在的实际问题深入思考而提出的重大理论创新成果，直指中国发展新阶段的深层次矛盾和突出问题，具有鲜明的现实针对性和问题导向性，对于解决新时代我国发展中所遇到的实际问题都具有重要的方法论意义，更是处理全面深化改革进程中的阶层关系问题必须贯穿始终的核心理念。

### 一、新发展理念的科学内涵及其创新意义

理念是行动的先导。为破解我国经济社会发展的难题，习近平在中共十八届五中全会上首次明确提出了"创新、协调、绿色、开放、共享"的新发展理念，在中共十九大报告中进一步将"坚持新发展理念"提升为"新时代坚持和发展中国特色社会主义的基本方略"[1]，强调"必须坚定不移贯彻创新、协调、绿色、开放、共享的发展理念"[2]。习近平关于新发展理念的重要论述深刻回答了"实现什么样的发展，怎么实现发展"这一重大理论和实践问题，具有极其丰富的内涵和要义。习近平多次强调，新发展理念是指挥棒，必须用好。[3] 要用好就需要我们全面认识和准确把握新发展理念的科学内涵，增强用新发展理念指导我国经济社会发展实践的自觉性和科学性。

(一) 新发展理念的科学内涵

"所谓发展理念，主要是对发展的本质与意义的最根本的认识和体悟。"[4] 作为马克思主义关于发展的理论与新时代中国特色社会主义发展的客观实际相结合的产物，"创新、协调、绿色、开放、共享"的新发展理念是对新时代中国特色社会主义发展规律认识深化的重要成果，是解决新时代中国特色社会主义发展问题的指导思想。作为管全局、管根本、管长远的新发展理念，具有丰富的思想内涵和重要意义。

---

[1] 习近平. 决胜全面建成小康社会 夺取新时代中国特色社会主义伟大胜利：在中国共产党第十九次全国代表大会上的报告 [M]. 北京：人民出版社，2017：26.
[2] 习近平. 决胜全面建成小康社会 夺取新时代中国特色社会主义伟大胜利：在中国共产党第十九次全国代表大会上的报告 [M]. 北京：人民出版社，2017：21.
[3] 齐卫平. 用好五大发展理念的"指挥棒" [N]. 解放日报，2016-02-23.
[4] 孙正聿. 当代中国马克思主义哲学专题研究 [M]. 长春：吉林人民出版社，2010：652.

1. 创新发展是新时代中国特色社会主义的本质属性

作为适应生产力发展要求而实现的新的社会制度，社会主义本身就是一个不断实现发展创新的先进社会制度。正如恩格斯所指出的，"所谓'社会主义社会'不是一种一成不变的东西，而应当和任何其他社会制度一样，把它看成是经常变化和改革的社会"①。新中国成立以后，特别是在社会主义制度建立后，在社会主义建设实践中，社会主义制度充分表现出在促进生产力创新发展方面明显的优越性。正是依靠发挥社会主义制度本身具有的创新发展的制度优越性，依靠工人阶级、农民阶级和科技人员的艰苦奋斗，在当时极端艰难困苦的条件下，我们先后取得以"两弹一星"的研制成功、大庆油田的勘探开发为代表的科技创新和经济发展方面的重大成果和辉煌成就，不仅捍卫了国家安全和领土主权完整，而且促进了经济社会发展。邓小平指出，社会主义的本质就是"解放生产力，发展生产力，消灭剥削，消除两极分化，最终达到共同富裕"②，只要充分发挥社会主义自身具有的"解放生产力，发展生产力"的制度优势就一定能够实现社会主义的根本目标"共同富裕"。江泽民也指出社会主义制度具有"能够集中力量办大事这个政治优势"③。改革以来，正是因为我们充分发挥社会主义制度创新发展这一制度优势，才走出一条具有中国特色的社会主义创新发展道路，才取得中国特色社会主义事业发展的重要成就。

中国特色社会主义进入新时代，习近平反复强调，创新发展是新时代中国特色社会主义的本质属性，中国特色社会主义制度是中国实现创新发展进步的根本制度保障，中国的创新发展也必须立足于中国特色社会主义制度基础之上。习近平在中国科学院第十七次院士大会、中国工程院第十二次院士大会上指出，"我国社会主义制度能够集中力量办大事是我们成就事业的重要法宝"④。中国特色社会主义制度是具有综合创新能力的制度，必定能够以创新推动新时代中国特色社会主义事业的发展。创新发展注重的是解决发展动力问题，为此必须始终坚持把创新发展放在国家发展全局的核心，不断推进理论创新、理念创新、制度创新、科技创新、方法创新，以创新发展推动新时代中国特色社会主义的实践向前发展。

---

① 中共中央马克思恩格斯列宁斯大林著作编译局. 马克思恩格斯选集：第4卷[M]. 北京：人民出版社，2012：601.
② 中共中央文献编辑委员会. 邓小平文选：第3卷[M]. 北京：人民出版社，1993：373.
③ 中共中央文献编辑委员会. 江泽民文选：第2卷[M]. 北京：人民出版社，2006：393.
④ 中共中央文献研究室. 十八大以来重要文献选编：中[M]. 北京：中央文献出版社，2016：26.

2. 协调发展是新时代中国特色社会主义的基本特征

在马克思、恩格斯关于未来社会的设想中，社会主义是一个协调发展的社会，"消灭城乡之间的对立，是共同体的首要条件之一"①。在马克思、恩格斯看来，无产阶级在夺取政权之后，在生产力发展的基础上，以公有制全面取代私有制，社会主义就从根本上消除了生产力与生产关系、经济基础与上层建筑之间存在的对抗性矛盾，为人类社会实现协调发展提供了条件和可能。也就是说，"大工业在全国的尽可能平衡的分布，是消灭城市和乡村的分离的条件，所以从这方面来说，消灭城市和乡村的分离，这也不是什么空想"②。

协调发展是中国共产党领导社会主义建设实践的基本遵循。在社会主义建设实践中，毛泽东实行的一个重大决策就是集中实施156个重大项目以优化国民经济的合理布局，促进国民经济体系的协调发展。不仅如此，毛泽东还在《论十大关系》重要讲话中明确提出，要处理好重工业与轻工业和农业的关系、沿海工业与内地工业的关系、经济建设与国防建设的关系等，强调通过统筹兼顾，促进国民经济协调发展。改革初期，邓小平针对我国经济社会发展中存在的问题，明确提出"一部分地区有条件先发展起来，一部分地区发展得慢点，先发展起来的地区带动后发展的地区，最终达到共同富裕"③的重要思想，这一思想就是针对我国经济社会发展中存在的不协调问题提出的。1995年，江泽民在中共十四届五中全会上做了《关于正确处理社会主义现代化建设中的若干重大关系》的重要讲话，指出进行社会主义现代化建设必须处理好包括改革、发展、稳定的关系，速度和效益的关系，经济建设和人口资源、环境的关系，第一、二、三产业的关系，东部地区和中西部地区的关系等12个重大关系④，也是对实现经济社会协调发展规律的重要认识，对于指导我国的改革和现代化建设事业具有重要意义。

协调发展理念是习近平正视新时代我国经济社会发展过程中存在的不平衡问题提出来的，具有强烈的问题导向性和现实针对性。习近平强调，协调发展是新时代中国特色社会主义的基本特征，坚持把协调发展放在新时代中国特色社会主义发展全局的重要位置，强调在新时代中国特色社会主义发展中要通过

---

① 中共中央马克思恩格斯列宁斯大林著作编译局. 马克思恩格斯选集：第1卷 [M]. 北京：人民出版社，2012：185.
② 中共中央马克思恩格斯列宁斯大林著作编译局. 马克思恩格斯全集：第20卷 [M]. 北京：人民出版社，1971：321.
③ 中共中央文献编辑委员会. 邓小平文选：第3卷 [M]. 北京：人民出版社，1993：374.
④ 中共中央文献编辑委员会. 江泽民文选：第1卷 [M]. 北京：人民出版社，2006：460.

正确处理经济社会发展中的一系列重大关系，做到统筹兼顾，综合平衡，补齐短板，缩小差距，促进经济、政治、文化、社会和生态实现协调、持续、快速、健康的发展。协调发展虽然直接呈现出的是经济、政治、文化、社会、生态文明各方面各领域的协调，但这些方面的协调体现的是更深层次的利益协调，所以协调发展具有更大的包容性和很强的和谐性。

3. 绿色发展是新时代中国特色社会主义的重要原则

绿色发展是要解决经济社会发展中出现的生态问题、环境问题引发的"生态危机"，通过进行绿色生产和绿色消费，以实现经济的发展、社会的发展与自然环境的发展的和谐统一，以实现人与人的关系和人与自然的关系的和谐统一。就人与自然的关系而言，马克思、恩格斯认为"只要有人存在，自然史和人类史就彼此相互制约"①，未来社会应该实现"人类同自然的和解以及人类本身的和解"②，并把"使人和自然的矛盾真正解决"③确立为人类社会发展中正确处理人与自然的关系的最高价值目标。在这里，马克思、恩格斯所设想和所追求的社会主义社会就是一个人与自然和谐统一的社会，是一个绿色发展的社会。中国特色社会主义发展过程中，绿色发展也逐步成为重要发展理念，江泽民指出"环境保护很重要，是关系我国长远发展的全局性战略问题"④，并提出"保护环境的实质就是保护生产力"⑤的重要命题。胡锦涛则在中共十七大报告中提出了"建设生态文明"⑥的要求，在中共十八大报告中提出了建设"美丽中国"⑦的目标。

绿色发展是新时代中国特色社会主义的重要原则。绿色发展要求新时代中国特色社会主义在发展过程中，必须始终坚持以资源消耗最少、环境污染最小、

---

① 中共中央马克思恩格斯列宁斯大林著作编译局. 马克思恩格斯选集：第1卷［M］. 北京：人民出版社，2012：146.
② 中共中央马克思恩格斯列宁斯大林著作编译局. 马克思恩格斯全集：第1卷［M］. 北京：人民出版社，1956：603.
③ 中共中央马克思恩格斯列宁斯大林著作编译局. 马克思恩格斯全集：第42卷［M］. 北京：人民出版社，1979：120.
④ 中共中央文献编辑委员会. 江泽民文选：第1卷［M］. 北京：人民出版社，2006：532.
⑤ 中共中央文献编辑委员会. 江泽民文选：第1卷［M］. 北京：人民出版社，2006：534.
⑥ 中共中央文献研究室. 十七大以来重要文献选编：上［M］. 北京：中央文献出版社，2009：16.
⑦ 中共中央文献研究室. 十八大以来重要文献选编：上［M］. 北京：中央文献出版社，2014：6.

经济效益最大的方式实现发展,"决不以牺牲环境为代价去换取一时的经济增长"①。习近平指出"绿水青山就是金山银山"②,强调在经济社会发展过程中,始终做到大力保护环境和合理利用资源,力争以尽可能少的资源消耗获得最大的经济效益和社会效益,以实现经济社会发展与环境生态发展的和谐统一。

4. 开放发展是新时代中国特色社会主义的内在要求

马克思、恩格斯揭示出开放是社会主义的本质,因为在资本主义阶段,"资产阶级,由于开拓了世界市场,使一切国家的生产和消费成为世界性的了……过去那种地方的和民族的自给自足和闭关自守状态,被各民族的各方面的互相往来和各方面的互相依赖所代替了"③。社会主义作为资本主义的替代物,是在吸收了人类社会包括资本主义社会创造的文明成果的基础上发展和壮大起来的。邓小平强调中国在发展中必须实行对外开放,"大胆吸收和借鉴人类社会创造的一切文明成果"④。习近平在回顾改革开放的历史时深刻指出,"靠什么来实现我国经济社会快速发展,在与资本主义竞争中赢得比较优势?靠的就是改革开放"⑤。

开放发展是新时代中国特色社会主义的内在要求。经济全球化是当今世界不可逆转的发展潮流,面对日益深化的国际分工和国际合作,着眼于国际发展和国内发展的大局,习近平指出"开放已经成为当代中国的鲜明标志……中国开放的大门不会关闭,只会越开越大"⑥。开放发展就是要善于借鉴其他国家的发展经验和成功做法,进一步激发出新时代中国特色社会主义更加强大的生命力,是发展和壮大新时代中国特色社会主义事业的必然选择。

5. 共享发展是新时代中国特色社会主义的根本目的

马克思、恩格斯所设想的未来社会,旨在为大多数人谋取利益的社会,共享是未来社会的价值追求。正如恩格斯所指出的,只有"把生产发展到能够满

---

① 中共中央文献研究室. 习近平关于协调推进"四个全面"战略布局论述摘编 [M]. 北京:中央文献出版社,2015:31.

② 中共中央宣传部. 习近平总书记系列重要讲话读本 [M]. 北京:学习出版社,2014:120.

③ 中共中央马克思恩格斯列宁斯大林著作编译局. 马克思恩格斯选集:第1卷 [M]. 北京:人民出版社,2012:404.

④ 中共中央文献编辑委员会. 邓小平文选:第3卷 [M]. 北京:人民出版社,1993:373.

⑤ 中共中央文献研究室. 习近平谈治国理政:第1卷 [M]. 北京:外文出版社,2018:86.

⑥ 习近平. 共建创新包容的开放型世界经济:在首届中国国际进口博览会开幕式上的主旨演讲 [N]. 人民日报,2018-11-6.

足所有人的需要的规模；结束牺牲一些人的利益来满足另一些人的需要的状况……使社会全体成员的才能得到全面发展"①，即未来社会在消除了旧有的社会分工，消除了人剥削人的不平等的制度，使全体社会成员都能够享受到共同创造出来的社会财富之后，才可能真正实现每个人共同的自由而全面的发展。共享发展也是中国共产党在领导中国革命、建设和改革长期实践中形成的基本经验，是新时代中国特色社会主义的根本目的和价值追求。邓小平从社会主义本质认识中创造性地把实现共同富裕作为社会主义的目标追求。共富与共享存在着不可分割的内在联系，是一个问题的两方面。其中，共同富裕既是共享所追求的目标和结果，也是实现共享的重要手段和根本途径。

习近平提出的共享发展理念是指"人人享有、各得其所，不是少数人共享、一部分人共享"②，把共享作为发展的出发点和落脚点，明确了发展的价值目标和价值取向。共享旨在"使全体人民在共建共享发展中有更多获得感"③，以共享发展理念来引领发展，要求维护社会公平正义，保障发展成果由人民共享。共享发展理念致力于解决我国经济社会发展中共享性不够、受益不平衡的突出问题，习近平指出，我们要"做出更有效的制度安排，使全体人民在共建共享发展中有更多获得感"④。共享发展是全民共享、全面共享，是在人人参与的共建中从低级到高级、从不均衡到均衡的共享，实现发展成果更多更公平地惠及全体人民，是新时代中国特色社会主义事业发展的最终目的。

由此可见，习近平提出"创新、协调、绿色、开放、共享"的新发展理念不仅是从社会主义本质认识的高度出发，还是从我国新时代中国特色社会主义发展的实际出发，从整体上、全局上破解我国经济社会发展难题的理论思考，其理论内涵非常丰富，理论价值和实践价值十分重要。

（二）新发展理念的创新意义

中国特色社会主义已经进入新时代，社会主要矛盾已经转化为"人民日益增长的美好生活需要和不平衡不充分的发展之间的矛盾"，这是习近平从我国正处于并将长期处于社会主义初级阶段的基本国情出发，运用"变与不变"的辩

---

① 中共中央马克思恩格斯列宁斯大林著作编译局. 马克思恩格斯选集：第1卷 [M]. 北京：人民出版社，2012：308-309.
② 中共中央党史和文献研究院. 十八大以来重要文献选编：下 [M]. 北京：中央文献出版社，2018：170.
③ 中共中央文献研究室. 中国共产党第十八届中央委员会第五次全体会议公报 [M]. 北京：人民出版社，2015：14.
④ 同③。

证思维对我国所处的社会发展阶段的阶段性特征的深刻揭示。习近平这一重要命题的提出具有的重要意义在于,不仅明确回答了如何发展、怎样发展,而且也明确回答了为什么发展、为谁发展的问题,这就是在发展中必须做到"发展为了人民、发展依靠人民、发展成果由人民共享"[①]。从新时代中国特色社会主义发展实际来看,发展中的不平衡不充分已经成为制约人民日益增长的美好生活需要实现的主要因素,新发展理念正是针对新时代中国特色社会主义发展面临的这一突出矛盾和现实问题提出来的,具有重要意义。

1. 新发展理念有利于解决我国发展不平衡问题

发展不平衡是新时代中国特色社会主义发展面临的突出问题。这种发展不平衡在当前集中表现为不同地区、不同行业、不同人群的发展程度和发展水平都存在不平衡,新发展理念正是针对解决这种发展不平衡问题提出来的。其中创新发展强调思想理念创新、体制机制创新、手段方法创新,是解决我国发展不平衡问题的根本出路;协调发展强调统筹兼顾、综合平衡、补齐短板是解决我国发展不平衡问题的根本要求;绿色发展强调通过提高经济社会发展质量,促进人的发展与自然环境的发展的和谐统一,是解决我国发展不平衡问题的重要手段;开放发展强调加大开放力度和提高开放水平,形成内外联动、双向互济的开放格局,是解决我国发展不平衡问题的根本途径;共享发展强调让改革发展的成果更多、更公平地惠及全部人群,积极促进所有人群的共同发展,是解决我国发展不平衡问题的根本目标。新发展理念就是致力于从多方面、全方位解决我国发展不平衡问题而提出来的。

2. 新发展理念有利于解决我国发展不充分问题

发展不充分也是新时代中国特色社会主义发展面临的突出问题。这种发展不充分,在当前集中表现为创新能力、发展质量、社会保障、公共服务等方面的发展不充分,新发展理念正是针对解决这种发展不充分问题提出来的。其中创新发展强调提高创新能力和创新水平,推动经济发展由投资驱动、要素驱动向创新驱动转变,由高速增长阶段向高质量发展阶段转变,为解决我国发展不充分问题提供新动力;协调发展强调通过统筹发展城市和乡村的基础设施、公共服务,推动解决农村基础设施薄弱、公共服务体系不健全问题,为解决我国发展不充分问题提供新方式;绿色发展强调在经济社会发展的同时加强生态环境保护,实现经济社会发展与生态环境发展的良性互动,为解决我国发展不充

---

① 中共中央文献研究室. 中国共产党第十八届中央委员会第五次全体会议公报 [M]. 北京:人民出版社,2015:14.

分问题提供新手段；开放发展强调进一步拓展开放空间，发展更高层次的开放型经济，为解决我国发展不充分问题提供新途径；共享发展强调通过改善民生，完善社会保障机制，进一步提高人民生活水平和幸福指数，为解决我国发展不充分问题提供新指引。新发展理念旨在从多方面、全方位促进解决我国发展不充分问题。

3. 新发展理念有利于满足我国人民日益增长的美好生活需要

在经济社会发展基础上，我国人民的生活水平得到不断提高，物质文化生活的基本需要得到满足，对物质文化生活提出了更高要求，同时在民主、法治、公平、正义、安全、环境等方面的美好生活需要日益增长。针对满足人民日益增长的美好生活需要的现实要求，新发展理念提供了解决这一问题的根本出路。其中创新发展就是通过理论创新、制度创新、政策创新、方法创新，实现社会主义民主政治的制度化、规范化、程序化，保证人民依法通过各种途径管理国家事务、经济文化事务和社会事务，更好地满足人民对于公平正义、民主法治的需要；协调发展就是通过协同推进经济建设、政治建设、文化建设、社会建设、生态文明建设，更好地满足人民对于更高的物质文化生活和更多更好的精神文化生活的需要；绿色发展通过生产发展、生活富裕、生态良好的文明发展道路，在经济发展的同时，提供更多优质生态产品，更好地满足人民对于优美生态环境的需要；开放发展通过增进国家之间、企业之间的经济合作与文化交流，更好地满足人民日益增长的对外交往需要；共享发展通过不断增进人民福祉，促进社会公平正义，更好地满足人民对美好生活需要的更多期待和更高追求。新发展理念就是从多方面、全方位满足人民日益增长的美好生活需要而提出来的。

发展不平衡、发展不充分、人民日益增长的美好生活需要不能得到满足是新时代我国社会主要矛盾的具体表现方面。习近平提出的"创新、协调、绿色、开放、共享"的新发展理念，不仅有利于解决我国发展的不平衡问题，也有利于解决我国发展的不充分问题，有利于满足我国人民日益增长的美好生活需要，是解决新时代我国社会主要矛盾的必然选择和必由之路。解决新时代社会主要矛盾，必须强调"创新、协调、绿色、开放、共享"的发展理念，这也是解决新时代社会主要矛盾的根本途径和关键所在。

## 二、处理阶层关系问题语境中新发展理念的特殊含义

（一）处理阶层关系问题语境中新发展理念的总体意蕴

以新发展理念为引领协调全面深化改革进程中的阶层关系问题，必须准确

把握处理阶层关系问题意义上新发展理念的总体意蕴。处理阶层关系问题意义上新发展理念的总体意蕴就是实现"以人民为中心"的发展,这是处理好全面深化改革进程中的阶层关系问题的关键点。

"以人民为中心"不仅是马克思主义理论的核心要义,也是中国共产党始终追求的全部价值所在。马克思、恩格斯明确指出,"无产阶级的运动是绝大多数人的,为绝大多数人谋利益的独立的运动"。列宁也强调,布尔什维克党是无产阶级的先进部队,不是谋求本党阶级的利益,而是要"为千千万万劳动人民"①服务,一定要代表千千万万劳动人民的利益。毛泽东则指出中国共产党的全部出发点和归宿点是"一切从人民的利益出发,而不是从个人或小集团的利益出发"②,强调中国共产党是以人民的利益作为中国共产党的全部利益和最高利益。从毛泽东"全心全意为人民服务",到邓小平把"人民拥护不拥护,人民赞成不赞成,人民高兴不高兴,人民答应不答应"③作为检验标准,从江泽民提出中国共产党必须"始终代表中国最广大人民的根本利益",到胡锦涛把"最广大人民的根本利益"作为贯彻落实科学发展观的根本出发点和落脚点的论述,可以清晰地看到中国共产党"以人民为中心"思想一脉相承、一贯秉承的一条主线。"始终站在人民大众立场上,始终不脱离、不动摇这个立场,这是共产党人掌握马克思主义世界观的重大问题"④,这也正是认识和处理全面深化改革进程中的阶层关系问题应有的根本立场和价值体现。

中共十八大以来,习近平进一步深化了"以人民为中心"的思想。习近平强调:"党的一切工作,必须以最广大人民根本利益为最高标准。"⑤习近平在纪念马克思诞辰200周年大会上的讲话中指出:"我们要坚持以人民为中心的发展思想,抓住人民最关心最直接最现实的利益问题。"⑥习近平在中共十九大报告中对"坚持以人民为中心"思想进行了系统论述,特别指出,"人民是历史的创造者,是决定党和国家前途命运的根本力量"⑦。新时代坚持"以人民为中

---

① 焦国章. 马克思恩格斯列宁斯大林新闻论著选读 [M]. 石家庄:河北人民出版社,2005:126.
② 中共中央文献研究室. 毛泽东选集:第3卷 [M]. 北京:人民出版社,1991:1094-1095.
③ 江泽民. 论党的建设 [M]. 北京:中央文献出版社,2001:194.
④ 习近平. 在纪念毛泽东同志诞辰120周年座谈会上的讲话 [N]. 人民日报,2013-12-27.
⑤ 同④.
⑥ 习近平. 在纪念马克思诞辰200周年大会上的讲话 [N]. 人民日报,2018-5-5.
⑦ 习近平. 决胜全面建成小康社会 夺取新时代中国特色社会主义伟大胜利:在中国共产党第十九次全国代表大会上的报告 [M]. 北京:人民出版社,2017:21.

心",就是以不断满足人民日益增长的美好生活需要作为中国共产党的奋斗目标。

处理阶层关系问题意义上的"以人民为中心",首先表现为共有,即实现社会各阶层成员获得生存与发展机会起点的平等、机会实现过程的平等与机会实现结果的平等的统一。"共有"对于不同社会阶层的成员意味着,"具有同样能力和志向的人的期望,不应当受到他们的社会出身的影响"①。能够促进社会各阶层成员在平等参与发展的过程中有平等的机会使自己先天的或是后天的能力得到全面、充分的发展,不仅仅是促进社会阶层成员现代化的现实需要,也是提高社会各阶层成员共同参与中国特色社会主义事业发展能力的过程。

处理阶层关系问题意义上的"以人民为中心",其次表现为共建,即社会各阶层成员平等参与中国特色社会主义事业的发展进程。社会各阶层成员平等参与中国特色社会主义事业的发展进程是达到共享发展和共同富裕的首要前提,为此,必须保障社会各阶层尤其是弱势群体共同参与中国特色社会主义建设权利与能力的完全实现。包括要提供社会安全网、社会保障网以最大限度保障社会各阶层成员的生存权利,还要提供高质量的教育、充分就业以最大限度保障社会各阶层成员的发展权利等。

处理阶层关系问题意义上的"以人民为中心",再次表现为共享,即保障社会各阶层发展权利的实现,使社会各阶层在共享中有更多的获得感。当前仍然存在不同社会阶层之间贫富差距较大、部分低收入人群和困难群体基本生活还缺乏保障的问题,习近平明确提出社会政策要托底,要建成"一个都不能少"的全面小康社会。贯彻社会政策要托底的指示精神,中共十八大以来我国重点推进养老、医保、失业和低保社会保障制度建设,惠及绝大多数的社会阶层成员。

要践行处理阶层关系问题意义上的"以人民为中心"思想,就是坚持把发展同实现社会各阶层成员的利益统一起来,在发展中为社会各阶层成员谋利益。在发展与社会各阶层成员利益发生矛盾时,不能以损害社会各阶层成员利益去谋求发展,而要在发展中给社会各阶层成员带来最大的实惠;在满足社会各阶层成员物质利益要求的同时,还要保障社会各阶层成员真正实现当家做主,维护社会公平正义,保障社会各阶层成员在经济生活、政治生活、文化生活、社会生活中平等参与、平等发展的权利。还要聚焦经济社会发展的深层次矛盾,破除利益固化的藩篱,调整不同社会阶层成员的利益关系,以此构建社会各阶层成员实现和谐共处的基础,团结社会各阶层成员共同致力于中国特色社会主

---

① 约翰·罗尔斯.正义论[M].万俊人,译.北京:中国社会科学出版社,2001:56.

义事业发展。

(二) 处理阶层关系问题语境中新发展理念的具体意味

1. 处理阶层关系问题语境中创新发展理念的特殊含义：构建阶层和谐的机制

处理阶层关系问题语境中创新发展，其特殊意味就是实现在处理阶层关系问题中的理念创新、制度创新、政策创新、方法创新。针对全面深化改革进程中的阶层关系问题实际，创新处理阶层关系问题的理念，注重用新发展理念来引领和推进阶层关系问题的解决，贯彻以人民为中心的要求，全面提升处理阶层关系问题的能力和水平，综合运用多种手段和多种形式引导、服务、组织、协调阶层关系。针对全面深化改革进程中的阶层关系问题实际，创新处理阶层关系问题的制度安排，为实现阶层关系和谐提供制度保障，逐步建立以保障权利公平、机会公平、规则公平为主要内容的制度体系。针对全面深化改革进程中的阶层关系问题实际，创新处理阶层关系问题的方法，通过运用现代科学理论和现代科学技术的成果，不断创新处理阶层关系问题的方式方法，全面提高处理阶层关系问题的科学化、精细化、现代化、智能化水平。

2. 处理阶层关系问题语境中协调发展理念的特殊含义：构建阶层和谐的基础

所谓协调发展是指社会各个领域相互依存、相互适应、相互促进、共同推进的状态和过程。阶层关系和谐语境中协调发展，其特殊意味就是实现在处理阶层关系问题时注重解决阶层关系问题中的突出问题、重点问题，既着眼于全面推进经济建设、政治建设、文化建设、社会建设、生态文明建设，全面实现社会各阶层的经济、政治、文化、社会、生态权益，又集中解决好社会阶层关系中的主要问题，补齐短板。如社会阶层结构不合理是阶层关系演进中的主要问题之一，合理的社会阶层结构是阶层关系和谐的基础，通过壮大中等收入者比重，优化社会阶层结构，以促进阶层关系和谐；又如，精神文化因素对阶层关系的影响程度不断上升，阶层关系问题越来越多地表现为文化观念冲突、心理心态失衡。通过加大思想文化建设力度，推动物质文明和精神文明协调发展，更加注重"身""心"系统的和谐统一，有助于阶层关系问题的解决。

3. 处理阶层关系问题语境中绿色发展理念的特殊含义：构建阶层和谐的前提

处理阶层关系问题语境中绿色发展，其特殊意味就是实现在处理阶层关系问题时着力解决好在经济社会发展中由于环境污染和自然破坏而造成的阶层关系问题，以解决损害群众健康的突出环境问题为重点，依法加强生态环境的保护与治理，改善社会各阶层成员的生存环境和生活质量，不断提升社会各阶层成员的生态环境幸福指数，并保障代内公正与代际公正的实现，即"既满足当代人的需要，又不对后代人满足其需要的能力构成危害的发展"①。在改革以来经济快速发展的同时，积累下来的环境问题日益显现，进入高发、频发阶段，水污染、大气污染、土壤污染以及资源枯竭的现象日益突出，生态问题、环境问题日益成为影响阶层关系和谐的重要因素，生态问题和环境问题加剧必然会引发严重的阶层关系问题。习近平在中共十九大报告中指出，我们"既要创造更多物质财富和精神财富以满足人民日益增长的美好生活需要，也要提供更多优质生态产品以满足人民日益增长的优美生态环境需要"②。实现绿色发展，全面推进生态文明建设，才能还社会各阶层成员以绿水青山，改善其生存环境和生活水平，为处理阶层关系问题创造良好的外部环境。

4. 处理阶层关系问题语境中开放发展理念的特殊含义：构建阶层和谐的条件

处理阶层关系问题语境中的开放发展，其特殊意味就是在处理阶层关系问题中要有国际化的视野和开放的态度。一方面，应该注重把我国当前阶段的阶层关系问题与特定的国际环境联系起来，在把握世界发展大势基础上，认清影响我国阶层关系问题的外部因素，通过努力改善国际环境来消除造成我国阶层关系问题的外部因素；另一方面，加强同世界各国在处理阶层关系问题方面的交流合作，积极学习和借鉴国外处理阶层关系问题的有益经验和成功做法，更好地推动实现处理我国阶层关系问题的思想理念创新、体制机制创新和方式方法创新。这是处理阶层关系问题的重要条件。

5. 处理阶层关系问题语境中共享发展理念的特殊含义：构建阶层和谐的核心

阶层关系问题语境中共享发展就是阶层共享，即不同社会阶层成员共享经济社会发展的成果，其特殊意味就是在处理阶层关系问题中应该注重解决好社会各阶层都共同关心的最现实的利益问题，把实现好、维护好、发展好社会各阶层利益作为根本目标，以实现阶层关系更巩固更持久的和谐。

实践表明，影响阶层关系因素中的贫富差距过大是最大的不安定因素。如

---

① 曲格平. 困境与选择：中国环境与发展战略研究 [M]. 昆明：云南科技出版社，1994：141.

② 习近平. 决胜全面建成小康社会 夺取新时代中国特色社会主义伟大胜利：在中国共产党第十九次全国代表大会上的报告 [M]. 北京：人民出版社，2017：50.

果贫富悬殊、两极分化严重，势必导致阶层关系问题加剧，甚至会造成整个社会动荡不定。中共十八届五中全会明确指出："实行有利于缩小收入差距的政策，明显增加低收入劳动者收入，扩大中等收入者比重，逐步实现中等收入者占多数的目标。"① 中国特色社会主义进入新时代，社会主要矛盾已经转化为人民日益增长的美好生活需要与不平衡不充分的发展之间的矛盾，这就意味着社会各阶层成员如果不能共享经济社会发展的成果，而是饱受自然环境污染的困扰，甚至还有人生活在贫困之中，享受不到良好的教育、就业、医疗、养老、住房保障，阶层关系问题就不可能真正得到解决。

处理阶层关系问题离不开对共享发展理念的坚持。在落实共享发展理念的过程中，坚持发展机会均等是处理阶层关系问题的基本前提。共享是发展机会、过程和成果的共同享有，实现共享，前提是每个人都有平等的发展机会。要充分发挥政府的保障作用，保障社会各阶层成员在"机会平等"的社会环境里共享发展机遇，实现资源共享、过程共享、发展成果共享，通过实现共享经济社会发展的成果来不断增强社会各阶层成员的获得感和幸福感。

要更好地体现共享发展理念，促进阶层关系问题解决，目前最紧迫的任务是必须从根本上破解区域、行业、人群协调发展的难题和城乡二元结构的制度障碍，我们需要通过加强顶层设计更好地实现发展利益共享的制度安排，充分发挥社会主义国家政府有效宏观调控的优势，坚持分配正义原则，改进个人收入分配调节制度，调整工资收入与利润所得的比重，在初次分配中就注入公平的考量，同时辅之以税收调节制度，并实现政府职能向公共服务方向转变，建立健全公共服务体系和社会保障制度，以保障社会各阶层共享改革发展的成果。

共享改革发展成果是形成社会各阶层成员共同的社会认同的基础。只有让改革发展的成果为社会各阶层成员共同享有，只有使社会各阶层成员的基本生活能够随着改革发展的推进而得到持续改善，只有使社会各阶层成员的切身利益能够从改革发展中得到不断增进，社会各阶层成员才会真正认同和支持改革，从而最大限度消弭社会各阶层成员之间的各种隔阂与不满。相反，"如果不能给老百姓带来实实在在的利益，如果不能创造更加公平的社会环境，甚至导致更多不公平，改革就失去意义，也不可能持续"②，阶层关系问题也就不能真正解决。

"创新、协调、绿色、开放、共享"的新发展理念是全面建成小康社会和实

---

① 中共中央文献研究室.中国共产党第十八届中央委员会第五次全体会议公报［M］.北京：人民出版社，2015：16.
② 中共中央文献研究室.习近平关于协调推进"四个全面"战略布局论述摘编［M］.北京：中央文献出版社，2015：68.

现中共十九大制定的"新两步走"战略的行动指南和思想指引，也是我们认识和处理全面深化改革进程中的阶层关系问题的核心理念。在全面深化改革的伟大历史进程中，必须以新发展理念为引领，全面提升处理阶层关系问题的能力和水平，才能解决好阶层关系问题，保证实现阶层关系和谐的目标。

## 第三节　处理全面深化改革进程中阶层关系问题的基本原则

根据时代发展的新要求和事业发展的新需要，中国共产党的几代中央领导集体在不断创新处理阶层关系问题的核心理念的同时，也在不断探寻着处理阶层关系问题的基本原则。改革初期，邓小平认为，不断满足人民群众日益增长的物质文化生活需要不仅是解决社会主义初级阶段主要矛盾的一个重要方面，而且是处理阶层关系问题应当坚持的基本原则，并以此作为推进改革进程和制定方针政策的重要依据。经过改革以来40多年的发展，社会主要矛盾发生了根本转化，阶层关系问题也发生了很大变化，特别是发展的不平衡不充分已经成为满足人民日益增长的美好生活需要的主要制约因素，是阶层关系问题产生的重要根源。围绕新时代社会主要矛盾发生根本转化和阶层关系问题面临的新形势、新特点，习近平提出了处理阶层关系问题的新的基本原则：坚持以更平衡更充分的发展促和谐；坚持以满足人民日益增长的美好生活需要促和谐。

### 一、坚持以更平衡更充分的发展促和谐的原则

（一）从以发展促和谐到以更平衡更充分的发展促和谐

以发展促和谐，是在改革时期中国共产党始终坚持的处理阶层关系问题的重要原则。制定这一重要原则的根本依据是马克思主义唯物史观中关于社会发展动力的理论，即认为生产力是人类社会发展的根本动力。这就要求中国共产党必须把发展作为执政兴国的第一要务，必须通过大力发展社会生产力以满足人民群众日益增长的物质文化生活需要。

邓小平运用马克思主义唯物史观，从社会主义基本矛盾运动的角度深刻地揭示了我国阶层关系问题产生的根源，认为我国生产力发展水平总体比较低是阶层关系问题的社会根源，不断发展生产力是处理阶层关系问题的根本途径。

正是基于这样的思路,围绕着生产力的发展问题,邓小平提出了一系列重要命题,"要发展生产力,就要实行改革和开放的政策"①,"把计划经济和市场经济结合起来,就更能解放生产力,加速经济发展"②,"科学技术是第一生产力"③,必须抓紧、抓好。强调在发展生产力的基础上调整和处理阶层关系问题,促进阶层关系和谐,"社会主义经济政策对不对,归根到底要看生产力是否发展,人民收入是否增加。这是压倒一切的标准"④。在邓小平这一重要思想的基础上,江泽民把满足人民群众日益增长的物质文化生活需要提高到社会主义本质要求的高度,"我们进行的一切工作,既要着眼于人民现实的物质文化生活需要,同时又要着眼于促进人民素质的提高,也就是要努力促进人的全面发展。这是马克思主义关于建设社会主义新社会的本质要求"⑤。江泽民继续坚持把促进生产力发展作为处理阶层关系问题、实现阶层关系和谐的重要原则,在促进生产力发展和阶层关系和谐方面都做出了很多努力。中共十六大以来,人与人之间、人与自然之间都出现了一些不和谐,造成了很多新的阶层关系问题。对此,胡锦涛强调,面对阶层关系问题的新形势,必须实现经济社会又好又快地发展,才能更好地满足人民群众日益增长的物质文化生活需要,也才能更好地促进阶层关系问题的解决。在科学发展观的指导下,通过全面、协调、可持续发展可以使社会各阶层成员在经济上得到实惠,生活水平不断提高;在政治上真正实现当家做主,享有管理国家和社会事务的广泛权利和自由;在文化上确立正确的世界观、人生观、价值观,享有充实愉快的精神生活。在发展的基础上更好地满足社会各阶层成员的物质文化生活需要,才能最广泛最充分地调动一切积极因素,激发社会各阶层成员全面建设小康社会的主动性、积极性和创造性。

中国特色社会主义进入新时代,习近平认为新时代这一特殊发展阶段的社会主要矛盾已经转化为"人民日益增长的美好生活需要和不平衡不充分的发展之间的矛盾"⑥,"更加突出的问题是发展不平衡不充分,这已经成为满足人民日益增长的美好生活需要的主要制约因素"⑦。在这里,习近平所说的"不平衡

---

① 中共中央文献编辑委员会.邓小平文选:第3卷[M].北京:人民出版社,1993:265.
② 中共中央文献编辑委员会.邓小平文选:第3卷[M].北京:人民出版社,1993:148-149.
③ 中共中央文献编辑委员会.邓小平文选:第3卷[M].北京:人民出版社,1993:274.
④ 中共中央文献编辑委员会.邓小平文选:第2卷[M].北京:人民出版社,1994:314.
⑤ 中共中央文献研究室.十五大以来重要文献选编:下[M].北京:人民出版社,2003:1925.
⑥ 习近平.决胜全面建成小康社会 夺取新时代中国特色社会主义伟大胜利:在中国共产党第十九次全国代表大会上的报告[M].北京:人民出版社,2017:11.
⑦ 同⑥。

不充分的发展"是相对于人民日益增长的美好生活需要讲的，阶层关系问题正是这一主要矛盾在阶层关系方面的具体体现。根据这一重大判断，全面深化改革进程中的阶层关系问题产生的根源在于"不平衡不充分的发展"，这就决定了协调阶层关系的重要原则就是要"以更平衡更充分的发展促和谐"。据此，习近平强调，"我们要在继续推动发展的基础上，着力解决好发展不平衡不充分问题"[①]，以更平衡更充分的发展促进阶层关系和谐，这是新时代协调阶层关系的根本要求。

回顾中国共产党处理阶层关系问题基本原则的演进历史，可以看到，从改革初期的以发展促和谐，到全面深化改革时期的以更平衡更充分的发展促和谐，是把阶层关系问题的解决置于社会生产力发展的基础之上。这不仅是对马克思主义唯物史观的运用和发展，也是对我国阶层关系演进的特殊规律深化认识的重要成果，是我们在处理阶层关系问题时必须坚持的。

（二）以实现更平衡更充分的发展为处理阶层关系问题的根本途径

全面深化改革进程中认识和处理阶层关系问题必须以更平衡更充分的发展促和谐，是由阶层关系问题产生的原因决定的。改革开放以来我国社会生产力总体水平有了很大提高，但发展的不平衡不充分问题日益突出，不仅成为制约我国经济社会健康、持续发展的重要因素，也对阶层关系和谐产生了越来越严重的影响和阻碍。发展不平衡不充分影响阶层关系和谐的具体表现是：经济、政治、文化、社会、生态发展的不平衡，东部与中部和西部、城市和农村发展的不平衡，先富群体和贫困群体在共享发展成果方面的不平衡等；发展方式转变的不充分，依法治国实行的不充分，精神文明建设的不充分，社会事业发展的不充分，生态环境改善的不充分等。种种不平衡、不充分的发展是新时代阶层关系问题产生的根源，这就决定了处理阶层关系问题必须坚持的基本原则就是要"以更平衡更充分的发展促和谐"。

以更平衡更充分的发展促和谐是形成不同社会阶层成员之间良性互动发展的基础。针对新时代阶层关系问题的实际，通过大力提升发展质量和效益，着力解决好发展不平衡不充分问题，以更平衡更充分的发展从根本上消除阶层关系问题产生的根源，为处理好阶层关系问题，不断增进阶层关系的和谐程度创造条件。

---

① 习近平. 决胜全面建成小康社会 夺取新时代中国特色社会主义伟大胜利：在中国共产党第十九次全国代表大会上的报告［M］. 北京：人民出版社，2017：11.

## 二、坚持以满足人民日益增长的美好生活需要促和谐的原则

（一）从满足人民日益增长的物质文化生活需要到满足人民日益增长的美好生活需要

以满足人民日益增长的物质文化生活需要促和谐，是改革时期中国共产党始终坚持的处理阶层关系问题的又一重要原则。这一重要原则蕴含的是马克思主义唯物史观中的人民主体思想，即人民是人类社会历史的真正主体，是人类社会历史的真正创造者。根据马克思主义唯物史观，中国共产党在任何时候都要把人民利益放在第一位，实现好、维护好和发展好人民利益，在不断满足人民日益增长的物质文化生活需要的基础上，促进人的自由而全面的发展。

改革初期，邓小平指出："社会主义制度优越性的根本表现，就是能够允许社会生产力以旧社会所没有的速度迅速发展，使人民不断增长的物质文化生活需要能够逐步得到满足。"① 不断满足人民群众日益增长的物质文化生活需要不仅是解决社会主义初级阶段主要矛盾的一个重要方面，也是处理阶层关系问题应当坚持的基本原则。面对社会各阶层不断增长的物质文化生活需要，邓小平指出："我们的国家还很落后，工人的福利不可能在短期间有很大的增长……但是，这决不能成为企业领导不关心工人福利的借口。"② 邓小平提出的"三个有利于"标准更是以人民利益为标准的具体化，集中体现了邓小平在认识和处理阶层关系时始终坚持以满足人民不断增长的物质文化生活需要为出发点和归宿的根本原则。在处理阶层矛盾，协调阶层关系时，制定的政策措施都要使人民不断增长的物质文化生活需要能够逐步得到满足，以此来实现和巩固社会各阶层成员的大团结。必须始终坚持以经济建设为中心不动摇，聚精会神搞建设，一心一意谋发展，把实现好、维护好、发展好最广大人民的根本利益作为中国共产党人处理阶层关系问题的出发点和落脚点。

经过改革以来40多年的发展，特别是中共十八大以来5年的努力，我国社会生产力水平明显提高，人民群众日益增长的物质文化生活需要得到极大的满足，人民对美好生活的向往更加强烈。这是新时代我国经济社会发展的最大阶段性特征，满足人民日益增长的美好生活需要成为新时代协调阶层关系的新的

---

① 中共中央文献研究室．邓小平年谱（1975—1997）：上［M］．北京：中央文献出版社，2004：379-380．

② 中共中央文献编辑委员会．邓小平文选：第2卷［M］．北京：人民出版社，1994：137-138．

重要原则。从单纯满足物质文化需要扩展到了满足包括物质生活、经济生活、政治生活、文化生活、社会生活以及生态文明建设等各方面的需要，成为新时代处理阶层关系问题的根本要求。因而，习近平"以满足人民日益增长的美好生活需要为出发点和落脚点"为协调阶层关系基本原则的思想是对改革开放40多年阶层关系问题认识深化的重要成果。

（二）以满足人民日益增长的美好生活需要为处理阶层关系问题的出发点和落脚点

以满足人民日益增长的美好生活需要为处理阶层关系问题的出发点和落脚点是由阶层关系问题产生的原因决定的。经过改革开放以来40多年的发展，人民对美好生活的向往更加强烈是我国社会发展的最大阶段性特征。从单纯满足物质文化生活需要扩展到了全方位满足包括物质生活、经济生活、政治生活、文化生活、社会生活以及生态文明建设等各方面的需要。不仅在之前的基础上对满足人民更深层的物质文化生活需要提出更高要求，而且更全面地包含了满足人民在政治民主、政府清廉、法律公正、道德诚信、生活自由、身心健康、环境友好、社会风气良好等方面的热切向往和迫切要求。"满足人民日益增长的美好生活需要"[1]是中国共产党的初心，在中共十九大报告中，习近平更加鲜明地提出："中国共产党人的初心和使命，就是为中国人民谋幸福，为中华民族谋复兴。"[2]

"满足人民日益增长的美好生活需要"也是中国共产党顺应人民对美好生活向往的选择。习近平在中共十九大报告中指出，"必须坚持以人民为中心的发展思想，不断促进人的全面发展、全体人民共同富裕"[3]，"使人民获得感、幸福感、安全感更加充实、更有保障、更可持续"[4]。为此，中共十九大提出的城乡居民在就业、教育、医疗、居住、养老等方面遭遇的民生问题，是政府必须妥善应对的现实挑战，也是社会保障体系建设的重要着力点。习近平在中共十九大报告中提出的"幼有所育、学有所教、劳有所得、病有所医、老有所养、住有所居、弱有所扶"民生"七有"，构成了社会各阶层成员的基本民生诉求，也

---

[1] 中共上海市委党校. 强起来：新时代中国共产党人的历史使命[M]. 北京：人民出版社，2018：65.

[2] 习近平. 决胜全面建成小康社会 夺取新时代中国特色社会主义伟大胜利：在中国共产党第十九次全国代表大会上的报告[M]. 北京：人民出版社，2017：1.

[3] 习近平. 决胜全面建成小康社会 夺取新时代中国特色社会主义伟大胜利：在中国共产党第十九次全国代表大会上的报告[M]. 北京：人民出版社，2017：19.

[4] 习近平. 决胜全面建成小康社会 夺取新时代中国特色社会主义伟大胜利：在中国共产党第十九次全国代表大会上的报告[M]. 北京：人民出版社，2017：45.

构成了社会保障体系建设的基本方向。只有实现了民生"七有",才能真正使人民"三感"即人民获得感、幸福感、安全感,更加充实、更有保障、更可持续,真正促进阶层关系问题的解决,提高阶层关系的和谐程度。2022年10月,习近平在中共二十大报告中提出"我们坚持把实现人民对美好生活的向往作为现代化建设的出发点和落脚点,着力维护和促进社会公平正义,着力促进全体人民共同富裕,坚决防止两极分化"①,更是直接把满足人民日益增长的美好生活需要与促进阶层合理分化、增进阶层关系和谐联系起来。

以更平衡更充分的发展促和谐的原则、以满足人民日益增长的美好生活需要促和谐的原则是新时代中国共产党认识和处理全面深化改革进程中的阶层关系问题始终遵循的基本原则。以实现更平衡更充分的发展为处理阶层关系问题的根本途径,以满足人民日益增长的美好生活需要为处理阶层关系问题的出发点和落脚点,两者之间是手段与目标、途径与结果的统一关系。习近平提出的新时代处理我国阶层关系问题的这些重要原则不仅充分体现了马克思主义关于人的全面发展与社会的全面发展统一于人民根本利益之中的根本要求,也充分体现了"中国共产党人的初心和使命,就是为中国人民谋幸福,为中华民族谋复兴"②的政治承诺。

## 第四节 处理全面深化改革进程中阶层关系问题的战略布局

根据对以习近平同志为核心的中央领导集体理论创新成果的理解和把握,我们认为,处理全面深化改革进程中阶层关系问题的战略布局就是"四个全面",必须在全面准确理解"四个全面"战略布局与处理阶层关系问题之间关系的基础上,以"四个全面"为顶层设计,处理好全面深化改革进程中的阶层关系问题。

**一、"四个全面"战略布局的科学内涵及其创新意义**

(一)"四个全面"战略布局的科学内涵

"四个全面"战略布局是在中共十六大提出全面建设小康社会奋斗目标的基

---

① 习近平.高举中国特色社会主义伟大旗帜为全面建设社会主义现代化国家而团结奋斗:在中国共产党第二十次全国代表大会上的报告[M].北京:人民出版社,2022:22.
② 习近平.决胜全面建成小康社会 夺取新时代中国特色社会主义伟大胜利:在中国共产党第十九次全国代表大会上的报告[M].北京:人民出版社,2017:1.

础上，在中共十八大以来新的伟大实践进程中逐步形成的。中共十八大提出"全面建成小康社会"和"全面深化改革开放"的目标，把中共十六大报告中提出的"全面建设小康社会"①的"一个全面"扩展为"两个全面"。中共十八届三中全会把"全面深化改革开放"②简化为"全面深化改革"③。中共十八届四中全会提出，在全面建成小康社会以实现中华民族伟大复兴的中国梦，全面深化改革以完善和发展中国特色社会主义制度的实践过程中，"必须全面推进依法治国"④，把"两个全面"进一步扩展为"三个全面"。2014年10月，习近平在《在党的群众路线教育实践活动总结大会上的讲话》中提出"全面推进从严治党"⑤，把"三个全面"进一步扩展为"四个全面"。2014年12月，习近平在江苏调研时，第一次明确提出"四个全面"的总体布局，强调要主动把握和积极适应经济发展新常态，"协调推进全面建成小康社会、全面深化改革、全面推进依法治国、全面从严治党，推动改革开放和社会主义现代化建设迈上新台阶"⑥。全面建成小康社会、全面深化改革、全面依法治国、全面从严治党是具有内在逻辑关系的有机整体。在"四个全面"中，全面建成小康社会是战略目标，全面深化改革、全面依法治国、全面从严治党则是战略举措。2017年10月，中共十九大报告将"四个全面"战略布局纳入习近平新时代中国特色社会主义思想，在"八个明确"中属于第三个明确之列，即"明确中国特色社会主义事业总体布局是'五位一体'、战略布局是'四个全面'，强调坚定道路自信、理论自信、制度自信、文化自信"⑦。

"四个全面"战略布局是从我国发展现实需要中得出来的，也是为推动解决我国发展中面临的突出矛盾和问题提出来的，这就意味着"四个全面"战略布

---

① 中共中央文献研究室．十六大以来重要文献选编：下 [M]．北京：中央文献出版社，2008：2．

② 中共中央文献研究室．十八大以来重要文献选编：上 [M]．北京：中央文献出版社，2014：13．

③ 中共中央文献研究室．中共中央关于全面深化改革若干重大问题的决定 [M]．北京：人民出版社，2013：1．

④ 中共中央文献研究室．中共中央关于全面推进依法治国若干重大问题的决定 [M]．北京：人民出版社，2014：2．

⑤ 中共中央文献研究室．十八大以来重要文献选编：中 [M]．北京：中央文献出版社，2016：85．

⑥ 中共中央文献研究室．十八大以来重要文献选编：中 [M]．北京：中央文献出版社，2016：831．

⑦ 习近平．决胜全面建成小康社会 夺取新时代中国特色社会主义伟大胜利：在中国共产党第十九次全国代表大会上的报告 [M]．北京：人民出版社，2017：19．

局是具有长远指导意义的。同时,"全面建成小康社会"是实现"两个一百年"奋斗目标的重要一步,是社会主义现代化建设中的一个阶段性目标,在这一阶段性目标基本实现以后,"四个全面"战略布局内容的调整成为必然。在"两个一百年"奋斗目标的历史交汇点上,中共十九大提出"从十九大到二十大,是'两个一百年'奋斗目标的历史交汇期。我们既要全面建成小康社会、实现第一个百年奋斗目标,又要乘势而上开启全面建设社会主义现代化国家新征程,向第二个百年奋斗目标进军"①。在全面建成小康社会胜利在望、全面建设社会主义现代化国家新征程即将开启的重要历史时刻,2020年10月召开的中共十九届五中全会首次提出"协调推进全面建设社会主义现代化国家、全面深化改革、全面依法治国、全面从严治党的战略布局"②,"全面建成小康社会"变为"全面建设社会主义现代化国家",这是"四个全面"战略布局的最新表达。

　　"四个全面"战略布局的最新表达,不仅体现在表述上的调整,也是在内容上的更新。关于"全面建设社会主义现代化国家"的内涵,中共十九届五中全会提出是我国经济实力、科技实力、综合国力将大幅跃升,经济总量和城乡居民人均收入将再迈上新的大台阶,关键核心技术实现重大突破,进入创新型国家前列等各方面,这是比"全面建成小康社会"更高的目标要求。关于"全面深化改革",中共十九届五中全会提出是全面建设社会主义现代化国家的前进动力与方法路径,并将"全面深化改革,构建高水平社会主义市场经济体制"③作为实现"十四五"时期经济社会发展主要目标和全面建设社会主义现代化国家目标要求的重要举措之一。关于"全面依法治国",中共二十大提出"全面依法治国是国家治理的一场深刻革命,关系党执政兴国,关系人民幸福安康,关系党和国家长治久安。必须更好地发挥法治固根本、稳预期、利长远的保障作用,在法治轨道上全面建设社会主义现代化国家"④。关于"全面从严治党","全面建设社会主义现代化国家,全面推进中华民族伟大复兴,关键在党"⑤,必须健全

---

① 习近平. 决胜全面建成小康社会 夺取新时代中国特色社会主义伟大胜利:在中国共产党第十九次全国代表大会上的报告 [M]. 北京:人民出版社,2017:28.
② 中共中央文献研究室. 中共中央关于制定国民经济和社会发展第十四个五年规划和二〇三五年远景目标的建议 [M]. 北京:人民出版社,2020:6.
③ 中共中央文献研究室. 中共中央关于制定国民经济和社会发展第十四个五年规划和二〇三五年远景目标的建议 [M]. 北京:人民出版社,2020:17.
④ 习近平. 高举中国特色社会主义伟大旗帜 为全面建设社会主义现代化国家而团结奋斗:在中国共产党第二十次全国代表大会上的报告 [M]. 北京:人民出版社,2022:40.
⑤ 习近平. 高举中国特色社会主义伟大旗帜 为全面建设社会主义现代化国家而团结奋斗:在中国共产党第二十次全国代表大会上的报告 [M]. 北京:人民出版社,2022:63.

"全面从严治党体系，全面推进党的自我净化、自我完善、自我革新、自我提高，使我们党坚守初心使命，始终成为中国特色社会主义事业的坚强领导核心"①。这些新表达、新概括体现了"四个全面"战略布局的新内涵、新要求。

1. 全面建设社会主义现代化国家：实现中华民族伟大复兴中国梦的关键一步

在全面建成小康社会基础上全面建设社会主义现代化国家，是实现"两个一百年"奋斗目标的有机衔接，是实现中华民族伟大复兴中国梦的关键一步。习近平在中共十九大报告中指出：要按照十六大、十七大、十八大提出的全面建成小康社会的各项要求，"使全面建成小康社会得到人民认可、经得起历史检验"②。到2020年全面建成小康社会的阶段性目标实现以后，"向第二个百年奋斗目标进军"③，直至实现中华民族伟大复兴的中国梦。习近平指出："党的十九大对实现第二个百年奋斗目标做出分两个阶段推进的战略安排，即到2035年基本实现社会主义现代化，到本世纪中叶把我国建成富强民主文明和谐美丽的社会主义现代化强国。"④ 开启全面建设社会主义现代化国家新征程，意味着我国已经进入新发展阶段，正处于实现中华民族伟大复兴的关键时期，是比历史上任何时期都更接近、更有信心和能力实现中华民族伟大复兴目标的关键时期，但中华民族伟大复兴绝不是轻轻松松、敲锣打鼓就能实现的，必须进行具有许多新的历史特点的伟大斗争。

作为实现中华民族伟大复兴中国梦的关键一步，从"全面建成小康社会"到"全面建设社会主义现代化国家"，作为"四个全面"战略布局的战略目标，内涵越来越丰富，所覆盖的领域更加全面，所覆盖的人群更加全面，所要达到的水平更高，集中体现在不断增进人民福祉上。习近平指出，人民"期盼有更好的教育、更稳定的工作、更满意的收入、更可靠的社会保障、更高水平的医疗卫生服务、更舒适的居住条件、更优美的环境"⑤，全面建设社会主义现代化

---

① 习近平. 高举中国特色社会主义伟大旗帜 为全面建设社会主义现代化国家而团结奋斗：在中国共产党第二十次全国代表大会上的报告［M］. 北京：人民出版社，2022：64.
② 习近平. 决胜全面建成小康社会 夺取新时代中国特色社会主义伟大胜利：在中国共产党第十九次全国代表大会上的报告［M］. 北京：人民出版社，2017：28.
③ 习近平. 决胜全面建成小康社会 夺取新时代中国特色社会主义伟大胜利：在中国共产党第十九次全国代表大会上的报告［M］. 北京：人民出版社，2017：28.
④ 中共中央文献研究室. 中共中央关于制定国民经济和社会发展第十四个五年规划和二〇三五年远景目标的建议［M］. 北京：人民出版社，2020：4.
⑤ 中共中央宣传部. 习近平总书记系列重要讲话读本［M］. 北京：学习出版社，2014：108.

国家就是为了实现人民对美好生活的向往,努力让"人民生活更加美好,人的全面发展、全体人民共同富裕取得更为明显的实质性进展"①。

2. 全面深化改革:实现中华民族伟大复兴中国梦的活力之源

十一届三中全会以来的历史充分证明,改革是社会主义社会发展的直接动力,是决定中国前途命运的关键。中共十八届三中全会把改革推进到全面深化改革阶段。与改革不同的是,全面深化改革阶段,改革范围会更加全面,改革层次会向纵深推进,改革步入深水区,需要涉险滩,这就必须深入研究各领域改革的关联性、各项改革举措的耦合性,加强改革的顶层设计和整体谋划。全面深化改革要取得新突破,必须以自我革命的勇气和胸怀,冲破思想观念的障碍,突破利益固化的藩篱。习近平强调,"只要符合国家利益、民族利益、人民利益,只要有利于落实新发展理念,只要有利于增加人民群众获得感,就坚决地破、坚决地改"②。全面深化改革是实现中华民族伟大复兴中国梦的活力之源。

3. 全面依法治国:实现中华民族伟大复兴中国梦的根本保障

中共十五大确定把依法治国作为基本治国方略,目的是逐步实现社会主义民主的制度化、法律化,实施依法治国是国家长治久安的根本措施。中共十八大明确提出了"法治中国"目标,中共十八届三中全会进一步提出建设法治中国,必须坚持依法治国、依法执政、依法行政共同推进,坚持法治国家、法治政府、法治社会一体建设。③ 中共十八届四中全会则以依法治国为主题,把依法治国推进到全面依法治国的新高度,对落实全面依法治国做出战略部署,强调要更好地发挥法治的保障和规范作用,着力建设法治体系,树立法治权威,运用法治思维,形成法治文化,努力建设中国特色社会主义法治国家。全面依法治国是实现中华民族伟大复兴中国梦的根本保障。

4. 全面从严治党:实现中华民族伟大复兴中国梦的政治统领

注重党的自身建设,是中国共产党的优良传统和鲜明特色。从毛泽东提出"党的建设的伟大工程"④ 到江泽民提出"党的建设新的伟大工程"⑤,从江泽

---

① 中共中央文献研究室. 中共中央关于制定国民经济和社会发展第十四个五年规划和二〇三五年远景目标的建议 [M]. 北京:人民出版社,2020:5.

② 沈传亮. 全面深化改革:十八大以来中国改革新篇章 [M]. 北京:人民出版社,2017:215.

③ 中共中央文献研究室. 习近平谈治国理政:第1卷 [M]. 北京:外文出版社,2018:144.

④ 中共中央文献研究室. 毛泽东选集:第2卷 [M]. 北京:人民出版社,1991:602.

⑤ 中共中央文献研究室. 十六大以来重要文献选编:上 [M]. 北京:中央文献出版社,2005:8.

民提出"从严治党"①到习近平提出"全面从严治党永远在路上"②,"伟大斗争,伟大工程,伟大事业,伟大梦想,紧密联系、相互贯通、相互作用,其中起决定性作用的是党的建设新的伟大工程"③。全面从严治党,基础在全面,关键在严,要害在治。全面从严治党的科学内涵表现为内容的全面性、对象的全面性、措施的长期性、推进的综合性,从严治党,"严"字当头。中共十八届六中全会专题研究全面从严治党问题,通过了《关于新形势下党内政治生活的若干准则》《中国共产党党内监督条例》,正是着眼于推进全面从严治党、坚持思想建党和制度治党相结合的一个重大安排。中共十九大从实现中华民族伟大复兴中国梦的战略高度,对全面从严治党提出新的总要求,明确提出要"把党建设成为始终走在时代前列、人民衷心拥护、勇于自我革命、经得起各种风浪考验、朝气蓬勃的马克思主义执政党"④。全面从严治党是实现中华民族伟大复兴中国梦的政治统领。

"四个全面"战略布局具有十分明确的现实针对性和问题导向性,是从我国经济社会发展的现实需要中得出来的,是从社会各阶层成员的热切期待中得出来的,也是为推动解决我国发展中面临的突出矛盾和突出问题提出来的。协调推进全面建设社会主义现代化国家、全面深化改革、全面依法治国、全面从严治党,是当前党和国家事业发展的现实需要,是我国经济社会发展的指导思想和必须遵循的重要原则。其中,全面深化改革着眼于解决我国经济社会发展中存在的深层次矛盾和体制机制弊端,是推动中国特色社会主义事业发展的强大动力。全面依法治国着眼于促进国家生活和社会生活的法治化、制度化和规范化,是实现党和国家长治久安的重要保障。全面从严治党着眼于锻造中国特色社会主义事业坚强领导核心,为全面建设社会主义现代化国家、全面深化改革、全面依法治国提供根本政治保证。三大战略举措对实现全面建设社会主义现代化国家战略目标一个都不能缺。"四个全面"战略布局内涵极其丰富,逻辑极其严密,不仅具有强烈的问题意识,即是解决中国发展起来的问题,而且具有鲜明的目标导向,即是让中国更加强起来,是事关中国特色社会主义事业发展全

---

① 中共中央文献研究室.十六大以来重要文献选编:上 [M].北京:中央文献出版社,2005:38.

② 中共中央党校组织.以习近平同志为核心的党中央治国理政新理念新思想新战略 [M].北京:人民出版社,2017:214.

③ 习近平.决胜全面建成小康社会 夺取新时代中国特色社会主义伟大胜利:在中国共产党第十九次全国代表大会上的报告 [M].北京:人民出版社,2017:17.

④ 习近平.决胜全面建成小康社会 夺取新时代中国特色社会主义伟大胜利:在中国共产党第十九次全国代表大会上的报告 [M].北京:人民出版社,2017:62.

局的战略抉择。我们要牢牢把握历史主动,在全面建设社会主义现代化国家新征程上协调推进"四个全面"战略布局。

(二)"四个全面"战略布局的创新意义

"四个全面"战略布局是习近平在深刻揭示和准确把握新时代世情、国情、党情复杂局势的基础上,为解决我国发展起来以后面临的问题而提出来的,是以习近平同志为核心的中央领导集体最具标志性的思想理论符号,具有重要的创新意义。

1. "四个全面"战略布局丰富了中国特色社会主义的内涵

作为马克思主义中国化的两大创新成果,毛泽东思想回答了如何使中国人民"站起来"的问题,中国特色社会主义理论体系首先回答了如何使中国人民"富起来"的问题,现在还要回答如何使中国人民"强起来"的问题。"四个全面"战略布局创造性地提出了中国人民"强起来"的新思想、新举措和新方略,丰富和充实了中国特色社会主义道路的内容,在坚持"一个中心、两个基本点"和"五位一体"建设总布局的基础上,进一步明确了沿着中国特色社会主义道路前进的实现目标、直接动力、根本保障和领导方略;丰富和充实了中国特色社会主义制度的内容,进一步明确了从全面建成小康社会到全面建设社会主义现代化国家、全面深化改革、全面依法治国和全面从严治党方面推动中国特色社会主义制度不断成熟定型的问题;丰富和充实了中国特色社会主义理论体系的内涵,在已经形成的中国特色社会主义总依据、总任务、总布局和基本要求的基础上,进一步凸显了中国共产党治国理政的总体思路。"四个全面"战略布局的提出,不仅极大地丰富了中国特色社会主义的内涵,也使得中国特色社会主义具有了更加鲜明的实践特色、理论特色、民族特色、时代特色。

2. 为夺取新时代中国特色社会主义伟大胜利提供了重要保障与战略指引

"四个全面"战略布局是习近平在准确把握新时代世情、国情、党情复杂局势的基础上提出来的。习近平深入分析新时代中国面临的国际环境,提出"五个不会改变",即世界多极化向前推进的态势不会改变、经济全球化进程不会改变、和平与发展的时代主题不会改变、国际体系变革方向不会改变、亚太地区总体繁荣稳定的态势不会改变,强调尽管国际矛盾和斗争非常尖锐,但中国始终走和平发展道路不会改变。

习近平准确把握新时代中国基本国情的"变与不变",深刻揭示新时代新阶段的新特点新变化:一是我国处于社会主义初级阶段的基本国情没有变,治国理政始终要以基本国情为基础,但也要看到我国经济社会发展的特定阶段呈现出来的新特点。二是要看到社会主要矛盾有了新的表现形式,如供求矛盾总体上已经从供不应求转变为供大于求和供不适求;城乡、区域和社会成员之间收入差距拉大问题成为更加突出的问题;等等。习近平在中共十九大报告中揭示社会主要矛盾发生转化的同时,也指出"我国仍处于并将长期处于社会主义初级阶段的基本国情没有变,我国是世界最大发展中国家的国际地位没有变"。

习近平在深刻把握党情"变与不变"的基础上,强调全面从严治党的极端重要性,指出中国共产党带领人民正在进行具有许多新的历史特点的伟大斗争,但中国共产党是靠革命理想和铁的纪律组织起来的马克思主义政党的性质不能变,中国共产党是全心全意为人民服务的政党的性质不能变,要求全体党员把实现好、维护好、发展好最广大人民根本利益作为党的一切工作的指针。

"四个全面"战略布局回答了在新时代世情、国情、党情发生深刻变化的新形势下,如何实现中华民族伟大复兴中国梦这一重大课题,是着眼于实现中华民族伟大复兴中国梦的发展目标的总体战略布局,为夺取新时代中国特色社会主义伟大胜利提供了重要保障与战略指引。

3. "四个全面"战略布局为解决发展起来后的问题提供了重要的思想指导

"四个全面"战略布局提出的重要意义还在于是解决发展起来后的问题的重要思想。改革初期,我国经济社会发展水平很低,人民生活水平总体比较低下,要解决的主要问题是人民"生存需要"所提出的基本问题,是低层次的问题。邓小平认为,贫穷不是社会主义,社会主义要消灭贫穷。我们要坚持以经济建设为中心,坚持效率优先、兼顾公平的原则,集中力量发展社会生产力,满足人民日益增长的物质文化生活需要。现在所要解决的主要问题是"发展起来"以后的问题,更多的是满足"发展需要"甚至是"享受需要"所提出的问题,是由大国发展成为强国过程中产生出来的问题,更多、更好地体现人的全面发展和社会的全面进步的要求。

邓小平说过:"过去我们讲先发展起来。现在看,发展起来以后的问题不比不发展时少。"① 习近平也强调:"当前,全党面临的一个重要课题,就是如何正确认识和妥善处理我国发展起来后不断出现的新情况新问题。"② "四个全面"战略布局正是针对解决中国"发展起来以后"的问题提出来的,更加注重发展的全面性、系统性、整体性、协同性,为解决发展起来后的问题提供了重要的

---

① 冷溶,汪作玲.邓小平年谱(1975—1997):下[M].北京:中央文献出版社,2004:1364.

② 习近平.在中央党校建校80周年庆祝大会暨2013年春季学期开学典礼上的讲话[N].人民日报,2013-03-03.

理论依据和行动指南。对中国而言，我们仅仅用了几十年时间就走完了一些发达国家要用上百年才能走过的发展历程，我们现在所面临的任务，就是在这个基础上实现"关键的一跃"，而"四个全面"战略布局的顺利展开将为实现社会主义现代化强国和中华民族伟大复兴中国梦打下坚实的基础。

## 二、"四个全面"战略布局与处理阶层关系问题之间关系解析

### （一）全面建设社会主义现代化国家与处理阶层关系问题的关系

阶层关系和谐是全面建设社会主义现代化国家的内在要求和应有之义。中共十九届五中全会全面描绘了全面建设社会主义现代化国家的美好愿景，不仅"中等收入群体显著扩大"①，以推动社会阶层结构更加合理，而且"基本公共服务实现均等化，城乡区域发展差距和居民生活水平差距显著缩小"②，以促进阶层关系更加和谐。作为中国特色社会主义事业发展的阶段性战略目标，"全面建设社会主义现代化国家"既承载着中国社会各阶层成员对美好生活的新期待，也是中国共产党对社会各阶层成员做出的庄严承诺。全面建设社会主义现代化国家就是达到"人民生活更加美好，人的全面发展、全体人民共同富裕取得更为明显的实质性进展"，就是阶层团结、和谐共生的社会。从这个意义上说，全面建设社会主义现代化国家与正确认识和处理阶层关系问题、实现阶层关系和谐之间具有内在一致性，正确认识和处理阶层关系问题内含于全面建设社会主义现代化国家实现的全过程。

全面建设社会主义现代化国家是处理阶层关系问题的实现方式。从现代化发展的一般规律来看，工业化进程中的经济结构、产业结构的变化，必然带动社会阶层结构的变化和社会阶层关系的调整。因而，现代化本身就包含了社会阶层结构的现代化与社会阶层关系的现代化。从社会阶层结构看，"橄榄型"是现代社会阶层结构的基本形态，公平性、开放性和合理性是现代社会阶层结构的本质特征。从社会阶层关系看，社会各阶层成员之间形成一种有效运行机制，建立一个良性运行、协调发展的社会秩序。针对当前我国社会阶层关系发展的现实，现代化正是针对发展不平衡不充分状态下，解决在社会系统运行过程中如何得以维持社会秩序的问题，强调依靠社会自身的调节机制来协调政府、市

---

① 中共中央文献研究室．中共中央关于制定国民经济和社会发展第十四个五年规划和二〇三五年远景目标的建议［M］．北京：人民出版社，2020：5．

② 中共中央文献研究室．中共中央关于制定国民经济和社会发展第十四个五年规划和二〇三五年远景目标的建议［M］．北京：人民出版社，2020：5．

场、社会和阶层成员个人之间的关系,最大限度缓解不同社会阶层之间的过度分化,以及由此带来的对社会秩序的危害和冲击,及时化解因此而产生的社会规则混乱、社会无序存在的状态问题,因而正是处理阶层关系问题的实现方式。

(二) 全面深化改革与处理阶层关系问题的关系

全面深化改革是处理阶层关系问题的根本途径。当前阶段我国阶层关系问题的实质是利益矛盾,不同阶层之间的利益矛盾具体表现为阶层利益差距扩大化和阶层利益固化并存。产生阶层关系问题的根本原因在于体制机制不健全,导致社会各阶层成员之间未能公平合理地共享改革发展的成果,这就决定了必须通过全面深化改革,进一步健全体制机制,协调社会各阶层成员之间的利益关系,妥善处理社会各阶层成员之间的各种利益矛盾。在全面深化改革过程中,通过改革完善利益分配机制、利益协调机制、利益约束机制,使"中等收入群体从对职业生涯和财富增长的不稳定感中解脱出来"[1];在全面深化改革过程中,通过逐步破除阻碍社会合理流动的制度性障碍,进一步畅通社会流动渠道,打破阶层利益固化的藩篱,使"社会底层青年群体从不能打破体制壁垒、扫除身份障碍的社会阶层固化中解脱出来"[2]。这样才能真正实现阶层关系问题的有效解决,进一步增强社会有机体的发展活力。

正确认识和处理阶层关系问题、实现阶层关系和谐是全面深化改革的根本目标。全面深化改革就是要让社会各阶层成员更好更公平更广泛地共享改革发展成果,使不同社会阶层的利益都能够得到充分的保障和合理的实现,其根本目的就在于协调阶层关系矛盾,增进阶层关系和谐,为实现人的自由而全面发展创造条件。阶层关系和谐与全面深化改革之间的这种一致性也决定了,正确认识和处理阶层关系问题、实现阶层关系和谐必定始终贯穿于全面深化改革的全过程。

要坚持紧紧依靠社会各阶层成员来推动全面深化改革的伟大事业就必须处理好阶层关系问题,促进阶层关系和谐。十一届三中全会以来的改革之所以能够取得重大成效,就在于改革得到了包括新社会阶层在内的广泛的人民群众的积极参与,是阶层关系和谐基础上形成的社会各阶层人民的巨大力量推动了改革。全面深化改革在实现"到2020年,在重要领域和关键环节改革上取得决定性成果"[3]的阶段性目标和"完善和发展中国特色社会主义制度,推进国家治

---

[1] 本书编写组.《中共中央关于全面深化改革若干重大问题的决定》辅导读本[M]. 北京:人民出版社,2013:33.

[2] 同[1]。

[3] 中共中央文献研究室.中共中央关于全面深化改革若干重大问题的决定[M]. 北京:人民出版社,2013:7.

理体系和治理能力现代化"[1] 的总目标时,也坚定地站在人民立场上,从人民利益出发,"把最大公约数找出来,在改革开放上形成聚焦"[2],最大限度实现阶层关系和谐,因此凝聚起强大的社会力量,同社会各阶层一道把全面深化改革推向前进。

(三) 全面依法治国与处理阶层关系问题的关系

全面依法治国是处理阶层关系问题的根本保障。全面依法治国就是要把公平正义的价值观念渗透到立法、守法、执法的全过程,通过制定和实施体现和维护社会公平正义的良法善法,确保社会各阶层成员生活得更有尊严和更有安全感。

正确处理阶层关系问题是全面依法治国的必然要求。全面依法治国从法理上回答和解决了"为什么人的利益立法、司法、执法"的问题,这就决定了全面依法治国必须主动回应社会各阶层成员对公平正义的期待。社会各阶层成员对美好生活的追求,不仅要求物质文化生活富足,而且要求享有平等参与、平等发展的权利,要求在法律面前真正体现人人平等。为人民谋福利是全面依法治国的本质属性和内在要求,从这个意义上,全面依法治国与正确认识和处理阶层关系问题、实现阶层关系和谐是统一的。

在全面依法治国进程中实现阶层关系和谐,就必须做到强化和落实执法为民理念,把为了人民、依靠人民、造福人民作为全部执法工作的指导思想,提高执法工作的公信力,切实规范执法行为,加大执法公开力度,提高执法能力和执法水平,真正做到确保司法公平正义,重点解决影响司法公正和制约司法能力的深层次问题,切实改进司法工作作风,解决好社会各阶层成员打官司难的问题,增强社会各阶层成员的安全感和满意度,让社会各阶层成员在司法案件办理中感受到社会的公平正义。同时,应该特别关注和切实做好法律援助工作,紧紧围绕社会各阶层成员特别是贫困群体的实际需要,加大对贫困群体维护自身合法权益的法律援助力度,帮助他们运用法律手段解决生产和生活方面遇到的相关问题和实际困难。

(四) 全面从严治党与处理阶层关系问题的关系

全面从严治党是处理阶层关系问题的政治基础。中国共产党是全心全意为

---

[1] 中共中央文献研究室. 习近平关于全面深化改革论述摘编 [M]. 北京:中央文献出版社, 2014: 23.

[2] 中共中央文献研究室. 习近平关于全面深化改革论述摘编 [M]. 北京:中央文献出版社, 2014: 31.

人民谋福利的无产阶级政党,代表最广大人民的根本利益,根基在人民,力量也在人民。全面从严治党,才能够不忘初心、继续前进,才能够担负起"立党为公、执政为民"①的责任,做到权为民所用、心为民所系、利为民所谋,更好地发挥执政党社会整合的功能,正确认识和处理阶层关系问题,实现阶层关系和谐。

正确认识和处理阶层关系问题、实现阶层关系和谐是全面从严治党的内在要求。人心向背、力量对比是中国最大的政治,是决定中国共产党领导的中国特色社会主义事业成败的关键。正确认识和处理阶层关系问题、实现阶层关系和谐就是实现社会各阶层的大团结和大联合,解决的就是人心和力量问题。"全面建设社会主义现代化国家,必须充分发挥亿万人民的创造伟力。"② 中国共产党所处的历史方位、所面临的内外形势、所肩负的使命任务都要求我们处理好阶层关系问题,实现阶层关系和谐,把社会各阶层激励起来、凝聚起来。为此,习近平向全党发出号召:"始终保持同人民群众的血肉联系,始终接受人民批评和监督,始终同人民同呼吸、共命运、心连心,不断巩固全国各族人民大团结,加强海内外中华儿女大团结,形成同心共圆中国梦的强大合力。"③

**三、以"四个全面"战略布局为顶层设计,处理好阶层关系问题**

"四个全面"战略布局不仅是新时代中国特色社会主义事业发展的顶层设计,也是处理好全面深化改革进程中阶层关系问题的顶层设计。

**(一)以全面建设社会主义现代化国家为基础,处理好阶层关系问题**

全面建设社会主义现代化国家的核心是"全面",其含义包括"高质量发展是全面建设社会主义现代化国家的首要任务""人民民主是社会主义的生命,是全面建设社会主义现代化国家的应有之义""物质富足、精神富有是社会主义现代化的根本要求""增进民生福祉,提高人民生活品质""人与自然和谐共生"④等。展望2035年,实现全面建设社会主义现代化国家,是逐步消除城乡差别、

---

① 中共中央文献研究室. 习近平谈治国理政:第2卷[M]. 北京:外文出版社,2017:169.
② 习近平. 高举中国特色社会主义伟大旗帜 为全面建设社会主义现代化国家而团结奋斗:在中国共产党第二十次全国代表大会上的报告[M]. 北京:人民出版社,2022:70.
③ 习近平. 高举中国特色社会主义伟大旗帜 为全面建设社会主义现代化国家而团结奋斗:在中国共产党第二十次全国代表大会上的报告[M]. 北京:人民出版社,2022:70.
④ 习近平. 高举中国特色社会主义伟大旗帜 为全面建设社会主义现代化国家而团结奋斗:在中国共产党第二十次全国代表大会上的报告[M]. 北京:人民出版社,2022:23.

区域差别、行业差别的现代化，是物质文明和精神文明相协调的现代化，是以全体人民的共同富裕为目标方向、发展成果由人民共享、人民生活更加美好的现代化。全面建设社会主义现代化国家充分体现了发展的全面性、协调性和普惠性，这是处理阶层关系问题的基础。

以全面建设社会主义现代化国家为基础，处理好阶层关系问题，必须坚持正确的现代化观。在全面建设社会主义现代化国家的进程中，必须坚持以人民为中心的发展思想，坚持发展为了人民、发展依靠人民、发展成果由人民共享，这是正确的现代化观。以全面建设社会主义现代化国家为基础，处理好阶层关系问题，必须始终坚持正确的现代化观，把增进社会各阶层人民福祉、促进社会各阶层人民的全面发展作为党和国家一切工作的出发点和落脚点。做到多谋民生之利，多解民生之忧，真正使发展成果更多、更公平惠及全体人民。做到维护社会公平正义，保障人民平等参与、平等发展的权利。

以全面建设社会主义现代化国家为基础，处理好阶层关系问题，必须坚持正确的人民主体观。"中国式现代化是人口规模巨大的现代化"[①]，包括社会各阶层在内的14亿多人民是实现全面建设社会主义现代化国家的根本力量。全面建设社会主义现代化国家，要进一步解决好社会各阶层成员最直接最关心最现实的利益问题。当前，我国经济社会发展不平衡、不协调问题依然突出，民生保障方面存在很多短板，如教育公平、劳动就业、收入分配、社会保障、安全卫生等方面都还存在一些有待解决的问题。从维护最广大人民根本利益的高度，把社会各阶层成员的利益放在第一位，"坚持把人民群众的小事当作自己的大事，从人民群众关心的事情做起，从让人民群众满意的事情做起"[②]。只有在解决好社会各阶层成员普遍关心的突出问题上不断取得新进展，才能真正为社会各阶层排忧解难，增强社会各阶层成员的获得感，赢得社会各阶层的广泛赞誉和普遍认同，积聚起全面建设社会主义现代化国家的中国力量。

（二）以全面深化改革为动力，处理好阶层关系问题

全面深化改革，一是要全面，即改革的范围和内容要全面；二是要深化，即改革的程度和力度要大。如果改革的范围和内容不全面，改革的程度和力度太小，原有体制机制中的深层次矛盾就得不到根本的解决，旧有的因素依然会

---

[①] 习近平. 高举中国特色社会主义伟大旗帜 为全面建设社会主义现代化国家而团结奋斗：在中国共产党第二十次全国代表大会上的报告[M]. 北京：人民出版社，2022：22.

[②] 习近平. 决胜全面建成小康社会 夺取新时代中国特色社会主义伟大胜利：在中国共产党第十九次全国代表大会上的报告[M]. 北京：人民出版社，2017：50.

影响到阶层关系和谐，造成新的阶层关系问题。当然如果改革的范围和内容超出了限度，改革的程度和力度过大，对不同社会阶层成员之间原有的利益关系、社会阶层结构的调整超越了社会可承受的限度，也会激化阶层关系问题，造成社会秩序的持续动荡和社会各阶层的普遍不安。以全面深化改革为动力，处理好阶层关系问题就必须做到"三个统一"。

一是实事求是与解放思想的统一。在全面深化改革进程中促进阶层关系问题的解决，必须坚持实事求是的态度，坚持从我国阶层关系发展的实际出发，根据对不断发展变化的阶层关系演进规律和趋势的把握，准确揭示全面深化改革进程中阶层关系面临的新形势、新情况和新问题，正确认识阶层关系演进中存在的突出问题，并找到阶层关系问题产生的症结所在。这是解决阶层关系问题的前提。如果对阶层关系问题认识不准确，对阶层关系问题产生的症结揭示不深刻，阶层关系问题就很难真正获得解决。在全面深化改革进程中促进阶层关系问题的解决，还必须坚持解放思想，不断创新处理阶层关系问题的思维理念和方式方法。针对阶层关系问题的实际，创新处理阶层关系问题的思维理念，就是要更加注重运用法治思维和法治方式化解阶层关系问题，协调阶层利益关系；针对阶层关系问题的实际，创新处理阶层关系问题的方式方法，就是要更加注重运用大数据、互联网等新技术新手段，提高处理阶层关系问题的智能化、科学化水平。

二是整体推进和重点突破的统一。当前我国阶层关系问题多发生在民生领域，民生问题是阶层关系问题产生的直接根源，民生的保障和改善构成处理阶层关系问题的重要基础。所谓整体推进，就是在全面深化改革进程中促进阶层关系问题的解决，必须重视以改善民生为重点的社会建设，通过社会建设的整体推进来巩固阶层关系和谐的基础。所谓重点突破，就是在全面深化改革具体实施过程中，要找准社会各阶层成员的根本利益与不同社会阶层成员的具体利益的结合点，在维护社会各阶层成员的根本利益的基础上实现不同社会阶层成员的具体利益，协调不同社会阶层成员的利益关系。

三是胆子要大和步子要稳的统一。随着改革进入全面深化改革阶段，改革越来越涉及深层次的社会矛盾和利益关系，全面深化改革与处理阶层关系问题都必将面临更加严峻的挑战。所以，在全面深化改革进程中促进阶层关系问题的解决，做到胆子要大，就是要在触及深层次改革领域时勇于冲破思想观念的障碍，敢于"啃硬骨头"，敢于"涉险滩"。在全面深化改革进程中促进阶层关系问题的解决，做到步子要稳，就是要在全面深化改革的推进布局上，着重于去除不利于处理阶层关系问题的体制机制障碍，着重于改变社会事业发展相对滞后、公共服务基础相对薄弱的局面，不蛮干，不折腾，以增强改革的实效性为主。

增进社会各阶层成员的福祉是推进全面深化改革的根本目的，让社会各阶层成员得到更多的获得感、幸福感和安全感是全面深化改革的价值追求，社会各阶层成员是否实现了共享全面深化改革的成果是全面深化改革成功与否的根本标准。所以，在整个全面深化改革的过程中，"必须更加注重改革的系统性、整体性、协同性……让一切劳动、知识、技术、管理、资本的活力竞相迸发，让一切创造社会财富的源泉充分涌流，让发展成果更多更公平惠及全体人民"，以实现处理好阶层关系问题、促进阶层关系和谐的目的。

（三）以全面依法治国为保障，处理好阶层关系问题

全面依法治国是处理阶层关系问题的根本保障。法治是通过规范行政主体职能，建构和履行相关制度，使处理阶层关系问题的整个过程以规范塑造和制度建构的方式确定下来，可以更好地保障公平正义的实现。习近平强调"高度重视运用法治思维和法治方式，发挥法治的引领和推动作用，加强对相关立法工作的协调，确保在法治轨道上推进改革"[1]。以全面依法治国为保障，处理好阶层关系问题，就要加强法治权威，强化法律在解决阶层关系问题中的权威作用，使社会各阶层成员由衷感到权益受到公平对待、利益得到有效维护，进一步增强办事依法、遇事找法、解决问题靠法的法治意识和法治能力，更好地运用法律手段维护自身教育、就业、医疗等基本民生权利。同时，也要求各级领导干部不断提高法治思维和法治精神，善于运用法治思维和法治方式协调社会各阶层成员之间的矛盾和冲突，逐步实现处理阶层关系问题的制度化、规范化、程序化，更好地提高阶层关系和谐程度。

充分发挥法治在处理阶层关系问题中的作用。法治是实现社会公平正义的重要基石，也是处理阶层关系问题、实现阶层关系和谐的根本要求。自中共十五大确定"依法治国"的基本治国方略以来，中国在法治建设上取得了有目共睹的成就。以宪法为首的中国特色社会主义法律体系已经形成，法治政府建设稳定推进，司法体制不断完善，全社会法治理念、法治意识明显增强。但与正确认识和处理阶层关系问题、实现阶层关系和谐的要求还存在不相适应的方面，法律法规体系还存在漏洞缺失，一些凌驾于法律的威严与公正之上的行为还没有完全消除。习近平指出："对执法司法状况，人民群众意见还比较多，社会各

---

[1] 习近平. 在中央全面深化改革领导小组第二次会议上的讲话 [N]. 人民日报，2014-03-01.

界反映还比较大,主要是不作为、乱作为特别是执法不严、司法不公、司法腐败问题比较突出。"① 他明确提出"必须全面推进科学立法、严格执法、公正司法、全民守法进程"②。中共十八届四中全会以"全面推进依法治国"为主题,明确"坚持依法治国、依法执政、依法行政共同推进,坚持法治国家、法治政府、法治社会一体建设"这一重大战略部署,为正确认识和处理阶层关系问题、实现阶层关系和谐夯实了法治基础。

(四) 以全面从严治党为统领,处理好阶层关系问题

全面从严治党是正确认识和处理阶层关系问题、实现阶层关系和谐的关键。政党的基本政治功能是连接国家与社会的桥梁。历史经验表明,提升合法性是执政党的首要法则和基本要义。执政党要实现有效执政,就必须有广泛的社会基础,正确认识和处理阶层关系问题、促进阶层关系和谐对提升政党执政的合法性有重要影响,是政党生存和发展的重要助推器。

充分发挥执政党在处理阶层关系问题、协调阶层关系中的作用:一是全面从严治党永远在路上,通过加强执政党的自身建设不断改善党的领导,塑造中国共产党在社会各阶层成员中的良好形象。中共十八大以来,针对社会各阶层成员反映强烈的腐败问题,习近平提出"打铁还需自身硬","把权力关进制度的笼子里,形成不敢腐的惩戒机制、不能腐的防范机制、不易腐的保障机制"③,先后出台了一系列旨在加强中国共产党自身建设,提升中国共产党公信力的制度条例。在中共十九大报告中,习近平进一步提出"打铁必须自身硬"④,要"强化不敢腐的震慑,扎牢不能腐的笼子,增强不想腐的自觉"⑤,其目的就是要通过全面从严治党,重塑中国共产党的形象,以此保障中国共产党在处理阶层关系问题上发挥好政治统领的作用。

二是坚持科学执政、民主执政与依法执政,全面加强党正确认识和处理阶层关系问题的执政能力建设。执政能力是政党通过控制和运用国家权力推动社

---

① 中共中央文献研究室. 十八大以来重要文献选编:上 [M]. 北京:中央文献出版社, 2014:717.
② 习近平. 在首都各界纪念现行宪法公布施行30周年大会上的讲话 [N]. 人民日报, 2012-12-5.
③ 中共中央文献研究室. 十八大以来重要文献选编:上 [M]. 北京:中央文献出版社, 2014:136.
④ 习近平. 决胜全面建成小康社会 夺取新时代中国特色社会主义伟大胜利:在中国共产党第十九次全国代表大会上的报告 [M]. 北京:人民出版社, 2017:61.
⑤ 习近平. 决胜全面建成小康社会 夺取新时代中国特色社会主义伟大胜利:在中国共产党第十九次全国代表大会上的报告 [M]. 北京:人民出版社, 2017:67.

会发展的能力，执政能力是控制和运用国家权力的能力。执政能力的衡量标准是执政党在多大程度上推动了国家和社会的发展，具体包括"激发社会创造活力的本领、管理社会事务的本领、协调利益关系的本领、处理人民内部矛盾的本领、开展群众工作的本领、维护社会稳定的本领"①。为了提高党的处理阶层关系问题的执政能力和执政水平，中国共产党必须不断改革和完善其领导方式和执政方式，通过"制定大政方针，提出立法建议，推荐重要干部，进行思想宣传，发挥党组织和党员的作用，坚持依法执政"②六种执政方式，全面实施党对国家和社会的有效领导，并按照总揽全局、协调各方的原则，规范党委与人大、政府、政协以及人民团体的关系，有力推进党的工作机构和工作机制的完善和优化，构建"党委领导、政府负责、社会协调、公众参与"③的处理阶层关系问题的新格局。

中共十八大以来，以习近平同志为核心的中央领导集体在面对全面深化改革进程中的阶层关系问题时，从战略的高度明确了处理全面深化改革进程中阶层关系问题的总体思路，包括以实现中华民族伟大复兴的中国梦为目标指向，以"创新、协调、绿色、开放、共享"的新发展理念为核心理念，以更平衡更充分的发展促和谐和以满足人民日益增长的美好生活需要促和谐的基本原则，以"四个全面"战略布局为顶层设计。这一总体思路的形成充分体现了习近平强烈的国情意识、人民情怀和高超的战略思维能力，为处理好阶层关系问题提供了重要的理论依据和实践指引。

---

① 胡锦涛. 在省部级主要领导干部提高构建社会主义和谐社会能力专题研讨班上的讲话[N]. 人民日报, 2005-6-27.
② 中共中央文献研究室. 中国共产党第十六次全国代表大会文件汇编[M]. 北京：人民出版社, 2002: 33.
③ 方立. 构建社会主义和谐社会新探[M]. 北京：人民出版社, 2006: 231.

第六章

# 处理全面深化改革进程中的阶层关系问题的路径探究

根据对全面深化改革进程中的阶层关系问题产生的原因进行的分析，我们认为全面深化改革进程中的阶层关系问题具有明显的阶段性特征。其中，新时代社会主要矛盾是全面深化改革进程中阶层关系问题产生的根源，发展的不平衡不充分是阶层关系问题解决的主要制约因素，这就决定了大力发展社会生产力，实现更平衡更充分的发展是积极促进阶层关系问题解决的物质基础。同时，改革既不可能一蹴而就，也不可能一劳永逸，只能在不断解决问题中持续深化。"改革开放中的矛盾只能用改革开放的办法来解决"①，全面深化改革进程中的阶层关系问题必须通过全面深化改革来解决。2018年，习近平在深圳参观"大潮起珠江——广东改革开放40周年展览"时坚定宣示："中国改革不停顿、开放不止步，中国一定会有让世界刮目相看的新的更大奇迹！"② 针对全面深化改革进程中的阶层关系问题，我们认为必须以更大的政治决心和政治智慧，在处理阶层关系问题总体思路的指导下，通过全面深化改革，从制度基础、政策保障、技术支持三个层面进一步完善处理阶层关系问题的具体路径，才能积极促进阶层关系问题的有效解决。

## 第一节 进一步推进制度创新，为处理阶层关系问题提供制度基础

科学合理的制度体系建设对于全面深化改革进程中的阶层关系问题解决具有决定性作用，因为制度层面的创新和完善有助于形成实现阶层关系和谐发展

---

① 中共中央文献研究室. 习近平谈治国理政：第1卷 [M]. 北京：外文出版社，2018：69.

② 中共中央文献研究室. 习近平谈治国理政：第3卷 [M]. 北京：外文出版社，2020：399.

的长效机制和稳定机制。根据对全面深化改革进程中阶层关系问题产生的原因进行的分析，我们认为中国特色社会主义制度本身从根本上是具有有益于阶层关系和谐的优越性的，只是因为制度建设还不够完备，仍然存在一些与处理阶层关系问题的现实需要不相适应的方面。这就要求我们，必须在坚持现有制度体系的基础上，从处理好全面深化改革进程中的阶层关系问题的实际需要出发，及时做出一些新的有益于阶层关系和谐的制度规定，使处理好阶层关系问题的各方面制度基础都更加完善、更加成熟、更加定型，为处理好全面深化改革进程中的阶层关系问题提供更加可靠的制度保障。

**一、推进制度创新的基本原则**

从正确处理全面深化改革进程中的阶层关系问题出发，从有利于实现阶层关系和谐的意义上理解，通过制度创新构建科学合理的制度体系应当遵循的基本原则是什么？我们认为，最重要也是最基本的原则是：以社会主义为政治方向；以人民性为价值旨归；以公平正义为精神要义。

**（一）以社会主义为政治方向**

处理阶层关系问题视域下的制度创新必须坚持以社会主义为政治方向的基本原则，是由全面深化改革的社会主义性质决定的。适应处理阶层关系问题需要的制度创新对象，只能是社会主义生产关系中不适应阶层关系和谐发展需要和上层建筑中不适应阶层关系和谐发展需要的不完善的方面，而对于社会主义制度范围的，特别是"根本制度，社会主义制度，社会主义公有制，那是不能动摇的"[1]。制度创新必须坚持社会主义方向，就是明确制度创新不是要改变中国特色社会主义制度，而是实现中国特色社会主义制度自身的完善和发展。总结中国改革的经验，改革以来"中国人民的面貌、社会主义中国的面貌、中国共产党的面貌之所以能够发生历史性变化，最根本的就是我们在党的基本路线指引下始终坚持改革开放正确方向"[2]。坚持中国特色社会主义制度不动摇，始终坚持改革的社会主义方向是中国改革最重要的基本经验。全面深化改革是一场新的伟大革命，但它绝不是要"革"社会主义制度的"命"。习近平明确指出"在方向问题上，我们头脑必须十分清醒，不断推动社会主义制度自我完善

---

[1] 中共中央文献编辑委员会．邓小平文选：第 2 卷 [M]．北京：人民出版社，1994：133.
[2] 中共中央文献编辑委员会．胡锦涛文选：第 3 卷 [M]．北京：人民出版社，2016：174.

和发展,坚定不移走中国特色社会主义道路"①,"问题的实质是改什么、不改什么,有些不能改的,再过多长时间也是不改"②。中国特色社会主义制度是中国特色社会主义的重要组成部分,必须毫不动摇地坚持和巩固,这是处理阶层关系问题视域下推进制度创新必须坚持的根本政治前提。

处理阶层关系问题视域下坚持以社会主义为政治方向推进制度创新,必须处理好充分发挥制度优势与坚决革除体制弊端的辩证关系。全面深化改革是要不断完善中国特色社会主义制度,"为国家长治久安提供一整套更完备、更稳定、更管用的制度体系"③。因而全面深化改革的过程实际是通过不断革除原有的体制机制弊端,以推动中国特色社会主义制度不断发展完善,使中国特色社会主义制度的优越性充分发挥出来的过程。从处理阶层关系问题视域下推进制度创新,不仅需要立足国家整体利益、根本利益、长远利益进行制度设计,而且需要我们从阶层关系实际出发,在推动制度创新发展的实践基础上,勇于探索、善于总结,不断深化对制度创新发展规律的认识和把握。习近平指出,"我们全面深化改革,不是因为中国特色社会主义制度不好,而是要使它更好;我们说坚定制度自信,不是要故步自封,而是要不断革除体制机制弊端,让我们的制度成熟而持久"。

(二)以人民性为价值旨归

实现人的自由全面发展是马克思主义科学社会主义的根本价值追求,人民性则是中国特色社会主义制度从产生到发展贯穿始终的本质属性和价值标准。从阶层关系和谐的意义上来理解人民性,就是在制度创新中更好地维护社会各阶层成员的权益,真正实现社会各阶层成员当家做主。中国特色社会主义制度的发展必须始终遵循人民性,才能得到社会各阶层成员最广泛的拥护,才能体现制度优势,永葆制度活力。

在中国特色社会主义制度实际运行中,由于各种因素的影响,从阶层关系和谐方面看,制度人民性的价值理念还没有得到充分体现,如阶层利益过度分化是中国特色社会主义制度人民性没有得到充分体现的突出问题。邓小平早就

---

① 中共中央文献研究室. 习近平谈治国理政:第1卷 [M]. 北京:外文出版社,2018:67.

② 中共中央文献研究室. 习近平关于全面深化改革论述摘编 [M]. 北京:中央文献出版社,2014:15.

③ 中共中央文献研究室. 习近平谈治国理政:第1卷 [M]. 北京:外文出版社,2018:105.

指出"如果导致两极分化,改革就算失败了"①。他认为防止这一风险最有效的做法就是坚持制度的人民性,坚持制度改革应以人民群众"高兴不高兴、答应不答应、满意不满意、赞成不赞成"为根本准则。又如,阶层利益固化是中国特色社会主义制度人民性没有充分得到体现的又一突出问题。有学者将当前利益集团化的显在形式概括为黑商、买办、西化、贪腐、官僚、僵化等几种表现。② 这种阶层关系演进中出现的利益固化、集团化现象严重侵蚀了一般社会阶层成员向上流动的空间,也抑制了社会有机体的活力,背离了社会主义的本质要求。阶层利益过度分化和阶层利益固化都是中国特色社会主义制度人民性没有得到充分实现的表现,其问题的解决还要依靠中国特色社会主义制度创新。我们每推进任何一项重大改革,都要以人民性为价值旨归,从人民利益出发谋划改革的基本思路和具体举措,切实做到一切为了人民,一切依靠人民,赢得包括社会各阶层在内的人民的支持是全面深化改革的力量之源。

马克思主义始终坚持认为,"无产阶级的运动是绝大多数人的,为绝大多数人谋利益的独立的运动",这不仅体现出马克思主义本身就是"人民群众"的理论,也凸显了马克思主义政党的根本价值立场。习近平指出:"实现中华民族伟大复兴,必须建立符合我国实际的先进社会制度。"③ 只有在全面深化改革的过程中,始终坚持以人民性为价值旨归,通过构建完善、合理、有效的制度体系,在维护好、发展好、实现好社会各阶层利益的基础上才能真正处理好阶层关系问题,增进阶层关系和谐。针对全面深化改革进程中的制度创新如何更好地体现人民性,更好地做到维护好、发展好、实现好社会各阶层的利益,习近平提出"三个着力"的要求,即"着力增强改革系统性、整体性、协同性,着力抓好重大制度创新,着力提升人民群众获得感、幸福感、安全感"④,为处理全面深化改革进程中的阶层关系问题,促进阶层关系和谐的制度创新指明了方向。

中国特色社会主义制度创新始终坚持从社会各阶层最关心、最需要、最能受益的方面入手,"做到老百姓关心什么、期盼什么,改革就要抓住什么、推进什么,通过改革给人民群众带来更多获得感"。在经济发展的基础上,深化收入分配制度改革,千方百计增加社会各阶层成员的收入,提升社会各阶层成员的

---

① 中共中央文献编辑委员会. 邓小平文选:第3卷[M]. 北京:人民出版社,1993:139.
② 黄世坤. 论我国全面深化改革中的利益集团问题[J]. 马克思主义研究,2014(11):53-56.
③ 习近平. 决胜全面建成小康社会 夺取新时代中国特色社会主义伟大胜利:在中国共产党第十九次全国代表大会上的报告[M]. 北京:人民出版社,2017:14.
④ 习近平. 在庆祝改革开放40周年大会上的讲话[N]. 人民日报,2018-12-19.

获得感；以制度建设保障公平正义，着力改善和保障民生，积极推进公共服务均等化，增强社会各阶层成员参与和支持改革的自觉性，提升社会各阶层成员的幸福感；大力推进法治建设进程，以法治突破利益固化藩篱，以法治保障改革成果，逐步补齐制度的短板，以增强社会各阶层成员的安全感。

（三）以公平正义为精神要义

马克思通过揭示资本主义制度不平等的秘密，指明"真正的自由和真正的平等只有在共产主义制度下才可能实现；而这样的制度是正义所要求的"[1]。邓小平强调"如果走资本主义道路，可以使中国百分之几的人富裕起来，但是绝对解决不了百分之九十几的人生活富裕的问题"[2]。这揭示了社会主义制度的精神要义就是公平正义，体现和维护公平正义就是在全面深化改革中推进中国特色社会主义制度创新应当遵循的基本原则。关于公平正义，习近平在很多重要讲话中都做了反复强调，他在2014年的新年贺词中就指出，"我们推进改革的根本目的，是要让国家变得更加富强、让社会变得更加公平正义、让人民生活得更加美好"[3]。习近平强调的三个"更加"不仅把公平正义的内涵进一步具体化了，而且明确了公平正义是全面深化改革进程中推进制度创新的重要原则。

坚持公平正义的原则是由全面深化改革进程中的阶层关系问题产生的原因决定的。随着现代化进程的推进，中国发生了巨大的变化。这种变化可以用两个"始料不及"来概括：一个"始料不及"的是，中国的发展取得了举世公认的巨大成就；另一个"始料不及"的是，由于社会建设相对滞后于经济发展，对公平正义重视不够，中国在发展中也出现了包括阶层关系问题在内的社会问题，有些社会问题还日益凸显。具体表现在：一方面，经济社会发展所取得的巨大成就、所创造的巨量财富为促进公平正义的实现和提高公平正义的实现水平都提供了坚实的物质基础和有利的条件保障；另一方面，在我国经济社会发展取得巨大成就的同时，中国社会还存在着一些有违公平正义原则的现象和问题，这些在现实生活中出现的以社会不公为主要特征的各种社会问题，对阶层关系和谐和社会秩序稳定产生了日益增大的负面影响。对此，习近平严正指出，如果在现实生活中是"有背景的就能得到更多照顾，没有背景的再有本事也没

---

[1] 中共中央马克思恩格斯列宁斯大林著作编译局. 马克思恩格斯全集：第1卷［M］. 北京：人民出版社，1956：582.
[2] 中共中央文献编辑委员会. 邓小平文选：第3卷［M］. 北京：人民出版社，1993：64.
[3] 习近平. 国家主席习近平发表二〇一四年新年贺词［N］. 人民日报，2014-01-01.

有机会,就会严重影响社会公平正义"①。李克强也明确表示:"我们要努力使人人享有平等的机会,不论是来自城市还是农村,不论是来自怎样的家庭背景,只要通过自身的努力,就可以取得应有的回报。"② 这就为全面深化改革提出了明确要求,全面深化改革必须做到以促进社会的公平正义、积极增进人民的利益福祉为出发点和落脚点,创新更加公平正义的社会制度,创造更加公平正义的社会环境,从根本上解决和消除各种有违公平正义的社会问题,真正实现使改革和发展成果更多、更好、更公平惠及社会各阶层的目标。如何通过全面深化改革,在改革和发展过程中构建起充分保障社会各阶层成员的公平正义、权利实现的制度体系成为处理好阶层关系问题的关键。

坚持公平正义的原则也是由全面深化改革进程中的阶层关系问题的特点决定的。社会心态是影响当前我国阶层关系演进的重要因素,社会心态的引导和培育是实现阶层关系和谐的重中之重,而理性、平和、健康的心态来自公平正义的制度环境。公平正义的社会制度有助于培育健康的社会心态,社会公平正义就会带来健康的社会心态;社会失去公平正义就会使得社会心态失衡。进入全面建设社会主义现代化国家阶段,有违公平正义的现象存在仍然是造成社会心态失衡最重要的因素之一。这就要求我们努力破除影响和阻碍公平正义原则实现的体制机制弊端,创造公平的制度环境和社会环境,保证社会各阶层成员平等参与、平等发展权利的实现,通过更充分地实现公平正义的要求来增进阶层关系和谐。习近平强调指出"要把促进社会公平正义、增进人民福祉作为一面镜子,审视我们各方面体制机制和政策规定"③,对于凡是不符合公平正义原则的问题都要坚决地改。根据这一要求,要抓紧解决由制度设计不完善和制度安排不健全造成的有违公平正义的问题,从制度层面,逐步建立以权利公平、机会公平、规则公平为主要内容的制度体系,努力营造公平正义的制度环境和社会环境。由于历史的原因,不公平问题不可能在短期内迅速得到解决,同时维护和实现社会公平还需具备现实的物质条件和切实的政策措施,这就意味着促进社会公平正义是一项长期的战略工程,必须久久为功,持续推进。

随着社会各阶层的公平意识、民主意识、权利意识、法治意识不断增强,

---

① 中共中央文献研究室. 十八大以来重要文献选编:上 [M]. 北京:中央文献出版社,2014:137-138.
② 2014全国两会文件学习读本编写组. 2014全国两会文件学习读本 [M]. 北京:人民出版社,2014:33.
③ 中共中央文献研究室. 习近平谈治国理政:第1卷 [M]. 北京:外文出版社,2018:97.

对促进社会公平正义、实现安居乐业的要求越来越高，制度建设对保障公平正义、促进阶层关系和谐的关键作用更加凸显。习近平指出"加紧建设对保障社会公平正义具有重大作用的制度，逐步建立以权利公平、机会公平、规则公平为主要内容的社会公平保障体系"①"不论处在什么发展水平上，制度都是社会公平正义的重要保证"②。习近平把完善和发展更好体现公平正义原则的制度体系建设作为当前中国特色社会主义制度创新的紧要任务和关键环节，蕴含着对增进社会各阶层成员利益和协调社会各阶层成员之间利益关系的双重兼顾，其目的就是要为每一个社会阶层成员的平等发展提供更好的条件和保障，为阶层关系和谐提供坚实的制度基础。

**二、推进制度创新的主要内容**

制度建设重在构建科学完备的制度体系，以更好地发挥制度的整体功效，所以处理阶层关系问题视域下推进制度创新所追求的不是某一项具体制度的创新，而是在现有制度基础上通过制度创新，进一步加强制度之间的联系和对接，以整合和提升制度体系的整体功能和制度优势。结合新时代中国特色社会主义事业发展的现实要求，中共十八届三中全会用了六个"紧紧围绕"明确了中国特色社会主义制度创新的具体内容和基本要求，提出全面深化改革的目的就是通过实践基础上的理论创新、实践创新进一步推动制度创新，进而使我们的制度"成为世界上最好的制度"③。据此，按照这一思路，我们提出处理阶层关系问题视域下推进制度创新的主要内容为以下六方面。

**（一）全面深化经济制度改革，协调好社会各阶层经济利益关系**

经济制度的基础和核心是所有制，"紧紧围绕使市场在资源配置中起决定性作用深化经济体制改革，坚持和完善基本经济制度"④。根据马克思主义阶级分析理论，所有制是影响阶层关系的核心要素，所有制和阶级阶层关系之间存在内在的紧密联系，所有制关系的变化是与阶级阶层关系的变化紧密结合在一起的。马克思指出："这些互相斗争的社会阶级在任何时候都是生产关系和交换关

---

① 习近平．决胜全面建成小康社会 夺取新时代中国特色社会主义伟大胜利：在中国共产党第十九次全国代表大会上的报告［M］．北京：人民出版社，2017：14-15．
② 中共中央文献研究室．习近平谈治国理政：第 1 卷［M］．北京：外文出版社，2018：97．
③ 中共中央文献编辑委员会．邓小平文选：第 2 卷［M］．北京：人民出版社，1994：337．
④ 中共中央文献研究室．十八大以来重要文献选编：上［M］．北京：中央文献出版社，2014：512．

系的产物,一句话,都是自己时代的经济关系的产物。"① 所有制结构构成社会制度的经济基础,也决定一个社会的阶级阶层结构和性质。生产力的不断发展要求建立起开放的所有制结构系统,不同所有制在不同经济环境中、不同的产业领域、不同的经济发展阶段,随着生产力的发展而变化,不断调整所有制结构,促进各种所有制在较大范围内合理流动和分配,从而刺激不同所有制主体、不同所有制性质的经济组织及其劳动者之间利益关系的分化,导致阶级阶层的不断分化和发展变化。所以,要构建合理的阶层结构与和谐的阶层关系,就必须重视研究所有制结构与阶层结构之间的关系,从协调所有制结构入手。阶层关系和谐视域下中国特色社会主义经济制度创新的核心内容,就是在全面深化改革进程中进一步调整和完善社会主义初级阶段的基本经济制度,其中最重要的内容就是全面深化国有企业改革和全面深化农村土地制度改革,这对于协调社会各阶层经济利益关系,保障社会各阶层经济利益具有重要意义。

一是全面深化国有企业改革,更好地保障工人阶级经济利益。

国有企业改革过程中工人阶级利益受损是阶层关系问题产生的重要根源之一。40多年的改革实践证明,只有不断巩固工人阶级的领导阶级地位,保障工人阶级的根本利益,才会为实现阶层关系和谐打下坚实的基础。习近平深刻指出:"全心全意为工人阶级和广大劳动群众谋利益,是我国社会主义制度的根本要求。"② 在国有企业实行混合所有制改革的经济变革中,必须始终坚持工人阶级作为中国共产党的阶级基础和作为人民民主专政国家政权的领导阶级的政治地位不能变,必须始终坚持工人阶级作为社会主义国家政权的重要支柱的社会地位不能变,必须始终坚持工人阶级作为社会主义现代化建设的主力军的重要作用不能变,更好地保障工人阶级的经济、政治、文化和社会权益的实现。

国有企业混合所有制改革是一个利益重新分配的过程,工人阶级是创造社会物质财富和精神财富的主体,理应享有较高的经济地位、政治地位、社会地位,获得较大的经济收益。因此,应该充分发挥政府在维护工人阶级根本利益中的主导作用,加强政府对国有企业内部经济利益分配的宏观调控和有效调节,进一步完善国有企业内部的劳动者权益保障机制,认真解决国有企业混合所有制改革中存在的分配不公的问题。具体包括:指导企业制定合理的收入分配政

---

① 中共中央马克思恩格斯列宁斯大林著作编译局. 马克思恩格斯选集:第3卷[M]. 北京:人民出版社,2012:401.
② 习近平. 在庆祝"五一"国际劳动节暨表彰全国劳动模范和先进工作者大会上的讲话[N]. 人民日报,2015-4-29.

策，保障企业职工收入水平的正常增长，防止收入差距悬殊；完善社会保障立法，增加政府投入，建立广覆盖、有梯次的职工权益保障体系；等等。目前虽然已经初步建立了以劳动合同管理、集体协商和集体合同、劳动争议处理为主要内容的劳动关系协调机制，在促进国有企业劳动关系和谐方面发挥了重要作用，但各项制度还需要进一步规范和完善，促进国有企业职工权益保护真正步入法治化、规范化、有序化的轨道。

保障工人阶级的经济、政治、文化和社会权益，需要从制度层面上加强党委会、职代会、工会"老三会"在企业经营决策、人事任命、监督董事和经理行为、调动职工积极性、协调企业管理层与企业职工关系等方面的重要作用。包括充分发挥党委会对公司的控制力和影响力，"把党的领导融入公司治理各环节，把企业党组织内嵌到公司治理结构之中，明确和落实党组织在公司法人治理结构中的法定地位"[1]；发挥职工代表大会作为企业民主管理主渠道的作用，尊重职工的主体地位，发扬职工的主人翁精神，把职工的知情权、参与权、表达权、监督权落到实处，以民主管理促进企业管理，调动职工的积极性和创造性；使工会真正成为职工利益的代表，增强工会维权能力，通过发挥工会作用，进一步加大"组织起来，切实维权"的工作力度。

二是全面深化农村土地制度改革，更好地保障农民阶级经济利益。

我国现有的土地制度还不够完善，隐藏着一些经济风险和社会风险，也是阶层关系问题产生的重要根源之一。如现行征地制度存在征地权行使范围过宽、征地补偿标准低、征地程序不合理、征地安置途径单一等问题，致使因征地引发的矛盾纠纷比较突出，一些地方在土地流转过程中还出现"名为流转，实为强征"的做法，严重侵犯了农民权益，土地纠纷成为农民维权活动的焦点。根据国家信访局的统计，土地纠纷成为农民上访最多的问题，60%的群体性上访事件与土地有关，土地纠纷上访占社会上访总量的40%，其中征地补偿纠纷占到土地纠纷的84.7%，每年因征地拆迁而引发的纠纷达400万件左右。[2] 中共十九大提出积极推动土地制度改革，逐步建立城乡统一的土地流转制度，"保持土地承包关系稳定并长久不变，第二轮土地承包到期后再延长30年"[3]，做到更好

---

[1] 中共中央文献研究室. 习近平谈治国理政：第2卷 [M]. 北京：外文出版社，2017：176.

[2] 何立胜. 征地制度改革、产权交易与农民权益保障 [J]. 中国浦东干部学院学报，2016，10 (1)：54.

[3] 习近平. 决胜全面建成小康社会 夺取新时代中国特色社会主义伟大胜利：在中国共产党第十九次全国代表大会上的报告 [M]. 北京：人民出版社，2017：32.

地保障农民的财产权益。

当前土地制度改革的焦点主要集中在农村土地制度方面,所谓三块地,是指存在于农村地区的"农用地""农村集体经营性建设用地"和"宅基地"。"三块地"改革就是在落实农村土地集体所有权的基础上,进一步稳定农村土地承包关系并保持长久不变,在坚持和完善最严格的耕地保护制度前提下,赋予农民对承包地占有、使用、收益、流转及承包经营权抵押、担保权能。2014年12月,习近平在中央全面深化改革领导小组第七次会议上指出,"要始终把维护好、实现好、发展好农民权益作为出发点和落脚点,坚持土地公有制性质不改变、耕地红线不突破、农民利益不受损三条底线,在试点基础上有序推进"①。2023年发布的《中共中央国务院关于做好二〇二三年全面推进乡村振兴重点工作的意见》提出,"深化农村土地制度改革,扎实搞好确权,稳步推进赋权,有序实现活权,让农民更多分享改革红利"②。抓住处理好农民和土地关系这条主线,把强化集体所有制根基、保障和实现农民集体成员权利同激活资源要素统一起来,搞好农村集体资源资产的权利分置和权能完善,让广大农民在改革中分享更多成果。在全面深化农村土地制度进程中,全面完善农民承包地使用权的确权、流通、转让、租赁制度,才能更好地保障农民的合法权益。

从阶层关系和谐意义上,"三块地"改革是全面深化改革进程中,通过中国特色社会主义基本经济制度的创新,从根本上协调不同社会阶层经济利益关系,处理好阶层关系问题的核心内容之一。要更好地通过"三块地"改革,消除影响全面深化改革进程中的阶层关系问题的因素。

(二)全面深化政治制度改革,协调好社会各阶层政治利益关系

政治利益是阶层利益的核心。通过全面深化改革,进一步完善社会各阶层政治利益实现和保障制度,协调好社会各阶层政治利益关系是处理好阶层关系问题最重要的内容。习近平指出:"社会主义民主政治的体制、机制、程序、规范以及具体运行上还存在不完善的地方,在保障人民民主权利、发挥人民创造精神方面也还存在一些不足,必须继续加以完善。"③ 据此,中共十八届三中全会提出:"紧紧围绕坚持党的领导、人民当家做主、依法治国有机统一深化政治

---

① 习近平. 鼓励基层群众解放思想积极探索推动改革顶层设计和基层探索互动[N]. 人民日报, 2014-12-03.
② 中共中央文献研究室. 中共中央国务院关于做好二〇二三年全面推进乡村振兴重点工作的意见[N]. 人民日报, 2023-02-14.
③ 中共中央文献研究室. 十八大以来重要文献选编:中[M]. 北京:中央文献出版社, 2016:62.

体制改革，加快推进社会主义民主政治制度化、规范化、程序化。"① 中共十九大则强调"发展社会主义民主政治就是要体现人民意志、保障人民权益、激发人民创造活力，用制度体系保证人民当家做主"②。面对社会各阶层日益纷繁复杂的政治利益诉求，必须建立完善的中国特色社会主义民主制度，保障社会各阶层充分有效地开展各种政治活动，有序进行利益表达，依法开展利益博弈，才能够在实现多数社会阶层利益的同时切实维护少数社会阶层的利益，最大限度协调社会各阶层成员之间的政治利益关系，最大限度团结社会各阶层的力量。

阶层关系和谐视域下中国特色社会主义政治制度创新的核心内容，是在现有体制框架内充分挖掘和发挥以人民代表大会制度为主导的民意表达与民意疏导的制度优势，实现民意表达的组织化和制度化。习近平强调："坚持和完善人民代表大会制度，必须毫不动摇坚持中国共产党的领导……必须保证和发展人民当家做主……必须全面推进依法治国……必须坚持民主集中制。"③ "四个必须"的重要论述，为新形势下坚持和完善人民代表大会制度指明了方向。通过人民代表大会制度创新，充分发挥以人民代表大会制度为主的民意表达与民意疏导的制度优势，其要点是：完善人大及其常委会的选举制度，通过民主选举为利益诉求表达和博弈提供制度平台；健全人大代表联系人民的制度建设，密切人大代表作为民意代言人与选民之间的联系，加强人大代表对民意诉求的有效筛选和引导作用；健全人大及其常委会工作制度，注重优化人大代表议案和意见、建议的办理机制；加强人大及其常委会的民主立法，经过法定程序，把社会各阶层的意志收集、整理起来，进而上升为国家意志，用法律形式更好地调节社会各阶层的权益。

阶层关系和谐视域下中国特色社会主义政治制度创新，还包括充分发挥完善的多党合作制度在处理阶层关系问题上的作用。习近平指出，中国共产党领导的多党合作和政治协商制度是"从中国土壤中生长出来的新型政党制度"④，习近平全面阐述了多党合作制度的制度特点和制度优势，尤其指出这一制度在协调阶层政治利益关系方面的重要作用，即"通过制度化、程序化、规范化的

---

① 中共中央文献研究室．十八大以来重要文献选编：上［M］．北京：中央文献出版社，2014：512．
② 习近平．决胜全面建成小康社会 夺取新时代中国特色社会主义伟大胜利：在中国共产党第十九次全国代表大会上的报告［M］．北京：人民出版社，2017：36．
③ 中共中央文献研究室．十八大以来重要文献选编：中［M］．北京：中央文献出版社，2016：54-55．
④ 中国人民政治协商会议全国委员会办公厅．中国人民政治协商会议第十三届全国委员会第一次会议文件［M］．北京：人民出版社，2018：196．

<<< 第六章　处理全面深化改革进程中的阶层关系问题的路径探究

安排集中各种意见和建议，推动决策科学化民主化，有效避免了旧式政党制度囿于党派利益、阶级利益、区域和集团利益决策施政导致社会撕裂的弊端"①。社会各阶层成员的利益需求多样化是民主党派存在和发展的社会基础，在阶层分化依然存在的现实环境中，应该进一步完善多党合作制度，允许、鼓励和支持各民主党派发挥更加重要的社会整合的政治功能，构建不同社会阶层的协商合作机制，使多党合作制度成为实现社会各阶层成员多元利益表达的体制内整合的重要途径，以此推动阶层关系问题的有效解决。

中国特色社会主义协商民主制度创新更是处理阶层关系问题的政治优势。2007年11月发布《中国的政党制度》白皮书指出"选举民主与协商民主相结合，是中国社会主义民主的一大特点"②，这是在政府文件中首次正式使用"协商民主"这一概念。2015年2月，中共中央印发《关于加强社会主义协商民主建设的意见》中对"社会主义协商民主"的含义做出明确表述，认为社会主义协商民主是"努力形成共识的重要民主形式"③。作为我国社会主义民主政治的特有形式和独特优势，习近平把社会主义协商民主这种独特优势集中概括为"五个可以"，即"可以广泛达成决策和工作的最大共识""可以广泛畅通各种利益要求和诉求进入决策程序的渠道""可以广泛形成发现和改正失误和错误的机制""可以广泛形成人民群众参与各层次管理和治理的机制""可以广泛凝聚全社会推进改革发展的智慧和力量"④。

中国特色社会主义协商民主发展在处理阶层关系问题中具有特别重要的作用。习近平指出："在中国社会主义制度下，有事好商量，众人的事情由众人商量，找到全社会意愿和要求的最大公约数，是人民民主的真谛。"⑤ 要充分发挥协商民主在处理阶层关系问题中的积极作用，就必须尊重不同社会阶层的主体地位。协商民主主张社会各阶层成员的自愿参与，强调参与主体之间身份平等，强调参与主体的理性与包容，强调主体利益的多元与差异，强调协商程序的合

---

① 中国人民政治协商会议全国委员会办公厅. 中国人民政治协商会议第十三届全国委员会第一次会议文件［M］. 北京：人民出版社，2018：193.
② 政协全国委员会办公厅，中共中央文献研究室. 人民政协重要文献选编：下［M］. 北京：中国文史出版社，2009：791.
③ 中共中央文献研究室. 十八大以来重要文献选编：中［M］. 北京：中央文献出版社，2016：291.
④ 中共中央文献研究室. 十八大以来重要文献选编：中［M］. 北京：中央文献出版社，2016：76.
⑤ 中共中央文献研究室. 十八大以来重要文献选编：中［M］. 北京：中央文献出版社，2016：73.

理与公正，有助于在参与方之间形成互信、互惠与合作的良性互动，有利于增进阶层关系和谐。

中共十八大以来，社会主义协商民主获得很大的发展，这具体表现在，协商形式和途径从原来的政府协商、政协协商和政党协商三方面，进一步发展到人大协商、人民团体协商、基层协商，到社会组织协商。充分发挥协商民主在处理阶层关系问题中的积极作用离不开协商民主制度的完善。中共十八大提出"要推动协商民主广泛、多层、制度化发展"①，中共十九大进一步提出"加强协商民主制度建设，形成完整的制度程序和参与实践，保证人民在日常政治生活中有广泛持续深入参与的权利"②的新要求，社会主义协商民主得到了广泛开展，有效增进了阶层关系和谐程度。

从促进阶层关系和谐的意义上说，完善社会主义协商民主制度的重点在具体协商制度方面。2015年以来，中共中央办公厅先后印发了《关于加强人民政协协商民主建设的实施意见》《关于加强基层协商民主建设的实施意见》《关于加强政党协商民主建设的实施意见》，这些文件精神为协商民主的具体制度创新提供了很多重要的思路和方案。但是民主协商的具体制度建设方面还存在一些问题，如涉及政府协商、人民团体协商、社会组织协商的具体制度还不完备，实际协商制度的落实方面还不够有力，不同协商民主形式之间联结的制度建设还不够完善，等等，这是社会主义协商民主制度创新还需要加强的方面。

在社会主义民主政治制度化、规范化、程序化不断提高的基础上，中共二十大进一步提出健全人民当家做主制度体系，包括加强人民当家做主制度保障、全面发展协商民主、积极发展基层民主等，"发挥人民群众积极性、主动性、创造性，巩固和发展生动活泼、安定团结的政治局面"③。只有通过不断创新和完善政治制度，有效保证社会各阶层成员享有更加广泛、更加充分的民主和权利，才能为处理好阶层关系问题提供更加可靠的政治保障。

（三）全面深化文化制度改革，协调好社会各阶层文化利益关系

社会是人类生活的共同体，除了是物质层面的利益共同体，还需要是精神层面的共同体，即共同的文化认同和心理认同，这正是文化建设在处理阶层关

---

① 胡锦涛．坚定不移沿着中国特色社会主义道路前进 为全面建成小康社会而奋斗：在中国共产党第十八次全国代表大会上的报告［M］．北京：人民出版社，2012：26．
② 习近平．决胜全面建成小康社会 夺取新时代中国特色社会主义伟大胜利：在中国共产党第十九次全国代表大会上的报告［M］．北京：人民出版社，2017：38．
③ 习近平．高举中国特色社会主义伟大旗帜 为全面建设社会主义现代化国家而团结奋斗：在中国共产党第二十次全国代表大会上的报告［M］．北京：人民出版社，2022：37．

系问题中不可替代的独特作用。我们不仅要正视不同社会阶层成员之间的文化观念冲突和社会心理差异,更重要的是积极实现以社会主义核心价值体系和社会主义核心价值观为主导的多元文化整合。所以,处理阶层关系问题视域下中国特色社会主义文化制度创新的核心内容是通过深化文化体制改革,完善文化管理体制和文化生产经营机制,建立健全现代公共文化服务体系,以更好地服务于社会主义核心价值体系和社会主义核心价值观建设,不断增强社会各阶层文化认同和心理认同。

对于文化体制改革,中共十八届三中全会提出"紧紧围绕建设社会主义核心价值体系、社会主义文化强国深化文化体制改革"[①]。习近平在中共十九大报告中指出:"必须推进马克思主义中国化时代化大众化,建设具有强大凝聚力和引领力的社会主义意识形态,使全体人民在理想信念、价值理念、道德观念上紧紧团结在一起。"[②]

全面深化文化制度改革的重点是进一步完善公共文化服务体系,深入实施文化惠民工程,促进基本公共文化服务标准化均等化。在构建现代公共文化服务体系方面,2015年年初中央全面深化改革领导小组第七次会议审议通过《关于加快构建现代公共文化服务体系的意见》,10月又出台《关于推进基层综合性文化服务中心建设的指导意见》,打通公共文化服务"最后一公里"成为改革一大亮点。新时代更加关注社会各阶层精神文化需求的新特征新趋势,着力化解精神文明建设与物质文明建设的不协调不同步问题,着力化解文化发展中的不平衡不充分问题,推动文化事业和文化产业健康发展,推动社会主义文艺繁荣兴盛,以丰富优质的精神文化产品和服务满足社会各阶层日益增长的美好精神文化生活需要。

全面深化文化制度改革的核心是建构新时代社会主义核心价值体系,加快培育新时代社会主义核心价值观。在社会阶层分化的背景下,不同的社会阶层可能产生不同的价值追求,思想观念的冲突会导致不同阶层成员之间的行为冲突,进而引发社会阶层之间的矛盾和冲突,引发阶层关系问题的产生。习近平指出:"人类社会发展的历史表明,对一个民族一个国家来说,最持久、最深层

---

① 中共中央文献研究室. 十八大以来重要文献选编:上[M]. 北京:中央文献出版社,2014:512-513.
② 习近平. 决胜全面建成小康社会 夺取新时代中国特色社会主义伟大胜利:在中国共产党第十九次全国代表大会上的报告[M]. 北京:人民出版社,2017:41.

的力量是全社会共同认可的核心价值观。"① 从处理阶层关系问题的意义上来理解，加快培育社会主义核心价值观、加强社会主义核心价值观的认同有利于在社会各阶层中扩大社会思想共识，在充分尊重社会文化多样性特点的基础上，从不同角度和不同层次取得社会各阶层广泛而深刻的价值认同，从而增强社会各阶层的凝聚力，有助于协调社会各阶层关系和化解阶层关系问题。因此，要重视通过教育、传媒、文艺作品等途径引导社会舆论，推动社会各阶层在认同社会主义核心价值观的基础上，达到思想文化方面的相容共处，为处理阶层关系问题奠定稳定的思想基础；形成一套获得不同社会阶层广泛认同的价值观念，保持健康心态，提高社会阶层对当代中国社会阶层分化的认同感，为处理阶层关系问题提供强大的社会心理资源。

全面深化文化制度改革的目的是更好地满足社会各阶层美好精神文化需求。进入新时代，我国社会各阶层日益增长的对美好精神文化生活需求的问题愈加凸显，美好精神文化需求愈加强劲。我们在创造物质文明发展的世界奇迹的同时，也创造了精神文明发展的丰硕成果，包括文艺作品在内的我国精神文化产品生产供给能力大幅提升、精神文化财富大大增加，但同时我国精神文明建设相对滞后、文化发展不平衡不充分，与我国经济和科技发展水平相比、与社会各阶层日益上升的精神文化需求相比，现阶段我国精神文化产品生产供给还存在明显不足。具体表现在，阶层之间在文化资源占有尤其是精神文化产品消费体验方面存在明显差距；文化基础设施不够、文艺原创能力不强、文化产品质量不高、高雅文化品位不足等问题仍比较突出。新时代更好地满足人民日益增长的美好精神文化需求，必须更加关注人民精神文化需求的新特征新趋势，着力化解精神文明建设与物质文明建设的不协调不同步问题，着力化解文化发展中的不平衡不充分问题，推动文化事业和文化产业健康快速发展，推动社会主义文艺繁荣兴盛，以丰富优质的精神文化产品和服务满足人民日益增长的美好精神文化生活需要，"满足人民过上美好生活的新期待，必须提供丰富的精神食粮"②。

（四）全面深化社会制度改革，协调好社会各阶层的社会利益关系

中共十六届六中全会首次提出"社会体制"的观点："要坚持社会主义市场

---

① 中共中央文献研究室．习近平谈治国理政：第1卷［M］．北京：外文出版社，2018：168．
② 习近平．决胜全面建成小康社会 夺取新时代中国特色社会主义伟大胜利：在中国共产党第十九次全国代表大会上的报告［M］．北京：人民出版社，2017：43-44．

经济的改革方向,推进社会体制改革和创新。"中共十八大报告提出:"加强社会建设必须加快推进社会体制改革",并且提出"四个加快形成",成为指导我国社会体制改革的纲领性文件。中共十八届三中全会提出在社会建设方面,要"紧紧围绕更好保障和改善民生、促进社会公平正义深化社会体制改革"①,为从社会体制层面促进阶层关系问题的解决指明了方向。中共十九大提出"坚持人人尽责、人人享有、坚守底线、突出重点、完善制度、引导预期,完善公共服务体系,保障群众基本生活"②,则为从社会体制层面促进阶层关系问题的解决提出了新的要求。

处理阶层关系问题视域下中国特色社会主义社会制度创新重点是以社会事业改革创新为主线,以社会组织改革创新为突破口,调整和理顺各种社会利益关系,实现政府治理和社会自我调节、居民自治良性互动,积极化解全面深化改革阶段包括阶层关系在内的社会关系问题,最大限度激发社会发展活力。中共十八大报告提出"围绕构建中国特色社会主义社会管理体系,加快形成党委领导、政府负责、社会协同、公众参与、法治保障的社会管理机制"③。习近平在中共十九大报告中进一步提出:"完善党委领导、政府负责、社会协同、公众参与、法治保障的社会治理体制,提高社会治理社会化、法治化、智能化、专业化水平。"④根据这一要求,从顶层设计层面进一步明晰社会体制改革的时间表、路线图和目标模式。

社会组织改革创新,就是进一步完善社会组织登记管理制度。2013年发布《国务院机构改革和职能转变方案》,推进行业协会商会类、科技类、公益慈善类、城乡社区服务类社会组织实行直接登记。2015年7月,中共中央办公厅和国务院办公厅对外发布《行业协会商会与行政机关脱钩总体方案》,提出积极稳妥推进行业协会商会的去行政化,推动行业协会商会与行政机关脱钩,对于官员任职协会商会也有明确的指导意见。随着社会组织直接登记等制度的实施以及社会组织培育扶持政策的完善,中国社会组织数量呈现爆发式增长势头,社会组织在协调阶层关系中发挥着越来越重要的积极作用。民政部发布的《2017

---

① 中共中央文献研究室. 十八大以来重要文献选编:上[M]. 北京:中央文献出版社,2014:513.
② 同①。
③ 胡锦涛. 坚定不移沿着中国特色社会主义道路前进 为全面建成小康社会而奋斗:在中国共产党第十八次全国代表大会上的报告[M]. 北京:人民出版社,2012:34.
④ 习近平. 决胜全面建成小康社会 夺取新时代中国特色社会主义伟大胜利:在中国共产党第十九次全国代表大会上的报告[M]. 北京:人民出版社,2017:49.

年社会服务发展统计公报》数据显示，截至2017年年底，全国共有社会组织76.2万个，比2016年增长8.4%，其中社会团体35.5万个，民办非企业单位40万个，基金会6307个。[①] 2018年后社会组织总量增速有所放缓，截至2021年年底，全国社会组织总量突破90万家。[②] 通过加快推进直接登记制度，逐步破除双重管理体制，在降低和放宽社会组织登记门槛的基础上，重点强化对各类社会组织事中、事后的依法监管；积极推行社区社会组织备案登记双轨制，针对城乡社区普遍成立的各类志愿组织、慈善组织均可实行备案制，针对其中一些发展相对成熟且达到登记注册条件的，可申请进行登记。

加快社会领域立法。包括制定和出台《中华人民共和国社会建设条例》，大大增强和提升社会建设的法律地位和社会认知度。深圳、珠海等地在这方面的实践探索和经验值得总结借鉴；加快推进社会重点领域改革发展的专项立法，如《公益性事业单位法》《社会组织法》《志愿服务法》等；完善社会领域配套政策和规划的制定和实施，根据规划，制定和出台与之相配套的包括社会组织、社会工作、城乡社区、社会保障、社会服务、应急管理等方面的国家专项规划；等等。中共二十大提出"健全共建共治共享的社会治理制度，提升社会治理效能"[③]，通过充分发挥群团组织和社会组织在社会治理中的作用，建设人人有责、人人尽责、人人享有的社会治理共同体，畅通和规范群众诉求表达、利益协调、权益保障通道，加快完善正确处理新形势下人民内部矛盾机制，"及时把矛盾纠纷化解在基层、化解在萌芽状态"[④]。

(五) 全面深化生态文明制度改革，协调好社会各阶层生态利益关系

当前，生态环境问题成为影响阶层关系的重要因素，生态环境破坏严重影响社会各阶层成员的生活幸福感，甚至造成社会各阶层成员产生越来越大的不满情绪，严重影响阶层关系和谐。社会各阶层成员无法喝上干净的水、呼吸上清洁的空气、吃上放心的食物，由此必然引发严重的社会问题，"生态环境问题已经呈现为一个同时挑战既存经济社会发展模式的可持续性、人民群众生活质

---

① 民政部.2017年社会服务发展统计公报［EB/OL］.（2018-08-02）.http：//www.mca.gov.cn/article/sj/tjgb/201808/20180800010446.shtml.

② 慈善公益报.《中国社会组织报告（2022）》发布社会组织总量突破90万个［EB/OL］.（2022-11-21）.https：//baijiahao.baidu.com/s? id=1750070707571484046&wfr=spider&for=pc.

③ 习近平.高举中国特色社会主义伟大旗帜 为全面建设社会主义现代化国家而团结奋斗：在中国共产党第二十次全国代表大会上的报告［M］.北京：人民出版社，2022：54.

④ 同③。

量与身心健康、公众对于社会主义现代化及其未来愿景信心等核心性方面的严肃政治问题"[1]。习近平强调指出"人民对美好生活的向往，就是我们的奋斗目标"[2]，"良好生态环境是最公平的公共产品，是最普惠的民生福祉"[3]。环境保护和治理要以解决损害群众健康的突出环境问题为重点。中共十八届三中全会通过的《中共中央关于全面深化改革若干重大问题的决定》进一步指出："紧紧围绕建设美丽中国深化生态文明体制改革，加快建立生态文明制度，健全国土空间开发、资源节约利用、生态环境保护的体制机制。"[4] 中共十九大报告提出"加快生态文明体制改革，建设美丽中国"[5]。

处理阶层关系问题视域下健全中国特色社会主义生态文明制度的重点和核心内容概括起来，包括如下三方面：一是从制度层面加大解决突出环境问题和生态系统保护力度。包括《大气十条》《水十条》《土十条》以及中央环保督察制度等在内的一系列制度建设要取得切实成效。二是大力推进绿色发展。落实绿色发展理念，逐渐建立健全绿色低碳循环发展的经济体系，构建市场导向的绿色技术创新体系，构建清洁低碳、安全高效的能源体系，倡导简约适度、绿色低碳的生活方式，为减少生态环境问题提供基础性条件。三是加快改革生态环境监管体制，逐渐创建一个与生态文明理念和要求相适应的全国性生态环境监管体制。国家自然资源部和生态环境部在2018年年初的挂牌成立，标志着我国一个新型生态环境监管体制骨架初步形成。还需要通过完善绿色生产和消费的法律制度，制定推动生态文明建设的市民公约和乡规民约，通过各种群众性、公益性宣传，引导全社会牢固树立和积极践行社会主义生态文明观；明确监管职责，严格落实领导干部环境保护"党政同责、一岗双责、失职追责"的规定，对环境保护乃至整体生态文明建设工作形成有效的倒逼机制；加大问责追责力度。严格落实生态环境损害责任终身追究制，加大环境督查工作力度，坚决制止和惩处破坏生态环境行为，着力解决生态环境方面的突出问题。在全国生态环境保护大会上，习近平强调："确保到2035年，生态环境质量实现根本好转，

---

[1] 郇庆治. 生态文明建设是新时代的"大政治"[N]. 北京日报, 2018-07-16.
[2] 中共中央文献研究室. 十八大以来重要文献选编：上[M]. 北京：中央文献出版社，2014：70.
[3] 中共中央宣传部. 习近平总书记系列重要讲话读本[M]. 北京：学习出版社，2014：123.
[4] 中共中央文献研究室. 十八大以来重要文献选编：上[M]. 北京：中央文献出版社，2014：513.
[5] 习近平. 决胜全面建成小康社会 夺取新时代中国特色社会主义伟大胜利：在中国共产党第十九次全国代表大会上的报告[M]. 北京：人民出版社，2017：50.

美丽中国目标基本实现。"① 在中共二十大报告中，习近平指出"必须牢固树立和践行绿水青山就是金山银山的理念，站在人与自然和谐共生的高度谋划发展"②，推进美丽中国建设。

（六）全面深化党的领导制度改革，更好地发挥党对处理阶层关系问题的领导作用

处理阶层关系问题、促进阶层关系和谐是中国共产党的重要功能。美国政治学者李普塞特（Lipset）在其名著《一致与冲突》中把政党定位于"冲突的力量和整合的工具"③。就一般意义而言，政党是代表一定阶级和阶层的利益，为实现自己的目标和理想，在政治舞台上活动的政治组织。要实现自己的目标和理想就必须尽可能广泛地吸纳所代表的阶级或阶层的利益要求，同时协调社会各阶层的利益差异，实现社会各阶层利益关系的和谐。只有有效协调不同社会阶层之间的利益关系，减少阶层关系问题，构建和谐的阶层关系，才能赢得最广泛的社会支持。中国共产党作为执政党，本身就具有"国家建设、社会整合、政策供给、价值分配、利益协调、全局调控"的功能。作为执政党，中国共产党只有通过兼顾和协调不同社会阶层的利益诉求才能实现代表最广大人民利益的政党目标，也才能赢得最广泛的社会基础和最巩固的执政基础，这需要全面深化党的领导制度改革来实现。中共十八届三中全会提出"紧紧围绕提高科学执政、民主执政、依法执政水平深化党的建设制度改革，加强民主集中制建设，完善党的领导体制和执政方式"④，为全面深化党的领导制度改革，更好地发挥党对处理阶层关系问题的领导作用明确了方向和要求。

全面深化党的领导制度改革，更好地发挥党对处理阶层关系问题的领导作用，就是要使党的领导制度成为更加完善有效的凝聚社会发展合力、激发社会创造活力的有效制度安排。这就要求在党的领导制度改革中始终坚持以人为本，始终把代表最广泛社会阶层的根本利益作为发挥党对处理阶层关系问题领导作用的出发点和归宿，更好地满足更广泛社会阶层日益增长的美好生活需要，真

---

① 习近平．坚决打好污染防治攻坚战 推动生态文明建设迈上新台阶［N］．人民日报，2018-05-20．
② 习近平．高举中国特色社会主义伟大旗帜 为全面建设社会主义现代化国家而团结奋斗：在中国共产党第二十次全国代表大会上的报告［M］．北京：人民出版社，2022：50．
③ 西摩·马丁·李普塞特．一致与冲突［M］．张华青，等译．上海：上海人民出版社，1995：138．
④ 中共中央文献研究室．十八大以来重要文献选编：上［M］．北京：中央文献出版社，2014：513．

正做到发展为了人民、发展依靠人民、发展成果由人民共享，是构建和谐的阶层关系的基本要求。全面深化党的领导制度改革，更好地发挥党对处理阶层关系问题的领导作用，就必须充分发挥党"总揽全局、协调各方"的领导核心作用，建设学习型、服务型、创新型的马克思主义执政党，不断提高党处理阶层关系问题的领导水平和执政能力，正确处理国家利益、集体利益与社会各阶层成员个人利益的关系、先富阶层利益与后富阶层利益的关系，处理好利益格局深度调整过程中复杂多变的利益关系，统筹兼顾适当安排；坚持党的根本路线——群众路线，建立和完善社会各阶层成员广泛参与的体制机制，密切党群关系、干群关系，团结一切积极因素致力于中国特色社会主义伟大事业。

要充分发挥中国特色社会主义制度体系建设对处理阶层关系问题的基础作用，就必须结合全面深化改革进程中的阶层关系问题实际，从全局高度建构科学合理的制度体系，整体发挥制度体系所具有的行为规范、利益整合以及关系协调的功能。从阶层关系和谐的角度看，中国特色社会主义制度体系本身是一个内在有机统一的体系，每一项具体制度都代表了中国特色社会主义事业发展一方面的内容，都会影响到阶层关系的某一个具体方面，只有实现具体制度之间的配合协调，才能够促进中国特色社会主义事业的整体推进，也才能够从根本上全方位地保障社会各阶层利益，处理好阶层关系问题，真正增进阶层关系和谐。要形成解决阶层关系问题的制度化方式，就必须结合全面深化改革进程中阶层关系问题的产生原因，从处理阶层关系问题的现实需要出发，不断完善中国特色社会主义制度，这是处理阶层关系问题的根本之道。

## 第二节　进一步推进政策创新，为处理阶层关系问题提供政策保障

和谐的阶层关系是利益关系协调的状态，公平完善的政策都具有利益协调的功能，因而也就具有促进阶层关系和谐的重要功能。在全面深化改革阶段，要充分发挥政策的利益协调功能，通过对不同社会阶层成员分类对待，在创造活力与实现社会公正之间找到均衡点，为正确处理全面深化改革进程中的阶层关系问题提供政策保障。

### 一、推进政策创新的基本原则

根据全面深化改革进程中阶层关系问题产生的原因分析，我们认为现行政

策中仍然存在着一些与处理阶层关系问题、实现阶层关系和谐的现实需要不相适应的方面，这些问题必须通过在全面深化改革进程中不断完善政策来着力加以解决。从当前我国阶层关系问题的实际出发，在阶层关系和谐的意义上制定公平完善的政策应当遵循的基本原则是：以物质利益为前提；以公共性为基础；以阶层开放性为目标；以公众参与为准则。

（一）以物质利益为前提

利益尤其是物质利益差别仍然是当前阶层关系问题产生的主要社会根源。制定政策遵循以物质利益为前提的原则就是要重视和解决好社会各阶层成员最关心、最直接、最现实的利益问题，把维护好社会各阶层的根本利益和协调好社会各阶层成员的具体利益作为制定政策的根本立足点，正确处理社会各阶层成员的利益关系多元化与社会各阶层的根本利益之间的关系。

遵循以物质利益为前提的原则推进政策创新，就是要坚持政策兼顾保底和共享功能。政策保底功能主要表现在其满足社会各阶层成员的基本生存与发展需要方面，要求国家通过政策为特定社会阶层成员提供基本的食物、医疗、教育和住房，亦即基本的民生保障，从而避免特定社会阶层成员因为基本生存缺乏保障而导致的经济风险和社会风险。政策的共享功能主要表现在其制定的政策要充分反映社会各阶层成员的利益诉求，妥善兼顾与协调不同社会阶层成员之间的利益关系，从政策上保证社会各阶层成员在社会生产中能够做到各尽所能，在社会生活中能够实现各得其所，避免造成不公平的阶层分化，以实现好、维护好、发展好最广泛社会阶层的利益需要，促进阶层关系和谐。

（二）以公共性为基础

以公共性为基础的原则就是强调政策的公平性。追求公平是社会主义的内在要求和应有之义，是实现阶层关系和谐的基本要求。符合公共性原则的公平政策是一个国家形成合理的阶层结构与和谐的阶层关系的重要保障，遵循公共性原则制定的政策才能营造一个维护和实现社会各阶层成员权利公平的政策环境和社会氛围，培育健康积极的社会心态和社会心理。

政策是政府通过对市场活动的干预，借助资源的再分配以满足社会各阶层成员的社会需要，进而维护社会公平正义的一种手段。当然，坚持以公共性为基础并非简单地推行平均主义，而是要保障所有社会阶层成员的需要平等实现，特别是保障社会弱势阶层或是困难群体的需要能够得到实现。公平正义是政府一切社会干预行为的最高原则和基本依据，也是我们推进政策创新时必须坚持的基本原则。

### (三) 以阶层开放性为目标

遵循以阶层开放性为目标的原则是指政府政策要允许和保证社会阶层成员的自由流动，尤其是向上的流动，政府不能从政策上设置限定阶层流动的障碍，更不能从政策上阻止阶层流动。社会阶层成员普遍期望通过自身的努力提高自身的社会阶层地位，借以实现自身更大的人生理想和社会价值，政府政策应给予支持和鼓励，帮助社会阶层成员达成这一愿望，从而激发出社会阶层成员的积极性、主动性和创造性，进而激发整个社会有机体的活力。

遵循阶层开放性原则进行政策创新，重要的是防止基本劳动群体特别是底层群体的社会沉淀，即防止底层群体在阶层结构底层固定下来。为此，要加大对底层群体的政策支持力度，着力解决底层群体经济生活方面的困难，同时通过扶持教育、帮助就业等政策增强他们走出困境的能力。

### (四) 以公众参与为准则

以公众参与为准则的原则是指在政府政策制定的过程中要有社会各阶层成员的广泛参与，以实现政策制定过程中的公开化和民主化，保证政策制定过程中的科学决策，这样不仅能够提高政策制定的质量，而且能够保证政策本身的公平性质。遵循公众参与原则制定的政策必然能够更充分地体现社会各阶层成员的利益需要，更好地协调不同社会阶层成员之间的利益矛盾，有利于实现阶层关系和谐，促进经济社会科学发展。

政府在制定保障社会各阶层成员的基本权利、协调不同社会阶层成员之间利益关系的政策时，理应为不同的社会阶层成员参与政策的制定提供相应的机会和途径。为此，需要建立和完善政策制定的公共需求调查机制，在制定重大政策前应该通过公共需求调查，让该项政策的利益相关者都能够充分地表达自身的利益诉求，以确保政策的民主性和广泛性；需要建立和完善政策制定的信息公开与沟通机制，在制定重大政策时，通过政策的解读和宣传争取社会各阶层广泛的理解和支持，以提高政策的公开性和社会性；需要建立和完善政策的绩效评估机制，在重大政策实施过程中，对政策的实施绩效进行评估，以便及时对政策实施过程中反映出来的问题进行修正，以提升政策的针对性和有效性。

**二、推进政策创新的主要内容**

政策在协调阶层关系，促进阶层和谐方面具有独特的价值。社会政策的决定能够形塑社会，并影响着社会正义和社会变迁，为此，孙立平提出"断裂，需要社会政策来整合"①的论断。习近平也指出"宏观政策要稳，微观政策要活，社会政策要托底"②。我国目前正处于利益主体多元化、利益差别显性化、利益矛盾尖锐化的时期，运用政策创新有效整合各种利益关系，是形成和谐的阶层关系的必然要求。当前我国阶层关系问题的集中表现为阶层利益差距扩大化和阶层利益固化并存，严重影响阶层关系和谐。结合当前阶层关系问题的现实需要，我们认为，处理阶层关系问题视域下进一步创新社会政策的着重点是：运用有效政策消除"财富鸿沟"，缓和阶层过度分化；运用积极政策破解"阶层固化"，畅通阶层分化通道；运用完善政策缓解社会焦虑不满情绪，培育积极向上的社会心态。

（一）运用有效政策进一步优化阶层结构，加快形成橄榄型社会

阶层结构是社会系统中不同社会阶层成员之间的构成方式和比例关系，阶层关系是处于一定地位结构中，具有阶层差异的社会阶层成员之间的交往关系和互动模式，阶层关系和谐程度是衡量社会和谐与发展水平的重要指标。阶层结构合理是阶层关系和谐的重要基础，阶层关系和谐程度实质上体现的是阶层结构的合理程度与整合程度，当前阶层关系问题的发生源于阶层结构不合理，所以优化阶层结构是处理阶层关系问题的基础，而优化阶层结构的重点则是运用有效政策培育和扩大中等收入群体。江泽民在中共十六大报告中首次提出"扩大中等收入者比重"③，中共十八届三中全会明确提出要形成"橄榄型分配格局"，习近平在中共十九大报告中更是明确提出扩大中等收入群体，并将"中等收入群体比例明显提高"④纳入新两步走发展战略第一阶段目标中。中共十九届五中全会更是将"中等收入群体显著扩大"作为到2035年基本实现社会主义现代化远景目标之一写入了《中共中央关于制定国民经济和社会发展第十四个五年规划和二〇三五年远景目标的建议》。⑤

强调培育和扩大中等收入群体，是因为中等收入群体具有正向的政治、经济、文化、社会功能。从政治功能看，中等收入群体占有一定资源，所以在政

---

① 孙立平．断裂，需要社会政策来整合［J］．中国社会导刊，2002（9）：64．
② 中共中央文献研究室．十八大以来重要文献选编：上［M］．北京：中央文献出版社，2014：462．
③ 中共中央文献编辑委员会．江泽民文选：第3卷［M］．北京：人民出版社，2006：550．
④ 习近平．决胜全面建成小康社会 夺取新时代中国特色社会主义伟大胜利：在中国共产党第十九次全国代表大会上的报告［M］．北京：人民出版社，2017：28．
⑤ 中共中央文献研究室．中共中央关于制定国民经济和社会发展第十四个五年规划和二〇三五年远景目标的建议［M］．北京：人民出版社，2020：5．

治上会比较强调秩序和稳定,是政治稳定的主要力量;从经济功能看,中等收入群体容易形成稳定的消费群体,有效拉动社会消费;从文化功能看,中等收入群体比较容易形成稳定的文化共同体与比较一致的主流观念和文化意识;从社会功能看,中等收入群体是富人和贫困人口之间的有效缓冲带,"两头小、中间大"的橄榄型阶层结构有利于社会的安全和稳定。

以扩大中等收入群体作为优化阶层结构的抓手。中共十九大明确提出"破除妨碍劳动力、人才社会性流动的体制机制弊端,使人人都有通过辛勤劳动实现自身发展的机会"。中共二十大进一步提出"坚持多劳多得,鼓励勤劳致富,促进机会公平,增加低收入者收入,扩大中等收入群体。完善按要素分配政策制度,探索多种渠道增加中低收入群众要素收入,多渠道增加城乡居民财产性收入"①。其含义都是强调要通过深化相关领域的改革,消除阻碍劳动者横向和纵向流动的体制性障碍,要求政府创造良好的政策环境和公共服务平台,促进劳动者实现顺畅的横向和纵向流动,使每个社会成员都平等地享有通过辛勤劳动实现自身发展的机会,打破阶层身份的固化,阻断贫困的代际传递。

对于我国中等收入群体规模的认识是随着经济社会发展水平而不断发展变化的。其中,国家统计局在2005年将我国城市"中等收入群体"定义为家庭年收入在6万至50万元之间的"中等收入家庭",并指出这一标准是未来15年全面建成小康社会这一时期的标准。② 根据这一标准,国家统计局在2017年指出,2013年我国中等收入者比重约为24.03%,2016年为34.79%,到2020年将上升到45.01%,呈现快速增长态势。③ 2012年国家发改委宏观经济研究院课题组在综合考虑我国达到全面小康时的城乡居民收入水平、城乡收入差距变化等因素,以人均可支配收入介于2.2万至6.5万元之间可算作中等收入者,并认为到2020年,我国中等收入者比重将达到45%左右,之后不同收入群体将整体上进入"两头小、中间大"的橄榄型收入结构,我国高收入者将达到1.3亿人。④ 这表明,我国中等收入群体的力量是在快速发展中的,但同时中等收入群体的规模与"两头小、中间大"的橄榄型阶层结构的目标还存在比较大的差距。

---

① 习近平.高举中国特色社会主义伟大旗帜 为全面建设社会主义现代化国家而团结奋斗:在中国共产党第二十次全国代表大会上的报告[M].北京:人民出版社,2022:47.
② 国家统计局城调总队课题组.6万~50万元:中国城市中等收入群体探究[J].数据,2005(6):40.
③ 班娟娟."提低、扩中"收入分配改革再提速[N].经济参考报,2017-11-01.
④ 国家发改委社会发展研究所课题组.扩大中等收入者比重的实证分析和政策建议[J].经济学动态,2012(5):14.

2021年8月举行的中央财经委第十次会议强调：要着力扩大中等收入群体规模，抓住重点、精准施策，推动更多低收入人群迈入中等收入行列。① 扩大中等收入群体就必须把推进重点人群收入增长作为重点与突破口，低收入群体当然是中等收入群体的主要来源，农民、农民工、个体经营者、小微企业主、初创企业者、大学生群体都是中等收入群体的潜力军，应该作为政策支持的重点群体。为此，我们提出以下政策创新建议。

一是通过政策创新稳定现有的中等收入群体的收入增长，使其有不断上升的空间，进而稳定现有的中等收入群体规模。最重要的是进一步优化个人所得税结构，减轻中等收入群体税收负担，进一步提高养老、医疗、教育等关键领域基本公共服务质量和水平，减轻支出压力，进一步完善社会保障制度，引导中等收入群体积极心理预期。2018年个税修正案草案中，提高个税起征点、增加子女教育支出、继续教育支出、大病医疗支出、住房贷款利息和住房租金等专项附加扣除，就是有效地扩大中等收入群体的政策创新。从政策创新看，个人所得税制结构仍有待进一步优化。

二是通过政策创新促进低收入群体加快迈入中等收入群体。包括创新我国个人收入分配调节政策，"把落实收入分配制度、增加城乡居民收入、缩小收入分配差距、规范收入分配秩序作为重要任务"②，构建初次分配、再分配、三次分配协调配套的基础性制度安排，着力解决好人民群众反映突出的收入差距过大、收入分配不公等问题。解决好个人收入分配问题，其中的一个重点是提高劳动报酬在初次分配中的比重。这就需要建立更加完善的工资正常增长机制、最低工资制度和职工工资集体协商制度，努力实现劳动报酬增长和劳动生产率提高同步。同时，完善慈善捐赠税收优惠制度，鼓励企业和个人积极承担更多的社会责任，扩大社会资金向低收入群体的转移规模，形成三次分配对初次分配和再分配的进一步补充，缩小收入分配差距。另一个重点是继续提高居民收入在国民收入分配中的比重，提高国有企业分红水平和把国有资本收益更多用于保障和改善民生。同时，积极拓宽社会成员的财产性收入渠道，包括积极推进土地承包经营权的有偿流转，鼓励农村土地向农业经营大户、家庭农场、农民合作社、龙头企业等新型农业经营主体集中，有效增加农民阶层的收入等。

创新创业政策，扶植小微企业。推进小微企业发展是促进低收入群体加快

---

① 中国政府网. 习近平主持召开中央财经委员会第十次会议 [EB/OL]. （2021-08-17）. http://www.gov.cn/xinwen/2021-08/17/content_5631780.htm.

② 中共中央文献研究室. 十八大以来重要文献选编：上 [M]. 北京：中央文献出版社，2014：154.

迈入中等收入群体的重要途径。按照从业人数，小型企业一般指从业人员100人以下，而微型企业一般指从业人员10人以下。据统计，小微企业占中国企业总数90%以上。① 政策创新主要是两方面：一个是减税。税收的高低对于小微企业影响极大。国家近年来出台一系列政策为小微企业减税降费，降低小微企业的税收负担。目前可以看到，越来越多的小微企业享受到了越来越大的税收优惠政策，但是仍有部分小微企业享受到的税收优惠政策比较有限，政策创新的力度还需要加强。另一个是金融支持。小微企业的经营者大多是小本经营者，资金支持是最大的问题，融资难历来是约束企业发展的瓶颈。对于小微企业的融资难问题，政府和相关的管理部门这些年也采取了一些措施来帮助解决，如融资机构对小微企业提供信贷支持和其他金融方面的效劳等，但从目前形势看，小微企业融资方面还存在一定困难。这意味着，对小微企业发展的金融支持还需进一步加强，同时还要更好地帮助和保护小微企业经营者的合法权益。

（二）运用积极政策畅通阶层流动通道，消除"阶层固化"

社会发展过程中不同社会阶层的存在是客观事实，不同阶层之间的自由流动是阶层关系和谐的基本要求。"阶层固化"是指"不同阶层之间的流动受阻，弱势群体向上流动的通道被堵塞，社会结构调整速度变慢"②。如果不同的社会阶层之间的界限凝固化了，就会使处于阶层结构相对底层的社会阶层因为没有机会实现向上流动，而逐步累积起不满情绪和绝望心理，从而引起不同社会阶层之间的隔阂、对立甚至冲突。"阶层固化"趋势加剧是全面深化改革进程中阶层关系问题产生的重要根源，解决这一问题的关键是畅通不同社会阶层自由流动的通道，推动正常、合理的社会流动以打破不同社会阶层之间存在的壁垒和障碍，缓和不同社会阶层之间的不合理的阶层地位差别造成的阶层冲突和对立情绪。正常的社会流动要靠积极政策加以引导，我国目前很多政策设计都在试图打破不同社会阶层之间的阶层壁垒，保护底层成员或是弱势群体的权益，如严格的公务员招考制度、劳动合同法的颁布实施等。通过更多更完善的政策为社会阶层成员创造更多实现纵向流动的机会，不仅是激发社会活力和推动社会进步的需要，更是实现阶层关系和谐的根本要求。

近年来，我国出现的日益明显的阶层固化现象引起了社会的广泛关注，也引起了党和政府的高度重视，特别是在中共十八大以来，习近平多次强调坚决阻止贫困现象代际传递。习近平在2015年3月两会期间参加广西代表团审议时

---

① 李强. 小微企业意义不小 [N]. 北京日报, 2015-07-13.
② 李善峰. 用积极的社会政策破解"阶层固化" [J]. 理论学习, 2012 (7): 46.

说："要把扶贫攻坚抓紧抓准抓到位，坚持精准扶贫，倒排工期，算好明细账，决不让一个少数民族、一个地区掉队，坚决阻止贫困现象代际传递。"① 习近平在 2015 年 4 月主持召开中央全面深化改革领导小组第十一次会议时也指出："发展乡村教育，让每个乡村孩子都能接受公平、有质量的教育，阻止贫困现象代际传递，是功在当代、利在千秋的大事。"② 2015 年 9 月 9 日，习近平给"国培计划（2014）"北京师范大学贵州研修班全体参训教师回信时又谈道："让贫困地区的孩子们接受良好教育，是扶贫开发的重要任务，也是阻断贫困代际传递的重要途径。"③ 习近平在中共十九大报告中进一步指出："破除妨碍劳动力、人才社会性流动的体制机制弊端，使人人都有通过辛勤劳动实现自身发展的机会。"阻止贫困现象代际传递是处理新时代阶层关系问题的基本要求，也是一项十分艰巨的工作，为此，我们提出以下政策创新建议。

一是创新户籍政策，实现改变户籍的农业转移人口与城镇居民有同等权利和义务等，解决好流动人口的社会融入问题。中共十八届三中全会明确提出，把户籍管理制度改革作为全面深化改革率先推动的一项改革。2014 年，国务院发布《关于进一步推进户籍制度改革的意见》，提出取消农业和非农业户口，建立城乡统一的户口登记制度，这是破解城乡二元结构和推进城镇化发展改革的创新之举。中共十八届五中全会提出了"坚持走中国特色新型城镇化发展道路"，强调新型城镇化的核心是农民的市民化。农民的市民化，即社会融入面临很多政策障碍，是当前阶层关系问题产生的症结所在。推进农民的市民化既需要社会阶层成员个人的努力，更需要消除存在歧视性、排斥性的政策障碍，以营造良好的政策环境。为此，2016 年，国务院又连续出台两个方案，其中《国务院关于深入推进新型城镇化建设的若干意见》提出，加快落实户籍制度改革，全面实行居住证制度，实现城镇基本公共服务常住人口全覆盖，加快建立农业转移人口市民化激励机制；《推动 1 亿非户籍人口在城市落户方案》则要求，"到 2020 年，全国户籍人口城镇化率提高到 45%，各地区户籍人口城镇化率与常住人口城镇化率差距比 2013 年缩小 2 个百分点以上"④。近年来，"抓紧实施

---

① 马云志. 坚定中国特色社会主义的"四个自信"[M]. 北京：人民出版社，2017：262.
② 习近平. 深刻把握全面深化改革关键地位自觉运用改革精神谋划推动工作[N]. 人民日报，2015-04-02.
③ 习近平. 携手消除贫困 促进共同发展：在 2015 减贫与发展高层论坛的主旨演讲[N]. 人民日报，2015-10-17.
④ 中华人民共和国国家发展和改革委员会. 国务院办公厅关于印发推动 1 亿非户籍人口在城市落户方案的通知：国发办[2016] 72 号[EB/OL].（2016-10-17）. https://www.ndrc.gov.cn/xwdt/ztzl/xxczhjs/ghzc/201610/t20161017_972023.html.

户籍制度改革"成为广泛共识，越来越多的省份出台了本省份的户籍制度改革方案，充分体现出政府层面全面深化户籍管理制度改革的决心。

从有利于阶层关系和谐的意义上，创新户籍政策的重点是：逐步建立以居住地划分城镇人口和农村人口，以职业划分农业人口和非农业人口的户籍管理政策，建立统一的户口登记制度；逐步实现把户口与现在附着在户籍上的社会福利因素分开，逐步取消就业、教育、医疗、住房、养老等方面的歧视性政策规定，对在城镇有固定居所、稳定收入的人员，将其列入城镇户籍管理，在子女入托、入学、就业、参军等方面享受与城镇居民同等的待遇。

二是创新教育政策。努力使教育成为促进社会阶层之间流动的强劲动力，而不是成为一种阶层固化的机制，教育政策创新至关重要。

把幼儿养育作为教育政策创新发展的重点领域之一，推进实现"幼有所育"。中共十九大报告把"幼有所育"放在七"有"的首位，体现了党和政府对幼儿养育的高度重视。近年来，我国普惠性幼儿学前教育取得较快发展，"入园难"问题得到一定的缓解，但在我国幼儿教育中，公立幼儿园仍然是稀缺资源，在地区、职业和人群间的分布还很不平衡，幼儿园教师虐童事件、食品安全事故频发，这些都反映出与幼儿养育的相关政策的制定和实施方面都还存在很多不完善的地方。为此，国家需要从政策层面进一步扩大和完善普惠性幼儿学前教育发展，同时加大对特殊困难儿童家庭的扶持力度，确保所有家庭的适龄幼儿不论其家庭状况如何，都能接受应有的幼儿学前教育。

把困难家庭子女的教育作为政策创新发展的重点领域之二，推进实现"学有所教"。重视困难家庭子女的教育问题最重要的意义在于，是从根本上帮助贫困家庭脱困，避免贫困的代际传递。从目前我国仍未脱贫的困难家庭来看，多数困难家庭属于长期贫困和深度贫困，造成长期贫困和深度贫困最重要的原因之一是贫困人口往往自身的受教育水平低，缺乏劳动技能，也缺乏教育子女的能力。要帮助长期贫困和深度贫困人群脱贫，除给予他们经济方面的扶持以外，更重要的是帮助他们的子女接受更好的教育以增强他们的生存能力和就业能力，从根本上让这些长期贫困和深度贫困家庭摆脱贫困。

这就要求我们必须把缩小区域之间、城乡之间、学校之间、阶层之间的教育发展水平方面的差距，更好地促进教育公平作为政策创新发展的重中之重，做到"努力让每个孩子享有受教育的机会，努力让13亿人民享有更好更公平的教育"①。近年来，我国先后推出一系列教育制度改革文件，如《关于加快发展民族地区教育的决定》旨在缩小民族地区与其他地区教育发展方面的差距，《乡村教师支持计划》旨在提高乡村教师的工资待遇和职业技能，《关于鼓励社会力量兴办教育促进民办教育健康发展的若干意见》旨在促进民办教育健康发展，《统筹推进世界一流大学和一流学科建设总体方案》旨在加快建成中国特色现代大学制度，提高高等教育办学水平，《完善城乡义务教育经费保障机制》旨在合理配置义务教育资源，推动城乡义务教育在更高层次上均衡发展等。在此基础上，促进教育公平的政策创新还应该包括：在实现12年免费义务教育方面，加大对农村地区12年免费义务教育的支持力度，进一步巩固农村地区高中阶段的毛入学率；实施更加有效的农村留守儿童关爱保护计划，为农村留守儿童的人身安全、学业、生活提供更加完善的保障；逐步提高高等院校特别是重点高等院校招收农村学生的比例；大力发展农村职业教育体系，培养"有文化、懂技术、善经营、会管理"的新型职业农民；加大农民工群体的职业技能培训力度，提高农民工群体的职业技术水平；等等。

三是创新就业政策，提高就业质量。实施就业优先战略，2015年5月，国务院出台《关于进一步做好新形势下就业创业工作的意见》，提出要把稳定和扩大就业作为经济运行的下限，同时围绕促进以创业带动就业提出了一系列政策。创新就业政策的重点是：实行更加积极的就业政策，特别注重解决结构性就业矛盾，大规模开展职业技能培训，促进高校毕业生、农民工多渠道就业创业，鼓励创业带动就业；"规范招人用人制度，消除城乡、行业、身份、性别等一切影响平等就业的制度障碍和就业歧视"②。消除就业歧视政策的重点是消除针对农民工群体和女性劳动者的就业歧视，创造更加公平的就业环境；完善政府、工会、企业共同参与的协商协调机制，构建和谐的劳动关系；完善相关的社会保障制度，实现就业、创业与相关社会保障制度的有效衔接；等等。

（三）运用完善政策稳定社会预期，引导积极向上的社会心态

社会心态是影响当前我国阶层关系演进的重要因素，社会心态的引导和培育是实现阶层关系和谐的重中之重，在处理阶层关系问题时，应该明确把社会心理建设、社会心态培育纳入阶层关系治理体系中。影响社会心态的因素很多，

---

① 中共中央文献研究室．习近平谈治国理政：第1卷[M]．北京：外文出版社，2018：191．

② 中共中央文献研究室．十八大以来重要文献选编：上[M]．北京：中央文献出版社，2014：536．

而理性、平和、健康的心态来自公平正义的制度环境。习近平指出，一个好的社会，既要充满活力，又要和谐有序，这就要求我们"在体制机制、制度政策上系统谋划，从保障和改善民生做起，坚持群众想什么我们就干什么，既尽力而为又量力而行，多一些雪中送炭，使各项工作都做到愿望和效果相统一"①。完善政策的创新建议包括以下三点。

一是全面推进基本公共服务均等化，以更好地实现社会公平正义，增强社会各阶层成员的获得感。基本公共服务是由政府主导的、以保障社会各阶层生存和发展基本需要为目标的公共服务，基本公共服务均等化的核心是促进社会各阶层成员享有公共服务的机会均等，特别是教育、医疗、社会保障、基本文化需要等基本公共服务的均等化。2017年《国务院关于印发"十三五"推进基本公共服务均等化规划的通知》提出，"到2020年，基本公共服务体系更加完善，体制机制更加健全，在学有所教、劳有所得、病有所医、老有所养、住有所居等方面持续取得新进展，基本公共服务均等化总体实现"②。为实现这一目标，不仅要提高基本公共服务的质量和水平，而且要提高基本公共服务均等化的水平，即城乡区域间基本公共服务大体均衡，贫困地区基本公共服务主要领域指标接近全国平均水平，社会各阶层成员享有基本公共服务的质量显著提高。

尽管随着经济社会的快速发展，政府一直不遗余力地在经济、文化、社会等领域促进公共服务均等化，比如，社会保障的全覆盖、教育资源的均衡发展、医疗条件的日益完善、保障安居工程的加快建设等，但基本公共服务仍然存在比较明显的短板，尤其是与人民日益增长的美好生活需要相比，仍然存在不平衡不充分的问题。如城乡、区域、人群之间基本公共服务资源配置不均衡，基本公共服务水平差异比较大，一些基本公共服务项目还没有有效惠及全部人群，特别是流动人口、困难群体往往是基本公共服务覆盖的盲区等。

实现基本公共服务均等化，一方面是要统筹政府、企业和个人形成基本公共服务均等化的新型伙伴关系，特别是吸引社会资本参与公共服务项目运作，向社会各阶层提供总量更丰富、质量更优化的基本公共服务。另一方面是要着眼于关键领域，通过合理划分各级政府的财权和事权，健全财权和事权相适应的财政体制，以及进一步完善转移支付制度，全方位提供财力支持。目前主要

---

① 中共中央文献研究室. 习近平关于全面建成小康社会论述摘编[M]. 北京：中央文献出版社，2016：150.
② 中华人民共和国财政部. 国务院关于印发"十三五"推进基本公共服务均等化规划的通知[EB/OL]. (2017-3-20). http://www.mof.gov.cn/zhengwuxinxi/caizhengxinwen/201703/t20170302_2545050.htm.

是针对农村基本公共服务薄弱的现状，扩大公共财政在农村的覆盖范围，着力解决农村地区教育、卫生和文化事业发展滞后的问题。

二是创新社会保障政策，实现"病有所医、老有所养、住有所居"，增强社会各阶层成员的幸福感。中共十九大提出对社会保障制度改革做出重大部署："按照兜底线、织密网、建机制的要求，全面建成覆盖全民、城乡统筹、权责清晰、保障适度、可持续的多层次社会保障体系。"[①] 中共二十大进一步强调"社会保障体系是人民生活的安全网和社会运行的稳定器"[②]。健全覆盖全民、统筹城乡、公平统一、安全规范、可持续的多层次社会保障体系，是新时代创新社会保障政策的实践指向。更好地实现病有所医：完善国民健康政策，为社会各阶层提供全方位全周期健康服务。更好地实现老有所养：积极应对人口老龄化问题，构建更加完善的养老、孝老、敬老政策体系，完善政府购买养老服务制度，加快老龄产业的发展。更好地实现住有所居：坚持房子是用来住的不是用来炒的定位，加快建立多主体供给、多渠道保障、租购并举的住房制度，让全体人民住有所居。

三是加强政策领域的立法，稳定社会预期，增强社会各阶层成员的安全感。随着社会各阶层成员的权利意识、法治观念、维权动力的普遍增强，应该更加重视政策领域立法，及时把政策上升为具体的法律，通过法律方式确保社会各阶层成员享受到相应的社会权利，稳定社会预期，增强社会各阶层成员的安全感。同时，也只有将政策上升为法律，"实现法治化，才能定型化、精细化，才能增强执行力和运行力"[③]，才能有效克服和避免政策因人制宜、因时制宜、因地制宜等方面的人治弊端，才能从根本上解决"政策侵权、政策违约难以通过司法程序解决的缺陷"[④]。只有这样，才能激发出更广泛的社会阶层成员向上流动的动力和激情，形成多元化社会向上流动的畅通机制，营造出有利于培育积极向上社会心态的社会环境和舆论氛围。

习近平在中共十九大报告中指出："全党必须牢记，为什么人的问题，是检

---

① 习近平. 决胜全面建成小康社会 夺取新时代中国特色社会主义伟大胜利：在中国共产党第十九次全国代表大会上的报告[M]. 北京：人民出版社，2017：47.
② 习近平. 高举中国特色社会主义伟大旗帜 为全面建设社会主义现代化国家而团结奋斗：在中国共产党第二十次全国代表大会上的报告[M]. 北京：人民出版社，2022：48.
③ 汪习根，何苗. 治理法治化的理论基础与模式构建[J]. 中共中央党校学报，2015(2)：37.
④ 朱涛. 论中国科技法的双重体系及其建构[J]. 科技与法律，2016(5)：865.

验一个政党、一个政权性质的试金石。"① 从阶层关系和谐的视角，必须始终把人民利益摆在至高无上的地位，通过进一步完善政策体系以更好地实现"在幼有所育、学有所教、劳有所得、病有所医、老有所养、住有所居、弱有所扶上不断取得新进展"，更好地实现让改革发展成果更多更公平惠及全体阶层成员的目的，营造社会公平氛围，引导积极的社会心理预期，是处理全面深化改革进程中的阶层关系问题重要的应对之策。

## 第三节 进一步推进方法创新，为处理阶层关系问题提供技术支持

实现处理阶层关系问题的方式方法创新是正确处理阶层关系问题的技术支持。根据对全面深化改革进程中阶层关系问题产生的原因进行的分析，我们认为解决阶层关系问题的方式方法中仍然存在着一些与处理阶层关系问题的现实需要不相适应的方面，针对全面深化改革进程中的阶层关系问题，在制度创新和政策改进的同时，还需要通过方法创新，增强处理阶层关系问题的针对性和实效性，坚持法律规范与道德教化相统一、思想工作与心理疏导相统一、传统形式与现代科技相统一，是创新处理阶层关系问题方式的必然要求。在处理阶层关系问题视域下，这就意味着，通过借助新的技术手段、新的理论理念，创新协调阶层关系问题的方式方法，为提高处理全面深化改革进程中的阶层关系问题的有效性提供技术支持。

**一、完善"三治一体"体系，提高处理阶层关系问题的科学化水平**

（一）处理阶层关系问题视域下自治、法治、德治的含义及关系

1. 处理阶层关系问题视域下自治、法治、德治的含义

自治是指社会阶层成员在社会事务治理中通过自我修养的完善来实现个人自我管理、自我教育、自我服务、自我监督；法治是指通过制度安排和规则程序来规范人们的行为；德治是指依靠社会舆论、风俗习惯、内心信念等正面引导社会阶层成员的价值取向和发展方向。自治、法治和德治相结合的概念是在2017年6月发布的《中共中央国务院关于加强和完善城乡社区治理的意见》

---

① 习近平. 决胜全面建成小康社会 夺取新时代中国特色社会主义伟大胜利：在中国共产党第十九次全国代表大会上的报告 [M]. 北京：人民出版社，2017：44-45.

(以下简称《意见》)中提出的。《意见》强调要"充分发挥自治章程、村规民约、居民公约在城乡社区治理中的积极作用,弘扬公序良俗,促进法治、德治、自治有机融合"①。之后,习近平在中共十九大报告中提出:"加强农村基层基础工作,健全自治、法治、德治相结合的乡村治理体系。"② 自治、法治、德治"三治一体"的创新理念为我们创新处理阶层关系问题的方式方法提供了重要指引。

我们认为,在处理阶层关系问题体系中,自治作为一种内生约束,可以通过社会阶层成员自身素质的提高,主动协调与其他社会阶层成员之间的关系;德治作为一种柔性约束,可以通过职业道德、社会公德、家庭美德建设,充分发挥道德在协调阶层关系中的积极作用;法治作为一种刚性约束,运用法律制度规范社会阶层成员行为,解决不同社会阶层成员之间的冲突。针对现阶段出现的不同阶层关系问题,充分发挥自治、法治、德治三者之间相互补充、相辅相成的作用,有助于提高处理阶层关系问题的科学化水平。

根据对全面深化改革进程中阶层关系问题的理解和把握,我们认为,加强自治、法治、德治相结合的处理阶层关系问题体系建设,通过自治方式激发社会阶层成员在处理阶层关系问题中的自身活力,通过德治方式矫正社会阶层成员的失德行为,通过法治方式维护阶层关系发展中的公平正义,是处理好全面深化改革进程中的阶层关系问题的应有之策。

2. 处理阶层关系问题视域下自治、法治、德治的关系

处理阶层关系问题视域下,自治是处理阶层关系问题的基础条件。通过提高社会各阶层成员自身素质,实现自我管理、自我服务、自我教育、自我监督。法治是处理阶层关系问题的基本保障。善于用法治精神思考阶层关系问题,用法治思维谋划处理阶层关系问题,用法治方式破解阶层关系难题,把处理阶层关系问题的思想和行为全部纳入法治化轨道。德治是处理阶层关系问题的重要支撑。要加强职业道德、社会公德、家庭美德教育,提高社会阶层成员道德修养,同时通过培育和弘扬社会主义核心价值体系和社会主义核心价值观,强化其对社会阶层成员的指引作用。习近平指出:"培育和弘扬核心价值观,有效整

---

① 中共中央国务院关于加强和完善城乡社区治理的意见[EB/OL]. (2017-06-12). http://www.xinhuanet.com/politics/2017-06/12/c_1121130511.htm.

② 习近平. 决胜全面建成小康社会 夺取新时代中国特色社会主义伟大胜利:在中国共产党第十九次全国代表大会上的报告[M]. 北京:人民出版社,2017:32.

合社会意识,是社会系统得以正常运转、社会秩序得以有效维护的重要途径。"①

从阶层关系和谐角度来看,自治、法治、德治都是为了规范社会阶层成员的行为,调节社会阶层成员之间的利益关系,化解社会阶层成员之间的利益冲突,减少阶层关系问题。处理阶层关系问题视域下做到"三治一体",具体的要求就是在法治中体现德治、保障自治;以德治滋养自治,在德治中促进法治;在自治中实现法治、践行德治。也就是习近平所说的"必须坚持依法治国和以德治国相结合,使法治和德治在国家治理中相互补充、相互促进、相得益彰,推进国家治理体系和治理能力现代化"②。

(二)以"三治一体"体系建设促进阶层关系问题的解决

1. 以自治为基础

自治是社会各阶层成员实现在公共事务、社会事务中的自我管理,其目的是实现"市场能做的交给市场去做,社会能做的交给社会去做,居民能做的交给居民去做"。以自治为基础必须坚持自我管理,依法自己管理自己,自己约束自己,自己参与并处理社会事务;坚持自我服务,做到社会事务"事事有人管";坚持自我教育,也就是在参与社会事务中实现自我成长的过程;坚持自我监督,提高参与监督社会事务的主动性和积极性,以自我监督促进社会和谐,推动阶层关系的良性互动。自我管理、自我服务、自我教育以及自我监督的机制能够使社会各阶层的内部更加稳定,社会各阶层成员之间的关系更加和谐。

2. 以法治为保障

法治作为一种社会生活方式、运行机制和秩序状态,与和谐的阶层关系具有内在统一性。习近平提出:"立善法于天下,则天下治;立善法于一国,则一国治。"③ 法治对于国家稳定和社会和谐具有重要作用,能够为解决阶层关系问题提供根本保障。胡锦涛在中共十八大报告中指出:"提高领导干部运用法治思维和法治方式深化改革、推动发展、化解矛盾、维护稳定能力。"④ 中共十八届三中全会通过的《中共中央关于全面深化改革若干重大问题的决定》提出,"坚

---

① 中共中央文献研究室. 习近平谈治国理政:第1卷 [M]. 北京:外文出版社,2018:163.

② 中共中央文献研究室. 习近平谈治国理政:第2卷 [M]. 北京:外文出版社,2017:133.

③ 中共中央文献研究室. 习近平谈治国理政:第2卷 [M]. 北京:外文出版社,2017:119.

④ 中共中央文献编辑委员会. 胡锦涛文选:第3卷 [M]. 北京:人民出版社,2016:635.

持依法治理，加强法治保障，运用法治思维和法治方式化解社会矛盾"①。中共十八届四中全会通过的《中共中央关于全面推进依法治国若干重大问题的决定》提出"法律是治国之重器，良法是善治之前提"②。要充分发挥法治在协调阶层关系问题中的重要作用，以法治为保障，就应该做到：

一是加快协调社会各阶层利益关系的相关立法，特别是那些规范社会阶层成员之间关系的法律立法，使不同社会阶层成员都能实现机会均等和利益共享，如《中华人民共和国劳动法》《中华人民共和国行政许可法》《中华人民共和国公务员法》等，加强对社会各阶层成员权利和义务的明确界定。同时及时对相关法律进行修改和补充，如关于劳动基准法、劳资争议处置法等的完善，对于协调阶层关系的意义也十分重大。

二是加强协调社会各阶层利益关系的执法实践，将法的要求落到实处，真正起到协调阶层关系的作用。如《中华人民共和国劳动法》明确规定了八小时工作制，《职工带薪年休假条例》也于2008年通过并开始实施。但是，在实际的社会生活中，劳动者休息休假的权利仍然难以完全得到保障。有法不依的情况多有发生，致使法律不能起到协调阶层关系的应有作用。长期加班容易使职工形成压抑、焦躁的心理和巨大的精神压力，甚至导致部分社会阶层成员严重的身体疾病。据《中国网》报道，巨大的工作压力导致我国每年"过劳死"的人数达60万人，已超越日本成为"过劳死"第一大国。③ "996"问题引起社会热议，中央财经大学法学院教授沈建峰指出，"'996'工作制引发的某些加班问题具有违法性"，并认为"劳动法需要一场'启蒙运动'，即广大劳动者对劳动法的理解可能需要再次被启蒙，需要建立普通劳动者对劳动权利保护的观念"④。《人民日报》也发表评论："'996工作制'意味着劳动者每周要工作72个小时，这超出了劳动法所规定的工作时间……企业文化首先要讲法治，恪守法律精神，严守法律红线，在法律的框架内营造积极向上的企业文化。"⑤

三是运用法治思维和法治方式化解阶层关系问题。面对新时代复杂多变的阶层关系问题，要更加注意运用法治思维和法治方式妥善处理阶层关系问题，

---

① 中共中央文献研究室．十八大以来重要文献选编：上 [M]．北京：中央文献出版社，2014：539．
② 中共中央文献研究室．十八大以来重要文献选编：中 [M]．北京：中央文献出版社，2016：160．
③ 中国网．中国每年"过劳死"60万：我们如何走出过劳时代？[EB/OL]．(2016-12-11)．http：//www．china．com．cn/guoqing/2016-12/11/content_ 39890860．htm．
④ 孟晓蕊．对"996"劳动法专家们都怎么说？[N]．中国劳动保障新闻网，2019-04-25．
⑤ 彭波．强制加班不应成为企业文化 [N]．人民日报，2019-04-11．

积极化解不同社会阶层成员之间的矛盾纠纷。特别是在应对社会各阶层成员不同利益诉求和处理阶层关系问题中出现的矛盾冲突时，注重运用法治思维和法治方式，运用法治手段，促进阶层关系问题的解决，进一步提高处理阶层关系问题的有效性。

3. 以德治为前提

德治是处理阶层关系问题的根本前提，正如习近平所说"一个民族、一个人能不能把握自己，很大程度上取决于道德价值"①。道德作为一种柔性约束或隐性制度，对于协调阶层关系问题具有独特作用，是源远流长的中华文化传统，是最具中国特色的"本土资源"，也是中国古代君王经世济民的重要手段。德治最早可追溯到尧舜之治，《尚书》记载"克明俊德，以亲九族。百姓昭明，协和万邦"②，孔子也提出"道之以德，齐之以礼，有耻且格"③。在新的历史时代，处理阶层关系视域下的德治是指通过提升社会各阶层成员普遍的道德素质和文明修养，有效增加社会阶层之间的和谐因素，从源头上预防阶层关系问题的产生。为此应该做到：

一方面，要弘扬中华优秀传统文化中的传统美德，注重道德建设。家风建设是道德建设的有效途径，倡导良好向上的家风能够正向推动社会德治的良性发展。习近平强调，"我们都要重视家庭建设，注重家庭、注重家教、注重家风……使千千万万个家庭成为国家发展、民族进步、社会和谐的重要基点"④。同时，要倡导阶层成员参加各种志愿者活动，通过德治的实践和行动，追求和践行讲道德、尊道德、守道德。建立完善的德治建设体系，把社会所提倡的道德理念与阶层成员的日常生活紧密联系起来，注重在落细落小落实上下功夫，把德治的抽象宽泛概念化为具体实在的行为行动。

另一方面，制定完善的社会公德、职业道德、家庭美德规范，强化规范约束。所谓"天下从事者，不可以无法仪，无法仪而其事能成者，无有也"⑤，同时通过各种评议活动，对个人、家庭、社会的道德状况进行评议，提升社会道德文明水平，形成鲜明的舆论导向，依靠社会舆论、道德规范的说服力、劝导力、影响力，协调社会各阶层成员之间的社会关系。

---

① 中共中央文献研究室. 习近平关于全面深化改革论述摘编 [M]. 北京：中央文献出版社，2014：88.
② 尚书 [M]. 王世舜，王翠叶，译注. 北京：中华书局，2012：6.
③ 朱熹. 四书章句集注 [M]. 北京：中华书局，2011：55.
④ 习近平. 中共中央国务院举行春节团拜会习近平讲话 [N]. 人民日报，2015-02-18.
⑤ 墨子 [M]. 李小龙，译注. 北京：中华书局，2007：22.

20世纪60年代,"枫桥经验"这一基层社会治理模式叫响全国。如今,源于桐乡的"三治融合",已成为浙江省基层社会治理的重要品牌,被写入中共十九大、中共二十大报告,并被中央政法委定位为新时代"枫桥经验"的精髓、新时代基层社会治理创新的发展方向。桐乡"三治融合"的成功实践告诉我们,"三治"是一个有机整体,必须统筹兼顾,充分发挥基层党组织的战斗堡垒作用,自治组织的主体作用,以及村规民约的约束作用,形成有效的社会治理、良好的社会秩序,治理成果由村民共享,治理得失由村民评判,不断提高人民群众的获得感和满意度。①

自治、法治、德治最终都统一于"人"这个核心,都是为了激发社会各阶层成员的社会责任感,提升社会各阶层成员的主人翁意识,促进社会各阶层的和睦和谐相处,实现中共十九大提出的"我们要坚持把人民群众的小事当作自己的大事,从人民群众关心的事情做起,从让人民群众满意的事情做起,带领人民不断创造美好生活"② 的愿景。

**二、充分运用新技术手段,提高处理阶层关系问题的智能化水平**

新一轮科技革命的兴起,特别是信息科技向数据科技的发展,为处理全面深化改革进程中的阶层关系问题提供了新手段。根据中国互联网络信息中心发布的第50次《中国互联网络发展状况统计报告》,截至2022年6月,我国网民规模为10.51亿,互联网普及率达74.4%。③ 善于运用现代信息科技和数据技术,通过科技运用创新,把各种资源、力量、手段统筹起来,提高处理阶层关系问题的智能化水平,是处理好全面深化改革进程中的阶层关系问题的应有之策。

(一)发挥互联网优势,巩固处理阶层关系问题的思想阵地

1. 加强舆论引导,营造处理阶层关系问题的良好生态

互联网已然成为社会各阶层成员生活极其重要的一部分,在网络世界里,阶层成员通常是以某种虚拟的形象和身份与他人进行交往和沟通,无形之中就

---

① 中国社会科学网. 创新基层治理体系 走乡村善治之路:赴桐乡市蹲点调研报告 [EB/OL]. (2018-06-28). http://www.cssn.cn/jjx/jjx_bg/201806/t20180628_4485186.shtml.

② 习近平. 决胜全面建成小康社会 夺取新时代中国特色社会主义伟大胜利:在中国共产党第十九次全国代表大会上的报告 [M]. 北京:人民出版社,2017:50.

③ 中国政府网. 第50次中国互联网络发展状况统计报告发布 [EB/OL]. (2022-09-01). http://www.gov.cn/xinwen/2022-09/01/content_5707695.htm.

为其不负责任的言论和行为提供了掩护,互联网已逐渐成为部分阶层成员宣泄不满情绪的场所,由此形成的网络思想,不免带有一定的非理性、情绪化甚至暴力化色彩,这种非理性、情绪化甚至暴力化色彩一定程度上影响着整个网络生态,甚至社会生态,严重损害社会各阶层关系的和谐统一。从处理阶层关系问题的意义上,充分发挥互联网技术优势,加强舆论引导,营造处理阶层关系问题的良好生态是处理阶层关系问题的重要内容。

中共十八大以来,以习近平同志为核心的中央领导集体高度重视互联网建设和发展,在2016年4月19日召开的网络安全和信息化工作座谈会上,习近平特别指出:"网络空间乌烟瘴气、生态恶化,不符合人民利益。"[1] 强调要"建设网络良好生态,发挥网络引导舆论、反映民意的作用"[2]。这为我们推进新时代加强舆论引导指明了正确方向,提供了根本遵循。习近平在中共十九大报告中提出,"加强互联网内容建设,建立网络综合治理体系,营造清朗的网络空间"[3]。2017年6月,《中华人民共和国网络安全法》正式施行,这是中国网络安全领域首部基础性法律。与此同时,《互联网新闻信息服务新技术新应用安全评估管理规定》《互联网新闻信息服务单位内容管理从业人员管理办法》,以及"微信十条""账号十条""约谈十条"等一系列规范性文件相继颁布实施,以及"净网""秋风""护苗"等专项整治行动的开展,网络空间净化取得明显成效。

加强舆论引导,营造处理阶层关系问题的良好生态还必须做到:

一是提高网络舆情监管能力,做好网络舆情风险的分析研判工作,包括事先监测分析和事后舆论引导,增强网络舆情监管工作的主动性、预见性和针对性。网络舆情监管要求追踪网络热点事件,及时掌握网民思想动态,了解网民的兴趣点和关注度,及时洞察网络热点舆情事件中的社情民意、社会思潮走向、政治谣言等影响阶层关系的舆论风险,制定舆论引导策略,提高舆论引导的效果。

二是要充分发挥主流媒体的导向作用。2016年2月,习近平在党的新闻舆论工作座谈会上指出,主流媒体要"适应分众化、差异化传播趋势,加快构建

---

[1] 中共中央文献研究室.习近平谈治国理政:第2卷[M].北京:外文出版社,2017:336.

[2] 中共中央文献研究室.习近平谈治国理政:第2卷[M].北京:外文出版社,2017:335.

[3] 习近平.决胜全面建成小康社会 夺取新时代中国特色社会主义伟大胜利:在中国共产党第十九次全国代表大会上的报告[M].北京:人民出版社,2017:42.

舆论引领新格局"①。"分众化"和"差异化"就是要求主流媒体要适应传播形势的新要求，注重研究分众市场，满足受众多种需求，创新传播形式，强化宣传效果。2019年1月，习近平在中共中央政治局第十二次集体学习中提出"推动媒体融合发展、建设全媒体成为我们面临的一项紧迫课题"②，要解决好"本领恐慌"问题，将媒体融合发展上升为国家战略，在议题设置上更加关注阶层成员的视角，找准社会各阶层成员共同的兴趣点和共振点，借助主流媒体传播优势增强主流媒体话语权，努力占领新的舆论场。

北京大学新媒体研究院院长谢新洲认为，中国互联网治理日益呈现出的党委领导、政府主导、多方参与、良性互动、协同治理理念和格局，科学回答了在中国这个网络大国如何凝聚共识、构建网上网下同心圆的课题。③

2. 强化网络社会认同，构筑处理阶层关系问题的价值基础

强化网络社会认同对于处理好阶层关系问题具有特殊的重要意义。形成网络社会认同不仅能够对社会各阶层成员的生活产生重要影响，还可以形成一种不同社会阶层之间和谐共处的精神力量，成为阶层关系和谐的价值基础。进入新时代，面对价值观念更加多元、利益需求更加多样的新形势，习近平强调"凝聚共识工作不容易做，大家要共同努力"④。强化网络社会认同，构筑处理阶层关系问题的价值基础必须做到：

一是主流媒体和官方网站要主动为社会各阶层成员提供有效的议程设置、话语框架、观点表达、案例解析等，成为互联网上正面舆论的引领者和创作者。

二是更好地发挥互联网的桥梁纽带作用，促进社会各阶层成员之间通过互联网就网民关心的问题积极沟通对话。同时主流媒体和官方网站也要积极主动地回应网民关切的问题、解疑释惑，让凝心聚力的正能量充满网络空间。

三是大力推进媒体深度融合，让传统媒体内容优势与新兴媒体传播优势融为一体、合而为一，并以创新表达赢得受众，增强社会各阶层成员对实现中华民族伟大复兴中国梦的社会认同和社会共识。

---

① 杜尚泽，鞠鹏，李涛，马占成．习近平在党的新闻舆论工作座谈会上强调：坚持正确方向创新方法手段 提高新闻舆论传播力引导力 [N]．人民日报，2016-02-20．
② 谢环驰．习近平在中共中央政治局第十二次集体学习时强调：推动媒体融合向纵深发展 巩固全党全国人民共同思想基础 [N]．人民日报，2019-1-26．
③ 谢新洲．中国互联网思想的特色与贡献 [N]．人民日报，2017-11-13．
④ 中共中央文献研究室．习近平谈治国理政：第2卷 [M]．北京：外文出版社，2017：335．

3. 推进网络问政和在线解决纠纷机制建设，强化处理阶层关系问题的互动机制

互联网时代，阶层关系问题呈现出新特点：一是社会各阶层成员政治参与不足，官民沟通渠道不畅，是阶层关系问题产生的原因之一。社会各阶层成员因为缺乏政治参与的有效渠道，利益诉求无法得到充分有效的表达，不满情绪无法得到及时顺畅的排解，不利于阶层关系和谐以及社会秩序稳定。通过大力推进网络问政，鼓励社会各阶层成员积极参与，增强政府与社会各阶层成员的沟通互动，不仅仅给社会各阶层成员政治参与提供了一条便捷通道，也为政府"打捞底层声音"提供了一条有效途径。通过网络问政，建立起政府与社会各阶层之间双向互动的良好机制，不仅使政府的行为得到有效监督，也使社会各阶层成员的声音得到有效表达，能够有效增进政府和社会各阶层成员之间的互信。

二是以互联网为载体的新型阶层关系问题不断产生，由于互联网的虚拟性、跨地域等因素，阶层关系问题面对面解决往往面临成本高、难度大的制约因素，利用互联网化解阶层关系问题的方式则能够体现出极大的便利性。为此，2016年《最高人民法院关于人民法院进一步深化多元化纠纷解决机制改革的意见》提出要创新在线纠纷解决方式，"推动建立在线调解、在线立案、在线司法确认、在线审判、电子督促程序、电子送达等于一体的信息平台，实现纠纷解决的案件预判、信息共享、资源整合、数据分析等功能，促进多元化纠纷解决机制的信息化发展"[1]。《最高人民法院关于人民法院进一步深化多元化纠纷解决机制改革的意见》为人民法院在互联网时代创新多元纠纷化解机制提供了方向性的指引，也为从根本上化解各种阶层关系问题，推动阶层关系问题的解决，实现阶层关系和谐发展提供了有力的制度保障。

（二）运用大数据手段，提升政府处理阶层关系问题的能力

"大数据"一词最早是由美国未来学家托夫勒（Toffler）在《第三次浪潮》一书中提出，并预言"大数据"时代即将到来。[2] 2012 年，《大数据时代》的作者维克托·迈尔·舍恩伯格（Viktor Mayer-Schönberger）指出，大数据将引领人类的思维变革、商业变革和管理变革。[3] 随着"大数据"在各行各业的广泛应用，大数据所带来的变革与日俱增，影响日益深远。运用大数据手段，为解

---

[1] 最高人民法院关于人民法院进一步深化多元化纠纷解决机制改革的意见［N］. 人民法院报，2016-6-30.
[2] 阿尔文·托夫勒. 第三次浪潮［M］. 黄明坚，译. 北京：中信出版社，2006.
[3] 维克托·迈尔·舍恩伯格，肯尼思·库克耶. 大数据时代［M］. 周涛，等译. 杭州：浙江人民出版社，2013：2.

决阶层关系问题提供了智能化平台,有助于提升政府协调阶层关系的能力,对于处理好全面深化改革进程中的阶层关系问题具有特殊意义。

1. 运用大数据手段,揭示阶层关系问题真实样貌及其原因

运用大数据手段,能够更为充分系统地揭示社会各阶层成员的生活方式、人际关系、思想动向和价值理念。阶层成员生活在网络化时代,日常生活中的社交网络如微信、QQ 等会时刻产生各种数据信息,这些符号化的信息实际上就是一种将人际关系数据化、人类价值信息化的过程,网络数据背后折射的是相互联系的现实社会关系。对这些数据进行分析处理,就能够有效地推断阶层成员个性特质和价值诉求。

运用大数据手段,可以有效引导社会各阶层成员的行为方式和思想意识。舍恩伯格《大数据时代》一书中指出,大数据时代最大的特点是大数据带来的信息风暴正在改变人们的工作、生活和思维,带来的是人们的工作方式、生活方式和思维方式的剧变。[①] 安东尼·M. 汤森（Anthony M. Townsend）在《智慧城市》一书中也指出,有了新的技术,人们才能处理信息和进行远程通信,所以是技术发明改变了人们的信息交流方式与城市管理的方式。[②] 脸谱的创办人马克·扎克伯格（Mark Zuckerberg）则认为,科学技术不仅改变了人们传播和消费信息的方式,也改变了社会的组织方式。[③] 所以,政府应当重视通过运用大数据手段,引导社会各阶层成员的行为方式和思想意识。

2. 运用大数据手段,健全政府处理阶层关系问题的应对机制

随着移动互联网、物联网、云计算等信息技术的飞速发展,人类悄然进入了大数据时代。2017 年 12 月 8 日,习近平在中共中央政治局第二次集体学习时发表重要讲话,他强调"要建立健全大数据辅助科学决策和社会治理的机制,推进政府管理和社会治理模式创新,实现政府决策科学化、社会治理精准化、公共服务高效化"[④]。这一重要讲话,为新时代运用大数据提升处理阶层关系问题智能化水平指明了方向。将大数据的理念、技术和方法等应用于处理阶层关系问题的全过程,能够提供相应的技术支持与应对举措,推动阶层关系问题解

---

[①] 维克托·迈尔·舍恩伯格,肯尼思·库克耶. 大数据时代 [M]. 周涛,等译. 杭州：浙江人民出版社, 2013：1.

[②] 陈振明. 政府治理变革的技术基础：大数据与智能化时代的政府改革述评 [J]. 行政论坛, 2015 (6)：4.

[③] 同②.

[④] 习近平. 审时度势精心谋划超前布局 力争主动实施国家大数据战略加快建设数字中国 [N]. 人民日报, 2017-12-10.

决各个环节的全面优化,提高处理阶层关系问题的针对性和有效性。

一是运用大数据手段,建立阶层关系问题风险预警机制。大数据技术能够实时监测阶层关系领域各种数据的变化态势,及时分析预判,预计可能出现的结果,为阶层关系问题风险建立预警机制提供了技术支撑和更多可能。如公安部与腾讯公司进行的有效合作,就是通过对腾讯公司产品用户的数据回收、分析,及时掌握各类安全信息,加强数据的共享与统计,实现对城市重点区域、重点人群的有效监控,特别是对网络社会的重大公共议题提前发现,进而采取有效的应对措施。[1]

二是运用大数据手段,建立阶层关系问题舆情应急机制。舆情往往指向某一特定公共事件,容易引起社会各阶层成员的广泛参与和持续关注,不断升温、发酵和扩散,是影响阶层关系和谐的重要因素。利用大数据对阶层关系问题进行整体性分析,可以找出容易出现舆情危机的敏感区和高发区,通过舆情的有效监控和及时引导,使舆情向可控的方向发展,避免对阶层关系造成严重影响。针对已经发生的舆情危机,政府可以通过大数据平台主动公开即时信息,避免和平息网络谣言,防止事态恶化。同时,利用大数据及时性的特点,对于舆情危机及时发现、迅速反应、快速处理,使舆情危机在最短时间内得以有效解决。所以,运用大数据手段,建立舆情应急机制,可以有效化解舆情危机,缓和阶层关系问题。习近平在中共十九大报告中提出"全面增强执政本领……增强驾驭风险本领"[2],提高运用大数据手段有效驾驭舆情风险和舆情应急处置能力也应成为题中之义。实践表明,舆情应对有效,往往有利于凝聚社会舆论共识;舆情应对失误,政府公信力受损,会陷入"塔西佗陷阱"。运用大数据手段掌握好阶层关系问题舆情应急处置的时、度、效,才能在舆情处置中把握先机、掌握主动,因势利导。

三是运用数字化技术,加强阶层关系问题风险疏导,促进阶层关系协调发展。包括以数据开放共享、电子政务、智慧城市建设等为抓手,利用互联网扁平化、交互式、快捷性等优势,拓宽社会各阶层成员参与国家事务、社会事务治理的渠道。运用大数据技术,进一步完善多元协商机制和治理路径,促进线下治理向线下线上融合治理转变,引导社会各阶层成员与政府、社会形成协同化解社会矛盾的合力,有效防控社会风险,增进社会认同。运用数字化技术手

---

[1] 刘博. 网络公共事件中的群体情绪及其治理 [J]. 上海行政学院学报, 2017, 18 (3): 101.

[2] 习近平. 决胜全面建成小康社会 夺取新时代中国特色社会主义伟大胜利:在中国共产党第十九次全国代表大会上的报告 [M]. 北京:人民出版社, 2017: 68-69.

段，推动现实社会与虚拟社会双重治理，更好地应对阶层关系问题，推动阶层关系问题的有效治理。

（三）借助社会化媒体，培育社区共同体精神

完善街道社区体制，培育和营造良好的社会公共空间，是处理阶层关系问题的重要前提。为了增进不同社会阶层之间的和谐关系，我国在城市和农村规划、建设和管理中，也进行了大量的尝试和实践，如城市街区化和农村社区化。2015年中共中央办公厅和国务院办公厅《关于加强城乡社区协商的意见》的发布，标志着我国社区建设和社区发展进入一个新阶段。2017年6月，我国又发布了《中共中央国务院关于加强和完善城乡社区治理的意见》，其明确指出，"社区治理事关党和国家大政方针贯彻落实，事关居民群众切身利益，事关城乡基层和谐稳定"[1]，从维护社会和谐的高度强调了社区治理工作的重要性。中共十九大报告进一步指出，"加强社区治理体系建设，推动社会治理重心向基层下移，发挥社会组织作用，实现政府治理和社会调节、居民自治良性互动"[2]，强调社会治理的重心在基层，在城乡社区。社区治理体系建设中首要的是培育居民社区认同意识，只有在社区认同基础上，居民才有可能焕发出自觉参与社区治理和服务、承担社区责任、为社区奉献的积极性和主动性。但从实践效果来看，无论城市还是农村，都不同程度存在社区共同体精神缺失、居民归属感不强、参与社区治理积极性不高，以及政府和社区治理主体之间沟通不畅、协调不顺等问题，这就是在社区治理中存在的所谓"共同体困境"[3]。

根据滕尼斯的共同体理论，社区是以共同体形式存在的地域相近、关系亲密的社会群体，"社区和它的成员之间的关系，不是用契约来说明的，而是像家庭的关系那样，用默认一致来说明的"[4]，滕尼斯在这里所强调的就是社区内部成员之间的情感认同和集体归属感。社区认同是社会认同的微观载体，是社区成员对自己所属社区在情感上的认同和心理上的依赖，也是社区居民进行社区建设、推动社区发展、实现社区治理的内在动力。"共同体困境"产生的主要原因在于，在社区建设中，我们更多的是关注社区居住的人口、环境、活动场所等物质层面的要素，相对忽视了社区居民间的社会交往与共同体精神的培育。

---

[1] 中共中央国务院关于加强和完善城乡社区治理的意见[M]. 北京：人民出版社，2017：1.

[2] 习近平. 决胜全面建成小康社会 夺取新时代中国特色社会主义伟大胜利：在中国共产党第十九次全国代表大会上的报告[M]. 北京：人民出版社，2017：49.

[3] 吴青熹. 社会化媒体与社区治理难题的破解：基于社区共同体的分析视角[J]. 南京大学学报（哲学·人文科学·社会科学），2017，54（4）：67.

[4] 斐迪南·滕尼斯. 共同体与社会[M]. 林荣远，译. 北京：商务印书馆，1999：88.

社会化媒体的出现为这一难题提供了解决思路与技术手段。

社会化媒体大致是指"能互动的"媒体,包括博客、维基、播客、论坛、社交网络和内容社区等。作为一种给予用户极大参与空间的新型在线媒体,社会化媒体实现了多对多的"对话",具有强大的连通性,通过链接,将多种媒体融合到一起,完全模糊了媒体和受众之间的界限,极大地方便了人们去评论、反馈和分享信息。在这样的社会化媒体中,不同社会阶层成员很快就能够形成一个个社区,以运动、摄影、政治话题等共同感兴趣的内容为话题,进行充分交流。社会化媒体所发展起来的社群"不只是通过创造和传播新思想来实施政治影响,而且还通过利用新的社会结构(集体智慧)以及新的文化生产模式(参与文化)来实施政治影响"[1]。通过运用社会化媒体建立依托社区的网络公共领域,培育和增强社区的"共同体精神",对处理阶层关系问题具有重要而特殊的作用。

与传统媒体不同的是,社会化媒体可以通过图、文、音像等全媒体方式,利用QQ群、微信群、社区论坛等具体途径,开辟社区居民参与社区治理的新渠道,让社区居民就房屋修缮、治安绿化、学区交通、公共服务等与自己切身利益相关的社区事务充分发表意见。居民只要登录QQ群、微信群、社区论坛等,就能够通过社会化媒体把自己对社区建设的意见和建议反馈给社区,参与社区治理,通过社会化媒体在社区成员内部"可以形成特殊的情感认同或社会凝聚力,从而带来虚拟社区的活跃"[2]。

城乡社区是处理阶层关系问题的基本单元,是处理阶层关系问题的重心所在。我国现有近65万个城乡社区,智慧社区覆盖率超过了50%。[3] 借助社会化媒体,培育社区共同体精神就适应了这一现实需要。习近平指出,"城乡社区处于党同群众连接的'最后一公里'"[4],阶层关系治理的重心在城乡社区,这对于充分发挥社会化媒体的强大功能提供了广阔的空间。2017年12月,在北京召开了全国首届社区创新与发展大会暨全国智慧社区建设博览会,这次会议以

---

[1] 亨利·詹金斯. 融合文化 新媒体和旧媒体的冲突地带 [M]. 杜永明,译. 北京:商务印书馆,2012:357.

[2] 陈华珊. 虚拟社区是否增进社区在线参与:一个基于日常观测数据的社会网络分析案例 [J]. 社会,2015,35(5):119.

[3] 国家统计局. 第七次全国人口普查主要数据情况 [EB/OL]. (2021-05-11). http://www.stats.gov.cn/sj/zxfb/202302/t20230203_1901080.html?eqid=ccd88f2f00029b3400000006642cc8d3.

[4] 中共中央文献研究室. 习近平关于全面建成小康社会论述摘编 [M]. 北京:中央文献出版社,2016:148.

"共享、融合、创新"为核心理念，集中探讨了在新技术融入社区大背景下，我国社区营造、社会管理、社工服务、社区养老、智慧社区等跨界融合的话题，是就如何借助社会化媒体、培育社区共同体精神进行的有益探索。

**三、注重发挥心理学重要作用，提高处理阶层关系问题的专业化水平**

中共十八大以来，注重心理疏导，加强人文关怀成为处理阶层关系问题的重要手段。针对阶层关系问题越来越多地表现出心理性的特点，心理心态成为影响阶层关系越来越重要的因素，中共十八届三中全会首次提出重视运用"心理干预"[①]手段来协调阶层关系，中共十八届五中全会提出"健全社会心理服务体系和疏导机制、危机干预机制"[②]的明确要求。在中共十九大报告中，习近平进一步提出："加强社会心理服务体系建设，培育自尊自信、理性平和、积极向上的社会心态。"[③] 习近平提出"社会心理服务体系建设"意味着对心理服务工作的要求已经从最初较为狭义的"心理疏导"拓展为更为系统的社会心理服务体系建设，对心理学研究和心理学工作者提出了具体要求，指明了工作方向。善于运用现代心理学理论和方法，通过理念运用创新，把各种资源、力量、手段统筹起来，提高处理阶层关系问题的专业化水平，是处理好全面深化改革进程中的阶层关系问题的应有之策。

（一）心理学在处理阶层关系问题中的重要作用分析

从心理学角度对阶层关系问题的研究，概括起来主要有三种理论视角：一是健康心理学视角下的社会阶层研究。该理论视角下的研究主要关注的是不同的社会阶层与身心健康之间的关系。其研究表明，相对于低阶层者，高阶层者寿命更长，健康状况更好，更多地体验到幸福，更少地体验到负面情绪等。二是文化心理学视角下的社会阶层研究。该理论视角下的研究认为阶层实际上是一种文化形式，是一套共有的社会情境，正是这种共有的社会情境塑造了不同社会阶层成员具体的价值观念和行为模式。三是社会认知视角下的社会阶层研究。该理论视角下的研究主要分析社会阶层地位对社会阶层成员个体的心理行为有哪些影响，以及是如何影响的。社会认知视角下的社会阶层研究认为，处

---

① 中共中央文献研究室. 十八大以来重要文献选编：上 [M]. 北京：中央文献出版社，2014：540.

② 中共中央文献研究室. 十八大以来重要文献选编：中 [M]. 北京：中央文献出版社，2016：819.

③ 习近平. 决胜全面建成小康社会 夺取新时代中国特色社会主义伟大胜利：在中国共产党第十九次全国代表大会上的报告 [M]. 北京：人民出版社，2017：49.

<<< 第六章 处理全面深化改革进程中的阶层关系问题的路径探究

于同一社会阶层地位中的阶层成员由于共享的经历，形成了相对稳定的认知倾向。

运用心理学的理论和方法处理阶层关系问题，其独特的作用主要体现在：一是通过心理学重建不同社会阶层成员之间的社会信任。建立不同社会阶层之间的信任是实现阶层关系和谐的重要条件。心理学研究表明，信任可以促进不同社会阶层成员之间的互助合作，不同社会阶层成员之间的信任缺失将导致阶层关系问题的发生，特别是不同社会阶层成员之间的不信任心态如果在不同社会阶层之间、社会阶层成员与政府、社会阶层成员与社会组织之间广泛蔓延，则会导致出现十分严重的阶层关系问题。所以，增强不同社会阶层之间、阶层成员与政府、阶层成员与社会组织之间的互信是协调阶层关系问题的一个重要课题，心理学在建立这种互信方面可以发挥重要的积极作用。如社会认同理论认为，阶层成员往往会通过身份信息区分他人是与自己处于相同阶层还是不同阶层，对相同阶层成员的信任要显著高于不同阶层成员。为此，可以通过强调阶层共同的利益，构建共同的阶层身份，弱化阶层边界等方式有效提升双方互信。社会认同理论认为，增加不同社会阶层成员之间的接触也是一种能够有效提升双方信任的方式，为此，可以通过增强不同社会阶层成员之间的互动，缓解不同社会阶层成员之间的疑虑和猜忌，降低彼此之间的敌意。这些理论能够为处理阶层关系问题、协调阶层关系发挥积极作用。

二是运用心理学可以更好地认识不同社会阶层成员的心理诉求，做好不同社会阶层成员之间矛盾的调处工作，有助于处理阶层关系问题。首先要了解不同社会阶层成员各自的心理诉求。心理学认为，人的需求是多层次的，必须从心理根源出发，深入把握不同社会阶层成员的心理需求结构，这是从心理层面协调阶层关系的基础。其次需要准确把握不同社会阶层成员的切实需求，探索不同社会阶层成员参与协商过程的心理机制与干预策略，把握不同阶层成员宽容妥协的形成过程等，避免不同社会阶层成员意见的极端化和分歧的扩大化，这都需要心理学理论的专业支持。

三是运用心理学理论有效引导积极向上的社会心态，以促进阶层关系问题的解决。社会心态指的"是在一定时期内弥散在整个社会或某些社会群体中的宏观、动态、普遍的社会心理态势"[1]。社会心态既包括一些稳定的社会心理特点，也包括一些暂时性的社会心理状况，反映了个人与社会之间相互建构而形

---

[1] 杨玉芳，郭永玉. 心理学在社会治理中的作用 [J]. 中国科学院院刊，2017，32（2）：111.

成的最为宏观的心理关系。不良社会心态的发展是当前影响我国阶层关系问题的重要因素，近年来发生的多起突发性群体事件、恶性伤人案件、网络围观声讨事件等，其背后折射的往往都是一种不良的社会心态，特别是部分社会阶层成员存在的不公平感、不安全感等不良心态和负面情绪，容易演化成比较激烈的阶层关系矛盾和阶层关系冲突。从心理学的视角出发，协调不同社会阶层之间的关系，社会心态应该起到重要的中介作用。重视运用心理学的专业知识对阶层成员的社会心态进行有针对性的调节和疏导，有助于预防和化解不同社会阶层成员之间的矛盾。这就需要心理学研究服务于处理阶层关系问题的需要，加大对于社会心态及其影响因素、社会心态作用机制、社会心态干预策略的研究力度，明确构建积极社会心态所需要的客观和主观条件，为社会心态的疏导和阶层关系问题的化解提供切实可行的参考建议。

（二）充分发挥心理学重要作用，加强社会心理服务体系建设

加强社会心理服务体系建设对处理我国阶层关系问题不仅具有重要意义，而且具有现实紧迫性。在现实生活中，因为生活压力、情感受挫、缺少家庭关爱等原因，我国出现心理问题和精神问题的人群在迅速扩大，据估算"我国15岁以上人口中，各类精神疾病患者人数超过1亿人，其中1600万人是重性精神障碍患者，其余大多数是抑郁症、自闭症等精神障碍或心理行为障碍患者"[①]。特别是其中的一些特殊人群，如遭遇失业的人员、受过法纪处理的人员、家庭留守人员等，他们心理往往较为脆弱，出现心理问题和精神问题的比例相对更高些。出现心理问题和精神问题不仅严重影响患者本人的正常工作生活，也会严重影响到社会关系的和谐稳定。经常见诸媒体报道的一些极端的暴力伤人杀人案件和对于个人生命采取极端消极手段的社会悲剧事件，往往反映的是严重的心理问题和精神问题，心理问题和精神问题也已经成为影响阶层关系问题的重要因素。习近平指出，加强和创新社会治理，"核心是人，只有人与人和谐相处，社会才会安定有序"[②]。从处理好阶层关系问题的意义上，必须高度重视社会心理服务工作，建设完善的社会心理服务体系。

中共十八大开始关注阶层成员的心理健康问题，要求"健全社会心理服务和疏导机制、危机干预机制"。中共十八届三中全会特别强调了加强"心理干预"在有效预防和化解社会矛盾体制中的重要作用。中共十九大在此基础上进

---

① 王君平. 你，抑郁了吗？[N]. 人民日报，2016-10-14.
② 中共中央文献研究室. 习近平关于全面建成小康社会论述摘编[M]. 北京：中央文献出版社，2016：141.

一步提出"加强社会心理服务体系建设"①。近年来，围绕社会心理服务体系建设，国家先后进行了一系列重要部署。2001年8月，正式颁布了《心理咨询师职业标准（试行）》，之后又出台了一批有关心理健康教育的法律、法规和文件，主要有《普通高等学校大学生心理健康教育工作实施纲要（试行）》等。中共十八大以来，国家加大了社会心理服务体系的建设力度。2015年国务院发布《全国精神卫生工作规划（2015—2020年）》，2016年国务院印发《健康中国2030规划纲要》，2016年国务院还联合22部门印发《关于加强心理健康服务的指导意见》，2016年中央政法委、中央综治委印发了《关于充分发挥综治中心作用加强社会心理服务疏导和危机干预工作的若干意见》等，推动全社会心理服务工作的开展，为提升国民心理健康水平、推动阶层关系和谐稳定发展发挥了重要作用。但是，我国社会心理服务体系还不健全、发展不充分，现有的社会心理服务体系还无法完全满足这一需要。加强社会心理服务体系建设与社会各阶层成员的现实需要紧密相关，是实现社会各阶层成员和谐共处的一项源头性工作和普惠性工程。

构建更加完善的社会心理服务体系服务于解决阶层关系问题的现实需要，我们认为应该做到：

一是提高社会各阶层成员自身的心理素质和自我调节能力。通过提高社会阶层成员自身的心理素质和自我调节能力，充分发挥阶层成员自我调节作用，是心理问题最有效的解决方式。具体可以通过从国家层面、社会层面、学校层面和家庭层面，加强心理学专业知识的教育推广与普及工作，促进社会各阶层成员自我心理调适能力不断提高。

二是重视社会各阶层成员的心理诉求。国家要通过多种方式和途径，特别是新闻媒介积极引导正向的社会舆论，通过积极的心理导向作用推动不同社会阶层成员之间加强沟通与相互理解。通过正面的舆论导向，逐渐消除不同社会阶层成员之间的误解和歧视，构建良好的社会支持网络，增强不同社会阶层成员之间的认同感和归属感。

三是积极动员各种社会力量，特别是充分发挥社区的作用，构建社会心理服务网络。通过开设心理咨询网站，举办心理辅导讲座，开展心理行为训练，加强对阶层成员的人文关怀和心理疏导，帮助阶层成员保持心理健康，调适不良心理，提高阶层成员心理健康水平。同时注重引导社会各阶层成员养成积极

---

① 习近平. 决胜全面建成小康社会 夺取新时代中国特色社会主义伟大胜利：在中国共产党第十九次全国代表大会上的报告［M］. 北京：人民出版社，2017：49.

健康的生活方式和积极正向的生活情趣，学会科学健康地生活，达到心理和谐、情绪平和。

(三) 充分发挥心理学重要作用，培育积极向上的社会心态

中共十六届六中全会通过《中共中央关于构建社会主义和谐社会若干重大问题的决定》（以下简称《决定》），《决定》中首次指出，要塑造"自尊自信、理性平和、积极向上的社会心态"①，把社会心态培育作为构建社会主义和谐社会的一个重要举措提了出来。在2011年制定的《中华人民共和国国民经济和社会发展第十二个五年规划纲要》中，首次将"社会心态"一词写入了"十二五"规划，明确提出要"培育奋发进取、理性平和、开放包容的社会心态"②。2011年4月、5月《人民日报》评论部连发5篇题为"关注社会心态"的系列文章，明确提出"心态培育，是执政者的一道考题"，强调"焦躁疑惧、迷茫失落、愤青思维、拜金主义……在急剧转型中社会心态的失衡之势，是我们正在面对的挑战"③。在中共十八大报告中，胡锦涛提出，要"注重人文关怀和心理疏导，培育自尊自信、理性平和、积极向上的社会心态"④。在中共十九大报告中，习近平再次强调："培育自尊自信、理性平和、积极向上的社会心态。"⑤

社会心态是影响当前我国阶层关系演进的重要因素，社会心态的引导和培育是实现阶层关系和谐的重中之重。社会心理学的研究者们对这一挑战给予了积极回应，开始系统地研究中国当前的社会心态及其发展走势，他们认为"对社会心态的把握与调适，也是社会变革的一个无法忽视的社会心理资源与条件"⑥，因为"社会心态既是社会转型的反映，也是影响社会转型的力量"⑦。社会心理学对于社会心态概念的界定的基本看法概括起来为："其一，社会心态是在一定时期内形成的整个社会或社会大多数成员共有的宏观的社会心理状

---

① 中共中央关于构建社会主义和谐社会若干重大问题的决定 [M]. 北京：人民出版社，2006：25.
② 中华人民共和国国民经济和社会发展第十二个五年规划纲要 [M]. 北京：人民出版社，2011：115.
③ 人民日报评论部."心态培育"：执政者的一道考题 [N]. 人民日报，2011-04-21.
④ 胡锦涛. 坚定不移沿着中国特色社会主义道路前进 为全面建成小康社会而奋斗：在中国共产党第十八次全国代表大会上的报告 [M]. 北京：人民出版社，2012：32.
⑤ 习近平. 决胜全面建成小康社会 夺取新时代中国特色社会主义伟大胜利：在中国共产党第十九次全国代表大会上的报告 [M]. 北京：人民出版社，2017：49.
⑥ 杨宜音. 个体与宏观社会的心理关系：社会心态概念的界定 [J]. 社会学研究，2006 (4)：117.
⑦ 王俊秀. 社会心态：转型社会的社会心理研究 [J]. 社会学研究，2014，29 (1)：107.

态……其二，因为受特定时期的社会文化变迁的影响，这一社会心理状态是动态的，或者说是变动不居的。"① 如杨宜音提出："社会心态是一段时间内弥散在整个社会或社会群体/类别中的宏观社会心境状态，是整个社会的情绪基调、社会共识和社会价值观的总和。"② 如王俊秀就提出："社会心态是在一定时期的社会环境和文化影响下形成的……社会心态由于社会环境的变化而表现出相当的动态性。"③

社会心态作为一种社会意识，影响人们的行为方式。积极健康的社会心态，能够为社会阶层成员个人和整个社会的发展进步提供坚实的心理保证和强大的精神动力；消极悲观的社会心态，不仅影响社会阶层成员个人的生活状态，也会影响整个社会的和谐发展。习近平在中共十九大报告中提出引导社会心态包括：一是自尊自信，自尊就是自爱、自重，是一种尊严，自己尊重自己，才能得到别人尊重，所谓尊重就是接受、接纳。所谓自信，就是对自己的积极评价，自我效能。二是理性平和，就是消除心理垃圾，应对心理压力，学习情绪管理，塑造价值体系。三是积极向上，这与积极心理学不谋而合，努力培养各种积极的心理品质，如和谐、友好、平和、助人等。

社会心态问题是党和政府高度重视的一个重大社会问题。当前我国全面深化改革正处于攻坚期和深水区，积极的社会心态会对全面深化改革和阶层关系都产生重要影响。拥有积极的社会心态的阶层成员幸福感更高，安全感更高，公平感更高，社会支持感更高，社会信任度更高，社会参与程度更高，能够成为社会团结和社会凝聚的核心，对阶层关系起着引导和引领的作用。面对全面深化改革进程中的阶层关系问题，培育和引导"自尊自信、理性平和、积极向上"的社会心态需要做到：

一是注重满足社会需求，引导积极社会心态。社会发展的目的就是满足社会各阶层成员日益增长的美好生活需要，根据不同社会阶层成员的差异化需求，通过社会保障体系建设来满足中、下阶层成员的基本生活保障，不断改善他们的生活条件，提高获得感，降低不公平感。同时满足中、上阶层成员的更高生活水平的追求，为他们通过合法努力实现更高目标创造条件，并积极引导他们为社会整体状况的改善而做出更多努力和更大贡献。

---

① 周晓虹. 转型时代的社会心态与中国体验：兼与《社会心态：转型社会的社会心理研究》一文商榷 [J]. 社会学研究，2014，29（4）：2-3.
② 杨宜音. 个体与宏观社会的心理关系：社会心态概念的界定 [J]. 社会学研究，2006（4）：117.
③ 王俊秀. 当前值得注意的社会心态问题和倾向 [J]. 党政干部论坛，2015（5）：11.

二是注重研究社会认知，凝聚社会共识。社会心态的认知方面既包括社会阶层成员的幸福感、安全感、公平感，也包括社会阶层成员对人际关系的认同、社会关系的认同、居住城市的认同、国家认同等内容，尤其社会阶层成员国家认同程度高，是社会心态中的积极力量，也是社会凝聚力的重要内容。通过社会心理服务体系建设不断提高社会阶层成员的社会信任度和社会公平感，不断积累社会资源，凝聚社会力量，阶层关系才能和谐统一。

三是注重疏解社会情绪，促进社会积极心态。当前阶段，积极的社会情绪是主流，但也表现出一定消极的社会情绪，应该关注消极情绪的表现和消极情绪的走向，合理疏解消极情绪。关注不同社会阶层成员社会心态中不同的社会情绪，特别是要关注不同社会阶层之间消极情绪的产生，尤其要避免不同社会阶层成员之间消极情绪的扩大化，甚至进一步升级为消极情感，如贫富之间的不满和隔阂上升为敌意和仇恨，这是处理阶层关系问题时要特别加以防范的。

我们认为，全面深化改革进程中的阶层关系问题产生的原因是多方面的，阶层关系问题本身是复杂多变的，因此，处理好阶层关系问题的思路和方案也应该是全方位、多层次的，既要注重从总体着眼，从新时代中国特色社会主义事业发展全局制定处理好阶层关系问题的总体思路，又要注重从具体入手，从阶层关系问题产生的具体原因出发，在促进更平衡更充分的发展的基础上，从制度基础、政策保障、技术支持方面进一步完善处理好阶层关系问题的具体路径，以提高处理阶层关系问题的有效性，积极促进阶层关系问题的根本解决。

# 结　语

"改革开放是决定当代中国命运的关键一招，也是决定实现'两个一百年'奋斗目标、实现中华民族伟大复兴的关键一招。"[①] 在中共十九大报告中，习近平明确把坚持全面深化改革纳入新时代中国特色社会主义基本方略，强调"只有社会主义才能救中国，只有改革开放才能发展中国、发展社会主义、发展马克思主义"[②]，要"勇于改革开放，让党和人民事业始终充满奋勇前进的强大动力"[③]。中共二十大更进一步把"坚持深化改革开放"[④] 确立为全面建设社会主义现代化国家必须牢牢把握的重大原则。作为决定中国命运的战略抉择，全面深化改革的推进必须紧紧依靠包括社会各阶层在内的人民力量，如何正确处理全面深化改革与阶层关系和谐之间的关系就显得尤为重要。处理好阶层关系问题，才能凝聚起强大的社会力量，同各社会阶层一道把全面深化改革推向前进。

在全面深化改革进程中处理好阶层关系问题的基础是形成社会各阶层成员的广泛共识。面对新时代我国社会阶层日益分化的新形势，不同阶层都会有不同的想法和愿望，要形成广泛的社会共识就必须尊重不同社会阶层的不同想法，在此基础上，搞清楚哪些是可以"求同"的，哪些是经过努力可以形成共识的，哪些是可以继续"存异"的，然后把不同社会阶层认同的共同点和一致性找出来。只有这样，才能"把最大公约数找出来，在改革开放上形成聚焦"[⑤]。

---

① 中共中央文献研究室. 习近平关于全面深化改革论述摘编 [M]. 北京：中央文献出版社，2014：3.
② 习近平. 决胜全面建成小康社会 夺取新时代中国特色社会主义伟大胜利：在中国共产党第十九次全国代表大会上的报告 [M]. 北京：人民出版社，2017：21.
③ 习近平. 决胜全面建成小康社会 夺取新时代中国特色社会主义伟大胜利：在中国共产党第十九次全国代表大会上的报告 [M]. 北京：人民出版社，2017：14.
④ 习近平. 高举中国特色社会主义伟大旗帜 为全面建设社会主义现代化国家而团结奋斗：在中国共产党第二十次全国代表大会上的报告 [M]. 北京：人民出版社，2022：27.
⑤ 中共中央文献研究室. 习近平关于全面深化改革论述摘编 [M]. 北京：中央文献出版社，2014：31.

在全面深化改革过程中处理好阶层关系问题的关键是让社会各阶层成员在全面深化改革中有更多的"获得感、幸福感、安全感"。习近平指出：人民立场是中国共产党的根本政治立场，是马克思主义政党区别于其他政党的显著标志；全面深化改革必须以促进社会公平正义、增进人民福祉为出发点和落脚点，这是坚持我们党全心全意为人民服务根本宗旨的必然要求。要坚持以人民为中心，把为人民谋幸福作为检验全面深化改革成效的标准，让全面深化改革的成果更多更公平地惠及社会各阶层成员。

大力促进社会公平正义，不断增进人民福祉。十年的全面深化改革伟大实践，让人民有了更多实实在在的"获得感、幸福感、安全感"，是以习近平为核心的中央领导集体始终坚持以人民为中心的政治立场在全面深化改革中的充分体现。检验全面深化改革成果的最好标志，就是让社会各阶层人民有更多的"获得感、幸福感、安全感"。让社会各阶层人民有更多的"获得感、幸福感、安全感"，不仅是全面深化改革的出发点和落脚点，更是推动全面深化改革继续向纵深推进的力量源泉。聚焦社会各阶层成员"获得感、幸福感、安全感"这个主题，就一定能够赢得各社会阶层人民更广泛的拥护与支持，就一定能够勇敢面对和成功解决全面深化改革进程中的阶层关系出现的新问题、新矛盾、新挑战，就一定能够使全面深化改革的步伐更稳健、更"快进"，成功实现中华民族伟大复兴的伟大梦想。

实现中华民族伟大复兴的中国梦是近代以来中华民族最伟大的梦想。中国共产党自成立之日起，就义无反顾地承担起这一历史重任，从中共一大到中共二十大，从毛泽东、邓小平、江泽民、胡锦涛，到习近平，一代代中国共产党人始终肩负着这一历史重任，把实现中华民族伟大复兴中国梦的伟大进程不断推向前进。特别是中共十八大以来，以习近平同志为核心的党中央带领由中国社会各阶层结成的伟大力量攻坚克难，取得了实现中华民族伟大复兴伟大事业前所未有的新胜利。据此，中共二十大认为"今天，我们比历史上任何时期都更接近、更有信心和能力实现中华民族伟大复兴的目标"[1]，这实际上是代表中国社会各阶层吹响了实现中华民族伟大复兴中国梦的冲锋号。同时也指出"必须准备付出更为艰巨、更为艰苦的努力"。"使命呼唤担当，使命引领未来。"[2]

---

[1] 习近平. 高举中国特色社会主义伟大旗帜 为全面建设社会主义现代化国家而团结奋斗：在中国共产党第二十次全国代表大会上的报告［M］. 北京：人民出版社，2022：27-28.

[2] 习近平. 决胜全面建成小康社会 夺取新时代中国特色社会主义伟大胜利：在中国共产党第十九次全国代表大会上的报告［M］. 北京：人民出版社，2017：17.

我们要不负人民重托、无愧历史选择，实现中华民族伟大复兴的中国梦，就必须紧密团结在以习近平同志为核心的党中央周围，凝聚起实现中华民族伟大复兴中国梦的磅礴力量！我们相信，只要在面对全面深化改革进程中不断变化的阶层关系问题时，全面落实好习近平处理阶层关系问题的总体思路和顶层设计，就一定能够及时有效地处理好阶层关系问题，更好地实现阶层关系和谐，实现同心共筑中国梦的伟大梦想，在推进全面深化改革伟大进程中不断取得新的伟大胜利！

# 参考文献

## 一、著作类

[1] 中共中央马克思恩格斯列宁斯大林著作编译局. 马克思恩格斯选集：第1~4卷[M]. 北京：人民出版社，2012.

[2] 中共中央马克思恩格斯列宁斯大林著作编译局. 马克思恩格斯文集：第1~10卷[M]. 北京：人民出版社，2009.

[3] 中共中央马克思恩格斯列宁斯大林著作编译局. 列宁专题文集：第1~5卷[M]. 北京：人民出版社，2009.

[4] 中共中央文献研究室. 毛泽东选集：第1~4卷[M]. 北京：人民出版社，1991.

[5] 中共中央文献研究室. 毛泽东文集：第1~8卷[M]. 北京：人民出版社，1993、1996、1999.

[6] 中共中央文献编辑委员会. 邓小平文选：第1~3卷[M]. 北京：人民出版社，1994、1993.

[7] 中共中央文献编辑委员会. 江泽民文选：第1~3卷[M]. 北京：人民出版社，2006.

[8] 中共中央文献编辑委员会. 胡锦涛文选：第1~3卷[M]. 北京：人民出版社，2016.

[9] 中共中央文献研究室. 习近平谈治国理政：第1~4卷[M]. 北京：外文出版社，2018、2017、2020、2022.

[10] 中共中央文献研究室. 习近平关于全面深化改革论述摘编[M]. 北京：中央文献出版社，2014.

[11] 中共中央文献研究室. 习近平关于协调推进"四个全面"战略布局论述摘编[M]. 北京：中央文献出版社，2015.

[12] 中共中央文献研究室. 习近平关于全面建成小康社会论述摘编[M]. 北京：中央文献出版社，2016.

[13] 中共中央文献研究室.习近平关于全面依法治国重要论述摘编[M].北京:中央文献出版社,2015.

[14] 中共中央文献研究室.习近平关于实现中华民族伟大复兴的中国梦论述摘编[M].北京:中央文献出版社,2013.

[15] 习近平.高举中国特色社会主义伟大旗帜 为全面建设社会主义现代化国家而团结奋斗:在中国共产党第二十次全国代表大会上的报告[M].北京:人民出版社,2022.

[16] 中共中央文献编辑委员会.习近平著作选读:第1~2卷[M].北京:人民出版社,2023.

[17] 中共中央文献研究室.十三大以来重要文献选编:上、中、下[M].北京:人民出版社,1991、1991、1993.

[18] 中共中央文献研究室.十四大以来重要文献选编:上、中、下[M].北京:人民出版社,1995、1997、1999.

[19] 中共中央文献研究室.十五大以来重要文献选编:上、中、下[M].北京:人民出版社,2000、2001、2003.

[20] 中共中央文献研究室.十六大以来重要文献选编:上、中、下[M].北京:中央文献出版社,2005、2006、2008.

[21] 中共中央文献研究室.十七大以来重要文献选编:上、中、下:第1版[M].北京:中央文献出版社,2009、2011、2013.

[22] 中共中央党史和文献研究院.十八大以来重要文献选编:上、中、下[M].北京:中央文献出版社,2014、2016、2018.

[23] 中共中央党史和文献研究院.十九大以来重要文献选编:上、中[M].北京:中央文献出版社,2019、2021.

[24] 中共中央党史和文献研究院.党的十九大以来大事记[M].北京:人民出版社,2022.

[25] 陈成文.农村土地流转一个阶层分析的视角[M].北京:北京大学出版社,2012.

[26] 郭红利.农村土地流转[M].天津:天津科学技术出版社,2016.

[27] 代华琼.在权利与秩序之间[M].上海:上海三联书店,2016.

[28] 段若鹏,等.中国现代化进程中的阶层结构变动研究[M].北京:人民出版社,2002.

[29] 方长春.地位差异及其再生产[M].北京:中国社会科学出版社,2015.

[30] 费孝通.乡土中国[M].上海:上海三联书店,1985.

[31] 冯仕政. 当代中国的社会治理与政治秩序 [M]. 北京：中国人民大学出版社, 2013.

[32] 侯惠勤. 冲突与整合 [M]. 北京：中国人民大学出版社, 2004.

[33] 胡建兰. 新中国所有制和阶级关系理论与实践：马克思主义的视角 [M]. 北京：社会科学文献出版社, 2013.

[34] 景天魁. 社会公正理论与政策 [M]. 北京：社会科学文献出版社, 2004.

[35] 景天魁. 底线公平：和谐社会的基础 [M]. 北京：北京师范大学出版社, 2009.

[36] 姜卫平. 社会转型期中国共产党社会整合能力问题研究 [M]. 北京：中国社会科学出版社, 2012.

[37] 郭建宁. 利益协调与社会和谐 [M]. 天津：天津人民出版社, 2008.

[38] 蒋永穆. 社会主义和谐社会的利益协调机制研究 [M]. 北京：经济科学出版社, 2011.

[39] 蒋俊明. 利益协调与社会主义民主政治机制完善 [M]. 镇江：江苏大学出版社, 2014.

[40] 靳江好, 王郅强. 和谐社会建设与社会矛盾调节机制研究 [M]. 北京：人民出版社, 2008.

[41] 阚和庆. 当代中国社会阶层变迁与政治稳定 [M]. 北京：中国社会科学出版社, 2012.

[42] 李春玲. 断裂与碎片：当代中国社会阶层分化实证研究 [M]. 北京：社会科学文献出版社, 2005.

[43] 李友梅. 城市社会治理 [M]. 北京：社会科学文献出版社, 2014.

[44] 李培林. 金砖国家社会分层变迁与比较 [M]. 北京：社会科学文献出版社, 2011.

[45] 李培林. 农民工：中国进城农民工的社会经济分析 [M]. 北京：社会科学文献出版社, 2003.

[46] 李培林, 李强, 孙立平. 中国社会分层 [M]. 北京：社会科学文献出版社, 2004.

[47] 李培林, 等. 社会冲突与阶级意识：当代中国社会矛盾问题研究 [M]. 北京：社会科学文献出版社, 2005.

[48] 李培林. 当代中国城市化和城乡关系 [M]. 北京：社会科学文献出版社, 2013.

[49] 李路路. 再生产的延续：制度转型与城市社会分层结构 [M]. 北京：

中国人民大学出版社，2003.

[50] 李强．农民工与中国社会分层［M］．北京：社会科学文献出版社，2004.

[51] 李强．社会分层十讲［M］．北京：社会科学文献出版社，2011.

[52] 李强．中国社会变迁30年（1978—2008）［M］．北京：社会科学文献出版社，2008.

[53] 李强．当代中国社会分层：测量与分析［M］．北京：北京师范大学出版社，2010.

[54] 李艳艳．固化与形塑［M］．北京：中国社会科学出版社，2011.

[55] 李林．构建和谐社会的法治基础［M］．北京：社会科学文献出版社，2013.

[56] 陆学艺．邓小平理论与当代中国社会阶层结构变迁［M］．北京：经济管理出版社，2002.

[57] 陆学艺．当代中国社会阶层研究报告［M］．北京：社会科学文献出版社，2002.

[58] 陆学艺．当代中国社会流动［M］．北京：社会科学文献出版社，2018.

[59] 刘晓凯．利益分化与政治稳定：兼论30年来中国社会阶级阶层的变迁［M］．北京：人民出版社，2008.

[60] 刘湘顺．马克思利益关系理论在当代中国的发展［M］．北京：中国社会科学出版社，2011.

[61] 刘军．和谐社会视域下的阶层文化研究［M］．合肥：中国科技大学出版社，2014.

[62] 刘玉芳．分化与协调：国有企业各职工群体及其利益关系［M］．北京：社会科学文献出版社，2005.

[63] 刘新刚．马克思现代社会发展理论的价值维度［M］．北京：中央编译出版社，2010.

[64] 罗荣渠．从西化到现代化［M］．北京：北京大学出版社，1990.

[65] 杨国斌．社会阶层论［M］．北京：中国社会科学出版社，2009.

[66] 彭劲松．当代中国利益关系分析［M］．北京：人民出版社，2007.

[67] 孙立平．现代化与社会转型［M］．北京：北京大学出版社，2005.

[68] 孙永芬．当前中国社会阶层政治心态与和谐政治的构建［M］．北京：中国社会科学出版社，2011.

[69] 谭培文．马克思主义的利益理论：当代历史唯物主义的重构［M］．

北京：人民出版社，2002.

[70] 汤志华. 中国共产党利益整合能力建设研究 [M]. 北京：中国社会科学出版社，2010.

[71] 唐冰开，刘雪峰. 和谐社会视域下的政府治理问题研究 [M]. 长春：吉林大学出版社，2010.

[72] 邰鹏峰. 社会发展过程中的利益群体博弈研究 [M]. 上海：上海人民出版社，2016.

[73] 谢俊春. 中国共产党的阶级基础和群众基础研究 [M]. 北京：社会科学出版社，2006.

[74] 谢海军. "无直接利益冲突"生成逻辑及社会治理 [M]. 北京：社会科学文献出版社，2016.

[75] 王伟光. 利益论 [M]. 北京：中国社会科学出版社，2010.

[76] 王伟光. 社会矛盾论 [M]. 北京：中国社会科学出版社，2011.

[77] 王名. 社会组织与社会治理 [M]. 北京：中国社会科学出版社，2014.

[78] 汪旻艳. 网络舆论与中国政府治理 [M]. 南京：南京师范大学出版社，2015.

[79] 吴忠民. 社会学理论前沿 [M]. 北京：中共中央党校出版社，2015.

[80] 吴忠民. 走向公正的中国社会 [M]. 济南：山东人民出版社，2010.

[81] 吴晓林. 现代化进程中的阶层分化与政治整合 [M]. 天津：天津人民出版社，2012.

[82] 阎志民. 中国现阶段阶级阶层研究 [M]. 北京：中共中央党校出版社，2002.

[83] 杨绪盟. 民主发展：规则及政党的角色 [M]. 北京：人民出版社，2016.

[84] 刘绪贻，杨生茂. 美国通史：六卷本 [M]. 北京：人民出版社，2008.

[85] 郑杭生. 中国社会结构变化趋势研究 [M]. 北京：中国人民大学出版社，2014.

[86] 朱光磊. 当代中国社会各阶层分析 [M]. 天津：天津人民出版社，2007.

[87] 朱秀英. 中国工人阶级现状与发展趋势 [M]. 济南：山东人民出版社，2007.

[88] 赵鼎新. 社会与政治运动讲义 [M]. 北京：社会科学文献出版

社，2012.

[89] 赵人伟. 中国的经济转型和社会保障改革［M］. 北京：北京师范大学出版社，2006.

[90] 赵瑞政. 阶层关系和谐发展之路［M］. 北京：人民出版社，2012.

[91] 周怡，朱静，王平，等. 社会分层的理论逻辑［M］. 北京：中国人民大学出版社，2016.

[92] 周晓虹. 社会学与中国研究［M］. 南京：南京大学出版社，2011.

[93] 周多刚. 新时期人民内部阶层矛盾问题研究［M］. 天津：南开大学出版社，2012.

[94] 张玉堂. 利益论：关于利益冲突与协调问题的研究［M］. 武汉：武汉大学出版社，2001.

[95] 张晓明. 伟大的共谋：市场经济条件下的利益关系研究［M］. 北京：中国人民大学出版社，2002.

[96] 张荣华. 时代中坚：我国现阶段的知识分子问题［M］. 北京：人民出版社，2008.

[97] 张春梅. 阶层分化与中国梦的实现［M］. 北京：社会科学文献出版社，2013.

[98] 曾繁正. 西方国家法律制度、社会政策及立法［M］. 北京：红旗出版社，1998.

[99] 梁晓声. 中国社会各阶层分析［M］. 长沙：湖南文艺出版社，2017.

[100] 秦广强. 社会分层研究［M］. 北京：社会科学文献出版社，2019.

## 二、译著类

[1] 赖特·米尔斯. 白领：美国的中产阶级［M］. 周晓虹，译. 南京：南京大学出版社，2006.

[2] 赫伯特·马尔库塞. 单向度的人：发达工业社会意识形态研究［M］. 刘继，译. 上海：上海译文出版社，1989.

[3] 马克斯·韦伯. 经济与社会［M］. 阎克文，译. 上海：上海人民出版社，2010.

[4] 马克斯·韦伯. 社会学的基本概念［M］. 胡景北，译. 上海：上海人民出版社，2000.

[5] 马克斯·韦伯. 儒教与道教［M］. 王荣芬，译. 北京：商务印书馆，2003.

[6] 马克斯·韦伯. 新教伦理与资本主义精神［M］. 苏国勋，等译. 北京：

社会科学文献出版社, 2010.

[7] 斐迪南·滕尼斯. 共同体与社会：纯粹社会学的基本概念 [M]. 林荣远, 译. 北京：商务印书馆, 1999.

[8] 尤尔根·哈贝马斯. 沟通行动理论 [M]. 洪佩郁, 蔺青, 译. 重庆：重庆出版社, 1994.

[9] 尤尔根·哈贝马斯. 在事实与规范之间 [M]. 童世骏, 译. 上海：三联书店, 2003.

[10] 尤尔根·哈贝马斯. 交往行为理论 [M]. 曹卫东, 译. 上海：上海人民出版社, 2004.

[11] 维克托·迈尔·舍恩伯格, 肯尼思·库克耶. 大数据时代 [M]. 周涛, 等译. 杭州：浙江人民出版社, 2013.

[12] 拉尔夫·达伦多夫. 现代社会冲突 [M]. 林荣远, 译. 北京：中国社会科学出版社, 2016.

[13] 埃米尔·涂尔干. 社会分工论 [M]. 渠敬东, 译. 上海：三联书店, 2000.

[14] 埃米尔·涂尔干. 职业伦理与公民道德 [M]. 渠敬东, 译. 上海：上海人民出版社, 2001.

[15] 皮埃尔·布迪厄. 教育、社会和文化中的再生产 [M]. 邢克超, 译. 北京：商务印书馆, 2002.

[16] 3.T. 戈连科娃. 俄罗斯社会结构变化与社会分层 [M]. 宋竹音, 王育民, 译. 北京：中国财政经济出版社, 2004.

### 三、期刊类

[1] 陈跃, 熊洁, 何玲玲. 关于马克思主义阶级分析方法理论与现实的研究报告 [J]. 马克思主义研究, 2011 (9).

[2] 常满荣. 邓小平和谐思想及现时期中国和谐阶层关系探析 [J]. 河北学刊, 2014 (4).

[3] 戴桂斌. 阶级与阶层：社会分层的两种模式 [J]. 宁夏社会科学, 2007 (1).

[4] 何立胜. 征地制度改革、产权交易与农民权益保障 [J]. 中国浦东干部学院学报, 2016 (1).

[5] 黄世坤. 论我国全面深化改革中的利益集团问题 [J]. 马克思主义研究, 2014 (11).

[6] 黄语东, 班丽萍. 协商民主与构建和谐阶层关系研究 [J]. 广西社会

主义学院学报，2015（1）.

[7] 韩狄明，任锴荣. 马克思的阶层理论与伴随现代化的阶层分化 [J]. 前进，2003（6）.

[8] 郭志远. 我国基层社会矛盾预防与化解机制创新研究 [J]. 安徽大学学报（哲学社会科学版），2014（2）.

[9] 关信平. 当前我国社会政策的目标及总体福利水平分析 [J]. 中国社会科学，2017（6）.

[10] 葛楠. 马克思"中间阶层"思想及其当代启示 [J]. 湖北行政学院学报，2015（1）.

[11] 李实，丁赛. 中国城镇教育收益率的长期变动趋势 [J]. 中国社会科学，2003（6）.

[12] 李迎生，吕朝华. 社会主要矛盾转变与社会政策创新发展 [J]. 国家行政学院学报，2018（1）.

[13] 李强. 中国中产社会形成的三条重要渠道 [J]. 学习与探索，2015（2）.

[14] 李强，王昊. 什么是人的城镇化？[J]. 南京农业大学学报（社会科学版），2017（2）.

[15] 李强. 警惕"非竞争型的弱势化" [J]. 人民论坛，2010（34）.

[16] 李强. "新生代白领"进入中产阶层的体制机制障碍：某特大城市高科技园区白领阶层案例研究 [J]. 河北学刊，2018，38（5）.

[17] 吴超，李强，王会，等. 农地流转对农村内部收入不平等的影响 [J]. 农业现代化研究，2022，43（2）.

[18] 李路路. 中国城镇社会的阶层分化与阶层关系 [J]. 中国人民大学学报，2005（2）.

[19] 李路路，王鹏. 转型中国的社会态度变迁（2005—2015）[J]. 中国社会科学，2018（3）.

[20] 李路路. 中国 70 年社会结构变革及其研究 [J]. 社会科学战线，2019（8）.

[21] 李其荣. 宗教对当代美国社会的影响 [J]. 学术界，2008（6）.

[22] 李冰，刘桂云. 马克思主义阶级阶层理论及其当代意义 [J]. 河北省社会主义学院学报，2005（2）.

[23] 李新芝. 毛泽东阶层和谐理论及其当代发展 [J]. 毛泽东思想研究，2015（2）.

[24] 李新芝. 论胡锦涛同志对中国特色社会分层理论的新发展 [J]. 西南

民族大学学报（人文社会科学版），2013（8）.

[25] 李新芝. 论习近平新时代中国特色社会主义思想中的阶层和谐理论[J]. 四川师范大学学报（社会科学版），2018（1）.

[26] 李新芝，杨华强. 全面深化改革与阶层和谐互动关系研究[J]. 四川师范大学学报（社会科学版），2016（4）.

[27] 李新芝，杨华强. 论改革开放40年来中国共产党协调阶层关系总体思路的演进及经验[J]. 西南民族大学学报（人文社科版），2019（3）.

[28] 陆学艺. 中国社会阶级阶层结构变迁60年[J]. 北京工业大学学报（社会科学版），2010（3）.

[29] 刘博. 网络公共事件中的群体情绪及其治理[J]. 上海行政学院学报，2017（3）.

[30] 刘定平，黄妮. 全面深化改革中社会各阶层思想管窥：对湖南、新疆两省区六市的调查[J]. 攀登，2016（4）.

[31] 刘宏伟，汪云云. "维齐非齐"与当代社会阶层关系[J]. 大连理工大学学报（社会科学版），2015（2）.

[32] 马晓梅. 当前社会阶层关系的新变化对非公有制经济人士统战工作的影响及对策[J]. 山西社会主义学院学报，2015（2）.

[33] 邵书龙. 苏联社会结构转型的社会学分析：阶级分层与阶层分层[J]. 毛泽东邓小平理论研究，2009（2）.

[34] 仇立平. 回到马克思：对中国社会分层研究的反思[J]. 社会，2006（4）.

[35] 孙立平. 断裂，需要社会政策来整合[J]. 中国社会导刊，2002（9）.

[36] 沈壮海. 必须坚持完善和发展中国特色社会主义制度[J]. 求是，2018（24）.

[37] 石腾飞，任国英. 种族、阶层与南非高等教育机会不平等：开普敦大学招生政策变迁的社会学研究[J]. 世界民族，2017（4）.

[38] 单光鼐. 群体性事件背后的社会心态[J]. 中国党政干部论坛，2015（5）.

[39] 王春光. 当前中国社会阶级阶层关系的变化与特点[J]. 河北学刊，2010（4）.

[40] 王伟光. 坚持人民民主专政，并不输理[J]. 红旗文稿，2014（18）.

[41] 王伟光. 正确处理人民内部矛盾 构建社会主义和谐社会[J]. 中共党史研究，2006（3）.

[42] 王俊秀. 当前值得注意的社会心态问题和倾向[J]. 中国党政干部论

坛，2015 (5).

[43] 王俊秀，张跃. 我国社会心态的新变化与应对：基于三年社会心态调查数据的分析报告 [J]. 人民论坛，2023 (3).

[44] 王翠娟. 以阶层分析的视角治理好网络社会 [J]. 领导科学，2017 (7).

[45] 王华丽. 全面深化改革背景下的社会阶层变化分析 [J]. 学理论，2015 (19).

[46] 王珊. 以胡锦涛同志为总书记的党中央"促进阶层关系和谐"思想的理论与实践 [J]. 中央社会主义学院学报，2012 (5).

[47] 吴宣恭. 阶级分析在我国政治经济学中的地位 [J]. 政治经济学评论，2011 (2).

[48] 吴忠民. 形成社会阶层之间的良性互动：社会分层中的公正规则初探 [J]. 东岳论丛，2005 (1).

[49] 吴青熹. 社会化媒体与社区治理难题的破解：基于社区共同体的分析视角 [J]. 南京大学学报（哲学·人文科学·社会科学），2017 (4).

[50] 吴愈晓，黄超. 基础教育中的学校阶层分割与学生教育期望 [J]. 中国社会科学，2016 (4).

[51] 邬思源. 对马克思主义阶级阶层理论的再认识 [J]. 岭南学刊，2005 (3).

[52] 文晓国. 中国教育发展与教育平等的城乡考察：基于最近三次人口普查资料的实证研究 [J]. 教育与经济，2016 (3).

[53] 汪习根，何苗. 治理法治化的理论基础与模式构建 [J]. 中共中央党校学报，2015 (2).

[54] 新华社调研小分队. 贫富差距扩大问题 [J]. 理论参考，2010 (7).

[55] 辛鸣. 转型社会阶层协调的理论分析与模式研究 [J]. 新视野，2000 (5).

[56] 邬庆治. 生态文明建设是新时代的"大政治" [J]. 前线，2018 (8).

[57] 肖唐镖. 当代中国的"群体性事件"：概念、类型与性质辨析 [J]. 人文杂志，2012 (4).

[58] 尹霞. 美国总统选举结局实质是社会阶层对立和博弈的结果 [J]. 红旗文稿，2016 (24).

[59] 杨宜音. 个体与宏观社会的心理关系：社会心态概念的界定 [J]. 社会学研究，2006 (4).

[60] 杨华. 农民分化程度与农村阶层关系状况 [J]. 人文杂志，2014 (7).

[61] 郑杭生，邵占鹏. 舆论焦点掩盖下的中国阶层流动现实 [J]. 人民论坛，2014 (2).

[62] 朱光磊，郭道久，孔超. 论城市化进程对中国阶层分化和阶层关系的

影响 [J]. 天津社会科学, 2003 (4).

[63] 朱光磊, 李晨行. 现实还是风险:"阶层固化"辨析 [J]. 探索与争鸣, 2017 (5).

[64] 朱光磊, 陈娟. 中国阶层分化与重组 30 年: 过程、特征与思考 [J]. 教学与研究, 2008 (10).

[65] 朱光磊, 裴新伟. 中国农民规模问题的不同判断、认知误区与治理优化 [J]. 北京师范大学学报(社会科学版), 2021 (6).

[66] 裴新伟, 朱光磊. "农工阶层换位": 基本含义、外部效应与优化策略 [J]. 探索与争鸣, 2022 (12).

[67] 朱迪. 金砖国家中产阶层的发展概况和困境 [J]. 文化纵横, 2016 (4).

[68] 朱力, 朱志玲. 现阶段社会心态的主要特征及疏导对策 [J]. 人民论坛, 2014 (8).

[69] 周志山, 孙大鹏. 从"冲突论"到"和谐论": 马克思社会研究范式的转换 [J]. 社会科学, 2007 (9).

[70] 周显信. 简论我国社会阶层矛盾的基本现状与基本对策 [J]. 马克思主义研究, 2003 (6).

[71] 张文宏. 改革开放四十年中国社会分层机制的变迁 [J]. 浙江学刊, 2018 (6).

[72] 张世青. 促进社会整合: 中国社会政策的发展走向 [J]. 学习与实践, 2017 (7).

[73] 张林江. 我国社会阶层的新变化与政策调适 [J]. 中国党政干部论坛, 2015 (4).

[74] 张瑞敏. 略论毛泽东时代的阶级阶层理论与实践 [J]. 理论月刊, 2010 (12).

[75] 赵仁青. 论"同心思想"在阶层关系和谐构建中的作用 [J]. 佳木斯大学社会科学学报, 2016 (1).

[76] 赵艳华. 江泽民对社会阶层理论的新贡献: 基于国家政权建设视角 [J]. 中共贵州省委党校学报, 2014 (3).

[77] 祝远娟. 发挥协商民主在构建和谐阶层关系中的重要作用 [J]. 河北省社会主义学院学报, 2015 (1).

[78] 易卓. 教育分层、职业分化与新生代农民阶层生产机制 [J]. 当代青年研究, 2022 (3).

[79] 韩宜铮. 流动与区隔: 农业转型过程中人口流动与阶层分化 [J]. 华南农业大学学报(社会科学版), 2023, 22 (2).

# 后　　记

本书是我主持的国家社会科学基金西部项目《全面深化改革进程中的阶层关系问题研究》（批准号为16XKS011）的结题成果，光明日报出版社决定把我的这一成果列入"光明社科文库"正式出版，对于我实在是莫大的肯定和鼓舞。

我对阶层关系问题的关注，不仅缘于自己多年来教学和科研的积累，更是直接受到陆学艺教授《当代中国社会阶层研究报告》一书的影响。在这本书中，陆学艺教授依据多元分层标准把当时中国的社会群体划分为十个阶层，并对每个阶层的地位、特征和数量做了界定；对现有的社会阶层结构做了初步分析，认为我国社会阶层结构正在向现代社会阶层结构转变，提出进一步优化我国社会阶层结构的政策建议。陆学艺教授此著是对改革开放以来我国阶层结构变迁和阶层关系演进的全面揭示，在学术界产生了广泛影响，使阶层结构和阶层关系研究成为学术热点。受此影响，我在关注我国阶层关系演进进程的同时，开始专注学习马克思主义阶级分析理论，特别是对于马克思主义经典著作中关于阶级阶层关系的重要论述，从马克思恩格斯《共产党宣言》《1848年至1850年的法兰西阶级斗争》到《资本论》中相关部分，从毛泽东《中国社会各阶级的分析》《关于正确处理人民内部矛盾的问题》到江泽民《在庆祝中国共产党成立八十周年大会上的讲话》，我都反复读过，并写下很多读书笔记，逐步形成对马克思主义阶级分析理论系统的认识。在我的导师——四川大学王国敏教授的鼓励下，我的硕士学位论文选题就以此为题，初步探讨了改革对我国社会分层机制所产生的影响。此后的10多年时间，围绕阶层关系主题，我先后发表了近20篇文章，对马克思主义阶级分析理论以及中国共产党对马克思主义阶级分析理论的创新发展的历史过程、主要成果、基本经验等进行了比较全面的分析和概括，形成了系列研究成果，在学术界产生了一定影响。2016年，《全面深化改革进程中的阶层关系问题研究》获得国家社会科学基金的课题立项，让我有了更好的条件和更大的动力，进一步深化对这一重大课题的研究，并最终形成了30万字的研究成果。

回顾自己的学术历程，感慨良多。我是大学本科毕业以后进入高校工作的，自知从事学术研究的根基浅薄，这些年来，我一直坚持不断学习来提升自己。这期间，有机会跟随王国敏教授攻读硕士研究生，让我得以受到系统的学术训练，为我从事学术研究打下了基础。恩师不仅学养深厚，学术视野开阔，而且对我的成长关怀备至，恩师的引导和鼓励助力我在学术研究道路上努力前行。

对待学术研究，我一直怀有敬畏之心。随时关注学术研究动态，追踪学术热点问题，点滴积累自己的学术心得。一篇文章，从材料的选择、问题的分析、框架的搭建，到字句的打磨，往往会用时几个月，历经无数遍。而作为思政课教师，教学工作比较繁重，留给自己从事学术研究的时间并不多，这些年来，我的寒暑假基本上成了我的"学术假"。过程虽然不易，却也总有收获，有时还会有惊喜，让我慢慢开始享受这个过程，享受工作带给我的满足感。让我能够不受干扰地安心工作，做点自己喜欢的事情，又是跟家人的鼓励和支持密不可分的，他们不会因为我疏于家务而有怨言，始终支持陪伴着我。在我任职的学院，学院领导非常重视学院的学科建设和学术研究工作，营造出良好的浓厚的学术研究氛围，在支持教师从事学术研究工作方面保障到位、措施有力，对于教师参加学术会议、访学深造、出版著作都予以了很大支持，我取得的每一份成绩都与学院领导的支持分不开。我的研究生们帮我做了很多工作，从搜集资料到校对书稿，感谢你们的付出！

在本书的写作过程中，吸收了学术界很多专家学者的相关研究成果，得到了很多专家学者的指点和教导，特别是国家社科基金项目的评审专家对本成果的鉴定和肯定。现借本书出版之际向他们表示诚挚的谢意！同时，书中也一定存在一些还不够完善甚至错漏之处，恳请大家不吝指教！

阶层关系是社会关系的核心内容，阶层关系和谐是社会关系和谐稳定的重要基础，阶层关系是新时代中国特色社会主义事业发展中必须处理好的一个重大关系。阶层关系问题是社会关系问题的集中表现，正确认识和处理阶层关系问题才能协调阶层关系矛盾，增进阶层关系和谐才能实现社会关系和谐，形成共同推动新时代中国特色社会主义事业发展的强大合力。因此，阶层关系问题不仅是一个具有重要研究价值的学术课题，也是一个可以持续挖掘的学术富矿，我会继续朝着这个方向努力。